Immanuel Kant

Werke in sechs Bänden

Band 6

Könemann

© 1995 für diese Ausgabe
Könemann Verlagsgesellschaft mbH
Bonner Straße 126, D-50968 Köln

Herausgegeben von Rolf Toman
Herstellungsleiter: Detlev Schaper
Covergestaltung: Peter Feierabend
Satz: HEVO GmbH, Dortmund
Printed in Hungary
ISBN 3-89508-075-6

Inhalt

Der Streit der Facultäten
5

Idee zu einer allgemeinen Geschichte in weltbürgerlicher Absicht
143

Beantwortung der Frage: Was ist Aufklärung?
162

Muthmaßlicher Anfang der Menschengeschichte
171

Was heißt: Sich im Denken orientiren?
190

Über den Gebrauch teleologischer Principien in der Philosophie
208

Über das Mißlingen aller philosophischen Versuche in der Theodicee
241

Das Ende aller Dinge
262

Zum ewigen Frieden
279

Von einem neuerdings erhobenen vornehmen Ton in der
Philosophie
334

Verkündigung des nahen Abschlusses eines Tractats zum
ewigen Frieden in der Philosophie
355

Der Streit
der
Facultäten
in drei Abschnitten

von

Immanuel Kant.

Dem Herrn

Carl Friedrich Stäudlin,

Doctor und Professor

in Göttingen,

zugeeignet

von dem Verfasser.

Vorrede.

Gegenwärtige Blätter, denen eine aufgeklärte, den menschlichen Geist seiner Fesseln entschlagende und eben durch diese Freiheit im Denken desto bereitwilligern Gehorsam zu bewirken geeignete Regierung jetzt den Ausflug verstattet, – mögen auch zugleich die Freiheit verantworten, die der Verfasser sich nimmt, von dem, was bei diesem Wechsel der Dinge ihn selbst angeht, eine kurze Geschichtserzählung voran zu schicken.

König Friedrich Wilhelm II., ein tapferer, redlicher, menschenliebender und – von gewissen Temperamentseigenschaften abgesehen – durchaus vortrefflicher Herr, der auch mich persönlich kannte und von Zeit zu Zeit Äußerungen seiner Gnade an mich gelangen ließ, hatte auf Anregung eines Geistlichen, nachmals zum Minister im geistlichen Departement erhobenen Mannes, dem man billigerweise auch keine andere, als auf seine innere Überzeugung sich gründende gut gemeinte Absichten unterzulegen Ursache hat, – im Jahre 1788 ein Religionsedict, bald nachher ein die Schriftstellerei überhaupt sehr einschränkendes, mithin auch jenes mit schärfendes Censuredict ergehen lassen. Man kann nicht in Abrede ziehen: daß gewisse Vorzeichen, die der Explosion, welche nachher erfolgte, vorhergingen, der Regierung die Nothwendigkeit einer Reform in jenem Fache anräthig machen mußten; welches auf dem stillen Wege des akademischen Unterrichts künftiger öffentlicher Volkslehrer zu erreichen war: denn diese hatten als junge Geistliche ihren Kanzelvortrag auf solchen Ton gestimmt, daß, wer Scherz versteht, sich durch solche Lehrer eben nicht wird bekehren lassen.

Indessen daß nun das Religionsedict auf einheimische sowohl als auswärtige Schriftsteller lebhaften Einfluß hatte, kam auch meine Abhandlung unter dem Titel: »Religion innerhalb den Gränzen der bloßen Vernunft« heraus,* und da ich, um

---
* Diese Betitelung war absichtlich so gestellt, damit man jene Abhandlung nicht

keiner Schleichwege beschuldigt zu werden, allen meinen Schriften meinen Namen vorsetzte, so erging an mich im Jahre 1794 folgendes Königl. Rescript, von welchem es merkwürdig ist, daß es, da ich nur meinem vertrautesten Freunde die Existenz desselben bekannt machte, auch nicht eher als jetzt öffentlich bekannt wurde.

Von Gottes Gnaden Friedrich Wilhelm, König von Preußen etc. etc.

Unsern gnädigen Gruß zuvor. Würdiger und Hochgelahrter, lieber Getreuer! Unsere höchste Person hat schon seit geraumer Zeit mit großem Mißfallen ersehen: wie Ihr Eure Philosophie zu Entstellung und Herabwürdigung mancher Haupt- und Grundlehren der heiligen Schrift und des Christenthums mißbraucht; wie Ihr dieses namentlich in Eurem Buch: »Religion innerhalb der Gränzen der bloßen Vernunft,« desgleichen in anderen, kleineren Abhandlungen gethan habt. Wir haben Uns zu Euch eines Besseren versehen, da Ihr selbst einsehen müsset, wie unverantwortlich Ihr dadurch gegen Eure Pflicht als Lehrer der Jugend und gegen Unsere Euch sehr wohl bekannte landesväterliche Absichten handelt. Wir verlangen des ehsten Eure gewissenhafteste Verantwortung und gewärtigen Uns von Euch bei Vermeidung Unserer höchsten Ungnade, daß Ihr Euch künftighin Nichts dergleichen werdet zu Schulden kommen lassen, sondern vielmehr Eurer Pflicht gemäß Euer Ansehen und Eure Talente dazu anwenden, daß Unsere landesväterliche Intention je mehr und mehr erreicht werde; widrigenfalls

---

dahin deutete: als sollte sie die Religion a u s bloßer Vernunft (ohne Offenbarung) bedeuten; denn das wäre zu viel Anmaßung gewesen: weil es doch sein konnte, daß die Lehren derselben von übernatürlich inspirirten Männern herrührten; sondern daß ich nur dasjenige, was im Text der für geoffenbart geglaubten Religion, der Bibel, a u c h d u r c h b l o ß e V e r n u n f t erkannt werden kann, hier in einem Zusammenhange vorstellig machen wollte.

Ihr Euch bei fortgesetzter Renitenz unfehlbar unangenehmer Verfügungen zu gewärtigen habt.
Sind Euch mit Gnade gewogen. Berlin, den 1. October 1794.
Auf Seiner Königl. Majestät
allergnädigsten Specialbefehl.
Woellner.

ab extra – Dem würdigen und hochgelahrten, Unserem Professor, auch lieben, getreuen Kant

zu
Königsberg
in Preußen.
praesentat. d. 12. Oct. 1794.

Worauf meinerseits folgende allerunterthänigste Antwort abgestattet wurde.

Allergnädigster etc. etc.
  Ew. Königl. Maj. allerhöchster den 1sten *October c.* an mich ergangener und den 12ten *eiusd.* mir gewordener Befehl legt es mir zur devotesten Pflicht auf: E r s t l i c h »wegen des Mißbrauchs meiner Philosophie in Entstellung und Herabwürdigung mancher Haupt- und Grundlehren der heil. Schrift und des Christenthums, namentlich in meinem Buch: »Religion innerhalb den Gränzen der bloßen Vernunft,« desgleichen in anderen, kleineren Abhandlungen und der hiedurch auf mich fallenden Schuld der Übertretung meiner Pflicht als Lehrer der Jugend und gegen die höchste, mir sehr wohl bekannte landesväterliche Absichten eine gewissenhafte Verantwortung beizubringen.« Z w e i t e n s auch, »nichts dergleichen künftighin mir zu Schulden kommen zu lassen.« – In Ansehung beider Stücke ermangle nicht den Beweis meines allerunterthänigsten Gehor-

sams Ew. Königl. Maj. in folgender Erklärung zu Füßen zu legen:

Was das Erste, nämlich die gegen mich erhobene Anklage, betrifft, so ist meine gewissenhafte Verantwortung folgende:

Daß ich als Lehrer der Jugend, d. i., wie ich es verstehe, in akademischen Vorlesungen, niemals Beurtheilung der heil. Schrift und des Christenthums eingemischt habe, noch habe einmischen können, würden schon die von mir zum Grunde gelegte Handbücher Baumgartens, als welche allein einige Beziehung auf einen solchen Vortrag haben dürften, beweisen: weil in diesen nicht einmal ein Titel von Bibel und Christenthum enthalten ist und als bloßer Philosophie auch nicht enthalten sein kann; der Fehler aber, über die Gränzen einer vorhabenden Wissenschaft auszuschweifen, oder sie in einander laufen zu lassen, mir, der ich ihn jederzeit gerügt und dawider gewarnt habe, am wenigsten wird vorgeworfen werden können.

Daß ich auch nicht etwa als Volkslehrer, in Schriften, namentlich nicht im Buche: »Religion innerhalb den Gränzen u. s. w.,« mich gegen die allerhöchste, mir bekannte landesväterliche Absichten vergangen, d. i. der öffentlichen Landesreligion Abbruch gethan habe; welches schon daraus erhellt, daß jenes Buch dazu gar nicht geeignet, vielmehr für das Publicum ein unverständliches, verschlossenes Buch und nur eine Verhandlung zwischen Facultätsgelehrten vorstellt, wovon das Volk keine Notiz nimmt; in Ansehung deren aber die Facultäten selbst frei bleiben, nach ihrem besten Wissen und Gewissen öffentlich zu urtheilen, und nur die eingesetzte Volkslehrer (in Schulen und auf Kanzeln) an dasjenige Resultat jener Verhandlungen, was die Landesherrschaft zum öffentlichen Vortrage für diese sanctionirt, gebunden werden, und zwar darum, weil die letztere sich ihren eigenen Religionsglauben auch nicht selbst ausgedacht, sondern ihn nur auf demselben Wege, nämlich der Prüfung und Berichtigung durch dazu sich qualificirende Facultäten (die theologische und philosophische), hat überkommen können, mithin die Landesherrschaft diese nicht allein zuzulassen, sondern auch von ihnen zu fordern berechtigt ist, alles, was sie einer öffentlichen Landesreligion zuträglich finden, durch ihre Schriften zur Kenntniß der Regierung gelangen zu lassen.

Daß ich in dem genannten Buche, weil es gar keine W ü r d i g u n g des Christenthums enthält, mir auch keine A b w ü r d i g u n g desselben habe zu Schulden kommen lassen: denn eigentlich enthält es nur die Würdigung der natürlichen Religion. Die Anführung einiger biblischer Schriftstellen zur Bestätigung gewisser reiner Vernunftlehren der Religion kann allein zu diesem Mißverstande Veranlassung gegeben haben. Aber der sel. M i c h a e l i s, der in seiner philosophischen Moral eben so verfuhr, erklärte sich schon hierüber dahin, daß er dadurch weder etwas Biblisches in die Philosophie hinein, noch etwas Philosophisches aus der Bibel heraus zu bringen gemeint sei, sondern nur seinen Vernunftsätzen durch wahre oder vermeinte Einstimmung mit Anderer (vielleicht Dichter und Redner) Urtheile Licht und Bestätigung gäbe. – Wenn aber die Vernunft hiebei so spricht, als ob sie für sich selbst hinlänglich, die Offenbarungslehre also überflüssig wäre (welches, wenn es objectiv so verstanden werden sollte, wirklich für Abwürdigung des Christenthums gehalten werden müßte), so ist dieses wohl nichts, als der Ausdruck der Würdigung ihrer selbst; nicht nach ihrem Vermögen, nach dem, was sie als zu thun vorschreibt, sofern aus ihr allein A l l g e m e i n h e i t, E i n h e i t und N o t h w e n d i g k e i t der Glaubenslehren hervorgeht, die das Wesentliche einer Religion überhaupt ausmachen, welches im Moralisch-Praktischen (dem, was wir *thun* s o l l e n) besteht, wogegen das, was wir auf historische Beweisgründe zu glauben Ursache haben (denn hiebei gilt kein S o l l e n), d. i. die Offenbarung als an sich zufällige Glaubenslehre, für außerwesentlich, darum aber doch nicht für unnöthig und überflüssig angesehen wird;

weil sie den theoretischen Mangel des reinen Vernunftglaubens, den dieser nicht ableugnet, z. B. in den Fragen über den Ursprung des Bösen, den Übergang von diesem zum Guten, die Gewißheit des Menschen im letzteren Zustande zu sein u. dgl., zu ergänzen dienlich und als Befriedigung eines Vernunftbedürfnisses dazu nach Verschiedenheit der Zeitumstände und der Personen mehr oder weniger beizutragen behülflich ist.

Daß ich ferner meine große Hochachtung für die biblische Glaubenslehre im Christenthum unter anderen auch durch die Erklärung in demselben obbenannten Buche bewiesen habe, daß die Bibel, als das beste vorhandene, zur Gründung und Erhaltung einer wahrhaftig seelenbessernden Landesreligion auf unabsehliche Zeiten taugliche Leitmittel der öffentlichen Religionsunterweisung darin von mir angepriesen und daher auch die Unbescheidenheit gegen die theoretische, Geheimnißenthaltende Lehren derselben in Schulen oder auf Kanzeln, oder in Volksschriften (denn in Facultäten muß es erlaubt sein), Einwürfe und Zweifel dagegen zu erregen von mir getadelt und für Unfug erklärt worden; welches aber noch nicht die größte Achtungsbezeigung für das Christenthum ist. Denn die hier aufgeführte Zusammenstimmung desselben mit dem reinsten moralischen Vernunftglauben ist die beste und dauerhafteste Lobrede desselben: weil eben dadurch, nicht durch historische Gelehrsamkeit das so oft entartete Christenthum immer wieder hergestellt worden ist und ferner bei ähnlichen Schicksalen, die auch künftig nicht ausbleiben werden, allein wiederum hergestellt werden kann.

Daß ich endlich, so wie ich anderen Glaubensbekennern jederzeit und vorzüglich gewissenhafte Aufrichtigkeit, nicht mehr davon vorzugeben und anderen als Glaubensartikel aufzudringen, als sie selbst davon gewiß sind, empfohlen, ich auch diesen Richter in mir selbst bei Abfassung meiner Schriften jederzeit als mir zur Seite stehend vorgestellt habe, um mich von jedem nicht allein seelenverderblichen Irrthum, sondern selbst jeder Anstoß erregenden Unbehutsamkeit im Ausdruck entfernt zu halten; weshalb ich auch jetzt in meinem 71sten Lebensjahre, wo der Gedanke leicht aufsteigt, es könne wohl sein, daß ich für alles dieses in Kurzem einem Weltrichter als Herzenskündiger Rechenschaft geben müsse, die gegenwärtige mir wegen meiner Lehre abgeforderte Verantwortung als mit völliger **Gewissenhaftigkeit** abgefaßt freimüthig einreichen kann.

Was den zweiten Punkt betrifft, mir keine dergleichen (angeschuldigte) Entstellung und Herabwürdigung des Christenthums künftighin zu Schulden kommen zu lassen: so halte ich, um auch dem mindesten Verdachte darüber vorzubeugen, für das Sicherste, hiemit, als Ew. **Königl. Maj. getreuester Unterthan,*** feierlichst zu erklären: daß ich mich fernerhin aller öffentlichen Vorträge die Religion betreffend, es sei die natürliche oder geoffenbarte, sowohl in Vorlesungen als in Schriften gänzlich enthalten werde.

In tiefster Devotion ersterbe ich u. s. w.

Die weitere Geschichte des fortwährenden Treibens zu einem sich immer mehr von der Vernunft entfernenden Glauben ist bekannt.

Die Prüfung der Candidaten zu geistlichen Ämtern ward nun einer **Glaubenscommission** anvertraut, der ein *Schema Examinationis* nach pietistischen Zuschnitte zum Grunde lag, welche gewissenhafte Candidaten der Theologie zu Scharen von geistlichen Ämtern verscheuchte und die Juristenfacultät übervölkerte; eine Art von Auswanderung, die zufälligerweise nebenbei auch ihren Nutzen gehabt haben mag. – Um einen kleinen Begriff vom Geiste dieser Commission zu geben:

---

* Auch diesen Ausdruck wählte ich vorsichtig, damit ich nicht der Freiheit meines Urtheils in diesem Religionsproceß **auf immer**, sondern nur so lange Se. Maj. am Leben wäre, entsagte.

so ward nach der Forderung einer vor der Begnadigung nothwendig vorhergehenden Zerknirschung noch ein tiefer reuiger Gram *(maeror animi)* erfordert und von diesem nun gefragt, ob ihn der Mensch sich auch selbst geben könne: *Quod negandum ac pernegandum*, war die Antwort; der reuvolle Sünder muß sich diese Reue besonders vom Himmel erbitten. – Nun fällt ja in die Augen: daß den, welcher um R e u e (über seine Übertretung) noch bitten muß, seine That wirklich nicht reuet; welches eben so widersprechend aussieht, als wenn es vom G e b e t heißt: es müsse, wenn es erhörlich sein soll, im Glauben geschehen. Denn wenn der Beter den Glauben hat, so braucht er nicht darum zu bitten: hat er ihn aber nicht, so kann er nicht erhörlich bitten.

Diesem Unwesen ist nunmehr gesteuret. Denn nicht allein zum bürgerlichen Wohl des gemeinen Wesens überhaupt, dem Religion ein höchstwichtiges Staatsbedürfniß ist, sondern besonders zum Vortheil der Wissenschaften vermittelst eines diesen zu befördern eingesetzten Oberschulcollegiums – hat sich neuerdings das glückliche Eräugniß zugetragen, daß die Wahl einer weisen Landesregierung einen erleuchteten Staatsmann getroffen hat, welcher nicht durch einseitige Vorliebe für ein besonderes Fach derselben (die Theologie), sondern in Hinsicht auf das ausgebreitete Interesse des ganzen Lehrstandes zur Beförderung desselben Beruf, Talent und Willen hat und so das Fortschreiten der Cultur im Felde der Wissenschaften wider alle neue Eingriffe der Obscuranten sichern wird.

* * *

Unter dem allgemeinen Titel: »der Streit der Facultäten« erscheinen hier drei in verschiedener Absicht, auch zu verschiedenen Zeiten von mir abgefaßte, gleichwohl aber doch zur systematischen Einheit ihrer Verbindung in einem Werk geeignete Abhandlungen, von denen ich nur späterhin inne ward, daß sie als der Streit der u n t e r e n mit den drei o b e r e n (um der Zerstreuung vorzubeugen) schicklich in einem Bande sich zusammen finden können.

Erster Abschnitt.

Der Streit der philosophischen Facultät mit der theologischen.

Einleitung.

Es war kein übeler Einfall desjenigen, der zuerst den Gedanken faßte und ihn zur öffentlichen Ausführung vorschlug, den ganzen Inbegriff der Gelehrsamkeit (eigentlich die derselben gewidmeten Köpfe) gleichsam fabrikenmäßig, durch Vertheilung der Arbeiten, zu behandeln, wo, so viel es Fächer der Wissenschaften giebt, so viel öffentliche Lehrer, Professoren, als Depositeure derselben angestellt würden, die zusammen eine Art von gelehrtem gemeinen Wesen, Universität (auch hohe Schule) genannt, ausmachten, die ihre Autonomie hätte (denn über Gelehrte als solche können nur Gelehrte urtheilen); die daher vermittelst ihrer Facultäten* (kleiner, nach Verschiedenheit der Hauptfächer der Gelehrsamkeit, in welche sich die Universitätsgelehrte theilen, verschiedener Gesellschaften) theils die aus niedern Schulen zu ihr aufstrebende Lehrlinge aufzunehmen, theils auch freie (keine Glieder derselben ausmachende) Lehrer, Doctoren genannt, nach vorhergehender Prüfung aus eigner Macht mit einem von jedermann anerkannten Rang zu versehen (ihnen einen Grad zu ertheilen), d. i. sie zu creiren, berechtigt wäre.

Außer diesen zünftigen kann es noch zunftfreie Gelehrte geben, die nicht zur Universität gehören, sondern, indem sie blos einen Theil des großen Inbegriffs der Gelehrsamkeit bearbeiten, entweder gewisse freie Corporationen (Akademien, auch Societäten der Wissenschaften

---

* Deren jede ihren Decan als Regenten der Facultät hat. Dieser aus der Astrologie entlehnte Titel, der ursprünglich einen der 3 Astralgeister bedeutete, welche einem Zeichen des Thierkreises (von 30°) vorstehen, deren jeder 10 Grade anführt, ist von den Gestirnen zuerst auf die Feldläger (*ab astris ad castra. vid. Salmasius de annis climacteriis pag. 561*) und zuletzt gar auf die Universitäten gezogen worden; ohne doch hiebei eben auf die Zahl 10 (der Professoren) zu sehen. Man wird es den Gelehrten nicht verdenken, daß sie, von denen fast alle Ehrentitel, mit denen sich jetzt Staatsleute ausschmücken, zuerst ausgedacht sind, sich selbst nicht vergessen haben.

genannt) als so viel Werkstätten ausmachen, oder gleichsam im Naturzustande der Gelehrsamkeit leben und jeder für sich ohne öffentliche Vorschrift und Regel sich mit Erweiterung oder Verbreitung derselben als Liebhaber beschäftigen.

Von den eigentlichen Gelehrten sind noch die Litteraten (Studirte) zu unterscheiden, die als Instrumente der Regierung, von dieser zu ihrem eigenen Zweck (nicht eben zum Besten der Wissenschaften) mit einem Amte bekleidet, zwar auf der Universität ihre Schule gemacht haben müssen, allenfalls aber Vieles davon (was die Theorie betrifft) auch können vergessen haben, wenn sie nur so viel, als zu Führung eines bürgerlichen Amts, das seinen Grundlehren nach nur von Gelehrten ausgehen kann, erforderlich ist, nämlich empirische Kenntniß der Statuten ihres Amts (was also die Praxis angeht), übrig behalten haben; die man also Geschäftsleute oder Werkkundige der Gelehrsamkeit nennen kann. Diese, weil sie als Werkzeuge der Regierung (Geistliche, Justizbeamte und Ärzte) aufs Publicum gesetzlichen Einfluß haben und eine besondere Klasse von Litteraten ausmachen, die nicht frei sind, aus eigener Weisheit, sondern nur unter der Censur der Facultäten von der Gelehrsamkeit öffentlichen Gebrauch zu machen, müssen, weil sie sich unmittelbar ans Volk wenden, welches aus Idioten besteht (wie etwa der Klerus an die Laiker), in ihrem Fache aber zwar nicht die gesetzgebende, doch zum Theil die ausübende Gewalt haben, von der Regierung sehr in Ordnung gehalten werden, damit sie sich nicht über die richtende, welche den Facultäten zukommt, wegsetzen.

Eintheilung der Facultäten überhaupt.

Nach dem eingeführten Brauch werden sie in zwei Klassen, die der drei obern Facultäten und die einer untern, eingetheilt, man sieht wohl, daß bei dieser Eintheilung und Benennung nicht der Gelehrtenstand, sondern die Regierung befragt worden ist. Denn zu den obern werden nur diejenigen gezählt, deren Lehren, ob sie so oder anders beschaffen sein, oder öffentlich vorgetragen werden sollen, es die Regierung selbst interessirt; da hingegen diejenige, welche nur das Interesse der Wissenschaft zu besorgen hat, die untere genannt wird, weil diese es mit ihren Sätzen halten mag, wie sie es gut findet. Die Regierung aber interessirt das am allermeisten, wodurch sie sich den stärksten und daurendsten Einfluß aufs Volk verschafft, und dergleichen sind die Gegenstände der oberen Facultäten. Daher behält sie sich das Recht vor, die Lehren der oberen selbst zu sanctioniren; die der untern überläßt sie der eigenen Vernunft des gelehrten Volks. – Wenn sie aber gleich Lehren sanctionirt, so lehrt sie (die Regierung) doch nicht selbst; sondern will nur, daß gewisse Lehren von den respectiven Facultäten in ihren öffentlichen Vortrag aufgenommen und die ihnen entgegengesetzte davon ausgeschlossen werden sollen. Denn sie lehrt nicht, sondern befehligt nur die, welche lehren (mit der Wahrheit mag es bewandt sein, wie es wolle), weil sie sich bei Antretung ihres Amts* durch einen Vertrag mit der Regierung dazu verstanden haben. – Eine Regierung, die sich mit den Lehren, also auch mit der Erweiterung oder Verbesserung der Wissenschaften befaßte, mithin selbst in höchster Person den Gelehrten spielen wollte, würde sich durch diese Pedanterie nur um die ihr schuldige Achtung bringen, und es ist unter ihrer Würde, sich mit dem Volk (dem

---

* Man muß es gestehen, daß der Grundsatz des großbritannischen Parlaments: die Rede ihres Königes vom Thron sei als ein Werk seines Ministers anzusehen (da es der Würde eines Monarchen zuwider sein würde, sich Irrthum, Unwissenheit oder Unwahrheit vorrücken zu lassen, gleichwohl aber das Haus über ihren Inhalt zu urtheilen, ihn zu prüfen und anzufechten berechtigt sein muß), daß, sage ich, dieser Grundsatz sehr fein und richtig ausgedacht sei. Eben so muß auch die Auswahl gewisser Lehren, welche die Regierung zum öffentlichen Vortrage ausschließlich sanctionirt, der Prüfung der Gelehrten ausgesetzt bleiben, weil sie nicht als das Product des Monarchen, sondern eines dazu befehligten Staatsbeamten, von dem man annimmt, er könne auch wohl den Willen seines Herrn nicht recht verstanden oder auch verdreht haben, angesehen werden muß.

Gelehrtenstande desselben) gemein zu machen, welches keinen Scherz versteht und alle, die sich mit Wissenschaften bemengen, über einen Kamm schiert.

Es muß zum gelehrten gemeinen Wesen durchaus auf der Universität noch eine Facultät geben, die, in Ansehung ihrer Lehren vom Befehle der Regierung unabhängig*, keine Befehle zu geben, aber doch alle zu beurtheilen die Freiheit habe, die mit dem wissenschaftlichen Interesse, d. i. mit dem der Wahrheit, zu thun hat, wo die Vernunft öffentlich zu sprechen berechtigt sein muß: weil ohne eine solche die Wahrheit (zum Schaden der Regierung selbst) nicht an den Tag kommen würde, die Vernunft aber ihrer Natur nach frei ist und keine Befehle etwas für wahr zu halten (kein *crede,* sondern nur ein freies *credo*) annimmt. – Daß aber eine solche Facultät unerachtet dieses großen Vorzugs (der Freiheit) dennoch die untere genannt wird, davon ist die Ursache in der Natur des Menschen anzutreffen: daß nämlich der, welcher befehlen kann, ob er gleich ein demüthiger Diener eines andern ist, sich doch vornehmer dünkt als ein anderer, der zwar frei ist, aber niemanden zu befehlen hat.

---

* Ein französischer Minister berief eine der angesehensten Kaufleute zu sich und verlangte von ihnen Vorschläge, wie dem Handel aufzuhelfen sei: gleich als ob er darunter die beste zu wählen verstände. Nachdem Einer dies, der Andere das in Vorschlag gebracht hatte, sagte ein alter Kaufmann, der so lange geschwiegen hatte: Schafft gute Wege, schlagt gut Geld, gebt ein promptes Wechselrecht u. d. gl., übrigens aber »laßt uns machen«! Dies wäre ungefähr die Antwort, welche die philosophische Facultät zu geben hätte, wenn die Regierung sie um die Lehren befrüge, die sie den Gelehrten überhaupt vorzuschreiben habe: den Fortschritt der Einsichten und Wissenschaften nur nicht zu hindern.

I.

Vom Verhältnisse der Facultäten.

Erster Abschnitt.

Begriff und Eintheilung der oberen Facultäten.

Man kann annehmen, daß alle künstliche Einrichtungen, welche eine Vernunftidee (wie die von einer Regierung ist) zum Grunde haben, die sich an einem Gegenstande der Erfahrung (dergleichen das ganze gegenwärtige Feld der Gelehrsamkeit) praktisch beweisen soll, nicht durch blos zufällige Aufsammlung und willkürliche Zusammenstellung vorkommender Fälle, sondern nach irgend einem in der Vernunft, wenn gleich nur dunkel, liegenden Princip und darauf gegründetem Plan versucht worden sind, der eine gewisse Art der Eintheilung nothwendig macht.

Aus diesem Grunde kann man annehmen, daß die Organisation einer Universität in Ansehung ihrer Klassen und Facultäten nicht so ganz vom Zufall abgehangen habe, sondern daß die Regierung, ohne deshalb eben ihr frühe Weisheit und Gelehrsamkeit anzudichten, schon durch ihr eignes gefühltes Bedürfniß (vermittelst gewisser Lehren aufs Volk zu wirken) *a priori* auf ein Princip der Eintheilung, was sonst empirischen Ursprungs zu sein scheint, habe kommen können, das mit dem jetzt angenommenen glücklich zusammentrifft; wiewohl ich darum, als ob sie fehlerfrei sei, nicht das Wort reden will.

Nach der Vernunft (d. h. objectiv) würden die Triebfedern, welche die Regierung zu ihrem Zweck (auf das Volk Einfluß zu haben) benutzen kann, in folgender Ordnung stehen: zuerst eines jeden e w i g e s Wohl dann das b ü r g e r l i c h e als Glied der Gesellschaft, endlich das L e i b e s w o h l (lange leben und gesund sein). Durch die öffentlichen Lehren in Ansehung des

22 ersten kann die Regierung selbst auf das Innere der Gedanken und die verschlossensten Willensmeinungen der Unterthanen, jene zu entdecken, diese zu lenken, den größten Einfluß haben; durch die, so sich aufs zweite beziehen, ihr äußeres Verhalten unter dem Zügel öffentlicher Gesetze halten; durch die dritte sich die Existenz eines starken und zahlreichen Volks sichern, welches sie zu ihren Absichten brauchbar findet. – – Nach der Vernunft würde also wohl die gewöhnlich angenommene Rangordnung unter den oberen Facultäten Statt finden; nämlich zuerst die theologische, darauf die der Juristen und zuletzt die medicinische Facultät. Nach dem Naturinstinct hingegen würde dem Menschen der Arzt der wichtigste Mann sein, weil dieser ihm sein Leben fristet, darauf allererst der Rechtserfahrne, der ihm das zufällige Seine zu erhalten verspricht, und nur zuletzt (fast nur, wenn es zum Sterben kommt), ob es zwar um die Seligkeit zu thun ist, der Geistliche gesucht werden: weil auch dieser selbst, so sehr er auch die Glückseligkeit der künftigen Welt preiset, doch, da er nichts von ihr vor sich sieht, sehnlich wünscht, von dem Arzt in diesem Jammerthal immer noch einige Zeit erhalten zu werden.

* * *

Alle drei obere Facultäten gründen die ihnen von der Regierung anvertraute Lehren auf Schrift, welches im Zustande eines durch Gelehrsamkeit geleiteten Volks auch nicht anders sein kann, weil ohne diese es keine beständige, für jedermann zugängliche Norm, darnach es sich richten könnte, geben würde. Daß eine solche Schrift (oder Buch) Statute, d. i. von der Willkür eines Obern ausgehende (für sich selbst nicht aus der Vernunft entspringende) Lehren, enthalten müsse, versteht sich von selbst, weil diese sonst nicht als von der Regierung sanctionirt schlechthin Gehorsam fordern könnte, und dieses gilt auch von dem Gesetzbuche selbst in Ansehung derjenigen öffentlich vorzutragenden Lehren, die zugleich aus der Vernunft abgeleitet werden könnten, auf deren Ansehen aber jenes keine Rücksicht nimmt, sondern den Befehl eines äußeren Gesetzgebers zum Grunde legt. – Von dem Gesetzbuch, als dem Kanon, sind diejenigen Bücher, welche als (vermeintlich) vollständiger Auszug des Geistes des Gesetzbuchs zum faßlichern Begriff und sicheren Gebrauch des gemeinen Wesens (der Gelehrten und Ungelehrten) von den Facultäten abgefaßt werden, wie etwa die symbolischen Bücher, gänzlich unterschieden. Sie können nur verlangen als Organon, um den Zugang zu jenem zu erleichtern, angesehen zu werden und haben gar keine Autorität; selbst dadurch nicht, daß sich etwa die vornehmsten Gelehrten von einem gewissen Fache darüber geeinigt haben, ein solches Buch statt Norm für ihre Facultät gelten zu lassen, wozu sie gar nicht befugt sind, sondern sie einstweilen als Lehrmethode einzuführen, die aber nach Zeitumständen veränderlich bleibt und überhaupt auch nur das Formale des Vortrags betreffen kann, im Materialen der Gesetzgebung aber schlechterdings nichts ausmacht.

Daher schöpft der biblische Theolog (als zur obern Facultät gehörig) seine Lehren nicht aus der Vernunft, sondern aus der Bibel, der Rechtslehrer nicht aus dem Naturrecht, sondern aus dem Landrecht, der Arzneigelehrte seine ins Publicum gehende Heilmethode nicht aus der Physik des menschlichen Körpers, sondern aus der Medicinalordnung. – So bald eine dieser Facultäten etwas als aus der Vernunft Entlehntes einzumischen wagt: so verletzt sie die Autorität der durch sie gebietenden Regierung und kommt ins Gehege der philosophischen, die ihr alle glänzende von jener geborgte Federn ohne Verschonen abzieht und mit ihr nach dem Fuß der Gleichheit und Freiheit verfährt. – Daher müssen die obern Facultäten am meisten darauf bedacht sein, sich mit der untern ja nicht in Mißheirath einzulassen, sondern sie fein weit in ehrerbietiger Entfernung von sich abzuhalten, damit das Ansehen ihrer Statute nicht durch die freien Vernünfteleien der letzteren Abbruch leide.

A.
Eigenthümlichkeit der theologischen Facultät.

Daß ein Gott sei, beweiset der biblische Theolog daraus, daß er in der Bibel geredet hat, worin diese auch von seiner Natur (selbst bis dahin, wo die Vernunft mit der Schrift nicht Schritt halten kann, z. B. vom unerreichbaren Geheimniß seiner dreifachen Persönlichkeit) spricht. Daß aber Gott selbst durch die Bibel geredet habe, kann und darf, weil es eine Geschichtssache ist, der biblische Theolog als ein solcher nicht beweisen; denn das gehört zur philosophischen Facultät. Er wird es also als Glaubenssache auf ein gewisses (freilich nicht erweisliches oder erklärliches) Gefühl der Göttlichkeit derselben selbst für den Gelehrten gründen, die Frage aber wegen dieser Göttlichkeit (im buchstäblichen Sinne genommen) des Ursprungs derselben im öffentlichen Vortrage ans Volk gar nicht aufwerfen müssen: weil dieses sich darauf als eine Sache der Gelehrsamkeit doch gar nicht versteht und hiedurch nur in vorwitzige Grübeleien und Zweifel verwickelt werden würde; da man hingegen hierin weit sicherer auf das Zutrauen rechnen kann, was das Volk in seine Lehrer setzt. – Den Sprüchen der Schrift einen mit dem Ausdruck nicht genau zusammentreffenden, sondern etwa moralischen Sinn unterzulegen, kann er auch nicht befugt sein, und da es keinen von Gott autorisirten menschlichen Schriftausleger giebt, muß der biblische Theolog eher auf übernatürliche Eröffnung des Verständnisses durch einen in alle Wahrheit leitenden Geist rechnen, als zugeben, daß die Vernunft sich darin menge und ihre (aller höheren Autorität ermangelnde)

Auslegung geltend mache. – Endlich was die Vollziehung der göttlichen Gebote an unserem Willen betrifft, so muß der biblische Theolog ja nicht auf die Natur, d. i. das eigne moralische Vermögen des Menschen (die Tugend), sondern auf die Gnade (eine übernatürliche, dennoch zugleich moralische Einwirkung) rechnen, deren aber der Mensch auch nicht anders, als vermittelst eines inniglich das Herz umwandelnden Glaubens theilhaftig werden, diesen Glauben selbst aber doch wiederum von der Gnade erwarten kann. – Bemengt der biblische Theolog sich in Ansehung irgend eines dieser Sätze mit der Vernunft, gesetzt daß diese auch mit der größten Aufrichtigkeit und dem größten Ernst auf dasselbe Ziel hinstrebe, so überspringt er (wie der Bruder des Romulus) die Mauer des allein seligmachenden Kirchenglaubens und verläuft sich in das offene, freie Feld der eigenen Beurtheilung und Philosophie, wo er, der geistlichen Regierung entlaufen, allen Gefahren der Anarchie ausgesetzt ist. – Man muß aber wohl merken, daß ich hier vom r e i n e n *(purus, putus)* biblischen Theologen rede, der von dem verschrieenen Freiheitsgeist der Vernunft und Philosophie noch nicht angesteckt ist. Denn so bald wir zwei Geschäfte von verschiedener Art vermengen und in einander laufen lassen, können wir uns von der Eigenthümlichkeit jedes einzelnen derselben keinen bestimmten Begriff machen.

B.

Eigenthümlichkeit der Juristenfacultät.

Der schriftgelehrte J u r i s t sucht die Gesetze der Sicherung des M e i n und D e i n (wenn er, wie er soll, als Beamter der Regierung verfährt) nicht in seiner Vernunft, sondern im öffentlich gegebenen und höchsten Orts sanctionirten Gesetzbuch. Den Beweis der Wahrheit und Rechtmäßigkeit derselben, ingleichen die Vertheidigung wider die dagegen gemachte Einwendung der Vernunft kann man billigerweise von ihm nicht fordern.

Denn die Verordnungen machen allererst, daß etwas recht ist, und nun nachzufragen, ob auch die Verordnungen selbst recht sein mögen, muß von den Juristen als ungereimt gerade zu abgewiesen werden. Es wäre lächerlich, sich dem Gehorsam gegen einen äußern und obersten Willen darum, weil dieser angeblich nicht mit der Vernunft übereinstimmt, entziehen zu wollen. Denn darin besteht eben das Ansehen der Regierung, daß sie den Unterthanen nicht die Freiheit läßt, nach ihren eigenen Begriffen, sondern nach Vorschrift der gesetzgebenden Gewalt über Recht und Unrecht zu urtheilen.

In einem Stücke aber ist es mit der Juristenfacultät für die Praxis doch besser bestellt, als mit der theologischen: daß nämlich jene einen sichtbaren Ausleger der Gesetze hat, nämlich entweder an einem Richter, oder in der Appellation von ihm an einer Gesetzcommission und (in der höchsten) am Gesetzgeber selbst, welches in Ansehung der auszulegenden Sprüche eines heiligen Buchs der theologischen Facultät nicht so gut wird. Doch wird dieser Vorzug andererseits durch einen nicht geringeren Nachtheil aufgewogen, nämlich daß die weltlichen Gesetzbücher der Veränderung unterworfen bleiben müssen, nachdem die Erfahrung mehr oder bessere Einsichten gewährt, dahingegen das heilige Buch keine Veränderung (Verminderung oder Vermehrung) statuirt und für immer geschlossen zu sein behauptet. Auch findet die Klage der Juristen, daß es beinah vergeblich sei, eine genau bestimmte Norm der Rechtspflege *(ius certum)* zu hoffen, beim biblischen Theologen nicht statt. Denn dieser läßt sich den Anspruch nicht nehmen, daß seine Dogmatik nicht eine solche klare und auf alle Fälle bestimmte Norm enthalte. Wenn überdem die juristischen Praktiker (Advocaten oder Justizcommissarien), die dem Clienten schlecht gerathen und ihn dadurch in Schaden versetzt haben, darüber doch nicht verantwortlich sein wollen (ob *consilium nemo tenetur*), so nehmen es doch die theologischen Geschäftsmänner (Prediger und Seelsorger) ohne Bedenken auf sich und stehen dafür, nämlich dem Tone nach, daß alles so auch in der künftigen Welt werde abgeurtheilt werden, als sie es in dieser abgeschlossen haben; obgleich, wenn sie aufgefordert würden, sich förmlich zu erklären, ob sie für die Wahrheit alles dessen, was sie auf biblische Autorität geglaubt wissen wollen, mit ihrer Seele Gewähr zu leisten sich getrauten, sie wahrscheinlicher Weise sich entschuldigen würden. Gleichwohl liegt es doch in der Natur der Grundsätze dieser Volkslehrer, die Richtigkeit ihrer Versicherung keinesweges bezweifeln zu lassen, welches sie freilich um desto sicherer thun können, weil sie in diesem Leben keine Widerlegung derselben durch Erfahrung befürchten dürfen.

C.
Eigenthümlichkeit der medicinischen Facultät.

Der Arzt ist ein Künstler, der doch, weil seine Kunst von der Natur unmittelbar entlehnt und um deswillen von einer Wissenschaft der Natur abgeleitet werden muß, als Gelehrter irgend einer Facultät untergeordnet ist, bei der er seine Schule gemacht haben und deren Beurtheilung er unterworfen bleiben muß. – Weil aber die Regierung an der Art, wie er die Gesundheit des Volks behandelt, nothwendig großes Interesse nimmt: so ist sie berechtigt durch eine Versammlung ausgewählter Geschäftsleute dieser Facultät (praktischer Ärzte) über das öffentliche Verfahren der Ärzte durch ein Obersanitätscollegium und Medicinalverordnungen Aufsicht zu haben. Die letzteren aber bestehen wegen der besondern Beschaffenheit dieser Facultät, daß sie nämlich ihre Verhaltungsregeln nicht, wie die vorigen zwei obern, von Befehlen eines Oberen, sondern aus der Natur der Dinge selbst hernehmen muß – weshalb ihre Lehren auch ursprünglich der philosophischen Facultät, im weitesten Verstande genommen, angehören müßten –, nicht sowohl in dem, was die Ärzte thun, als was sie unterlassen sollen: nämlich e r s t l i c h , daß es fürs Publicum überhaupt Ärzte, z w e i t e n s , daß es keine Afterärzte gebe (kein *ius impune occidendi* nach dem Grundsatz: *fiat experimentum in corpore vili*). Da nun die Regierung nach dem ersten Princip für die ö f fentliche Bequemlichkeit, nach dem zweiten für die öffentliche Sicherheit (in der Gesundheitsangelegenheit des Volks) sorgt, diese zwei Stücke aber eine Polizei ausmachen, so wird alle Medicinalordnung eigentlich nur die m e dicinische Polizei betreffen.

Diese Facultät ist also viel freier als die beiden ersten unter den obern und der philosophischen sehr nahe verwandt; ja was die Lehren derselben betrifft, wodurch Ärzte g e b i l d e t werden, gänzlich frei, weil es für sie keine durch höchste Autorität sanctionirte, sondern nur aus der Natur geschöpfte Bücher geben kann, auch keine eigentlichen Gesetze (wenn man darunter den unveränderlichen Willen des Gesetzgebers versteht), sondern nur Verordnungen (E d i c t e), welche zu kennen nicht Gelehrsamkeit ist, als zu der ein systematischer Inbegriff von Lehren erfordert wird, den zwar die Facultät besitzt, welchen aber (als in keinem G e s e t z b u c h enthalten) die Regierung zu sanctioniren nicht Befugniß hat, sondern jener überlassen muß, indessen sie durch Dispensatorien und Lazarethanstalten den Geschäftsleuten derselben ihre Praxis im öffentlichen Gebrauch nur zu befördern bedacht ist. – Diese Geschäftsmänner (die Ärzte) aber bleiben in Fällen, welche als die medicinische Polizei betreffend die Regierung interessiren, dem Urtheile ihrer Facultät unterworfen.

Zweiter Abschnitt.

Begriff und Eintheilung der untern Facultät.

Man kann die untere Facultät diejenige Klasse der Universität nennen, die, oder so fern sie sich nur mit Lehren beschäftigt, welche nicht auf den Befehl eines Oberen zur Richtschnur angenommen werden. Nun kann es zwar geschehen, daß man eine praktische Lehre aus Gehorsam befolgt; sie aber darum, weil es befohlen ist *(de par le Roi),* für wahr anzunehmen, ist nicht allein objectiv (als ein Urtheil, das nicht sein s o l l t e), sondern auch subjectiv (als ein solches, welches kein Mensch fällen k a n n) schlechterdings unmöglich. Denn der irren will, wie er sagt, irrt wirklich nicht und nimmt das falsche Urtheil nicht in der That für wahr an, sondern giebt nur ein Fürwahrhalten fälschlich vor, das in ihm doch nicht anzutreffen ist. – Wenn also von der W a h r h e i t gewisser Lehren, die in öffentlichen Vortrag gebracht werden sollen, die Rede ist, so kann sich der Lehrer desfalls nicht auf höchsten Befehl berufen, noch der Lehrling vorgeben, sie auf Befehl geglaubt zu haben, sondern nur wenn vom T h u n geredet wird. Alsdann aber muß er doch, daß ein solcher Befehl wirklich ergangen, imgleichen daß er ihm zu gehorchen verpflichtet oder wenigstens befugt sei, durch ein f r e i e s Urtheil erkennen, widrigenfalls seine Annahme ein leeres Vorgeben und Lüge ist. – Nun nennt man das Vermögen, nach der Autonomie, d. i. frei (Principien des Denkens überhaupt gemäß), zu urtheilen, die Vernunft. Also wird die philosophische Facultät darum, weil sie für die W a h r h e i t der Lehren, die sie aufnehmen oder auch nur einräumen soll, stehen muß, in so fern als frei und nur unter der Gesetzgebung der Vernunft, nicht der der Regierung stehend gedacht werden müssen.

Auf einer Universität muß aber auch ein solches Departement gestiftet, d. i. es muß eine philosophische Facultät sein. In Ansehung der drei obern dient sie dazu, sie zu controlliren und ihnen eben dadurch nützlich zu werden, weil auf Wahrheit (die wesentliche und erste Bedingung der Gelehrsamkeit überhaupt) alles ankommt; die Nützlichkeit aber, welche die oberen Facultäten zum Behuf der Regierung versprechen, nur ein Moment vom zweiten Range ist. – Auch kann man allenfalls der theologischen Facultät den stolzen Anspruch, daß die philosophische ihre Magd sei, einräumen (wobei doch noch immer die Frage bleibt: ob diese ihrer gnädigen Frau die Fackel vorträgt oder die Schleppe nachträgt), wenn man sie nur nicht verjagt, oder ihr den Mund zubindet; denn eben diese Anspruchlosigkeit, blos frei zu sein, aber auch frei zu lassen, blos die Wahrheit zum Vortheil jeder Wissenschaft auszumitteln und sie zum beliebigen Gebrauch der oberen Facultäten hinzustellen, muß sie der Regierung selbst als unverdächtig, ja als unentbehrlich empfehlen.

Die philosophische Facultät enthält nun zwei Departemente, das eine der historischen Erkenntniß (wozu Geschichte, Erdbeschreibung, gelehrte Sprachkenntniß, Humanistik mit allem gehört, was die Naturkunde von empirischen Erkenntniß darbietet), das andere der reinen Vernunfterkenntnisse (reinen Mathematik und der reinen Philosophie, Metaphysik der Natur und der Sitten) und beide Theile der Gelehrsamkeit in ihrer wechselseitigen Beziehung auf einander. Sie erstreckt sich eben darum auf alle Theile des menschlichen Wissens (mithin auch historisch über die obern Facultäten), nur daß sie nicht alle (nämlich die eigenthümlichen Lehren oder Gebote der obern) zum Inhalte, sondern zum Gegenstande ihrer Prüfung und Kritik in Absicht auf den Vortheil der Wissenschaften macht.

Die philosophische Facultät kann also alle Lehren in Anspruch nehmen, um ihre Wahrheit der Prüfung zu unterwerfen. Sie kann von der Regierung, ohne daß diese ihrer eigentlichen, wesentlichen Absicht zuwider handle, nicht mit einem Interdict belegt werden, und die obern Facultäten müssen sich ihre Einwürfe und Zweifel, die sie öffentlich vorbringt, gefallen lassen, welches jene zwar allerdings lästig finden dürften, weil sie ohne solche Kritiker in ihrem, unter welchem Titel es auch sei, einmal inne habenden Besitz ungestört ruhen und dabei noch despotisch hätten befehlen können. – Nur den Geschäftsleuten jener oberen Facultäten (den Geistlichen, Rechtsbeamten und Ärzten) kann es allerdings verwehrt werden, daß sie den ihnen in Führung ihres respectiven Amts von der Regierung zum Vortrage anvertrauten Lehren nicht öffentlich widersprechen und den Philosophen zu spielen sich erkühnen; denn das kann nur den Facultäten, nicht den von der Regierung bestellten Beamten erlaubt sein: weil diese ihr Wissen nur von jenen her haben. Die letztern nämlich, z. B. Prediger und Rechtsbeamte, wenn sie ihre Einwendungen und Zweifel gegen die geistliche oder weltliche Gesetzgebung ans Volk zu richten sich gelüsten ließen, würden es dadurch gegen die Regierung aufwiegeln; dagegen die Facultäten sie nur gegen einander, als Gelehrte, richten, wovon das Volk praktischerweise keine Notiz nimmt, selbst wenn sie auch zu seiner Kenntniß gelangen, weil es sich selbst bescheidet, daß Vernünfteln nicht seine Sache sei, und sich daher verbunden fühlt, sich nur an dem zu halten, was ihm durch die dazu bestellte Beamte der Regierung verkündigt wird. – Diese Freiheit aber, die der untern Facultät nicht geschmälert werden darf, hat den Erfolg, daß die obern Facultäten (selbst besser belehrt) die Beamte immer mehr in das Gleis der Wahrheit bringen, welche dann ihrerseits, auch über ihre Pflicht besser aufgeklärt, in der Abänderung des Vortrags keinen Anstoß finden werden; da er nur ein besseres Verständniß der Mittel zu eben demselben Zweck ist, welches ohne polemische und nur Unruhe erregende Angriffe auf bisher bestandene Lehrweisen mit völliger Beibehaltung des Materialen derselben gar wohl geschehen kann.

Dritter Abschnitt.

Vom gesetzwidrigen Streit der oberen Facultäten mit der unteren.

Gesetzwidrig ist ein öffentlicher Streit der Meinungen, mithin ein gelehrter Streit entweder der Materie wegen, wenn es gar nicht erlaubt wäre, über einen öffentlichen Satz zu streiten, weil es gar nicht erlaubt ist, über ihn und seinen Gegensatz öffentlich zu urtheilen; oder blos der Form wegen, wenn die Art, wie er geführt wird, nicht in objectiven Gründen, die auf die Vernunft des Gegners gerichtet sind, sondern in subjectiven, sein Urtheil durch Neigung bestimmenden Bewegursachen besteht, um ihn durch List (wozu auch Bestechung gehört) oder Gewalt (Drohung) zur Einwilligung zu bringen.

Nun wird der Streit der Facultäten um den Einfluß aufs Volk geführt, und diesen Einfluß können sie nur bekommen, so fern jede derselben das Volk glauben machen kann, daß sie das Heil desselben am besten zu befördern verstehe, dabei aber doch in der Art, wie sie dieses auszurichten gedenken, einander gerade entgegengesetzt sind.

Das Volk aber setzt sein Heil zu oberst nicht in der Freiheit, sondern in seinen natürlichen Zwecken, also in diesen drei Stücken: nach dem Tode selig, im Leben unter andern Mitmenschen des Seinen durch öffentliche Gesetze gesichert, endlich des physischen Genusses des Lebens an sich selbst (d. i. der Gesundheit und langen Lebens) gewärtig zu sein.

Die philosophische Facultät aber, die sich auf alle diese Wünsche nur durch Vorschriften, die sie aus der Vernunft entlehnt, einlassen kann, mithin dem Princip der Freiheit anhänglich ist, hält sich nur an das, was der Mensch selbst hinzuthun kann und soll: rechtschaffen zu leben, keinem Unrecht zu thun, sich mäßig im Genusse und duldend in Krankheiten und dabei vornehmlich auf die Selbsthülfe der Natur rechnend zu verhalten; zu welchem Allem es freilich nicht eben großer Gelehrsamkeit bedarf, wobei man dieser aber auch größtentheils entbehren kann, wenn man nur seine Neigungen bändigen und seiner Vernunft das Regiment anvertrauen wollte, was aber als Selbstbemühung dem Volk gar nicht gelegen ist.

Die drei obern Facultäten werden nun vom Volk (das in obigen Lehren für seine Neigung zu genießen und Abneigung sich darum zu bearbeiten schlechten Ersatz findet) aufgefordert, ihrerseits Propositionen zu thun, die annehmlicher sind: und da lauten die Ansprüche an die Gelehrten, wie folgt: Was ihr Philosophen da schwatzet, wußte ich längst von selbst; ich will aber von euch als Gelehrten wissen: wie, wenn ich auch ruchlos gelebt hätte, ich dennoch kurz vor dem Thorschlusse mir ein Einlaßbillet ins Himmelreich verschaffen, wie, wenn ich auch Unrecht habe, ich doch meinen Proceß gewinnen, und wie, wenn ich auch meine körperlichen Kräfte nach Herzenslust benutzt und mißbraucht hätte, ich doch gesund bleiben und lange leben könne. Dafür habt ihr ja studirt, daß ihr mehr wissen müßt als unser einer (von euch Idioten genannt), der auf nichts weiter als auf gesunden Verstand Anspruch macht. – Es ist aber hier, als ob das Volk zu dem Gelehrten wie zum Wahrsager und Zauberer ginge, der mit übernatürlichen Dingen Bescheid weiß; denn der Ungelehrte macht sich von einem Gelehrten, dem er etwas zumuthet, gern übergroße Begriffe. Daher ist es natürlicherweise vorauszusehen, daß, wenn sich jemand für einen solchen Wundermann auszugeben nur dreust genug ist, ihm das Volk zufallen und die Seite der philosophischen Facultät mit Verachtung verlassen werde.

Die Geschäftsleute der drei oberen Facultäten sind aber jederzeit solche Wundermänner, wenn der philosophischen nicht erlaubt wird, ihnen öffentlich entgegen zu arbeiten, nicht um ihre Lehren zu stürzen, sondern nur der magischen Kraft, die ihnen und den damit verbundenen Observanzen das Publicum abergläubisch beilegt, zu widersprechen, als wenn es bei einer passiven Übergebung an solche kunstreiche Führer alles Selbstthuns überhoben und mit großer Gemächlichkeit durch sie zu Erreichung jener angelegenen Zwecke schon werde geleitet werden.

Wenn die obern Facultäten solche Grundsätze annehmen (welches freilich ihre Bestimmung nicht ist), so sind und bleiben sie ewig im Streit mit der unteren; dieser Streit aber ist auch gesetzwidrig, weil sie die Übertretung der Gesetze nicht allein als kein Hinderniß, sondern wohl gar als erwünschte Veranlassung ansehen, ihre große Kunst und Geschicklichkeit zu zeigen, alles wieder gut, ja noch besser zu machen, als es ohne dieselbe geschehen würde.

Das Volk will geleitet, d. i. (in der Sprache der Demagogen) es will betrogen sein. Es will aber nicht von den Facultätsgelehrten (denn deren Weisheit ist ihm zu hoch), sondern von den Geschäftsmännern derselben, die das Machwerk *(savoir faire)* verstehen, von den Geistlichen, Justizbeamten, Ärzten, geleitet sein, die als Praktiker die vortheilhafteste Vermuthung für sich haben; dadurch dann die Regierung, die nur durch sie aufs Volk wirken kann, selbst verleitet wird, den Facultäten eine Theorie aufzudringen, die nicht aus der reinen Einsicht der Gelehrten derselben entsprungen, sondern auf den Einfluß berechnet ist, den ihre Geschäftsmänner dadurch aufs Volk haben können, weil dieses natürlicherweise dem am meisten anhängt, wobei es am wenigsten nöthig hat, sich selbst zu bemühen und sich seiner eigenen Vernunft zu bedienen, und wo am besten die Pflichten mit den Neigungen in Verträglichkeit gebracht werden können; z. B. im theologischen Fache, daß buchstäblich »Glauben«, ohne zu untersuchen (selbst ohne einmal recht zu verstehen), was geglaubt werden soll, für sich heilbringend sei und daß durch Begehung gewisser vorschriftmäßigen Formalien unmittelbar Verbrechen können abgewaschen werden; oder im juristischen, daß die Befolgung des Gesetzes nach dem Buchstaben der Untersuchung des Sinnes des Gesetzgebers überhebe.

Hier ist nun ein wesentlicher, nie beizulegender gesetzwidriger Streit zwischen den obern und der untern Facultät, weil das Princip der Gesetzgebung für die ersteren, welches man der Regierung unterlegt, eine von ihr autorisirte Gesetzlosigkeit selbst sein würde. – Denn da Neigung und überhaupt das, was jemand seiner Privatabsicht zuträglich findet, sich schlechterdings nicht zu einem Gesetze qualificirt, mithin auch nicht als ein solches von den obern Facultäten vorgetragen werden kann, so würde eine Regierung, welche dergleichen sanctionirte, indem sie wider die Vernunft selbst verstößt, jene obere Facultäten mit der philosophischen in einen Streit versetzen, der gar nicht geduldet werden kann, indem er diese gänzlich vernichtet, welches freilich das kürzeste, aber auch (nach dem Ausdruck der Ärzte) ein in Todesgefahr bringendes heroisches Mittel ist, einen Streit zu Ende zu bringen.

Vierter Abschnitt.

Vom gesetzmäßigen Streit der oberen Facultäten mit der unteren.

Welcherlei Inhalts auch die Lehren immer sein mögen, deren öffentlichen Vortrag die Regierung durch ihre Sanction den obern Facultäten aufzulegen befugt sein mag, so können sie doch nur als Statute, die von ihrer Willkür ausgehen, und als menschliche Weisheit, die nicht unfehlbar ist, angenommen und verehrt werden. Weil indessen die Wahrheit derselben ihr durchaus nicht gleichgültig sein darf, in Ansehung welcher sie der Vernunft (deren Interesse die philosophische Facultät zu besorgen hat) unterworfen bleiben müssen, dieses aber nur durch Verstattung völliger Freiheit einer öffentlichen Prüfung derselben möglich ist, so wird, weil willkürliche, obzwar höchsten Orts sanctionirte, Satzungen mit den durch die Vernunft als nothwendig behaupteten Lehren nicht so von selbst immer zusammenstimmen dürften, erstlich zwischen den obern Facultäten und der untern der Streit unvermeidlich, zweitens aber auch **gesetzmäßig** sein, und dieses nicht blos als Befugniß, sondern auch als Pflicht der letzteren, wenn gleich nicht die **ganze** Wahrheit öffentlich zu sagen, doch darauf bedacht zu sein, daß **alles**, was, so gesagt, als Grundsatz aufgestellt wird, wahr sei.

Wenn die Quelle gewisser sanctionirter Lehren **historisch** ist, so mögen diese auch noch so sehr als heilig dem unbedenklichen Gehorsam des Glaubens anempfohlen werden: die philosophische Facultät ist berechtigt, ja verbunden, diesem Ursprunge mit kritischer Bedenklichkeit nachzuspüren. Ist sie **rational**, ob sie gleich im Tone einer historischen Erkenntniß (als Offenbarung) aufgestellt worden, so kann ihr (der untern Facultät) nicht gewehrt werden, die Vernunftgründe der Gesetzgebung aus dem historischen Vortrage herauszusuchen und überdem, ob sie technisch- oder moralisch-praktisch sind, zu würdigen. Wäre endlich der Quell der sich als Gesetz ankündigenden Lehre gar nur **ästhetisch**, d. i. auf ein mit einer Lehre verbundenes Gefühl gegründet (welches, da es kein objectives Princip abgibt, nur als subjectiv gültig, ein allgemeines Gesetz daraus zu machen untauglich, etwa frommes Gefühl eines übernatürlichen Einflusses sein würde), so muß es der philosophischen Facultät frei stehen, den Ursprung und Gehalt eines solchen angeblichen Belehrungsgrundes mit kalter Vernunft öffentlich zu prüfen und zu würdigen, ungeschreckt durch die Heiligkeit des Gegenstandes, den man zu fühlen vorgibt, und entschlossen dieses vermeinte Gefühl auf Begriffe zu bringen. – Folgendes enthält die formale Grundsätze der Führung eines solchen Streits und die sich daraus ergebende Folgen.

1) Dieser Streit kann und soll nicht durch friedliche Übereinkunft *(amicabilis compositio)* beigelegt werden, sondern bedarf (als Proceß) einer **Sentenz**, d. i. des rechtkräftigen Spruchs ei-

nes Richters (der Vernunft); denn es könnte nur durch Unlauterkeit, Verheimlichung der Ursachen des Zwistes und Beredung geschehen, daß er beigelegt würde, dergleichen Maxime aber dem Geiste einer p h i l o s o p h i s c h e n Facultät, als der auf öffentliche Darstellung der Wahrheit geht, ganz zuwider ist.

2) Er kann nie aufhören, und die philosophische Facultät ist diejenige, die dazu jederzeit gerüstet sein muß. Denn statutarische Vorschriften der Regierung in Ansehung der öffentlich vorzutragenden Lehren werden immer sein müssen, weil die unbeschränkte Freiheit, alle seine Meinungen ins Publicum zu schreien, theils der Regierung, theils aber auch diesem Publicum selbst gefährlich werden müßte. Alle Satzungen der Regierung aber, weil sie von Menschen ausgehen, wenigstens von diesen sanctionirt werden, bleiben jederzeit der Gefahr des Irrthums oder der Zweckwidrigkeit unterworfen; mithin sind sie es auch in Ansehung der Sanction der Regierung, womit diese die obere Facultäten versieht. Folglich kann die philosophische Facultät ihre Rüstung gegen die Gefahr, womit die Wahrheit, deren Schutz ihr aufgetragen ist, bedroht wird, nie ablegen, weil die obere Facultäten ihre Begierde zu herrschen nie ablegen werden.

3) Dieser Streit kann dem Ansehen der Regierung nie Abbruch thun. Denn er ist nicht ein Streit der Facultäten mit der Regierung, sondern einer Facultät mit der andern, dem die Regierung ruhig zusehen kann; weil, ob sie zwar gewisse Sätze der obern in ihren besondern Schutz genommen hat, so fern sie solche der letzteren ihren Geschäftsleuten zum öffentlichen Vortrage vorschreibt, so hat sie doch nicht die Facultäten, als gelehrten Gesellschaften, wegen der Wahrheit dieser ihrer öffentlich vorzutragenden Lehren, Meinungen und Behauptungen, sondern nur wegen ihres (der Regierung) eigenen Vortheils in Schutz genommen, weil es ihrer Würde nicht gemäß sein würde, über den innern Wahrheitsgehalt derselben zu entscheiden und so selbst den Gelehrten zu spielen. – Die obere Facultäten sind nämlich der Regierung für nichts weiter verant-

wortlich, als für die Instruction und Belehrung, die sie ihren Geschäftsleuten zum öffentlichen Vortrage geben; denn die laufen ins Publicum als bürgerliches gemeines Wesen und sind daher, weil sie dem Einfluß der Regierung auf dieses Abbruch thun könnten, dieser ihrer Sanction unterworfen. Dagegen gehen die Lehren und Meinungen, welche die Facultäten unter dem Namen der Theoretiker unter einander abzumachen haben, in eine andere Art von Publicum, nämlich in das eines gelehrten gemeinen Wesens, welches sich mit Wissenschaften beschäftigt; wovon das Volk sich selbst bescheidet, daß es nichts davon versteht, die Regierung aber mit gelehrten Händeln sich zu befassen für sich nicht anständig findet*. Die Classe der obern Facultäten (als die rechte Seite des Parlaments der Gelahrtheit) vertheidigt die Statute der Regierung, indessen daß es in einer so freien Verfassung, als die sein muß, wo es um Wahrheit zu thun ist, auch eine Oppositionspartei (die linke Seite) geben muß, welche die Bank der philosophischen Facultät ist, weil ohne deren strenge Prüfung und Einwürfe die Re-

---

* Dagegen, wenn der Streit vor dem bürgerlichen gemeinen Wesen (öffentlich, z. B. auf Kanzeln) geführt würde, wie es die Geschäftsleute (unter dem Namen der Praktiker) gern versuchen, so wird er unbefugterweise vor den Richterstuhl des Volks (dem in Sachen der Gelehrsamkeit gar kein Urtheil zusteht) gezogen und hört auf, ein gelehrter Streit zu sein; da dann jener Zustand des gesetzwidrigen Streits, wovon oben Erwähnung geschehen, eintritt, wo Lehren den Neigungen des Volks angemessen vorgetragen werden und der Same des Aufruhrs und der Factionen ausgestreut, die Regierung aber dadurch in Gefahr gebracht wird. Diese eigenmächtig sich selbst dazu aufwerfende Volkstribunen treten so fern aus dem Gelehrtenstande, greifen in die Rechte der bürgerlichen Verfassung (Welthändel) ein und sind eigentlich die Neologen, deren mit Recht verhaßter Name aber sehr mißverstanden wird, wenn er jede Urheber einer Neuigkeit in Lehren und Lehrformen trifft. (Denn warum sollte das Alte eben immer das Bessere sein?) Dagegen diejenige eigentlich damit gebrandmarkt zu werden verdienen, welche eine ganz andere Regierungsform, oder vielmehr eine Regierungslosigkeit (Anarchie) einführen, indem sie das, was eine Sache der Gelehrsamkeit ist, der Stimme des Volks zur Entscheidung übergeben, dessen Urtheil sie durch Einfluß auf seine Gewohnheiten, Gefühle und Neigungen nach Belieben lenken und so einer gesetzmäßigen Regierung den Einfluß abgewinnen können.

gierung von dem, was ihr selbst ersprießlich oder nachtheilig sein dürfte, nicht hinreichend belehrt werden würde. – Wenn aber die Geschäftsleute der Facultäten in Ansehung der für den öffentlichen Vortrag gegebenen Verordnung für ihren Kopf Änderungen machen wollten, so kann die Aufsicht der Regierung diese als Neuerer, welche ihr gefährlich werden könnten, in Anspruch nehmen und doch gleichwohl über sie nicht unmittelbar, sondern nur nach dem von der obern Facultät eingezogenen allerunterthänigsten Gutachten absprechen, weil diese Geschäftsleute nur durch die Facultät von der Regierung zu dem Vortrage gewisser Lehren haben angewiesen werden können.

4) Dieser Streit kann sehr wohl mit der Eintracht des gelehrten und bürgerlichen gemeinen Wesens in Maximen zusammen bestehen, deren Befolgung einen beständigen Fortschritt beider Classen von Facultäten zu größerer Vollkommenheit bewirken muß und endlich zur Entlassung von allen Einschränkungen die Freiheit des öffentlichen Urtheils durch die Willkür der Regierung vorbereitet.

Auf diese Weise könnte es wohl dereinst dahin kommen, daß die Letzten die Ersten (die untere Facultät die obere) würden, zwar nicht in der Machthabung, aber doch in Berathung des Machthabenden (der Regierung), als welche in der Freiheit der philosophischen Facultät und der ihr daraus erwachsenden Einsicht besser als in ihrer eigenen absoluten Autorität Mittel zu Erreichung ihrer Zwecke antreffen würde.

Resultat.

Dieser Antagonism, d. i. Streit zweier mit einander zu einem gemeinschaftlichen Endzweck vereinigten Parteien, *(concordia discors, discordia concors)* ist also kein Krieg, d. i. keine Zwietracht aus der Entgegensetzung der Endabsichten des gelehrten Mein und Dein, welches so wie das politische aus

Freiheit und Eigenthum besteht, wo jene als Bedingung nothwendig vor diesem vorhergehen muß; folglich den oberen Facultäten kein Recht verstattet werden kann, ohne daß es der unteren zugleich erlaubt bleibe, ihre Bedenklichkeit über dasselbe an das gelehrte Publicum zu bringen.

Anhang

einer Erläuterung des Streits der Facultäten durch das Beispiel desjenigen zwischen der theologischen und philosophischen.

I.

Materie des Streits.

Der biblische Theolog ist eigentlich der Schriftgelehrte für den Kirchenglauben, der auf Statuten, d. i. auf Gesetzen beruht, die aus der Willkür eines andern ausfließen; dagegen ist der rationale der Vernunftgelehrte für den Religionsglauben, folglich denjenigen, der auf innern Gesetzen beruht, die sich aus jedes Menschen eigener Vernunft entwickeln lassen. Daß dieses so sei, d. i. daß Religion nie auf Satzungen (so hohen Ursprungs sie immer sein mögen) gegründet werden könne, erhellt selbst aus dem Begriffe der Religion. Nicht der Inbegriff gewisser Lehren als göttlicher Offenbarungen (denn der heißt Theologie), sondern der aller unserer Pflichten überhaupt als göttlicher Gebote (und subjectiv der Maxime sie als solche zu befolgen) ist Religion. Religion unterscheidet sich nicht der Materie, d. i. dem Object, nach in irgend einem Stücke von der Moral, denn sie geht auf Pflichten überhaupt, sondern ihr Unterschied von dieser ist blos formal, d. i. eine Gesetzgebung der Vernunft, um der Moral durch die aus dieser selbst erzeugte Idee von Gott auf den menschlichen Willen zu Erfüllung aller seiner

Pflichten Einfluß zu geben. Darum ist sie aber auch nur eine einzige, und es giebt nicht nur verschiedene Religionen, aber wohl verschiedene Glaubensarten an göttliche Offenbarung und deren statutarische Lehren, die nicht aus der Vernunft entspringen können, d. i. verschiedene Formen der sinnlichen Vorstellungsart des göttlichen Willens, um ihm Einfluß auf die Gemüther zu verschaffen, unter denen das Christenthum, so viel wir wissen, die schicklichste Form ist. Dies findet sich nun in der Bibel aus zwei ungleichartigen Stücken zusammengesetzt, dem einen, welches den Kanon, dem andern, was das Organon oder Vehikel der Religion enthält, wovon der erste der reine **Religionsglaube** (ohne Statuten auf bloßer Vernunft gegründet), der andere der **Kirchenglaube**, der ganz auf Statuten beruht, genannt werden kann, die einer Offenbarung bedurften, wenn sie für heilige Lehre und Lebensvorschriften gelten sollten. – Da aber auch dieses Leitzeug zu jenem Zweck zu gebrauchen Pflicht ist, wenn es für göttliche Offenbarung angenommen werden darf, so läßt sich daraus erklären, warum der sich auf Schrift gründende Kirchenglaube bei Nennung des Religionsglaubens gemeiniglich mit verstanden wird.

Der biblische Theolog sagt: suchet in der Schrift, wo ihr meinet das ewige Leben zu finden. Dieses aber, weil die Bedingung desselben keine andere als die moralische Besserung des Menschen ist, kann kein Mensch in irgend einer Schrift finden, als wenn er sie hineinlegt, weil die dazu erforderlichen Begriffe und Grundsätze eigentlich nicht von irgend einem andern gelernt, sondern nur bei Veranlassung eines Vortrages aus der eigenen Vernunft des Lehrers entwickelt werden müssen. Die Schrift aber enthält noch mehr, als was an sich selbst zum ewigen Leben erforderlich ist, was nämlich zum Geschichtsglauben gehört und in Ansehung des Religionsglaubens als bloßes sinnliches Vehikel zwar (für diese oder jene Person, für diese oder jenes Zeitalter) zuträglich sein kann, aber nicht nothwendig dazu gehört. Die biblisch-theologische Facultät dringt nun darauf als göttliche Offenbarung in gleichem Maße, als wenn der Glaube desselben zur Religion gehörte. Die philosophische aber widerstreitet jener in Ansehung dieser Vermengung und dessen, was jene über die eigentliche Religion Wahres in sich enthält.

Zu diesem Vehikel (d. i. dem, was über die Religionslehre noch hinzukommt) gehört auch noch die Lehrmethode, die man als den Aposteln selbst überlassen und nicht als göttliche Offenbarung betrachten darf, sondern beziehungsweise auf die Denkungsart der damaligen Zeiten (κατ' ανϑρωπον) und nicht als Lehrstücke an sich selbst (κατ' αληϑειαν) geltend annehmen kann, und zwar entweder negativ als bloße Zulassung gewisser damals herrschender, an sich irriger Meinungen, um nicht gegen einen herrschenden, doch im Wesentlichen gegen die Religion nicht streitenden damaligen Wahn zu verstoßen (z. B. das von den Besessenen), oder auch positiv, um sich der Vorliebe eines Volks für ihren alten Kirchenglauben, der jetzt ein Ende haben sollte, zu bedienen, um den neuen zu introduciren. (Z. B. die Deutung der Geschichte des alten Bundes als Vorbilder von dem, was im neuen geschah, welche als Judaism, wenn sie irrigerweise in die Glaubenslehre als ein Stück derselben aufgenommen wird, uns wohl den Seufzer ablocken kann: *nunc istae reliquiae nos exercent. Cicero.*)

Um deswillen ist eine Schriftgelehrsamkeit des Christenthums manchen Schwierigkeiten der Anlegungskunst unterworfen, über die und deren Princip die obere Facultät (der biblische Theolog) mit der unteren in Streit gerathen muß, indem die erstere als für die theoretische biblische Erkenntniß vorzüglich besorgt die letztere in Verdacht zieht, alle Lehren, die als eigentliche Offenbarungslehren und also buchstäblich angenommen werden müßten, wegzuphilosophiren und ihnen einen beliebigen Sinn unterzuschieben, diese aber als mehr aufs Praktische, d. i. mehr auf Religion als auf Kirchenglauben, sehend umgekehrt jene beschuldigt durch solche Mittel den Endzweck, der als innere Religion moralisch sein muß und auf der Vernunft beruht, ganz aus den Augen zu bringen. Daher die letztere, welche die Wahrheit zum Zweck hat, mithin die Philosophie im Falle des Streits über den Sinn einer Schriftstelle sich das Vorrecht anmaßt, ihn zu bestimmen. Folgendes sind die philosophischen Grundsätze der Schriftauslegerei, wodurch nicht verstanden werden will, daß die Auslegung philosophisch (zur Erweiterung der Philosophie abzielt), sondern daß blos die Grundsätze der Auslegung so beschaffen sein müssen: weil alle Grundsätze, sie mögen nun eine historisch- oder grammatisch-kritische Auslegung betreffen, jederzeit, hier aber besonders, weil, was aus Schriftstellen für die Religion (die blos ein Gegenstand der Vernunft sein kann) auszumitteln sei, auch von der Vernunft dictirt werden müssen.

II.

Philosophische Grundsätze der Schriftauslegung zu Beilegung des Streits.

I. Schriftstellen, welche gewisse theoretische, für heilig angekündigte, aber allen (selbst den moralischen) Vernunftbegriff übersteigende Lehren enthalten, dürfen, diejenige aber, welche der praktischen Vernunft widersprechende Sätze enthalten, müssen zum Vortheil der letzteren ausgelegt werden. – Folgendes enthält hiezu einige Beispiele.

a) Aus der Dreieinigkeitslehre, nach dem Buchstaben genommen, läßt sich schlechterdings nichts fürs Praktische machen, wenn man sie gleich zu verstehen glaubte, noch weniger aber wenn man inne wird, daß sie gar alle unsere Begriffe übersteigt. – Ob wir in der Gottheit drei oder zehn Personen zu verehren haben, wird der Lehrling mit gleicher Leichtigkeit aufs Wort annehmen, weil er von einem Gott in mehreren Personen (Hypostasen) gar keinen Begriff hat, noch mehr aber weil er aus dieser Verschiedenheit für seinen Lebenswandel gar keine verschiedene Regeln ziehen kann. Dagegen wenn man in Glaubenssätzen einen moralischen Sinn hereinträgt, (wie ich es: Religion innerhalb den Gränzen etc. versucht habe), er nicht einen folgeleeren, sondern auf unsere moralische Bestimmung bezogenen verständlichen Glauben enthalten würde. Eben so ist es mit der Lehre der Menschwerdung einer Person der Gottheit bewandt. Denn wenn dieser Gottmensch nicht als die in Gott von Ewigkeit her liegende Idee der Menschheit in ihrer ganzen ihm wohlgefälligen moralischen Vollkommenheit* (ebendaselbst S. 91 f.), sondern als die in einem wirklichen Menschen »leibhaftig wohnende« und als zweite Natur in ihm wirkende Gottheit vorgestellt wird: so ist aus diesem Geheimnisse gar nichts Praktisches für uns zu machen, weil wir doch von uns nicht verlangen können, daß wir es einem Gotte gleich thun sollen, er also in so fern kein Beispiel für uns werden kann, ohne noch die Schwierigkeit in Anregung zu bringen, warum, wenn solche Vereinigung einmal möglich ist, die Gottheit nicht alle Menschen derselben hat theilhaftig werden lassen, welche alsdann unausbleiblich ihm alle wohlgefällig geworden wären. – Ein Ähnliches kann von der Auferstehungs- und Himmelfahrtsgeschichte eben desselben gesagt werden.

---

* Die Schwärmerei des Postellus in Venedig über diesen Punkt im 16ten Jahrhundert ist von so originaler Art und dient so gut zum Beispiel, in welche Verirrungen, und zwar mit Vernunft zu rasen, man gerathen kann, wenn man die Versinnlichung einer reinen Vernunftidee in die Vorstellung eines Gegenstandes der Sinne verwandelt. Denn wenn unter jener Idee nicht das Abstractum der Menschheit, sondern ein Mensch verstanden wird, so muß dieser von irgend einem Geschlecht sein. Ist dieser von Gott Gezeugte männlichen Geschlechts (ein Sohn), hat die Schwachheit der Menschen getragen und ihre Schuld auf sich genommen, so sind die Schwachheiten sowohl als die Übertretungen des anderen Geschlechts doch von denen des männlichen specifisch unterschieden, und man wird nicht ohne Grund versucht anzunehmen, daß dieses auch seine besondere Stellvertreterin (gleichsam eine göttliche Tochter) als Versöhnerin werde bekommen haben; und diese glaubte Postell in der Person einer frommen Jungfrau in Venedig gefunden zu haben.

Ob wir künftig blos der Seele nach leben, oder ob dieselbe Materie, daraus unser Körper hier bestand, zur Identität unserer Person in der andern Welt erforderlich, die Seele also keine besondere Substanz sei, unser Körper selbst müsse auferweckt werden, das kann uns in praktischer Absicht ganz gleichgültig sein; denn wem ist wohl sein Körper so lieb, daß er ihn gern in Ewigkeit mit sich schleppen möchte, wenn er seiner entübrigt sein kann? Des Apostels Schluß also: »Ist Christus nicht auferstanden (dem Körper nach lebendig geworden), so werden wir auch nicht auferstehen (nach dem Tode gar nicht mehr leben)« ist nicht bündig. Er mag es aber auch nicht sein (denn dem Argumentiren wird man doch nicht auch eine Inspiration zum Grunde legen), so hat er doch hiemit nur sagen wollen, daß wir Ursache haben zu glauben, Christus lebe noch, und unser Glaube sei eitel, wenn selbst ein so vollkommener Mensch nicht nach dem (leiblichen) Tode leben sollte, welcher Glaube, den ihm (wie allen Menschen) die Vernunft eingab, ihn zum historischen Glauben an eine öffentliche Sache bewog, die er treuherzig für wahr annahm und sie zum Beweisgrunde eines moralischen Glaubens des künftigen Lebens brauchte, ohne inne zu werden, daß er selbst dieser Sage ohne den letzteren schwerlich würde Glauben beigemessen haben. Die moralische Absicht wurde hiebei erreicht, wenn gleich die Vorstellungsart das Merkmal der Schulbegriffe an sich trug, in denen er war erzogen worden. – Übrigens stehen jener Sache wichtige Einwürfe entgegen: die Einsetzung des Abendmahls (einer traurigen Unterhaltung) zum Andenken an ihn sieht einem förmlichen Abschied (nicht blos aufs baldige Wiedersehen) ähnlich. Die klagende Worte am Kreuz drücken eine fehlgeschlagene Absicht aus (die Juden noch bei seinem Leben zur wahren Religion zu bringen), da doch eher das Frohsein über eine vollzogne Absicht hätte erwartet werden sollen. Endlich der Ausdruck der Jünger bei dem Lucas: »Wir dachten, er solle Israel erlösen« läßt auch nicht abnehmen, daß sie auf ein in drei Tagen erwartetes Wiedersehen vorbereitet waren, noch weniger, daß ihnen von seiner Auferstehung etwas zu Ohren gekommen sei. – Aber warum sollten wir wegen einer Geschichtserzählung, die wir immer an ihren Ort (unter die Adiaphora) gestellt sein lassen sollen, uns in so viel gelehrte Untersuchungen und Streitigkeiten verpflichten, wenn es um Religion zu thun ist, welcher der Glaube in praktischer Beziehung, den die Vernunft uns einflößt, schon für sich hinreichend ist.

b) In der Auslegung der Schriftstellen, in welchen der Ausdruck unserm Vernunftbegriff von der göttlichen Natur und seinem Willen widerstreitet, haben biblische Theologen sich längst zur Regel gemacht, daß, was menschlicherweise (ανδρωποπαδως) ausgedrückt ist, nach einem gottwürdigen Sinne (δεοπρεπως) müsse ausgelegt werden; wodurch sie dann ganz deutlich das Bekenntniß ablegten, die Vernunft sei in Religionssachen die oberste Auslegerin der Schrift. – Daß aber selbst, wenn man dem heil. Schriftsteller keinen andern Sinn, den er wirklich mit seinen Ausdrücken verband, unterlegen kann, als einen solchen, der mit unserer Vernunft gar in Widerspruche steht, die Vernunft sich doch berechtigt fühle, seine Schriftstelle so auszulegen, wie sie es ihren Grundsätzen gemäß findet, und nicht dem Buchstaben nach auslegen solle, wenn sie jenen nicht gar eines Irrthums beschuldigen will, das scheint ganz und gar wider die oberste Regeln der Interpretation zu verstoßen, und gleichwohl ist es noch immer mit Beifall von den belobtesten Gottesgelehrten geschehen. – So ist es mit St. Paulus' Lehre von der Gnadenwahl gegangen, aus welcher aufs deutlichste erhellt, daß seine Privatmeinung die Prädestination im strengsten Sinne des Worts gewesen sein muß, welche darum auch von einer großen protestantischen Kirche in ihren Glauben aufgenommen worden, in der Folge aber von einem großen Theil derselben wieder verlassen, oder, so gut wie man konnte, anders gedeutet worden ist, weil die Vernunft sie mit der Lehre von der Freiheit, der Zurechnung der Handlungen und so mit der ganzen Moral unvereinbar findet. – Auch wo der Schriftglaube in keinen Verstoß gewisser Lehren wider sittliche Grundsätze, sondern nur wider die Vernunftmaxime in Beurtheilung physischer Erscheinungen geräth, haben Schriftausleger mit fast allgemeinem Beifall manche biblische Geschichtserzählungen, z. B. von den Besessenen (dämonischen Leuten), ob sie zwar in demselben historischen Tone wie die übrige heil. Geschichte in der Schrift vorgetragen worden und fast nicht zu zweifeln ist, daß ihre Schriftsteller sie buchstäblich für wahr gehalten haben, doch so ausgelegt, daß die Vernunft dabei bestehen könnte (um nicht allem Aberglauben und Betrug freien Eingang zu verschaffen), ohne daß man ihnen diese Befugniß bestritten hat.

II. Der Glaube an Schriftlehren, die eigentlich haben offenbart werden müssen, wenn sie haben gekannt werden sollen, hat an sich kein Verdienst, und der Mangel desselben, ja sogar der ihm entgegenstehende Zweifel ist an sich keine Verschuldung, sondern alles kommt in der Religion aufs Thun an, und diese Endabsicht, mithin auch ein dieser gemäßer Sinn muß allen biblischen Glaubenslehren untergelegt werden.

Unter Glaubenssätzen versteht man nicht, was geglaubt werden soll (denn das Glauben verstattet keinen Imperativ), sondern das, was in praktischer (moralischer) Absicht anzunehmen möglich und zweckmäßig, obgleich nicht eben erweislich ist, mithin nur geglaubt werden kann. Nehme ich das Glauben ohne diese moralische Rücksicht blos in der Bedeutung eines theoretischen Fürwahrhaltens, z. B. dessen, was sich auf dem Zeugniß anderer geschichtmäßig gründet, oder auch, weil ich mir gewisse gegebene Erscheinungen nicht anders als unter dieser oder jener Voraussetzung erklären kann, zu einem Princip an, so ist ein solcher Glaube, weil er weder einen besseren

Menschen macht noch einen solchen beweiset, gar kein Stück der Religion; ward er aber nur als durch Furcht und Hoffnung aufgedrungen in der Seele erkünstelt, so ist er der Aufrichtigkeit, mithin auch der Religion zuwider. – Lauten also Spruchstellen so, als ob sie das Glauben einer Offenbarungslehre nicht allein als an sich verdienstlich ansähen, sondern wohl gar über moralisch-gute Werke erhöben, so müssen sie so ausgelegt werden, als ob nur der moralische, die Seele durch Vernunft bessernde und erhebende Glaube dadurch gemeint sei; gesetzt auch, der buchstäbliche Sinn, z. B. wer da glaubet und getaufet wird, wird selig etc., lautete dieser Auslegung zuwider. Der Zweifel über jene statutarische Dogmen und ihre Authenticität kann also eine moralische, wohlgesinnte Seele nicht beunruhigen. – Eben dieselben Sätze können gleichwohl als wesentliche Erfordernisse zum Vortrag eines gewissen Kirchenglaubens angesehen werden, der aber, weil er nur Vehikel des Religionsglaubens, mithin an sich veränderlich ist und einer allmählichen Reinigung bis zur Congruenz mit dem letzteren fähig bleiben muß, nicht zum Glaubensartikel selbst gemacht, obzwar doch auch in Kirchen nicht öffentlich angegriffen oder auch mit trockenem Fuß übergangen werden darf, weil er unter der Gewahrsame der Regierung steht, die für öffentliche Eintracht und Frieden Sorge trägt, indessen daß es des Lehrers Sache ist davor zu warnen, ihm nicht eine für sich bestehende Heiligkeit beizulegen, sondern ohne Verzug zu dem dadurch eingeleiteten Religionsglauben überzugehen.

III. Das Thun muß als aus des Menschen eigenem Gebrauch seiner moralischen Kräfte entspringend und nicht als Wirkung vom Einfluß einer äußeren höheren wirkenden Ursache, in Ansehung deren der Mensch sich leidend verhielte, vorgestellt werden; die Auslegung der Schriftstellen, welche buchstäblich das letztere zu enthalten scheinen, muß also auf die Übereinstimmung mit dem ersteren Grundsatze absichtlich gerichtet werden.

Wenn unter Natur das im Menschen herrschende Princip der Beförderung seiner Glückseligkeit, unter Gnade aber die in uns liegende unbegreifliche moralische Anlage, d. i. das Princip der reinen Sittlichkeit, verstanden wird, so sind Natur und Gnade nicht allein von einander unterschieden, sondern auch oft gegen einander in Widerstreit. Wird aber unter Natur (in praktischer Bedeutung) das Vermögen aus eigenen Kräften überhaupt gewisse Zwecke auszurichten verstanden, so ist Gnade nichts anders als Natur des Menschen, so fern er durch sein eigenes inneres, aber übersinnliches Princip (die Vorstellung seiner Pflicht) zu Handlungen bestimmt wird, welches, weil wir uns es erklären wollen, gleichwohl aber weiter keinen Grund davon wissen, von uns als von der Gottheit in uns gewirkter Antrieb zum Guten, dazu wir die Anlage in uns nicht selbst gegründet haben, mithin als Gnade vorgestellt wird. – Die Sünde nämlich (die Bösartigkeit in der menschlichen Natur) hat das Strafgesetz (gleich als für Knechte) nothwendig gemacht, die Gnade aber (d. i. die durch den Glauben an die ursprüngliche Anlage zum Guten in uns und die durch das Beispiel der Gott wohlgefälligen Menschheit an dem Sohne Gottes lebendig werdende Hoffnung der Entwickelung dieses Guten) kann und soll in uns (als Freien) noch mächtiger werden, wenn wir sie nur in uns wirken, d. h. die Gesinnungen eines jenem heil. Beispiel ähnlichen Lebenswandels thätig werden lassen. – Die Schriftstellen also, die eine blos passive Ergebung an eine äußere in uns Heiligkeit wirkende Macht zu enthalten scheinen, müssen so ausgelegt werden, daß daraus erhelle, wir müssen an der Entwickelung jener moralischen Anlage in uns selbst arbeiten, ob sie zwar selber eine Göttlichkeit eines Ursprungs beweiset, der höher ist als alle Vernunft (in der theoretischen Nachforschung der Ursache), und daher, sie besitzen, nicht Verdienst, sondern Gnade ist.

IV. Wo das eigene Thun zur Rechtfertigung des Menschen vor seinem eigenen (strenge richtenden) Gewissen nicht zulangt, da ist die Vernunft befugt allenfalls eine übernatürliche Ergänzung seiner mangelhaften Gerechtigkeit (auch ohne daß sie bestimmen darf, worin sie bestehe) gläubig anzunehmen.

Diese Befugniß ist für sich selbst klar; denn was der Mensch nach seiner Bestimmung sein soll (nämlich dem heil. Gesetz angemessen), das muß er auch werden können, und ist es nicht durch eigene Kräfte natürlicherweise möglich, so darf er hoffen, daß es durch äußere göttliche Mitwirkung (auf welche Art es auch sei) geschehen werde. – Man kann noch hinzusetzen, daß der Glaube an diese Ergänzung seligmachend sei, weil er dadurch allein zum gottwohlgefälligen Lebenswandel (als der einzigen Bedingung der Hoffnung der Seligkeit) Muth und feste Gesinnung fassen kann, daß er am Gelingen seiner Endabsicht (Gott wohlgefällig zu werden) nicht verzweifelt. – Daß er aber wissen und bestimmt müsse angeben können, worin das Mittel dieses Ersatzes (welches am Ende doch überschwenglich und bei allem, was uns Gott darüber selbst sagen möchte, für uns begreiflich ist) bestehe, das ist eben nicht nothwendig, ja, auf diese Kenntniß auch nur Anspruch zu machen, Vermessenheit. – Die Schriftstellen also, die eine solche specifische Offenbarung zu enthalten scheinen, müssen so ausgelegt werden, daß sie nur das Vehikel jenes moralischen Glaubens für ein Volk nach dessen bisher bei ihm im Schwang gewesenen Glaubenslehren betreffen und nicht Religionsglauben (für alle Menschen), mithin blos den Kirchenglauben (z. B. für Judenchristen) angehen, welcher historischer Beweise bedarf, deren nicht jedermann theilhaftig werden kann; statt dessen Religion (als auf moralische Begriffe gegründet) für sich vollständig und zweifelsfrei sein muß.

* * *

Aber selbst wider die Idee einer philosophischen Schriftauslegung höre ich die vereinigte Stimme der biblischen Theologen sich erheben: sie hat, sagt man, erstlich eine naturalistische Religion und nicht Christenthum zur Absicht. A n t w o r t : das Christenthum ist die Idee von der Religion, die überhaupt auf Vernunft gegründet und so fern natürlich sein muß. Es enthält aber ein Mittel der Einführung derselben unter Menschen, die Bibel, deren Ursprung für übernatürlich gehalten wird, die (ihr Ursprung mag sein, welcher er wolle), so fern sie den moralischen Vorschriften der Vernunft in Ansehung ihrer öffentlichen Ausbreitung und inniglicher Belebung beförderlich ist, als Vehikel zur Religion gezählt werden kann und als ein solches auch für übernatürliche Offenbarung angenommen werden mag. Nun kann man eine Religion nur n a t u r a l i s t i s c h nennen, wenn sie es zum Grundsatze macht, keine solche Offenbarung einzuräumen. Also ist das Christenthum darum nicht eine naturalistische Religion, obgleich es blos eine natürliche ist, weil es nicht in Abrede ist, daß die Bibel nicht ein übernatürliches Mittel der Introduction der letzteren und der Stiftung einer sie öffentlich lehrenden und bekennenden Kirche sein möge, sondern nur auf diesen Ursprung, wenn es auf Religionslehre ankommt, nicht Rücksicht nimmt.

III.

Einwürfe und Beantwortung derselben, die Grundsätze der Schriftauslegung betreffend.

Wider diese Auslegungsregeln höre ich ausrufen: e r s t l i c h : das sind ja insgesammt Urtheile der philosophischen Facultät, welche sich also in das Geschäft des biblischen Theologen Eingriffe erlaubt. – A n t w o r t : zum Kirchenglauben wird historische Gelehrsamkeit, zum Religionsglauben blos Vernunft erfordert. Jenen als Vehikel des letzteren auszulegen ist freilich eine Forderung der Vernunft, aber wo ist eine solche rechtmäßiger, als wo etwas nur als Mittel zu etwas Anderem als Endzweck (dergleichen die Religion ist) einen Werth hat, und giebt es überall wohl ein höheres Princip der Entscheidung, wenn über Wahrheit gestritten wird, als die Vernunft? Es thut auch der theologischen Facultät keinesweges Abbruch, wenn die philosophische sich der Statuten derselben bedient, ihre eigene Lehre durch Einstimmung mit derselben zu bestärken; man sollte vielmehr denken, daß jener dadurch eine Ehre widerfahre. Soll aber doch, was die Schriftauslegung betrifft, durchaus Streit zwischen beiden sein, so weiß ich keinen andern Vergleich als diesen: **wenn der biblische Theolog aufhören wird sich der Vernunft zu seinem Behuf zu bedienen, so wird der philosophische auch aufhören zu Bestätigung seiner Sätze die Bibel zu gebrauchen.** Ich zweifle aber sehr, daß der erstere sich auf diesen Vertrag einlassen dürfte. – **Zweitens**: jene Auslegungen sind allegorisch-mystisch, mithin weder biblisch noch philosophisch. **Antwort**: Es ist gerade das Gegentheil, nämlich daß, wenn der biblische Theolog die Hülle der Religion für die Religion selbst nimmt, er z. B. das ganze alte Testament für eine fortgehende **Allegorie** (von Vorbildern und symbolischen Vorstellungen) des noch kommenden Religionszustandes erklären muß, wenn er nicht annehmen will, das wäre damals schon wahre Religion gewesen (die doch nicht noch wahrer als wahr sein kann), wodurch dann das neue entbehrlich gemacht würde. Was aber die vorgebliche Mystik der Vernunftauslegungen betrifft, wenn die Philosophie in Schriftstellen einen moralischen Sinn aufgespäht, ja gar ihn dem Texte aufdringt, so ist diese gerade das einzige Mittel, die Mystik (z. B. eines **Swedenborgs**) abzuhalten. Denn die Phantasie verläuft sich bei Religionsdingen unvermeidlich ins Überschwengliche, wenn sie das Übersinnliche (was in allem, was Religion heißt, gedacht werden muß) nicht an bestimmte Begriffe der Vernunft, dergleichen die moralische sind, knüpft, und führt zu einem Illuminatism innerer Offenbarungen, deren ein jeder alsdann seine eigene hat und kein öffentlicher Probirstein der Wahrheit mehr Statt findet.

Es giebt aber noch Einwürfe, die die Vernunft ihr selbst gegen die Vernunftauslegung der Bibel macht, die wir nach der Reihe oben angeführter Auslegungsregeln kürzlich bemerken und zu heben suchen wollen. a) E i n w u r f : Als Offenbarung muß die Bibel aus sich selbst und nicht durch die Vernunft gedeutet werden; denn der Erkenntnißquell selbst liegt anderswo als in der Vernunft. A n t w o r t : Eben darum, weil jenes Buch als göttliche Offenbarung angenommen wird, muß sie nicht blos nach Grundsätzen der Geschichtslehren (mit sich selbst zusammen zu stimmen) theoretisch, sondern nach Vernunftbegriffen praktisch ausgelegt werden; denn daß eine Offenbarung göttlich sei, kann nie durch Kennzeichen, welche die Erfahrung an die Hand giebt, eingesehen werden. Ihr Charakter (wenigstens als *conditio sine qua non*) ist immer die Übereinstimmung mit dem, was die Vernunft für Gott anständig erklärt. – b) E i n w u r f : Vor allem Praktischen muß doch immer eine Theorie vorhergehen, und da diese als Offenbarungslehre vielleicht Absichten des Willens Gottes, die wir nicht durchdringen können, für uns aber verbindend sein dürften, sie zu befördern, enthalten könnten, so scheint das Glauben an dergleichen theoretische Sätze für sich selbst eine Verbindlichkeit, mithin das Bezweifeln derselben eine Schuld zu enthalten. A n t w o r t : Man kann dieses einräumen, wenn vom Kirchenglauben die Rede ist, bei dem es auf keine andere Praxis als die der angeordneten Gebräuche angesehen ist, wo die, so sich zu einer Kirche bekennen, zum Fürwahrnehmen nichts mehr, als daß die Lehre nicht unmöglich sei, bedürfen; dagegen zum Religionsglauben Ü b e r z e u g u n g von der Wahrheit erforderlich ist, welche aber durch Statute (daß sie göttliche Sprüche sind) nicht beurkundigt werden kann, weil, daß sie es sind, nur immer wiederum durch Geschichte bewiesen werden müßte, die sich **selbst** für göttliche Offenbarung auszugeben nicht befugt ist. Daher bei diesem, der gänzlich auf Moralität des Lebenswandels, aufs Thun, gerichtet ist, das Fürwahrhalten historischer, obschon biblischer Lehren an sich keinen moralischen Werth oder Unwerth hat und unter die Adiaphora gehört. – c) E i n w u r f : Wie kann man einem Geistlichtodten das »Stehe auf und wandle!« zurufen, wenn diesen Zuruf nicht zugleich eine übernatürliche Macht begleitet, die Leben in ihn hineinbringt? A n t w o r t : Der Zuruf geschieht an den Menschen durch seine eigene Vernunft, sofern sie das übersinnliche Princip des moralischen Lebens in sich selbst hat. Durch dieses kann der Mensch zwar vielleicht nicht sofort zum Leben und um von selbst aufzustehen, aber doch sich zu regen und zur Bestrebung eines guten Lebenswandels erweckt werden (wie einer, bei dem die Kräfte nur schlafen, aber darum nicht erloschen sind), und das ist schon ein Thun, welches keines äußeren Einflusses bedarf und, fortgesetzt, den beabsichtigten Wandel bewirken kann. – d) E i n w u r f : Der Glaube an eine uns unbekannte Ergänzungsart des Mangels unserer eigenen Gerechtigkeit, mithin als Wohlthat eines Anderen ist eine umsonst angenommene Ursache *(petitio principii)* zu Befriedigung des von uns gefühlten Bedürfnisses. Denn was wir von der Gnade eines Oberen erwarten, davon können wir nicht, als ob es sich von selbst verstände, annehmen, daß es uns zu Theil werden müsse, sondern nur, wenn es uns wirklich versprochen worden, und daher nur durch Acceptation eines uns geschehenen bestimmten Versprechens, wie durch einen förmlichen Vertrag. Also können wir, wie es scheint, jene Ergänzung nur, sofern sie durch göttliche O f f e n b a r u n g wirklich zugesagt worden, und nicht auf gut Glück hin hoffen und voraussetzen. A n t w o r t : Eine unmittelbare göttliche Offenbarung in dem tröstenden Ausspruch: »Dir sind deine Sünden vergeben,« wäre eine übersinnliche Erfahrung, welche unmöglich ist. Aber diese ist auch in Ansehung dessen, was (wie die Religion) auf moralischen Vernunftgründen beruht und dadurch *a priori*, wenigstens in praktischer Absicht, gewiß ist, nicht nöthig. Von einem heiligen und gütigen Gesetzgeber kann man sich die Decrete in Ansehung gebrechlicher, aber Alles, was sie für Pflicht erkennen, nach ihrem ganzen Vermögen zu befolgen strebender Geschöpfe nicht anders denken, und selbst der Vernunftglaube und das Vertrauen auf eine solche Ergänzung, ohne daß eine bestimmte empirisch ertheilte Zusage dazu kommen darf, beweiset mehr die ächte moralische Gesinnung und hiemit die Empfänglichkeit für jene gehoffte Gnadenbezeigung, als es ein empirischer Glaube thun kann.

* * *

Auf solche Weise müssen alle Schriftauslegungen, so fern sie die Religion betreffen, nach dem Princip der in der Offenbarung abgezweckten Sittlichkeit gemacht werden und sind ohne das entweder praktisch leer oder gar Hindernisse des Guten. – Auch sind sie alsdann nur eigentlich authentisch, d. i. der Gott in uns ist selbst der Ausleger, weil wir niemand verstehen als den, der durch unsern eigenen Verstand und unsere eigene Vernunft mit uns redet, die Göttlichkeit einer an uns ergangenen Lehre also durch nichts, als durch Begriffe unserer Vernunft, so fern sie rein-moralisch und hiemit untrüglich sind, erkannt werden kann.

Allgemeine Anmerkung.

Von Religionssecten.

In dem, was eigentlich Religion genannt zu werden verdient, kann es keine Sectenverschiedenheit geben (denn sie ist einig, allgemein und nothwendig, mithin unveränderlich), wohl aber in dem, was den Kirchenglauben betrifft, er mag nun blos auf die Bibel, oder auch auf Tradition gegründet sein: so fern der

Glaube an das, was blos Vehikel der Religion ist, für Artikel derselben gehalten wird.

Es wäre Herculische und dabei undankbare Arbeit, nur blos die Secten des Christenthums, wenn man unter ihm den messianischen Glauben versteht, alle aufzuzählen; denn da ist jenes blos eine Secte* des letztern, so daß es dem Judenthum in engerer Bedeutung (in dem letzten Zeitpunkt seiner ungetheilten Herrschaft über das Volk) entgegengesetzt wird, wo die Frage ist: »Bist du es, der da kommen soll, oder sollen wir eines Anderen warten?«, wofür es auch anfänglich die Römer nahmen. In dieser Bedeutung aber würde das Christenthum ein gewisser auf Satzungen und Schrift gegründeter Volksglaube sein, von dem man nicht wissen könnte, ob er gerade für alle Menschen gültig oder der letzte Offenbarungsglaube sein dürfte, bei dem es forthin bleiben müßte, oder ob nicht künftig andere göttliche Statuten, die dem Zweck noch näher träten, zu erwarten wären.

Um also ein bestimmtes Schema der Eintheilung einer Glaubenslehre in Secten zu haben, können wir nicht von empirischen Datis, sondern wir müssen von Verschiedenheiten anfangen, die sich *a priori* durch die Vernunft denken lassen, um in der Stufenreihe der Unterschiede der Denkungsart in Glaubenssachen die Stufe auszumachen, in der die Verschiedenheit zuerst einen Sectenunterschied begründen würde.

In Glaubenssachen ist das Princip der Eintheilung nach der angenommenen Denkungsart entweder Religion oder

---

* Es ist eine Sonderbarkeit des deutschen Sprachgebrauchs (oder Mißbrauchs), daß sich die Anhänger unserer Religion Christen nennen; gleich als ob es mehr als einen Christus gebe und jeder Gläubige ein Christus wäre. Sie müßten sich Christianer nennen. – Aber dieser Name würde sofort wie ein Sectenname angesehen werden von Leuten, denen man (wie im Peregrinus Proteus geschieht) viel Übels nachsagen kann: welches in Ansehung des Christen nicht Statt findet. – So verlangte ein Recensent in der Hallischen gel. Zeitung, daß der Name Jehovah durch Jawoh ausgesprochen werden sollte. Aber diese Veränderung würde eine bloße Nationalgottheit, nicht den Herrn der Welt zu bezeichnen scheinen.

Heidenthum (die einander wie *A* und *non A* entgegen sind). Die Bekenner der ersteren werden gewöhnlich Gläubige, die des zweiten Ungläubige genannt. Religion ist derjenige Glaube, der das Wesentliche aller Verehrung Gottes in der Moralität des Menschen setzt: Heidenthum, der es nicht darin setzt; entweder weil es ihm gar an dem Begriffe eines übernatürlichen und moralischen Wesens mangelt (*Ethnicismus brutus*), oder weil er etwas Anderes als die Gesinnung eines sittlich wohlgeführten Lebenswandels, also das Nichtwesentliche der Religion, zum Religionsstück macht (*Ethnicismus speciosus*).

Glaubenssätze, welche zugleich als göttliche Gebote gedacht werden sollen, sind nun entweder blos statutarisch, mithin für uns zufällig und Offenbarungslehren, oder moralisch, mithin mit dem Bewußtsein ihrer Nothwendigkeit verbunden und *a priori* erkennbar, d. i. Vernunftlehren des Glaubens. Der Inbegriff der ersteren Lehren macht den Kirchen-, der anderen aber den reinen Religionsglauben aus.*

Allgemeinheit für einen Kirchenglauben zu fordern (*catholicismus hierarchicus*) ist ein Widerspruch, weil unbedingte Allgemeinheit Nothwendigkeit voraus setzt, die nur da Statt findet, wo die Vernunft selbst die Glaubenssätze hinreichend begründet, mithin diese nicht bloße Statute sind. Dagegen hat der reine Religionsglaube rechtmäßigen Anspruch auf Allgemeingültigkeit (*catholicismus rationalis*). Die Sectirerei in Glaubenssachen wird also bei dem letztern nie Statt finden, und wo sie angetroffen wird, da entspringt sie immer aus einem Fehler des Kirchenglaubens: seine Statute (selbst göttliche Offenbarungen) für wesentliche Stücke der Religion zu halten, mithin den Empirism in Glaubenssachen dem Nationalism unterzuschieben und so das blos Zufällige für an sich nothwendig auszugeben. Da nun in zufälligen Lehren es vielerlei einander widerstreitende, theils Satzungen, theils Auslegung von Satzun-

---

* Diese Eintheilung, welche ich nicht für präcis und dem gewöhnlichen Redegebrauch angemessen ausgebe, mag einstweilen hier gelten.

gen, geben kann: so ist leicht einzusehen, daß der bloße Kirchenglaube, ohne durch den reinen Religionsglauben geläutert zu sein, eine reiche Quelle unendlich vieler Secten in Glaubenssachen sein werde.

Um diese Läuterung, worin sie bestehe, bestimmt abzugeben, scheint mir der zum Gebrauch schicklichste Probirstein der Satz zu sein: ein jeder Kirchenglaube, so fern er blos statutarische Glaubenslehren für wesentliche Religionslehren ausgiebt, hat eine gewisse B e i m i s c h u n g v o n H e i d e n t h u m; denn dieses besteht darin, das Äußerliche (Außerwesentliche) der Religion für wesentlich auszugeben. Diese Beimischung kann gradweise so weit gehen, daß die ganze Religion darüber in einen bloßen Kirchenglauben, Gebräuche für Gesetze auszugeben, übergeht und alsdann baares Heidenthum wird,* wider welchen Schimpfnamen es nichts verschlägt zu sagen, daß jene Lehren doch göttliche Offenbarungen seien; denn nicht jene statutarische Lehren und Kirchenpflichten selbst sondern der unbedingte ihnen beigelegte Werth (nicht etwa blos Vehikel, sondern selbst Religionsstücke zu sein, ob sie zwar keinen inneren moralischen Gehalt bei sich führen, also nicht die Materie der Offenbarung, sondern die Form ihrer Aufnahme in seine praktische Gesinnung) ist das, was auf eine solche Glaubensweise den Namen des Heidenthums mit Recht fallen läßt. Die kirchliche Autorität, nach einem solchen Glauben selig zu sprechen oder zu verdammen, würde das Pfaffenthum genannt werden, von welchem Ehrennamen sich so nennende Protestanten nicht auszuschließen sind, wenn sie das Wesentliche ihrer Glaubenslehre in Glauben an Sätze und Observanzen, von

---

* H e i d e n t h u m *(Paganismus)* ist der Worterklärung nach der religiöse Aberglaube des Volks in Wäldern (Heiden), d. i. einer Menge, deren Religionsglaube noch ohne nur kirchliche Verfassung, mithin ohne öffentliches Gesetz ist. Juden aber, Mohammedaner und Indier halten das für kein Gesetz, was nicht das ihrige ist, und benennen andere Völker, die nicht eben dieselbe kirchliche Observanzen haben, mit dem Titel der Verwerfung (Goj, Dschaur u. s. w.), nämlich der Ungläubigen.

denen ihnen die Vernunft nichts sagt, und welche zu bekennen und zu beobachten der schlechteste, nichtswürdigste Mensch in eben demselben Grade tauglich ist als der beste, zu setzen bedacht sind: sie mögen auch einen noch so großen Nachtrapp von Tugenden, als die aus der wundervollen Kraft der ersteren entsprängen (mithin ihre eigene Wurzel nicht haben), anhängen, als sie immer wollen.

Von dem Punkte also, wo der Kirchenglaube anfängt, für sich selbst mit Autorität zu sprechen, ohne auf seine Rectification durch den reinen R e l i g i o n s g l a u b e n zu achten, hebt auch die Sectirerei an; denn da dieser (als praktischer Vernunftglaube) seinen Einfluß auf die menschliche Seele nicht verlieren kann, der mit dem Bewußtsein der Freiheit verbunden ist, indessen daß der Kirchenglaube über die Gewissen Gewalt ausübt: so sucht ein jeder etwas für seine eigene Meinung in den Kirchenglauben hinein oder aus ihm heraus zu bringen.

Diese Gewalt veranlaßt entweder bloße Absonderung von der Kirche (Separatism), d. i. Enthaltung von der öffentlichen Gemeinschaft mit ihr, oder öffentliche Spaltung der in Ansehung der kirchlichen Form Andersdenkenden, ob sie zwar der Materie nach sich zu eben derselben bekennen (Schismatiker), oder Zusammentretung der Dissidenten in Ansehung gewisser Glaubenslehren in besondere, nicht immer geheime, aber doch vom Staat nicht sanctionirte Gesellschaften (Sectirer), deren einige noch besondere, nicht fürs große Publicum gehörende, geheime Lehren aus eben demselben Schatz her holen (gleichsam Clubbisten der Frömmigkeit), endlich auch falsche Friedensstifter, die durch die Zusammenschmelzung verschiedener Glaubensarten allen genug zu thun meinen (Synkretisten); die dann noch schlimmer sind als Sectirer, weil Gleichgültigkeit in Ansehung der Religion überhaupt zum Grunde liegt und, weil einmal doch ein Kirchenglaube im Volk sein müsse, einer so gut wie der andere sei, wenn er sich nur durch die Regierung zu ihren Zwecken gut handhaben läßt; ein Grundsatz, der im

Munde des Regenten, als eines solchen, zwar ganz richtig, auch sogar weise ist, im Urtheile des Unterthanen selbst aber, der diese Sache aus seinem eigenen und zwar moralischen Interesse zu erwägen hat, die äußerste Geringschätzung der Religion verrathen würde; indem, wie selbst das Vehikel der Religion beschaffen sei, was jemand in seinen Kirchenglauben aufnimmt, für die Religion keine gleichgültige Sache ist.

In Ansehung der Sectirerei (welche auch wohl ihr Haupt bis zur Vermannigfaltigung der Kirchen erhebt, wie es bei den Protestanten geschehen ist) pflegt man zwar zu sagen: es ist gut, daß es vielerlei Religionen (eigentlich kirchliche Glaubensarten in einem Staate) giebt, und so fern ist dieses auch richtig, als es ein gutes Zeichen ist: nämlich daß Glaubensfreiheit dem Volke gelassen worden; aber das ist eigentlich nur ein Lob für die Regierung. An sich aber ist ein solcher öffentlicher Religionszustand doch nicht gut, dessen Princip so beschaffen ist, daß es nicht, wie es doch der Begriff einer Religion erfordert, Allgemeinheit und Einheit der wesentlichen Glaubensmaximen bei sich führt und den Streit, der von dem Außerwesentlichen herrührt, nicht von jenem unterscheidet. Der Unterschied der Meinungen in Ansehung der größeren oder minderen Schicklichkeit oder Unschicklichkeit des Vehikels der Religion zu dieser als Endabsicht selbst (nämlich die Menschen moralisch zu bessern) mag also allenfalls Verschiedenheit der Kirchensecten, darf aber darum nicht Verschiedenheit der Religionssecten bewirken, welche der Einheit und Allgemeinheit der Religion (also der unsichtbaren Kirche) gerade zuwider ist. Aufgeklärte Katholiken und Protestanten werden also einander als Glaubensbrüder ansehen können, ohne sich doch zu vermengen, beide in der Erwartung (und Bearbeitung zu diesem Zweck): daß die Zeit unter Begünstigung der Regierung nach und nach die Förmlichkeiten des Glaubens (der freilich alsdann nicht ein Glaube sein muß, Gott sich durch etwas anders, als durch reine moralische Gesinnung günstig zu machen oder zu versöhnen) der Würde ihres Zwecks, nämlich der Religion selbst, näher bringen werde. – Selbst in Ansehung der Juden ist dieses ohne die Träumerei einer allgemeinen Judenbekehrung* (zum Christenthum als einem messianischen Glauben) möglich, wenn unter ihnen, wie jetzt geschieht, geläuterte Religionsbegriffe erwachen und das Kleid des nunmehr zu nichts dienenden, vielmehr alle wahre Religionsgesinnung verdrängenden alten Cultus abwerfen. Da sie nun so lange das Kleid ohne Mann (Kirche ohne Religion) gehabt haben, gleichwohl aber der Mann ohne Kleid (Religion ohne Kirche) auch nicht gut verwahrt ist, sie also gewisse Förmlichkeiten einer Kirche, die dem Endzweck in ihrer jetzigen Lage am angemessensten wäre, bedürfen: so kann man den Gedanken eines sehr guten Kopfs dieser Nation, Bendavid's, die Religion Jesu (vermuthlich mit ihrem Vehikel, dem Evangelium) öffentlich anzunehmen, nicht allein für sehr glücklich, sondern auch für den einzigen Vorschlag halten, dessen Ausführung dieses Volk, auch ohne sich mit andern in Glaubenssachen zu vermischen, bald als ein gelehrtes, wohlgesittetes und aller Rechte des bürgerlichen Zustandes fähiges Volk, dessen Glaube auch von der Regierung sanctionirt werden könnte, bemerklich machen würde; wobei freilich ihr die Schriftauslegung (der Thora und des Evangeliums) frei gelassen werden müßte, um die Art, wie Jesus als Jude zu Juden, von der Art, wie er als moralischer Lehrer zu Menschen überhaupt redete, zu unterscheiden. –

---

* Moses Mendelssohn wies dieses Ansinnen auf eine Art ab, die seiner Klugheit Ehre macht (durch eine *argumentatio ad hominem*). So lange (sagt er) als nicht Gott vom Berge Sinai eben so feierlich unser Gesetz aufhebt, als er es (unter Donner und Blitz) gegeben, d. i. bis zum Nimmertag, sind wir daran gebunden; womit er wahrscheinlicher Weise sagen wollte: Christen, schafft ihr erst das Judenthum aus Eurem eigenen Glauben weg: so werden wir auch das unsrige verlassen. – Daß er aber seinen eignen Glaubensgenossen durch diese harte Forderung die Hoffnung zur mindesten Erleichterung der sie drückenden Lasten abschnitt, ob er zwar wahrscheinlich die wenigsten derselben für wesentlich seinem Glauben angehörig hielt, ob das seinem guten Willen Ehre mache, mögen diese selbst entscheiden.

Die Euthanasie des Judenthums ist die reine moralische Religion mit Verlassung aller alten Satzungslehren, deren einige doch im Christenthum (als messianischen Glauben) noch zurück behalten bleiben müssen: welcher Sectenunterschied endlich doch auch verschwinden muß und so das, was man als den Beschluß des großen Drama des Religionswechsels auf Erden nennt, (die Wiederbringung aller Dinge) wenigstens im Geiste herbeiführt, da nur ein Hirt und eine Herde Statt findet.

* * *

Wenn aber gefragt wird, nicht blos was Christenthum sei, sondern wie es der Lehrer desselben anzufangen habe, damit ein solches in den Herzen der Menschen wirklich angetroffen werde (welches mit der Aufgabe einerlei ist: was ist zu thun, damit der Religionsglaube zugleich bessere Menschen mache?), so ist der Zweck zwar einerlei und kann keinen Sectenunterschied veranlassen, aber die Wahl des Mittels zu demselben kann diesen doch herbei führen, weil zu einer und derselben Wirkung sich mehr wie eine Ursache denken läßt und sofern also Verschiedenheit und Streit der Meinungen, ob das eine oder das andere demselben angemessen und göttlich sei, mithin eine Trennung in Principien bewirken kann, die selbst das Wesentliche (in subjectiver Bedeutung) der Religion überhaupt angehen.

Da die Mittel zu diesem Zwecke nicht empirisch sein können – weil dieses allenfalls wohl auf die That, aber nicht auf die Gesinnung hinwirken –, so muß für den, der alles Übersinnliche zugleich für übernatürlich hält, die obige Aufgabe sich in die Frage verwandeln: wie ist die Wiedergeburt (als die Folge der Bekehrung, wodurch jemand ein anderer, neuer Mensch wird) durch göttlichen unmittelbaren Einfluß möglich, und was hat der Mensch zu thun, um diesen herbei zu ziehen? Ich behaupte, daß, ohne die Geschichte zu Rathe zu ziehen (als welche zwar Meinungen, aber nicht die Nothwendigkeit derselben vorstellig machen kann), man *a priori* einen unausbleiblichen Sectenunterschied, den blos diese Aufgabe bei denen bewirkt, welchen es eine Kleinigkeit ist, zu einer natürlichen Wirkung übernatürliche Ursachen herbei zu rufen, vorher sagen kann, ja daß diese Spaltung auch die einzige sei, welche zur Benennung zweier verschiedener Religionssecten berechtigt; denn die anderen, welche man fälschlich so benennt, sind nur Kirchensecten und gehen das Innere der Religion nicht an. – Ein jedes Problem aber besteht erstlich aus der Quästion der Aufgabe, zweitens der Auflösung und drittens dem Beweis, daß das Verlangte durch die letztere geleistet werde. Also:

1) Die Aufgabe (die der wackere Spener mit Eifer allen Lehrern der Kirche zurief) ist: der Religionsvortrag muß zum Zweck haben, aus uns andere, nicht blos bessere Menschen (gleich als ob wir so schon gute, aber nur dem Grade nach vernachlässigte wären) zu machen. Dieser Satz ward den Orthodoxisten (ein nicht übel ausgedachter Name) in den Weg geworfen, welche in dem Glauben an die reine Offenbarungslehre und den von der Kirche vorgeschriebenen Observanzen (dem Beten, dem Kirchengehen und den Sacramenten) neben dem ehrbaren (zwar mit Übertretungen untermengten, durch jene aber immer wieder gut zu machenden) Lebenswandel die Art setzten, Gott wohlgefällig zu werden. – Die Aufgabe ist also ganz in der Vernunft gegründet.

2) Die Auflösung aber ist völlig mystisch ausgefallen: so wie man es vom Supernaturalism in Principien der Religion erwarten konnte, der, weil der Mensch von Natur in Sünden todt sei, keine Besserung aus eigenen Kräften hoffen lasse, selbst nicht aus der ursprünglichen unverfälschbaren moralischen Anlage in seiner Natur, die, ob sie gleich übersinnlich ist, dennoch Fleisch genannt wird, darum weil ihre Wirkung nicht zugleich übernatürlich ist, als in welchem Falle die unmittelbare Ursache derselben allein der Geist (Gottes) sein würde. – Die mystische Auflösung jener Aufgabe theilt nun die Gläu-

bigen in zwei Secten des Gefühls übernatürlicher Einflüsse: die eine, wo das Gefühl als von herzzermalmender (zerknirschender), die andere, wo es von herzzerschmelzender (in die selige Gemeinschaft mit Gott sich auflösender) Art sein müsse, so daß die Auflösung des Problems (aus bösen Menschen gute zu machen) von zwei entgegengesetzten Standpunkten ausgeht (»wo das Wollen zwar gut ist, aber das Vollbringen mangelt«). In der einen Secte kommt es nämlich nur darauf an, von der Herrschaft des Bösen in sich los zu kommen, worauf dann das gute Princip sich von selbst einfinden würde: in der andern, das gute Princip in seine Gesinnung aufzunehmen, worauf vermittelst eines übernatürlichen Einflusses das Böse für sich keinen Platz mehr finden und das Gute allein herrschend sein würde.

Die Idee von einer moralischen, aber nur durch übernatürlichen Einfluß möglichen Metamorphose des Menschen mag wohl schon längst in den Köpfen der Gläubigen rumort haben: sie ist aber in neueren Zeiten allererst recht zur Sprache gekommen und hat den Spener-Franckischen und den Mährisch-Zinsendorfschen Sectenunterschied (den Pietism und Moravianism) in der Bekehrungslehre hervorgebracht.

Nach der ersteren Hypothese geschieht die Scheidung des Guten vom Bösen (womit die menschliche Natur amalgamirt ist) durch eine übernatürliche Operation, die Zerknirschung und Zermalmung des Herzens in der Buße, als einem nahe an Verzweiflung grenzenden, aber doch auch nur durch den Einfluß eines himmlischen Geistes in seinem nöthigen Grade erreichbaren Gram *(maeror animi)*, um welchen der Mensch selbst bitten müsse, indem er sich selbst darüber grämt, daß er sich nicht genug gräme (mithin das Leidsein ihm doch nicht so ganz von Herzen gehen kann). Diese »Höllenfahrt des Selbsterkenntnisses bahnt nun, wie der sel. Hamann sagt, den Weg zur Vergötterung«. Nämlich nachdem diese Glut der Buße ihre größte Höhe erreicht hat, geschehe der Durchbruch, und der Regulus des Wiedergeborenen glänze unter den Schlacken, die ihn zwar umgeben, aber nicht verunreinigen, tüchtig zu dem Gott wohlgefälligen Gebrauch in einem guten Lebenswandel. – Diese radicale Veränderung fängt also mit einem Wunder an und endigt mit dem, was man sonst als natürlich anzusehen pflegt, weil es die Vernunft vorschreibt, nämlich mit dem moralisch-guten Lebenswandel. Weil man aber selbst beim höchsten Fluge einer mystisch-gestimmten Einbildungskraft den Menschen doch nicht von allem Selbstthun lossprechen kann, ohne ihn gänzlich zur Maschine zu machen, so ist das anhaltende inbrünstige Gebet das, was ihm noch zu thun obliegt, (wofern man es überhaupt für ein Thun will gelten lassen) und wovon er sich jene übernatürliche Wirkung allein versprechen kann; wobei doch auch der Scrupel eintritt: daß, da das Gebet, wie es heißt, nur sofern erhörlich ist, als es im Glauben geschieht, dieser selbst aber eine Gnadenwirkung ist, d. i. etwas, wozu der Mensch aus eigenen Kräften nicht gelangen kann, er mit seinen Gnadenmitteln im Cirkel geführt wird und am Ende eigentlich nicht weiß, wie er das Ding angreifen solle.

Nach der zweiten Secte Meinung geschieht der erste Schritt, den der sich seiner sündigen Beschaffenheit bewußt werdende Mensch zum Besseren thut, ganz natürlich, durch die Vernunft, die, indem sie ihm im moralischen Gesetz den Spiegel vorhält, worin er seine Verwerflichkeit erblickt, die moralische Anlage zum Guten benutzt, um ihn zur Entschließung zu bringen, es fortmehr zu seiner Maxime zu machen: aber die Ausführung dieses Vorsatzes ist ein Wunder. Er wendet sich nämlich von der Fahne des bösen Geistes ab und begiebt sich unter die des guten, welches eine leichte Sache ist. Aber nun bei dieser zu beharren, nicht wieder ins Böse zurück zu fallen, vielmehr im Guten immer mehr fortzuschreiten, das ist die Sache, wozu er natürlicher Weise unvermögend sei, vielmehr nichts Geringeres als Gefühl einer übernatürlichen Gemeinschaft und sogar das Bewußtsein eines continuirlichen Umganges mit einem himmlischen Geiste erfordert werde; wobei es zwischen ihm und dem letzteren zwar auf einer Seite nicht an Verweisen, auf der andern nicht an Abbitten fehlen kann: doch ohne daß eine Entzweiung oder Rückfall (aus der Gnade) zu besorgen ist; wenn er nur darauf Bedacht nimmt, diesen Umgang, der selbst ein continuirliches Gebet ist, ununterbrochen zu cultiviren.

Hier ist nun eine zwiefache mystische Gefühlstheorie zum Schlüssel der Aufgabe: ein neuer Mensch zu werden, vorgelegt, wo es nicht um das Object und den Zweck aller Religion (den Gott gefälligen Lebenswandel, denn darüber stimmen beide Theile überein), sondern um die subjective Bedingungen zu thun ist, unter denen wir allein Kraft dazu bekommen, jene Theorie in uns zur Ausführung zu bringen; wobei dann von Tugend (die ein leerer Name sei) nicht die Rede sein kann, sondern nur von der Gnade, weil beide Parteien darüber einig sind, daß es hiemit nicht natürlich zugehen könne, sich aber wieder darin von einander trennen, daß der eine Theil den fürchterlichen Kampf mit dem bösen Geiste, um von dessen Gewalt los zu kommen, bestehen muß, der andere aber dieses gar nicht nöthig, ja als Werkheiligkeit verwerflich findet, sondern geradezu mit dem gute Geiste Allianz schließt, weil die vorige mit dem bösen (als *pactum turpe*) gar keinen Einspruch dagegen verursachen kann; da dann die Wiedergeburt als einmal für allemal vorgehende übernatürliche und radicale Revolution im Seelenzustande auch wohl äußerlich einen Sectenunterschied aus so sehr gegen einander abstechenden Gefühlen beider Parteien, kennbar machen dürfte.*

---

* Welche Nationalphysiognomie möchte wohl ein ganzes Volk, welches (wenn dergleichen möglich wäre) in einer dieser Secten erzogen wäre, haben? Denn daß eine solche sich zeigen würde, ist wohl nicht zu zweifeln: weil oft wiederholte, vornehmlich widernatürliche Eindrücke aufs Gemüth sich in Geberdung und Ton der Sprache äußeren, und Mienen endlich stehende Gesichtszü-

3) Der Beweis: daß, wenn, was Nr. 2 verlangt worden, geschehen, die Aufgabe Nr. 1 dadurch aufgelöset sein werde. – Dieser Beweis ist unmöglich. Denn der Mensch müßte beweisen, daß in ihm eine übernatürliche Erfahrung, die an sich selbst ein Widerspruch ist, vorgegangen sei. Es könnte allenfalls eingeräumt werden, daß der Mensch in sich eine Erfahrung (z. B. von neuen und besseren Willensbestimmungen) gemacht hätte, von einer Veränderung, die er sich nicht anders als durch ein Wunder zu erklären weiß, also von etwas Übernatürlichem. Aber eine Erfahrung, von der er sich sogar nicht einmal, daß sie in der That Erfahrung sei, überführen kann, weil sie (als übernatürlich) auf keine Regel der Natur unseres Verstandes zurückgeführt und dadurch bewährt werden kann, ist eine Ausdeutung gewisser Empfindungen, von denen man nicht weiß, was man aus ihnen machen soll, ob sie als zum Erkenntniß gehörig einen wirklichen Gegenstand haben, oder bloße Träumereien sein mögen. Den unmittelbaren Einfluß der Gottheit als einer solchen fühlen wollen, ist, weil die Idee von dieser blos in der Vernunft liegt, eine sich selbst widersprechende Anmaßung. – Also ist hier eine Aufgabe sammt ihrer Auflösung ohne irgend einen möglichen Beweis; woraus denn auch nie etwas Vernünftiges gemacht werden wird.

Es kommt nun noch darauf an, nachzusuchen, ob die Bibel nicht noch ein anderes Princip der Auflösung jenes Spenerischen Problems, als die zwei angeführte sectenmäßige enthalte, welches die Unfruchtbarkeit des kirchlichen Grundsatzes der

---

ge werden. Beate, oder wie sie Hr. Nicolai nennt, gebenedeiete Gesichter würden es von anderen gesitteten und aufgeweckten Völkern (eben nicht zu seinem Vortheil) unterscheiden; denn es ist Zeichnung der Frömmigkeit in Caricatur. Aber nicht die Verachtung der Frömmigkeit ist es, was den Namen der Pietisten zum Sectennamen gemacht hat (mit dem immer eine gewisse Verachtung verbunden ist), sondern die phantastische und bei allem Schein der Demuth stolze Anmaßung sich als übernatürlich-begünstigte Kinder des Himmels auszuzeichnen, wenn gleich ihr Wandel, so viel man sehen kann, vor dem der von ihnen so benannten Weltkinder in der Moralität nicht den mindesten Vorzug zeigt.

bloßen Orthodoxie ersetzen könne. In der That ist nicht allein in die Augen fallend, daß ein solches in der Bibel anzutreffen sei, sondern auch überzeugend gewiß, daß nur durch dasselbe und das in diesem Princip enthaltene Christenthum dieses Buch seinen so weit ausgebreiteten Wirkungskreis und dauernden Einfluß auf die Welt hat erwerben können, eine Wirkung, die keine Offenbarungslehre (als solche), kein Glaube an Wunder, keine vereinigte Stimme vieler Bekenner je hervorgebracht hätte, weil sie nicht aus der Seele des Menschen selbst geschöpft gewesen wäre und ihm also immer hätte fremd bleiben müssen.

Es ist nämlich etwas in uns, was zu bewundern wir niemals aufhören können, wenn wir es einmal ins Auge gefaßt haben, und dieses ist zugleich dasjenige, was die Menschheit in der Idee zu einer Würde erhebt, die man am Menschen als Gegenstande der Erfahrung nicht vermuthen sollte. Daß wir den moralischen Gesetzen unterworfene und zu deren Beobachtung selbst mit Aufopferung aller ihnen widerstreitenden Lebensannehmlichkeiten durch unsere Vernunft bestimmte Wesen sind, darüber wundert man sich nicht, weil es objectiv in der natürlichen Ordnung der Dinge als Objecte der reinen Vernunft liegt, jenen Gesetzen zu gehorchen: ohne daß es dem gemeinen und gesunden Verstande nur einmal einfällt, zu fragen, woher uns jene Gesetze kommen mögen, um vielleicht, bis wir ihren Ursprung wissen, die Befolgung derselben aufzuschieben, oder wohl gar ihre Wahrheit zu bezweifeln. – Aber daß wir auch das Vermögen dazu haben, der Moral mit unserer sinnlichen Natur so große Opfer zu bringen, daß wir das auch können, wovon wir ganz leicht und klar begreifen, daß wir es sollen, diese Überlegenheit des übersinnlichen Menschen in uns über den sinnlichen, desjenigen, gegen den der letztere (wenn es zum Widerstreit kommt) nichts ist, ob dieser zwar in seinen eigenen Augen Alles ist, diese moralische, von der Menschheit unzertrennliche Anlage in uns ist ein Gegenstand der höchsten

Bewunderung, die, je länger man dieses wahre (nicht erdachte) Ideal ansieht, nur immer desto höher steigt: so daß diejenigen wohl zu entschuldigen sind, welche, durch die Unbegreiflichkeit desselben verleitet, dieses Übersinnliche in uns, weil es doch praktisch ist, für übernatürlich, d. i. für etwas, was gar nicht in unserer Macht steht und uns als eigen zugehört, sondern vielmehr für den Einfluß von einem andern und höheren Geiste halten; worin sie aber sehr fehlen: weil die Wirkung dieses Vermögens alsdann nicht unsere That sein, mithin uns auch nicht zugerechnet werden könnte, das Vermögen dazu also nicht das unsrige sein würde. – Die Benutzung der Idee dieses uns unbegreiflicher Weise beiwohnenden Vermögens und in Ansherzlegung derselben von der frühesten Jugend an und fernerhin im öffentlichen Vortrage enthält nun die ächte Auflösung jenes Problems (vom neuen Menschen), und selbst die Bibel scheint nichts anders vor Augen gehabt zu haben, nämlich nicht auf übernatürliche Erfahrungen und schwärmerische Gefühle hin zu weisen, die statt der Vernunft diese Revolution bewirken sollten: sondern auf den Geist Christi, um ihn, so wie er ihn in Lehre und Beispiel bewies, zu dem unsrigen zu machen, oder vielmehr, da er mit der ursprünglichen moralischen Anlage schon in uns liegt, ihm nur Raum zu verschaffen. Und so ist zwischen dem seelenlosen Orthodoxism und dem vernunfttödtenden Mysticism die biblische Glaubenslehre, so wie sie vermittelst der Vernunft aus uns selbst entwickelt werden kann, die mit göttlicher Kraft auf aller Menschen Herzen zur gründlichen Besserung hinwirkende und sie in einer allgemeinen (obzwar unsichtbaren) Kirche vereinigende, auf dem Kriticism der praktischen Vernunft gegründete wahre Religionslehre.

* * *

Das aber, worauf es in dieser Anmerkung eigentlich ankommt, ist die Beantwortung der Frage: ob die Regierung wohl einer

Secte des Gefühlglaubens die Sanction einer Kirche könne angedeihen lassen; oder ob sie eine solche zwar dulden und schützen, mit jenem Prärogativ aber nicht beehren könne, ohne ihrer eigenen Absicht zuwider zu handeln.

Wenn man annehmen darf (wie man es denn mit Grunde thun kann), daß es der Regierung Sache gar nicht sei, für die künftige Seligkeit der Unterthanen Sorge zu tragen und ihnen den Weg dazu anzuweisen (denn das muß sie wohl diesen selbst überlassen, wie denn auch der Regent selbst seine eigene Religion gewöhnlicher Weise vom Volk und dessen Lehrern her hat): so kann ihre Absicht nur sein, auch durch dieses Mittel (den Kirchenglauben) lenksame und moralisch-gute Unterthanen zu haben.

Zu dem Ende wird sie erstlich keinen Naturalism (Kirchenglauben ohne Bibel) sanctioniren, weil es bei dem gar keine dem Einfluß der Regierung unterworfene kirchliche Form geben würde, welches der Voraussetzung widerspricht. – Die biblische Orthodoxie würde also das sein, woran sie die öffentliche Volkslehrer bände, in Ansehung deren diese wiederum unter der Beurtheilung der Facultäten stehen würden, die es angeht, weil sonst ein Pfaffenthum, d. i. eine Herrschaft der Werkleute des Kirchenglaubens, entstehen würde, das Volk nach ihren Absichten zu beherrschen. Aber den Orthodoxism, d. i. die Meinung von der Hinlänglichkeit des Kirchenglaubens zur Religion, würde sie durch ihre Autorität nicht bestätigen: weil diese die natürliche Grundsätze der Sittlichkeit zur Nebensache macht, da sie vielmehr die Hauptstütze ist, worauf die Regierung muß rechnen können, wenn sie in ihr Volk Vertrauen setzen soll.* Endlich kann sie am wenigsten

---

* Was den Staat in Religionsdingen allein interessiren darf, ist: wozu die Lehrer derselben anzuhalten sind, damit er nützliche Bürger, gute Soldaten und überhaupt getreue Unterthanen habe. Wenn er nun dazu die Einschärfung der Rechtgläubigkeit in statutarischen Glaubenslehren und eben solcher Gnadenmittel wählt, so kann er hiebei sehr übel fahren. Denn da das Annehmen dieser Statute eine leichte und dem schlechtdenkendsten Menschen weit

den Mysticism als Meinung des Volks, übernatürlicher Inspiration selbst theilhaftig werden zu können, zum Rang eines öffentlichen Kirchenglaubens erheben, weil er gar nichts Öffentliches ist und sich also dem Einfluß der Regierung gänzlich entzieht.

Friedens-Abschluß und Beilegung des Streits der Facultäten.

In Streitigkeiten, welche blos die reine, aber praktische Vernunft angehen, hat die philosophische Facultät ohne Widerrede das Vorrecht, den Vortrag zu thun und, was das Formale betrifft, den Proceß zu instruiren; was aber das Materiale anlangt, so ist die theologische im Besitz den Lehnstuhl, der den Vorrang bezeichnet, einzunehmen, nicht weil sie etwa in Sachen der Vernunft auf mehr Einsicht Anspruch machen kann als die übrigen, sondern weil es die wichtigste menschliche Angelegenheit betrifft, und führt daher den Titel der obersten Facultät (doch nur als *prima inter pares*). – Sie spricht aber nicht nach Gesetzen der reinen und *a priori* erkennbaren Vernunftreligion (denn da würde sie sich erniedrigen und auf die philosophische Bank herabsetzen), sondern nach statutarischen, in einem Buche, vorzugsweise Bibel genannt, enthaltenen

---

leichtere Sache ist als dem Guten, dagegen die moralische Besserung der Gesinnung viel und lange Mühe macht, er aber von der ersteren hauptsächlich seine Seligkeit zu hoffen gelehrt worden ist, so darf er sich eben kein groß Bedenken machen, seine Pflicht (doch behutsam) zu übertreten, weil er ein unfehlbares Mittel bei der Hand hat, der göttlichen Strafgerechtigkeit (nur daß er sich nicht verspäten muß) durch seinen rechten Glauben an alle Geheimnisse und inständige Benutzung der Gnadenmittel zu entgehen; dagegen, wenn jene Lehre der Kirche geradezu auf die Moralität gerichtet sein würde, das Urtheil jenes Gewissens ganz anders lauten würde: nämlich daß, so viel er vom Bösen, was er that, nicht ersetzen kann, dafür müsse er einem künftigen Richter antworten, und dieses Schicksal abzuwenden, vermöge kein kirchliches Mittel, kein durch Angst herausgedrängter Glaube, noch ein solches Gebet *(desine fata deum flecti sperare precando).* – Bei welchem Glauben ist nun der Staat sicherer?

Glaubensvorschriften, d. i. in einem Codex der Offenbarung eines vor viel hundert Jahren geschlossenen alten und neuen Bundes der Menschen mit Gott, dessen Authenticität als eines Geschichtsglaubens (nicht eben des moralischen; denn der würde auch aus der Philosophie gezogen werden können) doch mehr von der Wirkung, welche die Lesung der Bibel auf das Herz der Menschen thun mag, als von mit kritischer Prüfung der darin enthaltenen Lehren und Erzählungen aufgestellten Beweisen erwartet werden darf, dessen Auslegung auch nicht der natürlichen Vernunft der Laien, sondern nur der Scharfsinnigkeit der Schriftgelehrten überlassen wird.*

Der biblische Glaube ist ein messianischer Geschichtsglaube, dem ein Buch des Bundes Gottes mit Abraham zum Grunde liegt, und besteht aus einem mosaisch-messianischen und einem evangelisch-messianischen Kirchenglauben, der den Ursprung und die Schicksale des Volks Gottes so vollständig erzählt, daß er, von dem, was in der Weltgeschichte überhaupt das oberste ist, und wobei kein Mensch zugegen war, nämlich dem Weltanfang (in der Genesis), anhebend, sie bis zum Ende aller Dinge (in der Apokalypsis) verfolgt, – welches freilich von keinem Andern, als einem göttlich-inspirirten Verfasser erwartet werden darf; – wobei sich doch eine bedenkliche Zahlen-Kabbala in Ansehung der wichtigsten Epo-

---

* Im römisch-katholischen System des Kirchenglaubens ist diesen Punkt (das Bibellesen) betreffend mehr Consequenz als im protestantischen. – Der reformirte Prediger La Coste sagt zu seinen Glaubensgenossen: »Schöpft das göttliche Wort aus der Quelle (der Bibel) selbst, wo ihr es dann lauter und unverfälscht einnehmen könnt; aber ihr müßt ja nichts anders in der Bibel finden, als was wir darin finden. – Nun, lieben Freunde, sagt uns lieber, was ihr in der Bibel findet, damit wir nicht unnöthiger Weise darin selbst suchen und am Ende, was wir darin gefunden zu haben vermeinten, von euch für unrichtige Auslegung derselben erklärt werde.« – Auch spricht die katholische Kirche in dem Satze: »Außer der Kirche (der katholischen) ist kein Heil«, consequenter als die protestantische, wenn diese sagt: daß man auch als Katholik selig werden könne. Denn wenn das ist (sagt Bossuet), so wählt man ja am sichersten, sich zur ersteren zu schlagen. Denn noch seliger als selig kann doch kein Mensch zu werden verlangen.

chen der heiligen Chronologie darbietet, welche den Glauben an die Authenticität dieser biblischen Geschichtserzählung etwas schwächen dürfte.*

Ein Gesetzbuch des nicht aus der menschlichen Vernunft gezogenen, aber doch mit ihr, als moralisch-praktischer Vernunft, dem Endzwecke nach vollkommen einstimmigen statutarischen (mithin aus einer Offenbarung hervorgehenden) göttlichen Willens, die Bibel, würde nun das kräftigste Organ der

---

* 70 apokalyptische Monate (deren es in diesem Cyklus 4 giebt), jeden zu 29 1/2 Jahren, geben 2065 Jahr. Davon jedes 49ste Jahr, als das große Ruhejahr, (deren in diesem Zeitlaufe 42 sind) abgezogen: bleiben gerade 2023, als das Jahr, da Abraham aus dem Lande Kanaan, das ihm Gott geschenkt hatte, nach Ägypten ging. – Von da an bis zur Einnahme jenes Landes durch die Kinder Israel 70 apokalyptische Wochen (= 490 Jahr) – und so 4 mal solcher Jahrwochen zusammengezählt (= 1960) und mit 2023 addirt, geben nach P. Petau's Rechnung das Jahr der Geburt Christi (= 3983) so genau, daß auch nicht ein Jahr daran fehlt. – Siebzig Jahr hernach die Zerstörung Jerusalems (auch eine mystische Epoche). – – Aber Bengel, *in ordine temporum pag. 9. it. p. 218 seqq.*, bringt 3939 als die Zahl der Geburt Christi heraus? Aber das ändert nichts an der Heiligkeit des Numerus septenarius. Denn die Zahl der Jahre vom Rufe Gottes an Abraham bis zur Geburt Christi ist 1960, welches 4 apokalyptische Perioden austrägt, jeden zu 490, oder auch 40 apok. Perioden, jeden zu 7 mal 7 = 49 Jahr. Zieht man nun von jedem neunundvierzigsten das große Ruhejahr und von jedem größten Ruhejahr, welches das 490ste ist, eines ab (zusammen 44), so bleibt gerade 3939. – Also sind die Jahreszahlen 3983 und 3939, als das verschieden angegebene Jahr der Geburt Christi, nur darin unterschieden: daß die letztere entspringt, wenn in der Zeit der ersteren das, was zur Zeit der 4 großen Epochen gehört, um die Zahl der Ruhejahre vermindert wird. Nach Bengel würde die Tafel der heil. Geschichte so aussehen:
2023: Verheißung an Abraham, das Land Kanaan zu besitzen;
2502: Besitzerlangung desselben;
2981: Einweihung des ersten Tempels;
3460: Gegebener Befehl zur Erbauung des zweiten Tempels;
3939: Geburt Christi.
Auch das Jahr der Sündfluth läßt sich so *a priori* ausrechnen. Nämlich 4 Epochen zu 490 (= 70 x 7) Jahr machen 1960. Davon jedes 7te (= 280) abgezogen, bleiben 1680. Von diesen 1680 jedes darin enthaltene 70ste Jahr abgezogen (= 24), bleiben 1656, als das Jahr der Sündfluth. – Auch von dieser bis zum R. G. an Abraham sind 366 volle Jahre, davon eins ein Schaltjahr ist.
Was soll man nun hiezu sagen? Haben die heiligen Zahlen etwa den Weltlauf bestimmt? – Frank's *Cyclus iobilaeus* dreht sich ebenfalls um diesen Mittelpunkt der mystischen Chronologie herum.

Leitung des Menschen und des Bürgers zum zeitlichen und ewigen Wohl sein, wenn sie nur als Gottes Wort beglaubigt und ihre Authenticität documentirt werden könnte. – Diesem Umstande aber stehen viele Schwierigkeiten entgegen.

Denn wenn Gott zum Menschen wirklich spräche, so kann dieser doch niemals wissen, daß es Gott sei, der zu ihm spricht. Es ist schlechterdings unmöglich, daß der Mensch durch seine Sinne den Unendlichen fassen, ihn von Sinnenwesen unterscheiden und ihn woran kennen solle. – Daß es aber nicht Gott sein könne, dessen Stimme er zu hören glaubt, davon kann er sich wohl in einigen Fällen überzeugen; denn wenn das, was ihm durch sie geboten wird, dem moralischen Gesetz zuwider ist, so mag die Erscheinung ihm noch so majestätisch und die ganze Natur überschreitend dünken: er muß sie doch für Täuschung halten.*

Die Beglaubigung der Bibel nun, als eines in Lehre und Beispiel zur Norm dienenden evangelisch-messianischen Glaubens, kann nicht aus der Gottesgelahrtheit ihrer Verfasser (denn der war immer ein dem möglichen Irrthum ausgesetzter Mensch), sondern muß aus der Wirkung ihres Inhalts auf die Moralität des Volks von Lehrern aus diesem Volk selbst, als Idioten (im Wissenschaftlichen), an sich, mithin als aus dem reinen Quell der allgemeinen, jedem gemeinen Menschen beiwohnenden Vernunftreligion geschöpft betrachtet werden, die eben durch diese Einfalt auf die Herzen desselben den ausgebreitetsten und kräftigsten Einfluß haben mußte. – Die Bibel war das Vehikel derselben vermittelst gewisser statutarischer Vorschriften, welche der Ausübung der Religion in der bürgerlichen Gesellschaft eine Form als einer Regierung gab, und die

---

* Zum Beispiel kann die Mythe von dem Opfer dienen, das Abraham auf göttlichen Befehl durch Abschlachtung und Verbrennung seines einzigen Sohnes – (das arme Kind trug unwissend noch das Holz hinzu) – bringen wollte. Abraham hätte auf diese vermeinte göttliche Stimme antworten müssen: »Daß ich meinen guten Sohn nicht tödten solle, ist ganz gewiß; daß aber du, der du mir erscheinst, Gott sei, davon bin ich nicht gewiß und kann es auch nicht werden«, wenn sie auch vom (sichtbaren) Himmel herabschallte.

Authenticität dieses Gesetzbuchs als eines göttlichen (des Inbegriffs aller unserer Pflichten als göttlicher Gebote) beglaubigt also und documentirt sich selbst, was den Geist desselben (das Moralische) betrifft: was aber den Buchstaben (das Statutarische) desselben anlangt, so bedürfen die Satzungen in diesem Buche keiner Beglaubigung, weil sie nicht zum Wesentlichen *(principale)*, sondern nur zum Beigesellten *(accessorium)* desselben gehören. – – Den Ursprung aber dieses Buchs auf Inspiration seiner Verfasser *(deus ex machina)* zu gründen, um auch die unwesentliche Statute desselben zu heiligen, muß eher das Zutrauen zu seinem moralischen Werth schwächen, als es stärken.

Die Beurkundung einer solchen Schrift, als einer göttlichen, kann von keiner Geschichtserzählung, sondern nur von der erprobten Kraft derselben, Religion in menschlichen Herzen zu gründen und, wenn sie durch mancherlei (alte oder neue) Satzungen verunartet wäre, sie durch ihre Einfalt selbst wieder in ihre Reinigkeit herzustellen, abgeleitet werden, welches Werk darum nicht aufhört, Wirkung der Natur und Erfolg der fortschreitenden moralischen Cultur in dem allgemeinen Gange der Vorsehung zu sein, und als eine solche erklärt zu werden bedarf, damit die Existenz dieses Buchs nicht ungläubisch dem bloßen Zufall, oder abergläubisch einem Wunder zugeschrieben werde, und die Vernunft in beiden Fällen auf den Strand gerathe.

Der Schluß hieraus ist nun dieser:

Die Bibel enthält in sich selbst einen in praktischer Absicht hinreichenden Beglaubigungsgrund ihrer (moralischen) Göttlichkeit durch den Einfluß, den sie als Text einer systematischen Glaubenslehre von jeher sowohl in katechetischem als homiletischem Vortrage auf das Herz der Menschen ausgeübt hat, um sie als Organ nicht allein der allgemeinen und inneren Vernunftreligion, sondern auch als Vermächtniß (neues Testament) einer statutarischen, auf unabsehliche Zeiten zum Leitfaden dienenden Glaubenslehre aufzubehalten: es mag ihr auch in theoretischer Rücksicht für Gelehrte, die ihren Ursprung theoretisch und historisch nachsuchen, und für die kritische Behandlung ihrer Geschichte an Beweisthümern viel oder wenig abgehen. – Die Göttlichkeit ihres moralischen Inhalts entschädigt die Vernunft hinreichend wegen der Menschlichkeit der Geschichtserzählung, die, gleich einem alten Pergamente hin und wieder unleserlich, durch Accommodationen und Conjecturen im Zusammenhange mit dem Ganzen muß verständlich gemacht werden, und berechtigt dabei doch zu dem Satz: daß die Bibel, gleich als ob sie eine göttliche Offenbarung wäre, aufbewahrt, moralisch benutzt und der Religion als ihr Leitmittel untergelegt zu werden verdiene.

Die Keckheit der Kraftgenies, welche diesem Leitbande des Kirchenglaubens sich jetzt schon entwachsen zu sein wähnen, sie mögen nun als Theophilanthropen in öffentlichen dazu errichteten Kirchen, oder als Mystiker bei der Lampe innerer Offenbarungen schwärmen, würde die Regierung bald ihre Nachsicht bedauren machen, jenes große Stiftungs- und Leitungsmittel der bürgerlichen Ordnung und Ruhe vernachlässigt und leichtsinnigen Händen überlassen zu haben. – Auch ist nicht zu erwarten, daß, wenn die Bibel, die wir haben, außer Credit kommen sollte, eine andere an ihrer Stelle emporkommen würde; denn öffentliche Wunder machen sich nicht zum zweitenmale in derselben Sache: weil das Fehlschlagen des vorigen in Absicht auf die Dauer dem folgenden allen Glauben benimmt; – wiewohl doch auch andererseits auf das Geschrei der Alarmisten (das Reich ist in Gefahr) nicht zu achten ist, wenn in gewissen Statuten der Bibel, welche mehr die Förmlichkeiten als den inneren Glaubensgehalt der Schrift betreffen, selbst an den Verfassern derselben einiges gerügt werden sollte: weil das Verbot der Prüfung einer Lehre der Glaubensfreiheit zuwider ist. – Daß aber ein Geschichtsglaube Pflicht sei und zur Seligkeit gehöre, ist Aberglaube.*

---

* Aberglaube ist der Hang in das, was als nicht natürlicher Weise zugehend vermeint wird, ein größeres Vertrauen zu setzen, als was sich nach Naturgeset-

Von der biblischen Auslegungskunst *(hermeneutica sacra)*, da sie nicht den Laien überlassen werden kann (denn sie betrifft ein wissenschaftliches System), darf nun lediglich in Ansehung dessen, was in der Religion statutarisch ist, verlangt werden: daß der Ausleger sich erkläre, ob sein Ausspruch als authentisch, oder als doctrinal verstanden werden solle. – Im ersteren Falle muß die Auslegung dem Sinne des Verfassers buchstäblich (philologisch) angemessen sein; im zweiten aber hat der Schriftsteller die Freiheit, der Schriftstelle (philosophisch) denjenigen Sinn unterzulegen, den sie in moralisch-praktischer Absicht (zur Erbauung des Lehrlings) in der Exegese annimmt; denn der Glaube an einen bloßen Geschichts-

---

zen erklären läßt – es sei im Physischen oder Moralischen. – Man kann also die Frage aufwerfen: ob der Bibelglaube (als empirischer), oder ob umgekehrt die Moral (als reiner Vernunft- und Religionsglaube) dem Lehrer zum Leitfaden dienen solle; mit anderen Worten: ist die Lehre von Gott, weil sie in der Bibel steht, oder steht sie in der Bibel, weil sie von Gott ist? – Der erstere Satz ist augenscheinlich inconsequent: weil das göttliche Ansehen des Buchs hier vorausgesetzt werden muß, um die Göttlichkeit der Lehre desselben zu beweisen. Also kann nur der zweite Satz Statt finden, der aber schlechterdings keines Beweises fähig ist *(Supernaturalium non datur scientia)*. – – Hievon ein Beispiel. – Die Jünger des mosaisch-messianischen Glaubens sahen ihre Hoffnung aus dem Bunde Gottes mit Abraham nach Jesu Tode ganz sinken (wir hofften, er würde Israel erlösen); denn nur den Kindern Abrahams war in ihrer Bibel das Heil verheißen. Nun trug es sich zu, daß, da am Pfingstfeste die Jünger versammelt waren, einer derselben auf den glücklichen, der subtilen jüdischen Auslegungskunst angemessenen Einfall gerieth, daß auch die Heiden (Griechen und Römer) als in diesen Bund aufgenommen betrachtet werden könnten: wenn sie an das Opfer, welches Abraham Gotte mit seinem einzigen Sohne bringen wollte (als dem Sinnbilde des einigen Opfers des Weltheilandes), glaubten; denn da wären sie Kinder Abrahams im Glauben (zuerst unter, dann aber auch ohne die Beschneidung). – Es ist kein Wunder, daß diese Entdeckung, die in einer großen Volksversammlung eine so unermeßliche Aussicht eröffnete, mit dem größten Jubel, und als ob sie unmittelbare Wirkung des heil. Geistes gewesen wäre, aufgenommen und für ein Wunder gehalten wurde und als ein solches in die biblische (Apostel-)Geschichte kam, bei der es aber gar nicht zur Religion gehört, sie als Factum zu glauben und diesen Glauben der natürlichen Menschenvernunft aufzudringen. Der durch Furcht abgenöthigte Gehorsam in Ansehung eines solchen Kirchenglaubens, als zur Seligkeit erforderlich, ist also Aberglaube.

satz ist todt an ihm selber. – Nun mag wohl die erstere für den Schriftgelehrten und indirect auch für das Volk in gewisser pragmatischen Absicht wichtig genug sein, aber der eigentliche Zweck der Religionslehre, moralisch bessere Menschen zu bilden, kann auch dabei nicht allein verfehlt, sondern wohl gar verhindert werden. – Denn die heilige Schriftsteller können als Menschen auch geirrt haben (wenn man nicht ein durch die Bibel beständig fortlaufendes Wunder annimmt), wie z. B. der h. Paul mit seiner Gnadenwahl, welche er aus der mosaisch-messianischen Schriftlehre in die evangelische treuherzig überträgt, ob er zwar über die Unbegreiflichkeit der Verwerfung gewisser Menschen, ehe sich noch geboren waren, sich in großer Verlegenheit befindet und so, wenn man die Hermeneutik der Schriftgelehrten als continuirlich dem Ausleger zu Theil gewordene Offenbarung annimmt, der Göttlichkeit der Religion beständig Abbruch thun muß. – Also ist nur die doctrinale Auslegung, welche nicht (empirisch) zu wissen verlangt, was der heilige Verfasser mit seinen Worten für einen Sinn verbunden haben mag, sondern was die Vernunft (*a priori*) in moralischer Rücksicht bei Veranlassung einer Spruchstelle als Text der Bibel für eine Lehre unterlegen kann, die einzige evangelisch-biblische Methode der Belehrung des Volks in der wahren, inneren und allgemeinen Religion, die von dem particulären Kirchenglauben als Geschichtsglauben – unterschieden ist; wobei dann alles mit Ehrlichkeit und Offenheit, ohne Täuschung zugeht, da hingegen das Volk, mit einem Geschichtsglauben, den keiner desselben sich zu beweisen vermag, statt des moralischen (allein seligmachenden), den ein jeder faßt, in seiner Absicht (die es haben muß) getäuscht, seinen Lehrer anklagen kann.

In Absicht auf die Religion eines Volks, das eine heilige Schrift zu verehren gelehrt worden ist, ist nun die doctrinale Auslegung derselben, welche sich auf sein (des Volks) moralisches Interesse – der Erbauung, sittlichen Besserung und so der

Seligwerdung – bezieht, zugleich die authentische: d. i. so will Gott seinen in der Bibel geoffenbarten Willen verstanden wissen. Denn es ist hier nicht von einer bürgerlichen, das Volk unter Disciplin haltenden (politischen), sondern einer auf das Innere der moralischen Gesinnung abzweckenden (mithin göttlichen) Regierung die Rede. Der Gott, der durch unsere eigene (moralisch-praktische) Vernunft spricht, ist ein untrüglicher, allgemein verständlicher Ausleger dieses seines Worts, und es kann auch schlechterdings keinen anderen (etwa auf historische Art) beglaubigten Ausleger seines Worts geben: weil Religion eine reine Vernunftsache ist.

* * *

Und so haben die Theologen der Facultät die Pflicht auf sich, mithin auch die Befugniß, den Bibelglauben aufrecht zu erhalten: doch unbeschadet der Freiheit der Philosophen, ihn jederzeit der Kritik der Vernunft zu unterwerfen, welche im Falle einer Dictatur (des Religionsedicts), die jener oberen etwa auf kurze Zeit eingeräumt werden dürfte, sich durch die solenne Formel bestens verwahren: *Provideant consules, ne quid respublica detrimenti capiat.*

Anhang biblisch-historischer Fragen über die praktische Benutzung und mutmaßliche Zeit der Fortdauer dieses heiligen Buchs.

Daß es bei allem Wechsel der Meinungen noch lange Zeit im Ansehen bleiben werde, dafür bürgt die Weisheit der Regierung, als deren Interesse in Ansehung der Eintracht und Ruhe des Volks in einem Staat hiemit in enger Verbindung steht. Aber ihm die Ewigkeit zu verbürgen, oder auch es chiliastisch in ein neues Reich Gottes auf Erden übergehen zu lassen, das übersteigt unser ganzes Vermögen der Wahrsagung. – Was würde also geschehen, wenn der Kirchenglaube dieses große Mittel der Volksleitung einmal entbehren müßte?

Wer ist der Redacteur der biblischen Bücher (alten und neuen Testaments), und zu welcher Zeit ist der Kanon zu Stande gekommen?

Werden philologisch-antiquarische Kenntnisse immer zur Erhaltung der einmal angenommenen Glaubensnorm nöthig sein, oder wird die Vernunft den Gebrauch derselben zur Religion dereinst von selbst und mit allgemeiner Einstimmung anzuordnen im Stande sein?

Hat man hinreichende Documente der Authenticität der Bibel nach den sogenannten 70 Dolmetschern, und von welcher Zeit kann man sie mit Sicherheit datiren? u. s. w.

Die praktische, vornehmlich öffentliche Benutzung dieses Buchs in Predigten ist ohne Zweifel diejenige, welche zur Besserung der Menschen und Belebung ihrer moralischen Triebfedern (zur Erbauung) beiträgt. Alle andere Absicht muß ihr nachstehen, wenn sie hiemit in Collision kommt. – Man muß sich daher wundern: daß diese Maxime noch hat bezweifelt werden können, und eine p a r a p h r a s t i s c h e Behandlung eines Texts der p a r ä n e t i s c h e n, wenn gleich nicht vorgezogen, doch durch die erstere wenigstens hat in Schatten gestellt werden sollen. – Nicht die Schriftgelahrtheit, und was man vermittelst ihrer aus der Bibel durch philologische Kenntnisse, die oft nur verunglückte Conjecturen sind, h e r a u s z i e h t, sondern was man mit moralischer Denkungsart (also nach dem Geiste Gottes) in sie h i n e i n t r ä g t, und Lehren, die nie trügen, auch nie ohne heilsame Wirkung sein können, das muß diesem Vortrage ans Volk die Leitung geben: nämlich den Text n u r (wenigstens h a u p t s ä c h l i c h) als Veranlassung zu allem Sittenbessernden, was sich dabei denken läßt, zu behandeln, ohne was die heil. Schriftsteller dabei selbst im Sinne gehabt haben möchten, nachforschen zu dürfen. – Eine auf Erbauung als Endzweck gerichtete Predigt (wie denn das eine jede sein soll) muß die Belehrung aus den Herzen der Zuhörer, nämlich der natürlichen moralischen Anlage, selbst des unbelehrtesten Menschen, entwickeln, wenn die dadurch zu bewirkende Gesinnung lauter sein soll. Die damit verbundene Zeugnisse der Schrift sollen auch nicht die Wahrheit dieser Lehren bestätigende historische Beweisgründe sein (denn deren bedarf sie sittlich-thätige Vernunft hiebei nicht: und das empirische Erkenntniß vermag es auch nicht), sondern blos Beispiele der Anwendung der praktischen Vernunftprincipien auf Facta der h. Geschichte, um ihre Wahrheit anschaulicher zu machen; welches aber auch ein sehr schätzbarer Vortheil für Volk und Staat auf der ganzen Erde ist.

Anhang

Von einer reinen Mystik in der Religion.*

Ich habe aus der Kritik der reinen Vernunft gelernt, daß Philosophie nicht etwa eine Wissenschaft der Vorstellungen, Begriffe und Ideen, oder eine Wissenschaft aller Wissenschaften, oder sonst etwas Ähnliches sei; sondern eine Wissenschaft des Menschen, seines Vorstellens, Denkens und Handelns; – sie soll den Menschen nach allen seinen Bestandtheilen darstellen, wie er ist und sein soll, d. h. sowohl nach seinen Naturbestimmungen, als auch nach seinem Moralitäts- und Freiheitsverhältniß.

---

* In einem seiner Dissertation: *De similitudine inter Mysticismum purum et Kantianam religionis doctrinam. Auctore Carol. Arnold. Wilmans, Bielefelda-Guestphalo, Halis Saxonum 1797.* beigefügten Briefe, welchen ich mit seiner Erlaubniß und mit Weglassung der Einleitungs- und Schlußhöflichkeitsstellen hiemit liefere, und welcher diesen jetzt der Arzneiwissenschaft sich widmenden jungen Mann als einen solchen bezeichnet, von dem sich auch in anderen Fächern der Wissenschaft viel erwarten läßt. Wobei ich gleichwohl jene Ähnlichkeit meiner Vorstellungsart mit der seinigen unbedingt einzugestehen nicht gemeint bin.

Hier wies nun die alte Philosophie dem Menschen einen ganz unrichtigen Standpunkt in der Welt an, indem sie ihn in dieser zu einer Maschine machte, die als solche gänzlich von der Welt oder von den Außendingen und Umständen abhängig sein mußte; sie machte also den Menschen zu einem beinahe bloß passiven Theile der Welt. – Jetzt erschien die Kritik der Vernunft und bestimmte dem Menschen in der Welt eine durchaus active Existenz. Der Mensch selbst ist ursprünglich Schöpfer aller seiner Vorstellungen und Begriffe und soll einziger Urheber aller seiner Handlungen sein. Jenes »ist« und dieses »soll« führt auf zwei ganz verschiedene Bestimmungen am Menschen. Wir bemerken daher auch im Menschen zweierlei ganz verschiedenartige Theile, nämlich auf der einen Seite Sinnlichkeit und Verstand und auf der andern Vernunft und freien Willen, die sich sehr wesentlich von einander unterscheiden. In der Natur ist alles; es ist von keinem Soll in ihr die Rede; Sinnlichkeit und Verstand gehen aber nur immer darauf aus, zu bestimmen, was und wie es ist; sie müssen also für die Natur, für diese Erdenwelt, bestimmt sein und mithin zu ihr gehören. Die Vernunft will beständig ins Übersinnliche, wie es wohl über die sinnliche Natur hinaus beschaffen sein möchte: sie scheint also, obzwar ein theoretisches Vermögen, dennoch gar nicht für diese Sinnlichkeit bestimmt zu sein; der freie Wille aber besteht ja in einer Unabhängigkeit von den Außendingen; diese sollen nicht Triebfedern des Handlens für den Menschen sein; er kann also noch weniger zur Natur gehören. Aber wohin denn? Der Mensch muß für zwei ganz verschiedene Welten bestimmt sein, einmal für das Reich der Sinne und des Verstandes, also für diese Erdenwelt: dann aber auch noch für eine andere Welt, die wir nicht kennen, für ein Reich der Sitten.

Was den Verstand betrifft, so ist dieser schon für sich durch seine Form auf diese Erdenwelt eingeschränkt; denn er besteht bloß aus Kategorien, d. h. Äußerungsarten, die bloß auf sinnliche Dinge sich beziehen können. Seine Gränzen sind ihm also scharf gesteckt. Wo die Kategorien aufhören, da hört auch der Verstand auf: weil sie ihn erst bilden und zusammensetzen. [Ein Beweis für die bloß irdische oder Naturbestimmung des Verstandes scheint mir auch dieses zu sein, daß wir in Rücksicht der Verstandeskräfte eine Stufenleiter in der Natur finden, vom klügsten Menschen bis zum dümmsten Thiere (indem wir doch den Instinct auch als eine Art von Verstand ansehen können, in sofern zum bloßen Verstande der freie Wille nicht gehört).] Aber nicht so in Rücksicht der Moralität, die da aufhört, wo die Menschheit aufhört, und die in allen Menschen ursprünglich dasselbe Ding ist. Der Verstand muß also bloß zur Natur gehören, und wenn der Mensch bloß Verstand hätte ohne Vernunft und freien Willen, oder ohne Moralität, so würde er sich in nichts von den Thieren unterscheiden und vielleicht bloß an der Spitze ihrer Stufenleiter stehen, da er hingegen jetzt, im Besitz der Moralität, als freies Wesen, durchaus und wesentlich von den Thieren verschieden ist, auch von dem klügsten (dessen Instinct oft deutlicher und bestimmter wirkt, als der Verstand der Menschen). – Dieser Verstand aber ist ein gänzlich actives Vermögen des Menschen; alle seine Vorstellungen und Begriffe sind bloß s e i n e Geschöpfe, der Mensch denkt mit seinem Verstande ursprünglich, und er schafft sich also s e i n e Welt. Die Außendinge sind nur Gelegenheitsursachen der Wirkung des Verstandes, sie reizen ihn zur Action, und das Product dieser Action sind Vorstellungen und Begriffe. Die Dinge also, worauf sich diese Vorstellungen und Begriffe beziehen, können nicht das sein, was unser Verstand vorstellt; denn der Verstand kann nur Vorstellungen und s e i n e Gegenstände, nicht aber wirkliche Dinge schaffen, d. h. die Dinge können unmöglich durch diese Vorstellungen und Begriffe vom Verstande als solche, wie sie an sich sein mögen, erkannt werden; die Dinge, die unsere Sinne und unser Verstand darstellen, sind vielmehr an sich nur Erscheinungen, d. i. Gegenstände unserer Sinne und unseres Verstandes, die das Product aus dem Zusammentreffen der Gelegenheitsursachen und der Wirkung des Verstandes sind, die aber deswegen doch nicht Schein sind, sondern die wir im praktischen Leben für uns als wirkliche Dinge und Gegenstände unserer Vorstellungen ansehen können; eben weil wir die wirklichen Dinge als jene Gelegenheitsursachen supponiren müssen. Ein Beispiel giebt die Naturwissenschaft. Außendinge wirken auf einen actionsfähigen Körper und reizen diesen dadurch zur Action; das Product hievon ist Leben. – Was ist aber Leben? Physisches Anerkennen seiner Existenz in der Welt und seines Verhältnisses zu den Außendingen; der Körper lebt dadurch, daß er auf die Außendinge reagirt, sie als seine Welt ansieht und sie zu seinem Zweck gebraucht, ohne sich weiter um ihr Wesen zu bekümmern. Ohne Außendinge wäre dieser Körper kein lebender Körper, und ohne Actionsfähigkeit des Körpers wären die Außendinge nicht seine Welt. Eben so mit dem Verstande. Erst durch sein Zusammentreffen mit den Außendingen entsteht diese seine Welt; ohne Außendinge wäre er todt, – ohne Verstand aber wären keine Vorstellungen, ohne Vorstellungen keine Gegenstände und ohne diese nicht diese seine Welt; so wie mit einem anderen Verstande auch eine andere Welt da sein würde, welches durch das Beispiel von Wahnsinnigen klar wird. Also der Verstand ist Schöpfer seiner Gegenstände und der Welt, die aus ihnen besteht; aber so, daß wirkliche Dinge die Gelegenheitsursachen seiner Action und also der Vorstellungen sind.

Dadurch unterscheiden sich nun diese Naturkräfte des Menschen wesentlich von der Vernunft und dem freien Willen. Beide machen zwar auch active Vermögen aus, aber die Gelegenheitsursachen ihrer Action sollen nicht aus dieser Sinnenwelt genommen sein. Die Vernunft als theoretisches Vermögen kann also hier gar keine Gegenstände haben, ihre Wirkungen können nur Ideen sein, d. h. Vorstellungen der Vernunft, denen keine Gegenstände entsprechen, weil nicht wirkliche Dinge, sondern etwa nur Spiele des Verstandes die Gelegenheitsursachen ihrer Action sind. Also kann die Vernunft als theoretisches, speculatives Vermögen hier in dieser Sinnenwelt gar nicht gebraucht werden (und muß folglich, weil sie doch einmal als solches da ist, für eine andere Welt bestimmt sein), sondern nur als praktisches Vermögen zum Behuf des freien Willens. Dieser nun ist bloß und allein praktisch; das Wesentliche desselben besteht darin, daß seine Action nicht Reaction, sondern eine reine objective Handlung sein soll, oder daß die Triebfedern seiner Action nicht mit den Gegenständen derselben zusammenfallen sollen; daß er also unabhängig von den Vorstellungen des Verstandes, weil dieses eine verkehrte und verderbte Wirkungsart derselben veranlassen würde, als auch unabhängig von den Ideen der speculativen Vernunft handeln soll, weil diese, da ihnen nichts Wirkliches entspricht, leicht eine falsche und grundlose Willensbestimmung verursachen könnten. Also muß die Triebfeder der Action des freien Willens etwas sein, was im innern Wesen des Menschen selbst gegründet und von der Freiheit des Willens selbst unzertrennlich ist. Dieses ist nun das moralische Gesetz, welches uns durchaus so aus der Natur herausreißt und über sie erhebt, daß wir als moralische Wesen die Naturdinge weder zu Ursachen und Triebfedern der Action des Willens bedürfen, noch sie als Gegenstände unseres Wollens ansehen können, in deren Stelle vielmehr nur die moralische Person der Menschheit tritt. Jenes Gesetz sichert uns also eine bloß dem Menschen eigenthümliche und ihn von allen übrigen Naturtheilen unterscheidende Eigenschaft, die Moralität, vermöge welcher wir unabhängige und freie Wesen sind, und die selbst wieder durch diese Freiheit begründet ist. – Diese Moralität und nicht der Verstand ist es also, was den Menschen erst zum Menschen macht. So sehr auch der Verstand ein völlig actives und in sofern selbstständiges Vermögen ist, so bedarf er doch zu seiner Action der Außendinge und ist auch zugleich auf sie eingeschränkt; da hingegen der freie Wille völlig unabhängig ist und einzig durch das innere Gesetz bestimmt werden soll: d. h. der Mensch bloß durch sich selbst, sofern er sich nur zu seiner ursprünglichen Würde und Unabhängigkeit von allem, was nicht das Gesetz ist, erhoben hat. Wenn also dieser unser Verstand ohne diese seine Außendinge nichts, wenigstens nicht d i e s e r Verstand sein würde, so bleiben Vernunft und freier Wille dieselbe, ihr Wirkungskreis sei, welcher er wolle. (Sollte hier der freilich hyperphysische Schluß wohl mit einiger Wahrscheinlichkeit gemacht werden können: »daß mit dem Tode des Menschenkörpers auch dieser sein Verstand stirbt und verloren geht mit allen seinen irdischen Vorstellungen, Begriffen und Kenntnissen: weil doch dieser Verstand immer nur für die irdische, sinnliche Dinge brauchbar ist, und, sobald der Mensch ins Übersinnliche sich versteigen will, hier sogleich aller Verstandesgebrauch aufhört, und der Vernunftgebrauch dagegen eintritt«? Es ist dieses eine Idee, die ich nachher auch bei den Mystikern, aber nur dunkel gedacht, nicht behauptet gefunden habe, und die gewiß zur Beruhigung und vielleicht auch moralischen Verbesserung vieler Menschen beitragen würde. Der Verstand hängt so wenig wie der Körper vom Menschen selbst ab. Bei einem fehlerhaften Körperbau beruhigt man sich, weil man weiß, er ist nichts Wesentliches – ein gutgebauter Köper hat nur hier auf der Erde seine Verzüge. Gesetzt, die Idee würde allgemein, daß es mit dem Verstande eben so wäre, sollte das nicht für die Moralität der Menschen ersprießlich sein? Die neuere Naturlehre des Menschen harmonirt sehr mit dieser Idee, indem sie den Verstand bloß als etwas vom Körper Abhängiges und als ein Product der Gehirnwirkung ansieht. S. Reils physiologische Schriften. Auch die ältern Meinungen von der Materialität der Seele ließen sich hierdurch auf etwas Reales zurückbringen.) –

Der fernere Verlauf der kritischen Untersuchung der menschlichen Seelenvermögen stellte die natürliche Frage auf: hat die unvermeidliche und nicht zu unterdrückende Idee der Vernunft von einem Urheber des Weltalls und also unserer selbst und des moralischen Gesetzes auch wohl einen gültigen

Grund, da jeder theoretische Grund seiner Natur nach untauglich zur Befestigung und Sicherstellung jener Idee ist? Hieraus entstand der so schöne moralische Beweis für das Dasein Gottes, der jedem, auch wenn er nicht wollte, doch insgeheim auch deutlich und hinlänglich beweisend sein muß. Aus der durch ihn nun begründeten Idee von einem Weltschöpfer aber ging endlich die praktische Idee hervor von einem allgemeinen moralischen Gesetzgeber für alle unsere Pflichten, als Urheber des uns inwohnenden moralischen Gesetzes. Diese Idee bietet dem Menschen eine ganz neue Welt dar. Er fühlt sich für ein anderes Reich geschaffen, als für das Reich der Sinne und des Verstandes, – nämlich für ein moralisches Reich, für ein Reich Gottes. Er erkennt nun seine Pflichten zugleich als göttliche Gebote, und es entsteht in ihm ein neues Erkenntniß, ein neues Gefühl, nämlich Religion. – So weit, ehrwürdiger Vater war ich in dem Studio Ihrer Schriften gekommen, als ich eine Classe von Menschen kennen lernte, die man Separatisten nennt, die aber sich selbst M y s t i k e r nennen, bei welchem ich fast buchstäblich Ihre Lehre in Ausübung gebracht fand. Es hielt freilich anfangs schwer, diese in der mystischen Sprache dieser Leute wieder zu finden; aber es gelang mir nach anhaltendem Suchen. Es fiel mir auf, daß diese Menschen ganz ohne Gottesdienst lebten; alles verwarfen, was Gottesd i e n s t heißt und nicht in Erfüllung seiner Pflichten besteht; daß sie sich für religiöse Menschen, ja für Christen hielten und doch die Bibel nicht als ihr Gesetzbuch ansahen, sondern nur von einem inneren, von Ewigkeit her in uns einwohnenden Christenthum sprachen. – Ich forschte nach dem Lebenswandel dieser Leute und fand (räudige Schafe ausgenommen, die man in jeder Heerde ihres Eigennutzes wegen findet) bei ihnen reine moralische Gesinnungen und eine beinahe stoische Consequenz in ihren Handlungen. Ich untersuchte ihre Lehre und ihre Grundsätze und fand im Wesentlichen ganz Ihre Moral und Religionslehre wieder, jedoch immer mit dem Unterschiede, daß sie das innere Gesetz,

wie sie es nennen, für eine innere Offenbarung und also bestimmt Gott für den Urheber desselben halten. Es ist wahr, sie halten die Bibel für ein Buch, welches auf irgend eine Art, worauf sie sich nicht weiter einlassen, göttlichen Ursprungs ist; aber wenn man genauer forscht, so findet man, daß sie diesen Ursprung der Bibel erst aus der Übereinstimmung der Bibel, der in ihr enthaltenen Lehren, mit ihrem inneren Gesetze schließen: denn wenn man sie z. B. fragt: warum? so ist ihre Antwort: sie legitimirt sich in meinem Inneren, und ihr werdet es eben so finden, wenn ihr der Weisung eures inneren Gesetzes oder den Lehren der Bibel Folge leistet. Eben deswegen halten sie sie auch nicht für ihr Gesetzbuch, sondern nur für eine historische Bestätigung, worin sie das, was in ihnen selbst ursprünglich gegründet ist, wiederfinden. Mit einem Worte, diese Leute würden (verzeihen Sie mir den Ausdruck!) wahre
75 Kantianer sein, wenn sie Philosophen wären. Aber sie sind größtentheils aus der Classe der Kaufleute, Handwerker und Landbauern; doch habe ich hin und wieder auch in höheren Ständen und unter den Gelehrten einige gefunden; aber nie einen Theologen, denen diese Leute ein wahrer Dorn im Auge sind, weil sie ihren Gottesdienst nicht von ihnen unterstützt sehen und ihnen doch wegen ihres exemplarischen Lebenswandels und Unterwerfung in jede bürgerliche Ordnung durchaus nichts anhaben können. Von den Quäkern unterscheiden sich diese Separatisten nicht in ihren Religionsgrundsätzen, aber wohl in der Anwendung derselben aufs gemeine Leben. Denn sie kleiden sich z. B., wie es gerade Sitte ist, und bezahlen alle sowohl Staats- als kirchliche Abgaben. Bei dem gebildeten Theile derselben habe ich nie Schwärmerei gefunden, sondern freies, vorurtheilloses Räsonnement und Urtheil über religiöse Gegenstände.

Zweiter Abschnitt.

Der Streit der philosophischen Facultät mit der juristischen.

Erneuerte Frage:

Ob das menschliche Geschlecht im beständigen Fortschreiten zum Besseren sei.

1.
Was will man hier wissen?

Man verlangt ein Stück von der Menschengeschichte und zwar nicht das von der vergangenen, sondern der künftigen Zeit, mithin eine vorhersagende, welche, wenn sie nicht nach bekannten Naturgesetzen (wie Sonnen- und Mondfinsternisse) geführt wird, wahrsagend und doch natürlich, kann sie aber nicht anders, als durch übernatürliche Mittheilung und Erweiterung der Aussicht in die künftige Zeit erworben werden, weissagend (prophetisch) genannt wird.* – Übrigens ist es hier auch nicht um die Naturgeschichte des Menschen (ob etwa künftig neue Racen derselben entstehen möchten), sondern um die Sittengeschichte und zwar nicht nach dem Gattungsbegriff *(singulorum)*, sondern dem Ganzen der gesellschaftlich auf Erden vereinigten, in Völkerschaften vertheilten Menschen *(universorum)* zu thun, wenn gefragt wird: ob das menschliche Geschlecht (im Großen) zum Besseren beständig fortschreite.

2.
Wie kann man es wissen?

Als wahrsagende Geschichtserzählung des Bevorstehenden in der künftigen Zeit: mithin als eine *a priori* mögliche Darstellung der Begebenheiten, die da kommen sollen. – Wie ist aber

---

* Wer ins Wahrsagen pfuschert (es ohne Kenntniß oder Ehrlichkeit thut), von dem heißt es: er wahrsagert, von der Pythia an bis zur Zigeunerin.

80 eine Geschichte *a priori* möglich? – Antwort: wenn der Wahrsager die Begebenheiten selber m a c h t und veranstaltet, die er zum Voraus verkündigt.

Jüdische Propheten hatten gut weissagen, daß über kurz oder lang nicht bloß Verfall, sondern gänzliche Auflösung ihrem Staat bevorstehe; denn sie waren selbst die Urheber dieses ihres Schicksals. – Sie hatten als Volksleiter ihre Verfassung mit so viel kirchlichen und daraus abfließenden bürgerlichen Lasten beschwert, daß ihr Staat völlig untauglich wurde, für sich selbst, vornehmlich mit benachbarten Völkern zusammen zu bestehen, und die Jeremiaden ihrer Priester mußten daher natürlicher Weise vergeblich in der Luft verhallen: weil diese hartnäckicht auf ihrem Vorsatz einer unhaltbaren, von ihnen selbst gemachten Verfassung beharrten, und so von ihnen selbst der Ausgang mit Unfehlbarkeit vorausgesehen werden konnte.

Unsere Politiker machen, so weit ihr Einfluß reicht, es eben so und sind auch im Wahrsagen eben so glücklich. – Man muß, sagen sie, die Menschen nehmen, wie sie sind, nicht wie der Welt unkundige Pedanten oder gutmüthige Phantasten träumen, daß sie sein sollten. Das w i e s i e s i n d aber sollte heißen: wozu wir sie durch ungerechten Zwang, durch verrätherische, der Regierung an die Hand gegebene Anschläge g e m a c h t h a b e n, nämlich halsstarrig und zur Empörung geneigt; wo dann freilich, wenn sie ihre Zügel ein wenig sinken läßt, sich traurige Folgen eräugnen, welche die Prophezeiung jener vermeintlich-klugen Staatsmänner wahrmachen.

Auch Geistliche weissagen gelegentlich den gänzlichen Verfall der Religion und die nahe Erscheinungen des Antichrists, während dessen sie gerade das thun, was erforderlich ist, ihn einzuführen: indem sie nämlich ihrer Gemeine nicht sittliche Grundsätze ans Herz zu legen bedacht sind, die geradezu aufs Bessern führen, sondern Observanzen und historischen Glauben zur wesentlichen Pflicht machen, die es indirect bewirken sollen, woraus zwar mechanische Einhelligkeit als in einer bürgerlichen Verfassung, aber keine in der moralischen Gesinnung erwachsen kann; alsdann aber über Irreligiosität klagen, welche sie selber gemacht haben, die sie also auch ohne besondere Wahrsagergabe vorherverkündigen konnten.

3.

Eintheilung des Begriffs von dem, was man für die Zukunft vorherwissen will.

Der Fälle, die eine Vorhersagung enthalten können, sind drei. Das menschliche Geschlecht ist entweder im continuirlichen Rückgange zum Argeren, oder im beständigen Fortgange zum Besseren in seiner moralischen Bestimmung, oder im ewigen Stillstande auf der jetzigen Stufe seines sittlichen Werths unter den Gliedern der Schöpfung (mit welchem die ewige Umdrehung im Kreise um denselben Punkt einerlei ist).

Die erste Behauptung kann man den moralischen Terrorismus, die zweite den Eudämonismus (der, das Ziel des Fortschreitens im weiten Prospect gesehen, auch Chiliasmus genannt werden würde), die dritte aber den Abderitismus nennen: weil, da ein wahrer Stillstand im Moralischen nicht möglich ist, ein beständig wechselndes Steigen und eben so öfteres und tiefes Zurückfallen (gleichsam ein ewiges Schwanken) nichts mehr austrägt, als ob das Subject auf derselben Stelle und im Stillstande geblieben wäre.

a.

Von der terroristischen Vorstellungsart der Menschengeschichte.

Der Verfall ins Ärgere kann im menschlichen Geschlechte nicht beständig fortwährend sein; denn bei einem gewissen Grade desselben würde es sich selbst aufreiben. Daher beim Anwachs großer, wie Berge sich aufthürmenden Greuelthaten und ihnen angemessenen Übel gesagt wird: nun kann es nicht mehr ärger werden; der jüngste Tag ist vor der Thür, und der fromme Schwärmer träumt nun schon von der Wiederbringung aller Dinge und einer erneuerten Welt, nachdem diese im Feuer untergegangen ist.

b.
Von der eudämonistischen Vorstellungsart der Menschengeschichte.

Daß die Masse des unserer Natur angearteten Guten und Bösen in der Anlage immer dieselbe bleibe und in demselben Individuum weder vermehrt noch vermindert werden könne, mag immer eingeräumt werden; – und wie sollte sich auch dieses Quantum des Guten in der Anlage vermehren lassen, da es durch die Freiheit des Subjects geschehen müßte, wozu dieses aber wiederum eines größeren Fonds des Guten bedürfen würde, als es einmal hat? – Die Wirkungen können das Vermögen der wirkenden Ursache nicht übersteigen; und so kann das Quantum mit dem Bösen im Menschen vermischten Guten ein gewisses Maß des letzteren nicht überschreiten, über welches er sich emporarbeiten und so auch immer zum noch Besseren fortschreiten könnte. Der Eudämonism mit seinen sanguinischen Hoffnungen scheint also unhaltbar zu sein und zu Gunsten einer weissagenden Menschengeschichte in Ansehung des immerwährenden weitern Fortschreitens auf der Bahn des Guten wenig zu versprechen.

c.

Von der Hypothese des Abderitismus des Menschengeschlechts zur Vorherbestimmung seiner Geschichte.

Diese Meinung möchte wohl die Mehrheit der Stimmen auf ihrer Seite haben. Geschäftige Thorheit ist der Charakter unserer Gattung: in die Bahn des Guten schnell einzutreten, aber darauf nicht zu beharren, sondern, um ja nicht an einen einzigen Zweck gebunden zu sein, wenn es auch nur der Abwechselung wegen geschähe, den Plan des Fortschritts umzukehren, zu bauen, um niederreißen zu können, und sich selbst die hoffnungslose Bemühung aufzulegen, den Stein des Sisyphus bergan zu wälzen, um ihn wieder zurückrollen zu lassen. – Das Princip des Bösen in der Naturanlage des menschlichen Geschlechts scheint also hier mit dem des Guten nicht sowohl amalgamirt (verschmolzen), als vielmehr Eines durchs Andere neutralisirt zu sein, welches Thatlosigkeit zu Folge haben würde (die hier der Stillstand heißt): eine leere Geschäftigkeit, das Gute mit dem Bösen durch Vorwärts und Rückwärts gehen so abwechseln zu lassen, daß das ganze Spiel des Verkehrs unserer Gattung mit sich selbst auf diesem Glob als ein bloßes Possenspiel angesehen werden müßte, was ihr keinen größeren Werth in den Augen der Vernunft verschaffen kann, als den die andere Thiergeschlechter haben, die dieses Spiel mit weniger Kosten und ohne Verstandesaufwand treiben.

4.

Durch Erfahrung unmittelbar ist die Aufgabe des Fortschreitens nicht aufzulösen.

Wenn das menschliche Geschlecht, im Ganzen betrachtet, eine noch so lange Zeit vorwärts gehend und im Fortschreiten begriffen gewesen zu sein befunden würde, so kann doch niemand dafür stehen, daß nun nicht gerade jetzt vermöge der physischen Anlage unserer Gattung die Epoche seines Rückganges eintrete; und umgekehrt, wenn es rücklings und mit beschleunigtem Falle zum Ärgeren geht, so darf man nicht verzagen, daß nicht eben da der Umwendungspunkt *(punktum flexus contrarii)* anzutreffen wäre, wo vermöge der moralischen Anlage in unserem Geschlecht der Gang desselben sich wiederum zum Besseren wendete. Denn wir haben es mit freihandelnden Wesen zu thun, denen sich zwar vorher d i c t i r e n läßt, was sie thun s o l l e n , aber nicht v o r h e r s a g e n läßt, was sie thun w e r d e n , und die aus dem Gefühl der Übel, die sie sich selbst zufügten, wenn es recht böse wird, eine verstärkte Triebfeder zu nehmen wissen, es nun doch besser zu machen, als es vor jenem Zustande war. – Aber »arme Sterbliche (sagt der Abt C o y e r), unter euch ist nichts beständig, als die Unbeständigkeit!«

Vielleicht liegt es auch an unserer unrecht genommenen Wahl des Standpunkts, aus dem wir den Lauf menschlicher Dinge ansehen, daß dieser uns so widersinnisch scheint. Die Planeten, von der Erde aus gesehen, sind bald rückgängig, bald stillstehend, bald fortgängig. Den Standpunkt aber von der Sonne aus genommen, welches nur die Vernunft thun kann, gehen sie nach der Kopernikanischen Hypothese beständig ihren regelmäßigen Gang fort. Es gefällt aber einigen sonst nicht Unweisen, steif auf ihrer Erklärungsart der Erscheinungen und dem Standpunkte zu beharren, den sie einmal genommen haben: sollten sie sich darüber auch in Tychonische Cyklen und Epicyklen bis zur Ungereimtheit verwickeln. – Aber das ist eben das Unglück, daß wir uns in diesen Standpunkt, wenn es die Vorhersagung freier Handlungen angeht, zu versetzen nicht vermögend sind. Denn das wäre der Standpunkt der V o r s e h u n g , der über alle menschliche Weisheit hinausliegt, welche sich auch auf freie Handlungen des Menschen erstreckt, die

von diesem zwar ge se h en , aber mit Gewißheit nicht v o r -
h e r g e s e h e n werden können (für das göttliche Auge ist hier
kein Unterschied), weil er zu dem letzteren den Zusammenhang nach Naturgesetzen bedarf, in Ansehung der künftigen
f r e i e n Handlungen aber dieser Leitung oder Hinweisung entbehren muß.

Wenn man den Menschen einen angebornen und unverän-
derlich-guten, obzwar eingeschränkten Willen beilegen dürfte,
so würde er dieses Fortschreiten seiner Gattung zum Besseren
mit Sicherheit vorhersagen können: weil es eine Begebenheit
träfe, die er selbst machen kann. Bei der Mischung des Bösen
aber mit dem Guten in der Anlage, deren Maß er nicht kennt,
weiß er selbst nicht, welcher Wirkung er sich davon gewärtigen
könne.

5.

An irgend eine Erfahrung muß doch die wahrsagende Geschichte des Menschengeschlechts angeknüpft werden.

Es muß irgend eine Erfahrung im Menschengeschlechte vor-
kommen, die als Begebenheit auf eine Beschaffenheit und ein
Vermögen desselben hinweiset, U r s a c h e von dem Fortrücken desselben zum Besseren und (da dieses die That eines
mit Freiheit begabten Wesens sein soll) U r h e b e r desselben zu
sein; aus einer gegebenen Ursache aber läßt sich eine Begebenheit als Wirkung vorhersagen, wenn sich die Umstände eräugnen, welche dazu mitwirkend sind. Daß diese letztere sich aber
irgend einmal eräugnen müssen, kann wie beim Calcul der
Wahrscheinlichkeit im Spiel wohl im Allgemeinen vorherge-
sagt, aber nicht bestimmt werden, ob es sich in meinem Leben
zutragen und ich die Erfahrung davon haben werde, die jene
Vorhersagung bestätigte. – Also muß eine Begebenheit nachge-

sucht werden, welche auf das Dasein einer solchen Ursache und auch auf den Act ihrer Causalität im Menschengeschlechte unbestimmt in Ansehung der Zeit hinweise, und die auf das Fortschreiten zum Besseren als unausbleibliche Folge schließen ließe, welcher Schluß dann auch auf die Geschichte der vergangenen Zeit (daß es immer im Fortschritt gewesen sei) ausgedehnt werden könnte, doch so, daß jene Begebenheit nicht selbst als Ursache des letzteren, sondern nur als hindeutend, als Geschichtszeichen *(signum rememorativum, demonstrativum, prognostikon)*, angesehen werden müsse und so die Tendenz des menschlichen Geschlechts im Ganzen, d. i. nicht nach den Individuen betrachtet (denn das würde eine nicht zu beendigende Aufzählung und Berechnung abgeben), sondern wie es in Völkerschaften und Staaten getheilt auf Erden angetroffen wird, beweisen könnte.

6.

Von einer Begebenheit unserer Zeit, welche diese moralische Tendenz des Menschengeschlechts beweiset.

85 Diese Begebenheit besteht nicht etwa in wichtigen, von Menschen verrichteten Thaten oder Unthaten, wodurch, was groß war, unter Menschen klein oder, was klein war, groß gemacht wird, und wie gleich als durch Zauberei alte, glänzende Staatsgebäude verschwinden, und andere an deren Statt wie aus den Tiefen der Erde hervorkommen. Nein: nichts von allem dem. Es ist bloß die Denkungsart der Zuschauer, welche sich bei diesem Spiele großer Umwandlungen öffentlich verräth und eine so allgemeine und doch uneigennützige Theilnehmung der Spielenden auf einer Seite gegen die auf der andern, selbst mit Gefahr, diese Parteilichkeit könne ihnen sehr nachtheilig werden, dennoch laut werden läßt, so aber (der Allgemeinheit we-

gen) einen Charakter des Menschengeschlechts im Ganzen und zugleich (der Uneigennützigkeit wegen) einen moralischen Charakter desselben wenigstens in der Anlage beweiset, der das Fortschreiten zum Besseren nicht allein hoffen läßt, sondern selbst schon ein solches ist, so weit das Vermögen desselben für jetzt zureicht.

Die Revolution eines geistreichen Volks, die wir in unseren Tagen haben vor sich gehen sehen, mag gelingen oder scheitern; sie mag mit Elend und Greuelthaten dermaßen angefüllt sein, daß ein wohldenkender Mensch, wenn er sie zum zweitenmale unternehmend glücklich auszuführen hoffen könnte, doch das Experiment auf solche Kosten zu machen nie beschließen würde, – diese Revolution, sage ich, findet doch in den Gemüthern aller Zuschauer (die nicht selbst in diesem Spiele mit verwickelt sind) eine Theilnehmung dem Wunsche nach, die nahe an Enthusiasm grenzt, und deren Äußerung selbst mit Gefahr verbunden war, die also keine andere als eine moralische Anlage im Menschengeschlecht zur Ursache haben kann.

Diese moralische einfließende Ursache ist zwiefach: erstens die des Rechts, daß ein Volk von anderen Mächten nicht gehindert werden müsse, sich eine bürgerliche Verfassung zu geben, wie sie ihm selbst gut zu sein dünkt; zweitens die des Zwecks (der zugleich Pflicht ist), daß diejenige Verfassung eines Volks allein an sich rechtlich und moralisch-gut sei, welche ihrer Natur nach so beschaffen ist, den Angriffskrieg nach Grundsätzen zu meiden, welche keine andere als die republicanische Verfassung, wenigstens der Idee nach, sein kann,* mit-

---

* Es ist aber hiemit nicht gemeint, daß ein Volk, welches eine monarchische Constitution hat, sich damit das Recht anmaße, ja auch nur in sich geheim den Wunsch hege, sie abgeändert zu wissen; denn seine vielleicht sehr verbreitete Lage in Europa kann ihm jene Verfassung als die einzige anempfehlen, bei der es sich zwischen mächtigen Nachbaren erhalten kann. Auch ist das Murren der Unterthanen nicht des Innern der Regierung halber, sondern wegen des Benehmens derselben gegen Auswärtige, wenn sie diese etwa am Republicanisiren

hin in die Bedingung einzutreten, wodurch der Krieg (der Quell aller Übel und Verderbniß der Sitten) abgehalten und so dem Menschengeschlechte bei aller seiner Gebrechlichkeit der Fortschritt zum Besseren negativ gesichert wird, im Fortschreiten wenigstens nicht gestört zu werden.

Dies also und die Theilnehmung am Guten mit Affect, der Enthusiasm, ob er zwar, weil aller Affect als ein solcher Tadel verdient, nicht ganz zu billigen ist, giebt doch vermittelst dieser Geschichte zu der für die Anthropologie wichtigen Bemerkung Anlaß: daß wahrer Enthusiasm nur immer aufs Idealische und zwar rein Moralische geht, dergleichen der Rechtsbegriff ist, und nicht auf den Eigennutz gepfropft werden kann. Durch Geldbelohnungen konnten die Gegner der Revolutionirenden zu dem Eifer und der Seelengröße nicht gespannt werden, den der bloße Rechtsbegriff in ihnen hervorbrachte, und selbst der Ehrbegriff des alten kriegerischen Adels (ein Analogen des Enthusiasm) verschwand vor den Waffen derer, welche das Recht des Volks, wozu sie gehörten, ins Auge gefaßt hatten* und sich als Beschützer desselben dachten; mit

---

hinderte, gar kein Beweis der Unzufriedenheit des Volks mit seiner eigenen Verfassung, sondern vielmehr der Liebe für dieselbe, weil es wider eigene Gefahr desto mehr gesichert ist, je mehr sich andere Völker republicanisiren. – Dennoch haben verläumderische Sykophanten, um sich wichtig zu machen, diese unschuldige Kannegießerei für Neuerungssucht, Jacobinerei und Rottirung, die dem Staat Gefahr drohe, auszugeben gesucht: indessen daß auch nicht der mindeste Grund zu diesem Vorgeben da war, vornehmlich nicht in einem Lande, was vom Schauplatz der Revolution mehr als hundert Meilen entfernt war.

---

* Von einem solchen Enthusiasm der Rechtsbehauptung für das menschliche Geschlecht kann man sagen: *postquam ad arma Vulcania ventum est, – mortalis mucro glacies ceu futilis ictu dissiluit.* – Warum hat es noch nie ein Herrscher gewagt, frei herauszusagen, daß er gar kein Recht des Volks gegen ihn anerkenne; daß dieses seine Glückseligkeit bloß der Wohlthätigkeit einer Regierung, die diese ihm angedeihen läßt, verdanke, und alle Anmaßung des Unterthans zu einem Recht gegen dieselbe (weil dieses den Begriff eines erlaubten Widerstand in sich enthält) ungereimt, ja gar strafbar sei? – Die Ursache ist; weil eine solche öffentliche Erklärung alle Unterthanen gegen ihn empören

welcher Exaltation das äußere, zuschauende Publicum dann ohne die mindeste Absicht der Mitwirkung sympathisirte.

7.
Wahrsagende Geschichte der Menschheit.

Es muß etwas Moralisches im Grundsatze sein, welches die Vernunft als rein, zugleich aber auch wegen des großen und Epoche machenden Einflusses als etwas, das die dazu anerkannte Pflicht der Seele des Menschen vor Augen stellt, und das menschliche Geschlecht im Ganzen seiner Vereinigung *(non singulorum, sed universorum)* angeht, dessen verhofftem Gelingen und den Versuchen zu demselben es mit so allgemeiner und uneigennütziger Theilnehmung zujauchzt. – Diese Begebenheit ist das Phänomen nicht einer Revolution, sondern

---

würde, ob sie gleich, wie folgsame Schafe von einem gütigen und verständigen Herren geleitet, wohlgefüttert und kräftig beschützt, über nichts, was ihrer Wohlfahrt abginge, zu klagen hätten. – Denn mit Freiheit begabten Wesen genügt nicht der Genuß der Lebensannehmlichkeit, die ihm auch von Anderen (und hier von der Regierung) zu Theil werden kann; sondern auf das Princip kommt es an, nach welchem es sich solche verschafft. Wohlfahrt aber hatte kein Princip, weder für den, der sie empfängt, noch der sie austheilt (der eine setzt sie hierin, der andere darin): weil es dabei auf das Materiale des Willens ankommt, welches empirisch und so der Allgemeinheit nach einer Regel unfähig ist. Ein mit Freiheit begabtes Wesen kann und soll also im Bewußtsein dieses seines Vorzuges vor dem vernunftlosen Thier nach dem formalen Princip seiner Willkür keine andere Regierung für das Volk, wozu es gehört, verlangen, als eine solche, in welcher dieses mit gesetzgebend ist: d. i. das Recht der Menschen, welche gehorchen sollen, muß nothwendig vor aller Rücksicht auf Wohlbefinden vorhergehen, und dieses ist ein Heiligthum, das über allen Preis (der Nützlichkeit) erhaben ist, und welches keine Regierung, so wohlthätig sie auch immer sein mag, antasten darf. – Aber dieses Recht ist doch immer nur eine Idee, deren Ausführung auf die Bedingung der Zusammenstimmung ihrer Mittel mit der Moralität eingeschränkt ist, welche das Volk nicht überschreiten darf; welches nicht durch Revolution, die jederzeit ungerecht ist, geschehen darf. – Autokratisch herrschen und dabei doch republikanisch, d. h. im Geiste des Republicanism und nach einer Analogie mit demselben, regieren, ist das, was ein Volk mit seiner Verfassung zufrieden macht.

(wie es Hr. Erhard ausdrückt) der Evolution einer naturrechtlichen Verfassung, die zwar nur unter wilden Kämpfen noch nicht selbst errungen wird – indem der Krieg von innen und außen alle bisher bestandene statutarische zerstört –, die aber doch dahin führt, zu einer Verfassung hinzustreben, welche nicht kriegssüchtig sein kann, nämlich der republicanischen; die es entweder selbst der Staatsform nach sein mag, oder auch nur nach der Regierungsart, bei der Einheit des Oberhaupts (des Monarchen) den Gesetzen analogisch, die sich ein Volk selbst nach allgemeinen Rechtsprincipien geben würde, den Staat verwalten zu lassen.

Nun behaupte ich dem Menschengeschlechte nach den Aspecten und Vorzeichen unserer Tage die Erreichung dieses Zwecks und hiemit zugleich das von da an nicht mehr gänzlich rückgängig werdende Fortschreiten desselben zum Besseren auch ohne Sehergeist vorhersagen zu können. Denn ein solches Phänomen in der Menschengeschichte vergißt sich nicht mehr, weil es eine Anlage und ein Vermögen in der menschlichen Natur zum Besseren aufgedeckt hat, dergleichen kein Politiker aus dem bisherigen Laufe der Dinge herausgeklügelt hätte, und welches allein Natur und Freiheit, nach inneren Rechtsprincipien im Menschengeschlechte vereinigt, aber, was die Zeit betrifft, nur als unbestimmt und Begebenheit aus Zufall verheißen konnte.

Aber wenn der bei dieser Begebenheit beabsichtigte Zweck auch jetzt nicht erreicht würde, wenn die Revolution oder Reform der Verfassung eines Volks gegen das Ende doch fehlschlüge, oder, nachdem diese einige Zeit gewährt hätte, doch wiederum alles ins vorige Gleis zurückgebracht würde (wie Politiker jetzt wahrsagern), so verliert jene philosophische Vorhersagung doch nichts von ihrer Kraft. – Denn jene Begebenheit ist zu groß, zu sehr mit dem Interesse der Menschheit verwebt und ihrem Einflusse nach auf die Welt in allen ihren Theilen zu ausgebreitet, als daß sie nicht den Völkern bei irgend einer Veranlassung günstiger Umstände in Erinnerung gebracht und zu Wiederholung neuer Versuche dieser Art erweckt werden sollte; da dann bei einer für das Menschengeschlecht so wichtigen Angelegenheit endlich doch zu irgend einer Zeit die beabsichtigte Verfassung diejenige Festigkeit erreichen muß, welche die Belehrung durch öftere Erfahrung in den Gemüthern Aller zu bewirken nicht ermangeln würde.

Es ist also ein nicht bloß gutgemeinter und in praktischer Absicht empfehlungswürdiger, sondern allen Ungläubigen zum Trotz auch für die strengste Theorie haltbarer Satz: daß das menschliche Geschlecht im Fortschreiten zum Besseren immer gewesen sei und so fernerhin fortgehen werde, welches, wenn man nicht bloß auf das sieht, was in irgend einem Volk geschehen kann, sondern auch auf die Verbreitung über alle Völker der Erde, die nach und nach daran Theil nehmen dürften, die Aussicht in eine unabsehliche Zeit eröffnet; wofern nicht etwa auf die erste Epoche einer Naturrevolution, die (nach Camper und Blumenbach) bloß das Thier- und Pflanzenreich, ehe noch Menschen waren, vergrub, noch eine zweite folgt, welche auch dem Menschengeschlechte eben so mitspielt, um andere Geschöpfe auf diese Bühne treten zu lassen, u. s. w. Denn für die Allgewalt der Natur, oder vielmehr ihrer uns unerreichbaren obersten Ursache ist der Mensch wiederum nur eine Kleinigkeit. Daß ihn aber auch die Herrscher von seiner eigenen Gattung dafür nehmen und als eine solche behandeln, indem sie ihn theils thierisch, als bloßes Werkzeug ihrer Absichten, belasten, theils in ihren Streitigkeiten gegen einander aufstellen, um sie schlachten zu lassen, – das ist keine Kleinigkeit, sondern Umkehrung des Endzwecks der Schöpfung selbst.

8.

Von der Schwierigkeit der auf das Fortschreiten zum Weltbesten angelegten Maximen in Ansehung ihrer Publicität.

Volksaufklärung ist die öffentliche Belehrung des Volks von seinen Pflichten und Rechten in Ansehung des Staats, dem es angehört. Weil es hier nur natürliche und aus dem gemeinen Menschenverstande hervorgehende Rechte betrifft, so sind die natürlichen Verkündiger und Ausleger derselben im Volk nicht die vom Staat bestellte amtsmäßige, sondern freie Rechtslehrer, d. i. die Philosophen, welche eben um dieser Freiheit willen, die sie sich erlauben, dem Staate, der immer nur herrschen will, anstößig sind, und werden und dem Namen Aufklärer als für den Staat gefährliche Leute verschrieen; obzwar ihre Stimme nicht vertraulich ans Volk (als welches davon und von ihren Schriften wenig oder gar keine Notiz nimmt), sondern ehrerbietig an den Staat gerichtet und dieser jenes sein rechtliches Bedürfniß zu beherzigen angefleht wird; welches durch keinen andern Weg als den der Publicität geschehen kann, wenn ein ganzes Volk seine Beschwerde *(gravamen)* vortragen will. So verhindert das Verbot der Publicität den Fortschritt eines Volks zum Besseren, selbst in dem, was das Mindeste seiner Forderung, nämlich bloß sein natürliches Recht, angeht.

Eine andere, obzwar sehr leicht durchzuschauende, aber doch gesetzmäßig einem Volk befohlene Verheimlichung ist die von der wahren Beschaffenheit seiner Constitution. Es wäre Verletzung der Majestät des großbritannischen Volks, von ihm zu sagen, es sei eine unbeschränkte Monarchie: sondern man will, es soll eine durch die zwei Häuser des Parlaments, als Volksrepräsentanten, den Willen des Monarchen einschränkende Verfassung sein, und doch weiß ein jeder sehr gut, daß der Einfluß desselben auf diese Repräsentanten so groß und so unfehlbar ist, daß von gedachten Häusern nichts anderes beschlossen wird, als was Er will und durch seinen Minister anträgt; der dann auch wohl einmal auf Beschlüsse anträgt, bei denen er weiß und es auch m a c h t, daß ihm werde widersprochen werden (z.B. wegen des Negerhandels), um von der Freiheit des Parlaments einen scheinbaren Beweis zu geben. – Diese Vorstellung der Beschaffenheit der Sache hat das Trügliche an sich, daß die wahre, zu Recht beständige Verfassung gar nicht mehr gesucht wird: weil man sie in einem schon vorhandenen Beispiel gefunden zu haben vermeint, und eine lügenhafte Publicität das Volk mit Vorspiegelung einer durch das von ihm ausgehende Gesetz e i n g e s c h r ä n k t e n M o n a r c h i e* täuscht, indessen daß seine Stellvertreter, durch Bestechung gewonnen, es insgeheim einem a b s o l u t e n M o n a r c h e n unterwarfen.

* * *

Die Idee einer mit dem natürlichen Rechte der Menschen zusammenstimmenden Constitution: daß nämlich die dem Gesetz Gehorchenden auch zugleich, vereinigt, gesetzgebend sein sollen, liegt bei allen Staatsformen zum Grunde, und das ge-

---

* Eine Ursache, deren Beschaffenheit man nicht unmittelbar einsieht, entdeckt sich durch die Wirkung, die ihr unausbleiblich anhängt. – Was ist ein a b s o l u t e r Monarch? Es ist derjenige, auf dessen Befehl, wenn er sagt: es soll Krieg sein, sofort Krieg ist. – Was ist dagegen ein e i n g e s c h r ä n k t e r Monarch? Der, welcher vorher das Volk befragen muß, ob Krieg sein solle oder nicht, und sagt das Volk: es soll nicht Krieg sein, so ist kein Krieg. – Denn Krieg ist ein Zustand, in welchem dem Staatsoberhaupte a l l e Staatskräfte zu Gebot stehen müssen. Nun hat der großbritannische Monarch recht viel Kriege geführt, ohne dazu jene Einwilligung zu suchen. Also ist dieser König ein absoluter Monarch, der er zwar nach der Constitution nicht sein sollte; die er aber immer vorbei gehen kann, weil er eben durch jene Staatskräfte, nämlich daß er alle Ämter und Würden zu vergeben in seiner Macht hat, sich der Beistimmung der Volksrepräsentanten versichert halten kann. Dieses Bestechungssystem muß aber freilich nicht Publicität haben, um zu gelingen. Es bleibt daher unter dem sehr durchsichtigen Schleier des Geheimnisses.

meine Wesen, welches, ihr gemäß durch reine Vernunftbegriffe gedacht, ein platonisches Ideal heißt *(respublica noumenon)*, ist nicht ein leeres Hirngespinnst, sondern die ewige Norm für alle bürgerliche Verfassung überhaupt und entfernt allen Krieg. Eine dieser gemäß organisirte bürgerliche Gesellschaft ist die Darstellung derselben nach Freiheitsgesetzen durch ein Beispiel in der Erfahrung *(respublica phaenomenon)* und kann nur nach mannigfaltigen Befehdungen und Kriegen mühsam erworben werden; ihre Verfassung aber, wenn sie im Großen einmal errungen worden, qualificirt sich zur besten unter allen, um den Krieg, den Zerstörer alles Guten, entfernt zu halten; mithin ist es Pflicht in eine solche einzutreten, vorläufig aber (weil jenes nicht so bald zu Stande kommt) Pflicht der Monarchen, ob sie gleich autokratisch herrschen, dennoch republicanisch (nicht demokratisch) zu regieren, d. i. das Volk nach Principien zu behandeln, die dem Geist der Freiheitsgesetze (wie ein Volk mit reifer Vernunft sie sich selbst vorschreiben würde) gemäß sind, wenn gleich dem Buchstaben nach es um seine Einwilligung nicht befragt würde.

9.

Welchen Ertrag wird der Fortschritt zum Besseren dem Menschengeschlecht abwerfen?

Nicht ein immer wachsendes Quantum der Moralität in der Gesinnung, sondern Vermehrung der Producte ihrer Legalität in pflichtmäßigen Handlungen, durch welche Triebfeder sie auch veranlaßt sein mögen; d. i. in den guten Thaten der Menschen, die immer zahlreicher und besser ausfallen werden, also in den Phänomenen der sittlichen Beschaffenheit des Menschengeschlechts, wird der Ertrag (das Resultat) der Bearbeitung desselben zum Besseren allein gesetzt werden können. –

Denn wir haben nur empirische Data (Erfahrungen), worauf wir diese Vorhersagung gründen: nämlich auf die physische Ursache unserer Handlungen, in sofern sie geschehen, die also selbst Erscheinungen sind, nicht die moralische, welche den Pflichtbegriff von dem enthält, was geschehen sollte, und der allein rein, *a priori,* aufgestellt werden kann.

Allmählich wird der Gewaltthätigkeit von Seiten der Mächtigen weniger, der Folgsamkeit in Ansehung der Gesetze mehr werden. Es wird etwa mehr Wohlthätigkeit, weniger Zank in Processen, mehr Zuverlässigkeit im Worthalten u. s. w. theils aus Ehrliebe, theils aus wohlverstandenem eigenen Vortheil im gemeinen Wesen entspringen und sich endlich dies auch auf die Völker im äußeren Verhältniß gegen einander bis zur weltbürgerlichen Gesellschaft erstrecken, ohne daß dabei die moralische Grundlage im Menschengeschlechte im mindesten vergrößert werden darf; als wozu auch eine Art von neuer Schöpfung (übernatürlicher Einfluß) erforderlich sein würde. – Denn wir müssen uns von Menschen in ihren Fortschritten zum Besseren auch nicht zu viel versprechen, um nicht in den Spott des Politikers mit Grunde zu verfallen, der die Hoffnung des ersteren gerne für Träumerei eines überspannten Kopfs halten möchte.*

---

* Es ist doch süß, sich Staatsverfassungen auszudenken, die den Forderungen der Vernunft (vornehmlich in rechtlicher Absicht) entsprechen: aber vermessen, sie vorzuschlagen, und strafbar, das Volk zur Abschaffung der jetzt bestehenden aufzuwiegeln.
Platos *Atlantica,* Moru's *Utopia,* Harringtons *Oceana* und Allais' *Severambia* sind nach und nach auf die Bühne gebracht, aber nie (Cromwells verunglückte Mißgeburt einer despotischen Republik ausgenommen) auch nur versucht worden. – Es ist mit diesen Staatsschöpfungen wie mit der Weltschöpfung zugegangen: kein Mensch war dabei zugegen, noch konnte er bei einer solchen gegenwärtig sein, weil er sonst sein eigener Schöpfer hätte sein müssen. Ein Staatsprodukt, wie man es hier denkt, als dereinst, so spät es auch sei, vollendet zu hoffen, ist ein süßer Traum; aber sich ihm immer zu näheren, nicht allein denkbar, sondern, so weit es mit dem moralischen Gesetze zusammen bestehen kann, Pflicht, nicht der Staatsbürger, sondern des Staatsoberhaupts.

10.
In welcher Ordnung allein kann der Fortschritt zum Besseren erwartet werden?

Die Antwort ist: nicht durch den Gang der Dinge **von unten hinauf**, sondern den **von oben herab**. – Zu erwarten, daß durch Bildung der Jugend in häuslicher Unterweisung und weiterhin in Schulen, von den niedrigen an bis zu den höchsten, in Geistes- und moralischer, durch Religionslehre verstärkter Cultur es endlich dahin kommen werde, nicht bloß gute Staatsbürger, sondern zum Guten, was immer weiter fortschreiten und sich erhalten kann, zu erziehen, ist ein Plan, der den erwünschten Erfolg schwerlich hoffen läßt. Denn nicht allein daß das Volk dafür hält, daß die Kosten der Erziehung seiner Jugend nicht ihm, sondern dem Staate zu lasten kommen müssen, der Staat aber dagegen seinerseits zu Besoldung tüchtiger und mit Lust ihrem Amte obliegender Lehrer kein Geld übrig hat (wie **Büsching** klagt), weil er alles zum Kriege braucht: sondern das ganze Maschinenwesen dieser Bildung hat keinen Zusammenhang, wenn es nicht nach einem überlegten Plane der obersten Staatsmacht und nach dieser ihrer Absicht entworfen, ins Spiel gesetzt und darin auch immer gleichförmig erhalten wird; wozu wohl gehören möchte, daß der Staat sich von Zeit zu Zeit auch selbst reformire und, statt Revolution Evolution versuchend, zum Besseren beständig fortschreite. Da es aber doch auch **Menschen** sind, welche diese Erziehung bewirken sollen, mithin solche, die dazu selbst haben gezogen werden müssen: so ist bei dieser Gebrechlichkeit der menschlichen Natur unter der Zufälligkeit der Umstände, die einen solchen Effect begünstigen, die Hoffnung ihres Fortschreitens nur in einer Weisheit von oben herab (welche, wenn sie uns unsichtbar ist, Vorsehung heißt) als positiver Bedingung, für das aber, was hierin von **Menschen** erwartet und gefordert werden kann, bloß negative Weisheit zur Beförderung dieses Zwecks zu erwarten, nämlich daß sie das größte Hinderniß des Moralischen, nämlich den Krieg, der diesen immer zurückgängig macht, erstlich nach und nach menschlicher, darauf seltener, endlich als Angriffskrieg ganz schwinden zu lassen sich genöthigt sehen werden, um eine Verfassung einzuschlagen, die ihrer Natur nach, ohne sich zu schwächen, auf ächte Rechtsprincipien gegründet, beharrlich zum Bessern fortschreiten kann.

Beschluß.

Ein Arzt, der seine Patienten von Tag zu Tag auf baldige Genesung vertröstete: den einen, daß der Puls besser schlüge; den anderen, daß der Auswurf, den dritten, daß der Schweiß Besserung verspräche, u. s. w., bekam einen Besuch von einem seiner Freunde. Wie gehts, Freund, mit eurer Krankheit? war die erste Frage. Wie wirds gehen? Ich sterbe vor lauter Besserung! – Ich verdenke es Keinem, wenn er in Ansehung der Staatsübel an dem Heil des Menschengeschlechts und dem Fortschreiten desselben zum Besseren zu verzagen anhebt; allein ich verlasse mich auf das heroische Arzneimittel, welches Hume anführt und eine schnelle Cur bewirken dürfte. – »Wenn ich jetzt (sagt er) die Nationen im Kriege gegen einander begriffen sehe, so ist es, als ob ich zwei besoffene Kerle sähe, die sich in ihrem Porzellänladen mit Prügeln herumschlagen. Denn nicht genug, daß sie an den Beulen, die sie sich wechselseitig geben, lange zu heilen haben, so müssen sie hinterher noch allen den Schaden bezahlen, den sie anrichteten.« *Sero sapiunt Phryges.* Die Nachwehen des gegenwärtigen Krieges aber können dem politischen Wahrsager das Geständniß einer nahe bevorstehenden Wendung des menschlichen Geschlechts zum Besseren abnöthigen, das schon jetzt im Prospect ist.

Dritter Abschnitt.

Der Streit der philosophischen Facultät mit der medicinischen.

Von der Macht des Gemüths
durch den bloßen Vorsatz seiner krankhaften Gefühle Meister zu sein.

Ein Antwortschreiben an Herrn Hofrath und Professor Hufeland.

Daß meine Danksagung für das den 12ten Dec. 1796 an mich bestellte Geschenk Ihres lehrreichen und angenehmen Buchs »von der Kunst das menschliche Leben zu verlängern« selbst auf ein langes Leben berechnet gewesen sein dürfte, möchten Sie vielleicht aus dem Datum dieser meiner Antwort vom Januar dieses Jahres zu schließen Ursache haben, wenn das Altgewordensein nicht schon die öftere Vertagung *(procrastinatio)* wichtiger Beschlüsse bei sich führte, dergleichen doch wohl der des Todes ist, welcher sich immer zu früh für uns anmeldet, und den man warten zu lassen an Ausreden unerschöpflich ist.

Sie verlangen von mir ein Urtheil über Ihr »Bestreben, das Physische im Menschen moralisch zu behandeln; den ganzen, auch physischen Menschen als ein auf Moralität berechnetes Wesen darzustellen und die moralische Kultur als unentbehrlich zur physischen Vollendung der überall nur in der Anlage vorhandenen Menschennatur zu zeigen«, und setzen hinzu: »Wenigstens kann ich versichern, daß es keine vorgefaßte Meinungen waren, sondern ich durch die Arbeit und Untersuchung selbst unwiderstehlich in diese Behandlungsart hineingezogen wurde.« – – Eine solche Ansicht der Sache verräth den Philosophen, nicht den bloßen Vernunftkünstler; einen Mann, der nicht allein gleich einem der Directoren des französischen Convents die von der Vernunft verordneten Mittel der Ausführung (technisch), wie sie die Erfahrung darbietet, zu seiner Heilkunde mit Geschicklichkeit, sondern als gesetzgebendes Glied im Corps der Ärzte aus der reinen Vernunft hernimmt, welche zu dem, was **hilft**, mit Geschicklichkeit auch das, was zugleich an sich **Pflicht** ist, mit Weisheit zu verordnen weiß: so daß moralisch-praktische Philosophie zugleich eine Universalmedicin abgiebt, die zwar nicht allen für Alles hilft, aber doch in keinem Recepte mangeln kann.

Dieses Universalmittel betrifft aber nur die **Diätetik**, d. i. es wirkt nur **negativ**, als Kunst, Krankheiten **abzuhalten**. Dergleichen Kunst aber setzt ein Vermögen voraus, das nur Philosophie, oder der Geist derselben, den man schlechthin voraussetzen muß, geben kann. Auf diesen bezieht sich die oberste diätetische Aufgabe, welche in dem Thema enthalten ist:

Von der Macht des Gemüths des Menschen über seine krankhafte Gefühle durch den bloßen festen Vorsatz Meister zu sein.

Die die Möglichkeit dieses Ausspruchs bestätigenden Beispiele kann ich nicht von der Erfahrung **Anderer** hernehmen, sondern zuerst nur von der an mir selbst angestellten, weil sie aus dem Selbstbewußtsein hervorgeht und sich nachher allererst Andere fragen läßt: ob es nicht auch sie eben so in sich wahrnehmen. – Ich sehe mich also genöthigt, mein **Ich laut** werden zu lassen, was im dogmatischen Vortrage* Unbescheidenheit verräth, aber Verzeihung verdient, wenn es nicht gemeine Erfahrung, sondern ein inneres Experiment oder Beobachtung betrifft, welche ich zuerst an mir selbst angestellt haben muß, um etwas, was nicht jedermann von selbst, und ohne darauf geführt zu sein, beifällt, zu seiner Beurtheilung vorzulegen. – Es würde tadelhafte Anmaßung sein, Andere mit der inneren Geschichte meines Gedankenspiels unterhalten zu wollen, wel-

---

* Im dogmatisch-praktischen Vortrage, z. B. derjenigen Beobachtung seiner selbst, die auf Pflichten abzweckt, die Jedermann angehen, spricht der Kanzelredner nicht durch Ich, sondern **Wir**. In dem erzählenden aber, der Privatempfindung (der Beichte, welche der Patient seinem Arzte ablegt), oder eigener Erfahrung an sich selbst muß er durch Ich reden.

che zwar subjective Wichtigkeit (für mich), aber keine objective (für jedermann geltende) enthielte. Wenn aber dieses Aufmerken auf sich selbst und die daraus hervorgehende Wahrnehmung nicht so gemein ist, sondern, daß jeder dazu aufgefordert werde, eine Sache ist, die es bedarf und verdient, so kann dieser Übelstand mit seinen Privatempfindungen Andere zu unterhalten, wenigstens verziehen werden.

Ehe ich nun mit dem Resultat meiner in Absicht auf Diätetik angestellten Selbstbeobachtung aufzutreten wage, muß ich noch etwas über die Art bemerken, wie Herr Hufeland die Aufgabe der Diätetik, d. i. der Kunst stellt, Krankheiten vorzubeugen, im Gegensatz mit der Therapeutik, sie zu heilen.

Sie heißt ihm »die Kunst das menschliche Leben zu verlängern.«

Er nimmt seine Benennung von demjenigen her, was die Menschen am sehnsüchtigsten wünschen, ob es gleich vielleicht weniger wünschenswerth sein dürfte. Sie möchten zwar gern zwei Wünsche zugleich thun: nämlich lange zu leben und dabei gesund zu sein; aber der erstere Wunsch hat den letzteren nicht zur nothwendigen Bedingung: sondern er ist unbedingt. Laßt den Hospitalkranken Jahre lang auf seinem Lager leiden und darben und ihn oft wünschen hören, daß ihn der Tod je eher je lieber von dieser Plage erlösen möge; glaubt ihm nicht, es ist nicht sein Ernst. Seine Vernunft sagt es ihm zwar vor, aber der Naturinstinct will es anders. Wenn er dem Tode als seinem Befreier (*Jovi liberatori*) winkt, so verlangt er doch immer noch eine kleine Frist und hat immer irgend einen Vorwand zur Vertagung (*procrastinatio*) seines peremtorischen Decrets. Der in wilder Entrüstung gefaßte Entschluß des Selbstmörders, seinem Leben ein Ende zu machen, macht hievon keine Ausnahme: denn er ist die Wirkung eines bis zum Wahnsinn exaltirten Affects. – Unter den zwei Verheißungen für die Befolgung der Kindespflicht (»auf daß dir es wohlgehe und du lange lebest auf Erden«) enthält die letztere die stärkere Triebfeder, selbst im Urtheile der Vernunft, nämlich als Pflicht, deren Beobachtung zugleich verdienstlich ist.

Die Pflicht, das Alter zu ehren, gründet sich nämlich eigentlich nicht auf die billige Schonung, die man den Jüngeren gegen die Schwachheit der Alten zumuthet: denn die ist kein Grund zu einer ihnen schuldigen Achtung. Das Alter will also noch für etwas Verdienstliches angesehen werden, weil ihm eine Verehrung zugestanden wird. Also nicht etwa weil Nestorjahre zugleich durch viele und lange Erfahrung erworbene Weisheit zu Leitung der jüngeren Welt bei sich führen, sondern blos weil, wenn nur keine Schande dasselbe befleckt hat, der Mann, welcher sich so lange erhalten hat, d. i. der Sterblichkeit als dem demüthigendsten Ausspruch, der über ein vernünftiges Wesen nur gefällt werden kann (»du bist Erde und sollst zu Erde werden«), so lange hat ausweichen und gleichsam der Unsterblichkeit hat abgewinnen können, weil, sage ich, ein solcher Mann sich so lange lebend erhalten und zum Beispiel aufgestellt hat.

100 Mit der Gesundheit, als dem zweiten natürlichen Wunsche, ist es dagegen nur mißlich bewandt. Man kann sich gesund fühlen (aus dem behaglichen Gefühl seines Lebens urtheilen), nie aber wissen, daß man gesund sei. – Jede Ursache des natürlichen Todes ist Krankheit: man mag sie fühlen oder nicht. – Es giebt viele, von denen, ohne sie eben verspotten zu wollen, man sagt, daß sie für immer kränkeln, nie krank werden können; deren Diät ein immer wechselndes Abschweifen und wieder Einbeugen ihrer Lebensweise ist, und die es im Leben, wenn gleich nicht den Kraftäußerungen, doch der Länge nach weit bringen. Wie viel aber meiner Freunde und Bekannten habe ich nicht überlebt, die sich bei einer einmal angenommenen ordentlichen Lebensart einer völligen Gesundheit rühmten: indessen daß der Keim des Todes (die Krankheit), der Entwicklung nahe, unbemerkt in ihnen lag, und der, wel-

cher sich gesund fühlte, nicht wußte, daß er krank war; denn die Ursache eines natürlichen Todes kann man doch nicht anders als Krankheit nennen. Die Causalität aber kann man nicht fühlen, dazu gehört Verstand, dessen Urtheil irrig sein kann; indessen daß das Gefühl unträglich ist, aber nur dann, wenn man sich krankhaft fühlt, diesen Namen führt; fühlt man sich aber so auch nicht, doch gleichwohl in dem Menschen verborgenerweise und zur baldigen Entwickelung bereit liegen kann; daher der Mangel dieses Gefühls keinen andern Ausdruck des Menschen für sein Wohlbefinden verstattet, als daß er scheinbarlich gesund sei. Das lange Leben also, wenn man dahin zurücksieht, kann nur die genossene Gesundheit bezeugen, und die Diätetik wird vor allem in der Kunst das Leben zu verlängern (nicht es zu genießen) ihre Geschicklichkeit oder Wissenschaft zu beweisen haben: wie es auch Herr Hufeland so ausgedrückt haben will.

Grundsatz der Diätetik.

Auf Gemächlichkeit muß die Diätetik nicht berechnet werden; denn diese Schonung seiner Kräfte und Gefühle ist Verzärtelung, d. i. sie hat Schwäche und Kraftlosigkeit zur Folge und ein allmähliges Erlöschen der Lebenskraft aus Mangel der Übung; so wie eine Erschöpfung derselben durch zu häufigen und starken Gebrauch derselben. Der Stoicism als Princip der Diätetik *(sustine et abstine)* gehört also nicht bloß zur praktischen Philosophie als Tugendlehre, sondern auch zu ihr als Heilkunde. – Diese ist alsdann philosophisch, wenn bloß die Macht der Vernunft im Menschen, über seine sinnliche Gefühle durch einen sich selbst gegebenen Grundsatz Meister zu sein, die Lebensweise bestimmt. Dagegen, wenn sie diese Empfindungen zu erregen oder abzuwehren die Hülfe außer sich in körperlichen Mitteln (der Apotheke, oder der Chirurgie) sucht, sie bloß empirisch und mechanisch ist.

Die Wärme, der Schlaf, die sorgfältige Pflege des nicht Kranken sind solche Verwöhnungen der Gemächlichkeit.

1) Ich kann der Erfahrung an mir selbst gemäß der Vorschrift nicht beistimmen: man soll Kopf und Füße warm halten. Ich finde es dagegen gerathener, beide kalt zu halten (wozu die Russen auch die Brust zählen), gerade der Sorgfalt wegen, um mich nicht zu verkälten. – Es ist freilich gemächlicher im laulichen Wasser sich die Füße zu waschen, als es zur Winterszeit mit beinahe eiskaltem zu thun; dafür aber entgeht man dem Übel der Erschlaffung der Blutgefäße, in so weit vom Herzen entlegenen Theilen, welches im Alter oft eine nicht mehr zu hebende Krankheit der Füße nach sich zieht. – Den Bauch, vornehmlich bei kalter Witterung, warm zu halten, möchte eher zur diätetischen Vorschrift statt der Gemächlichkeit gehören: weil er Gedärme in sich schließt, die einen langen Gang hindurch einen nicht-flüssigen Stoff forttreiben sollen; wozu der sogenannte Schmachtriemen (ein breites den Unterleib haltendes und die Muskeln desselben unterstützendes Band) bei Alten, aber eigentlich nicht der Wärme wegen gehört.

2) Lange oder (wiederholentlich, durch Mittagsruhe) viel schlafen ist freilich eben so viel Ersparniß am Ungemache, was überhaupt das Leben im Wachen unvermeidlich bei sich führt, und es ist wunderlich genug, sich ein langes Leben zu wünschen, um es größtentheils zu verschlafen. Aber das, worauf es hier eigentlich ankommt, dieses vermeinte Mittel des langen Lebens, die Gemächlichkeit, widerspricht sich in seiner Absicht selbst. Denn das wechselnde Erwachen und wieder Einschlummern in langen Winternächten ist für das ganze Nervensystem lähmend, zermalmend und in täuschender Ruhe krafterschöpfend: mithin die Gemächlichkeit hier eine Ursache der Verkürzung des Lebens. – Das Bett ist das Nest einer Menge von Krankheiten.

3) Im Alter sich zu pflegen oder pflegen zu lassen, blos um

seine Kräfte durch die Vermeidung der Ungemächlichkeit (z. B. des Ausgehens in schlimmem Wetter) oder überhaupt die Übertragung der Arbeit an Andere, die man selbst verrichten könnte, zu s ch o n e n , so aber das Leben zu verlängern, diese Sorgfalt bewirkt gerade das Widerspiel, nämlich das frühe Altwerden und Verkürzung des Lebens. – – Auch daß sehr alt gewordene m e h r e n t h e i l s v e r e h e l i c h t e Personen gewesen wären, möchte schwer zu beweisen sein. – In einigen Familien ist das Altwerden erblich, und die Paarung in einer solchen kann wohl einen Familienschlag dieser Art begründen. Es ist auch kein übles politisches Princip, zu Beförderung der Ehen das gepaarte Leben als ein langes Leben anzupreisen; obgleich die Erfahrung immer verhältnißweise nur wenig Beispiele davon an die Hand giebt von solchen, die neben einander vorzüglich alt geworden sind; aber die Frage ist hier nur vom physiologischen Grunde des Altwerdens – wie es die Natur verfügt, nicht vom politischen, wie die Convenienz des Staats die öffentliche Meinung seiner Absicht gemäß bestimmt zu sein verlangt. – Übrigens ist das P h i l o s o p h i r e n , ohne darum eben Philosoph zu sein, auch ein Mittel der Abwehrung mancher unangenehmer Gefühle und doch zugleich A g i t a t i o n des Gemüths, welches in seine Beschäftigung ein Interesse bringt, das von äußern Zufälligkeiten unabhängig und eben darum, obgleich nur als Spiel, dennoch kräftig und inniglich ist und die Lebenskraft nicht stocken läßt. Dagegen P h i l o s o p h i e , die ihr Interesse am Ganzen des Endzwecks der Vernunft (der eine absolute Einheit ist) hat, ein Gefühl der Kraft bei sich führt, welches die körperliche Schwächen des Alters in gewissem Maße durch vernünftige Schätzung des Werths des Lebens wohl vergüten kann. – Aber neu sich eröffnende Aussichten zu Erweiterung seiner Erkenntnisse, wenn sie auch gerade nicht zur Philosophie gehörten, leisten doch auch eben dasselbe, oder etwas dem Ähnliches; und sofern der Mathematiker hieran ein u n m i t t e l b a r e s Interesse (nicht als an einem

Werkzeuge zu anderer Absicht) nimmt, so ist er in sofern auch Philosoph und genießt die Wohlthätigkeit einer solchen Erregungsart seiner Kräfte in einem verjüngten und ohne Erschöpfung verlängerten Leben.

Aber auch bloße Tändeleien in einem sorgenfreien Zustande leisten, als Surrogate, bei eingeschränkten Köpfen fast eben dasselbe, und die mit Nichtsthun immer vollauf zu thun haben, werden gemeiniglich auch alt. – Ein sehr bejahrter Mann fand dabei ein großes Interesse, daß die vielen Stutzuhren in seinem Zimmer immer nach einander, keine mit der andern zugleich schlagen mußten; welches ihn und den Uhrmacher den Tag über genug beschäftigte und dem letztern zu verdienen gab. Ein Anderer fand in der Abfütterung und Cur seiner Singvögel hinreichende Beschäftigung, um die Zeit zwischen seiner eigenen Abfütterung und dem Schlaf auszufüllen. Eine alte begüterte Frau fand diese Ausfüllung am Spinnrade unter dabei eingemischten unbedeutenden Gesprächen und klagte daher in ihrem sehr hohen Alter, gleich als über den Verlust einer guten Gesellschaft, daß, da sie nunmehr den Faden zwischen den Fingern nicht mehr fühlen könnte, sie vor langer Weile zu sterben Gefahr liefe.

Doch damit mein Discurs über das lange Leben Ihnen nicht auch lange Weile mache und eben dadurch gefährlich werde, will ich der Sprachseligkeit, die man als einen Fehler des Alters zu beläch eln, wenn gleich nicht zu schelten pflegt, hiemit Grenzen setzen.

1.

Von der Hypochondrie.

Die Schwäche, sich seinen krankhaften Gefühlen überhaupt, ohne ein bestimmtes Object, muthlos zu überlassen (mithin ohne den Versuch zu machen über sie durch die Vernunft Meister zu werden), – die Grillenkrankheit *(hypochondria vaga),** welche gar keinen bestimmten Sitz im Körper hat und ein Geschöpf der Einbildungskraft ist und daher auch die dichtende heißen könnte – wo der Patient alle Krankheiten, von denen er in Büchern liest, an sich zu bemerken glaubt, ist das gerade Widerspiel jenes Vermögens des Gemüths über seine krankhafte Gefühle Meister zu sein, nämlich Verzagtheit, über Übel, welche Menschen zustoßen könnten, zu brüten, ohne, wenn sie kämen, ihnen widerstehen zu können; eine Art von Wahnsinn, welchem freilich wohl irgend ein Krankheitsstoff (Blähung oder Verstopfung) zum Grunde liegen mag, der aber nicht unmittelbar, wie er den Sinn afficirt, gefühlt, sondern als bevorstehendes Übel von der dichtenden Einbildungskraft vorgespiegelt wird; wo dann der Selbstquäler *(heautontimorumenos),* statt sich selbst zu ermannen, vergeblich die Hülfe des Arztes aufruft: weil nur er selbst durch die Diätetik seines Gedankenspiels belästigende Vorstellungen, die sich unwillkürlich einfinden, und zwar von Übeln, wider die sich doch nichts veranstalten ließe, wenn sie sich wirklich einstellten, aufheben kann. – Von dem, der mit dieser Krankheit behaftet, und so lange er es ist, kann man nicht verlangen, er solle seiner krankhaften Gefühle durch den bloßen Vorsatz Meister werden. Denn wenn er dieses könnte, so wäre er nicht hypochondrisch. Ein vernünftiger Mensch statuirt keine solche Hypochondrie: sondern wenn ihm Beängstigungen anwandeln, die in Grillen, d. i. selbst ausgedachte Übel, ausschlagen wollen, so fragt er sich, ob ein Object derselben da sei. Findet er keines, welches gegründete Ursache zu dieser Beängstigung abgeben kann, oder sieht er ein, daß, wenn auch gleich ein solches wirklich wäre, doch dabei nichts zu thun möglich sei, um seine Wirkung abzuwenden, so geht er mit diesem Anspruche seines inneren Gefühls zur Tagesordnung, d. i. er läßt seine Beklommenheit (welche alsdann bloß topisch ist) an ihrer Stelle liegen

---

* Zum Unterschiede von der topischen *(hypochondria intestinalis).*

(als ob sie ihm nichts anginge) und richtet seine Aufmerksamkeit auf die Geschäfte, mit denen er zu thun hat.

Ich habe wegen meiner flachen und engen Brust, die für die Bewegung des Herzens und der Lunge wenig Spielraum läßt, eine natürliche Anlage zur Hypochondrie, welche in früheren Jahren bis an den Überdruß des Lebens gränzte. Aber die Überlegung, daß die Ursache dieser Herzbeklemmung vielleicht bloß mechanisch und nicht zu heben sei, brachte es bald dahin, daß ich mich an sie gar nicht kehrte, und während dessen, daß ich mich in der Brust beklommen fühlte, im Kopf doch Ruhe und Heiterkeit herrschte, die sich auch in der Gesellschaft nicht nach abwechselnden Launen (wie Hypochondrische pflegen), sondern absichtlich und natürlich mitzutheilen nicht ermangelte. Und da man des Lebens mehr froh wird durch das, was man im freien Gebrauch desselben t h u t, als was man g e n i e ß t, so können Geistesarbeiten eine andere Art von befördertem Lebensgefühl den Hemmungen entgegen setzen, welche bloß den Körper angehen. Die Beklemmung ist mir geblieben; denn ihre Ursache liegt in meinem körperlichen Bau. Aber über ihren Einfluß auf meine Gedanken und Handlungen bin ich Meister geworden durch Abkehrung der Aufmerksamkeit von diesem Gefühle, als ob es mich gar nicht anginge.

2.

Vom Schlafe.

Was die Türken nach ihren Grundsätzen der Prädestination über die Mäßigkeit sagen: daß nämlich im Anfange der Welt jedem Menschen die Portion zugemessen worden, wie viel er im Leben zu essen haben werde, und, wenn er seinen beschiedenen Theil in großen Portionen verzehrt, er auf eine desto kürzere Zeit zu e s s e n, mithin zu s e i n sich Rechnung machen könne: das kann in einer Diätetik als K i n d e r l e h r e (denn im

Genießen müssen auch Männer von Ärzten oft als Kinder behandelt werden) auch zur Regel dienen: nämlich daß jedem Menschen von Anbeginn her vom Verhängnisse seine Portion S c h l a f zugemessen worden, und der, welcher von seiner Lebenszeit in Mannsjahren zu viel (über das Dritttheil) dem Schlafen eingeräumt hat, sich nicht eine lange Zeit zu schlafen, d. i. zu leben und alt zu werden, versprechen darf. – Wer den Schlaf als süßen Genuß im Schlummern (der S i e s t a der Spanier) oder als Zeitkürzung (in langen Winternächten) viel mehr als ein Dritttheil seiner Lebenszeit einräumt, oder ihn sich auch theilweise (mit Absätzen), nicht in einem Stück für jeden Tag zumißt, verrechnet sich sehr in Ansehung seines L e b e n s q u a n t u m theils dem Grade, theils der Länge nach. – Da nun schwerlich ein Mensch wünschen wird, daß der Schlaf überhaupt gar nicht Bedürfniß für ihn wäre (woraus doch wohl erhellt, daß er das lange Leben als eine lange Plage fühlt, von dem, so viel er verschlafen, eben so viel Mühseligkeit zu tragen er sich erspart hat), so ist es gerathener fürs Gefühl sowohl als für die Vernunft, dieses genuß- und thatleere Drittel ganz auf eine Seite zu bringen und es der unentbehrlichen Naturrestauration zu überlassen: doch mit einer genauen Abgemessenheit der Zeit, von wo an und wie lange sie dauern soll.

Es gehört unter die krankhaften Gefühle zu der bestimmten und gewohnten Zeit nicht schlafen, oder auch sich nicht wach halten zu können; vornehmlich aber das erstere, in dieser Absicht sich zu Bette zu legen und doch schlaflos zu liegen. – Sich alle G e d a n k e n aus dem Kopf zu schlagen, ist zwar der gewöhnliche Rath, den der Arzt giebt: aber sie oder andere an ihre Stelle kommen wieder und erhalten wach. Es ist kein anderer diätetischer Rath, als beim inneren Wahrnehmen oder Bewußtwerden irgend eines sich regenden Gedanken die Aufmerksamkeit davon sofort abzuwenden (gleich als ob man mit geschlossenen Augen diese auf eine andere Seite kehrte): wo dann durch das Abbrechen jedes Gedanken, den man inne wird, allmählig eine Verwirrung der Vorstellungen entspringt, dadurch das Bewußtsein seiner körperlichen (äußeren) Lage aufgehoben wird, und eine ganz verschiedene Ordnung, nämlich ein unwillkürliches Spiel der Einbildungskraft (das im gesunden Zustande der Traum ist), eintritt, in welchem durch ein bewundernswürdiges Kunststück der thierischen Organisation der Körper für die animalischen Bewegungen abgespannt, für die Vitalbewegung aber innigst agitirt wird und zwar durch Träume, die, wenn wir uns gleich derselben im Erwachen nicht erinnern, gleichwohl nicht haben ausbleiben können: weil sonst bei gänzlicher Ermangelung derselben, wenn die Nervenkraft, die vom Gehirn, dem Sitze der Vorstellungen, ausgeht, nicht mit der Muskelkraft der Eingeweide vereinigt wirkte, das Leben sich nicht einen Augenblick erhalten könnte. Daher träumen vermuthlich alle Thiere, wenn sie schlafen.

Jedermann aber, der sich zu Bette und in Bereitschaft zu schlafen gelegt hat, wird bisweilen bei aller obgedachten Ablenkung seiner Gedanken doch nicht zum Einschlafen kommen können. In diesem Fall wird er im Gehirn etwas Spastisches (Krampfartiges) fühlen, welches auch mit der Beobachtung gut zusammenhängt: daß ein Mensch gleich nach dem Erwachen etwa 1/2 Zoll länger sei, als wenn er sogar im Bette geblieben und dabei nur gewacht hätte. – Da Schlaflosigkeit ein Fehler des schwächlichen Alters und die linke Seite überhaupt genommen die schwächere ist,* so fühlte ich seit etwa einem

---

* Es ist ein ganz unrichtiges Vorgeben, daß, was die Stärke im Gebrauch seiner äußern Gliedmaßen betrifft, es bloß auf die Übung, und wie man frühe gewöhnt worden, ankomme, welche von beiden Seiten des Körpers die stärkere oder schwächere sein solle; ob im Gefechte mit dem rechten oder linken Arm der Säbel geführt, ob sich der Reiter, im Steigbügel stehend, von der Rechten zur Linken oder umgekehrt aufs Pferd schwinge, u. dgl. Die Erfahrung lehrt

Jahre diese krampfichte Anwandelungen und sehr empfindliche Reize dieser Art (obzwar nicht wirkliche und sichtbare Bewegungen der darauf afficirten Gliedmaßen als Krämpfe), die ich nach der Beschreibung anderer für gichtische Zufälle halten und dafür einen Arzt suchen mußte. Nun aber, aus Ungeduld, am Schlafen mich gehindert zu fühlen, griff ich bald zu meinem stoischen Mittel, meinen Gedanken mit Anstrengung auf irgend ein von mir gewähltes gleichgültiges Object, was es auch sei, (z. B. auf den viel Nebenvorstellungen enthaltenden Namen Cicero) zu heften: mithin die Aufmerksamkeit von jener Empfindung abzulenken; dadurch diese dann und zwar schleunig stumpf wurde, und so die Schläfrigkeit sie überwog, und dieses kann ich jederzeit bei wiederkommenden Anfällen dieser Art in den kleinen Unterbrechungen des Nachtschlafs mit gleich gutem Erfolg wiederholen. Daß aber dieses nicht etwa bloß eingebildete Schmerzen waren, davon konnte mich die des andern Morgens früh sich zeigende glühende Röthe der Zehen des linken Fußes überzeugen. – Ich bin gewiß, daß viele gichtische Zufälle, wenn nur die Diät des Genusses nicht gar zu sehr dawider ist, ja Krämpfe und selbst epileptische Zufälle (nur nicht bei Weibern und Kindern, als die dergleichen Kraft des Vorsatzes nicht haben), auch wohl das für unheilbar verschriene Podagra bei jeder neuen Anwandlung desselben durch diese Festigkeit des Vorsatzes (seine Aufmerk-

---

aber, daß, wer sich am linken Fuße Maß für seine Schuhe nehmen läßt, wenn der Schuh dem linken genau anpaßt, er für den rechten zu enge sei, ohne daß man die Schuld davon den Eltern geben kann, die ihre Kinder nicht besser belehrt hätten; so wie der Vorzug der rechten Seite vor der linken auch daran zu sehen ist, daß der, welcher über einen etwas tiefen Graben schreiten will, den linken Fuß ansetzt und mit dem rechten überschreitet; widrigenfalls er in den Graben zu fallen Gefahr läuft. Daß der preußische Infanterist geübt wird, mit dem linken Fuße a n z u t r e t e n , widerlegt jenen Satz nicht, sondern bestätigt ihn vielmehr; denn er setzt diesen voran, gleich als auf ein Hypomochlium, um mit der rechten Seite den Schwung des Angriffs zu machen, welchen er mit der rechten gegen die linke verrichtet.

samkeit von einem solchen Leiden abzuwenden) abgehalten und nach und nach gar gehoben werden könnte.

3.

Vom Essen und Trinken.

Im gesunden Zustande und der Jugend ist es das Gerathenste in Ansehung des Genusses, der Zeit und Menge nach, bloß den Appetit (Hunger und Durst) zu befragen; aber bei den mit dem Alter sich einfindenden Schwächen ist eine gewisse Angewohnheit einer geprüften und heilsam gefundenen Lebensart, nämlich wie man es einen Tag gehalten hat, es eben so alle Tage zu halten, ein diätetischer Grundsatz, welcher dem langen Leben am günstigsten ist; doch unter der Bedingung, daß diese Abfütterung für den sich weigernden Appetit die gehörige Ausnahmen mache. – Dieser nämlich weigert im Alter die Quantität des Flüssigen (Suppen oder viel Wasser zu trinken) vornehmlich dem männlichen Geschlecht: verlangt dagegen derbere Kost und anreizenderes Getränk (z. B. Wein), sowohl um die wurmförmige Bewegung der Gedärme (die unter allen Eingeweiden am meisten von der *vita propria* zu haben scheinen, weil sie, wenn sie noch warm aus dem Thiere gerissen und zerhauen werden, als Würmer kriechen, deren Arbeit man nicht bloß fühlen, sondern sogar hören kann) zu befördern und zugleich solche Theile in den Blutumlauf zu bringen, die durch ihren Reiz das Geräder zur Blutbewegung im Umlauf zu erhalten beförderlich sind.

Das Wasser braucht aber bei alten Leuten längere Zeit, um, ins Blut aufgenommen, den langen Gang seiner Absonderung von der Blutmasse durch die Nieren zur Harnblase zu machen, wenn es nicht dem Blute assimilirte Theile (dergleichen der Wein ist), und die einen Reiz der Blutgefäße zum Fortschaffen bei sich führen, in sich enthält; welcher letztere aber alsdann als Medicin gebraucht wird, dessen künstlicher Gebrauch eben darum eigentlich nicht zur Diätetik gehört. Der Anwandelung des Appetits zum Wassertrinken (dem Durst), welche großentheils nur Angewohnheit ist, nicht sofort nachzugeben, und ein hierüber genommener fester Vorsatz bringt diesen Reiz in das Maß des natürlichen Bedürfnisses des den festen Speisen beizugebenden Flüssigen, dessen Genuß in Menge im Alter selbst durch den Naturinstinct geweigert wird. Man schläft auch nicht gut, wenigstens nicht tief bei dieser Wasserschwelgerei, weil die Blutwärme dadurch vermindert wird.

Es ist oft gefragt worden: ob, gleich wie in 24 Stunden nur Ein Schlaf, so auch in eben so viel Stunden nur Eine Mahlzeit nach diätetischer Regel verwilligt werden könne, oder ob es nicht besser (gesunder) sei, dem Appetit am Mittagstische etwas abzubrechen, um dafür auch zu Nacht essen zu können. Zeitkürzender ist freilich das letztere. – Das letztere halte ich auch in den sogenannten besten Lebensjahren (dem Mittelalter) für zuträglicher; das erstere aber im späteren Alter. Denn da das Stadium für die Operation der Gedärme zum Behuf der Verdauung im Alter ohne Zweifel langsamer abläuft, als in jüngeren Jahren, so kann man glauben, daß ein neues Pensum (in einer Abendmahlzeit) der Natur aufzugeben, indessen daß das erstere Stadium der Verdauung noch nicht abgelaufen ist, der Gesundheit nachtheilig werden müsse. – Auf solche Weise kann man den Anreiz zum Abendessen nach einer hinreichenden Sättigung des Mittags für ein krankhaftes Gefühl halten, dessen man durch einen festen Vorsatz so Meister werden kann, daß auch die Anwandelung desselben nachgerade nicht mehr verspürt wird.

4.
Von dem krankhaften Gefühl aus der Unzeit im Denken.

109 Einem Gelehrten ist das **Denken** ein Nahrungsmittel, ohne welches, wenn er **wach und allein ist**, er nicht leben kann; jenes mag nun im **Lernen** (Bücherlesen) oder im **Ausdenken** (Nachsinnen und Erfinden) bestehen. Aber beim Essen oder Gehen sich zugleich angestrengt mit einem bestimmten Gedanken beschäftigen, Kopf und Magen oder Kopf und Füße mit zwei Arbeiten zugleich belästigen, davon bringt das eine Hypochondrie, das andere Schwindel hervor. Um also dieses krankhaften Zustandes durch Diätetik Meister zu sein, wird nichts weiter erfordert, als die mechanische Beschäftigung des Magens oder der Füße mit der geistigen des Denkens wechseln zu lassen und während dieser (der Restauration gewidmeten) Zeit das absichtliche Denken zu hemmen und dem (dem mechanischen ähnlichen) freien Spiele der Einbildungskraft den Lauf zu lassen; wozu aber bei einem Studirenden ein allgemein gefaßter und fester Vorsatz der **Diät im Denken** erfordert wird.

Es finden sich krankhafte Gefühle ein, wenn man in einer Mahlzeit ohne Gesellschaft sich zugleich mit Bücherlesen oder Nachdenken beschäftigt, weil die Lebenskraft durch Kopfarbeit von dem Magen, den man belästigt, abgeleitet wird. Eben so, wenn dieses Nachdenken mit der krafterschöpfenden Arbeit der Füße (im Promeniren)* verbunden wird. (Man kann

---
* Studirende können es schwerlich unterlassen, in einsamen Spaziergängen sich mit Nachdenken selbst und allein zu unterhalten. Ich habe es aber an mir gefunden und auch von andern, die ich darum befrug, gehört: daß das angestrengte Denken im **Gehen** geschwinde matt macht; dagegen, wenn man sich dem freien Spiel der Einbildungskraft überläßt, die Motion restaurirend ist. Noch mehr geschieht dieses, wenn bei dieser mit Nachdenken verbundenen Bewegung zugleich Unterredung mit einem Andern gehalten wird, so daß man sich bald genöthigt sieht, das Spiel seiner Gedanken sitzend fortzusetzen. – Das

das Lucubriren noch hinzufügen, wenn es ungewöhnlich ist.) Indessen sind die krankhaften Gefühle aus diesen unzeitig (invita Minerva) vorgenommenen Geistesarbeiten doch nicht von der Art, daß sie sich unmittelbar durch den bloßen Vorsatz augenblicklich, sondern allein durch Entwöhnung vermöge eines entgegengesetzten Princips nach und nach heben lassen, und von den ersteren soll hier nur geredet werden.

5.

Von der Hebung und Verhütung krankhafter Zufälle durch den Vorsatz im Athemziehen.

Ich war vor wenigen Jahren noch dann und wann vom Schnupfen und Husten heimgesucht, welche beide Zufälle mir desto ungelegener waren, als sie sich bisweilen beim Schlafengehen zutrugen. Gleichsam entrüstet über diese Störung des Nachtschlafs entschloß ich mich, was den ersteren Zufall betrifft, mit fest geschlossenen Lippen durchaus die Luft durch die Nase zu ziehen; welches mir anfangs nur mit einem schwachen Pfeifen und, da ich nicht absetzte oder nachließ, immer mit stärkerem, zuletzt mit vollem und freiem Luftzuge gelang, es durch die Nase zu Stande zu bringen, darüber ich dann sofort einschlief. – Was dies gleichsam convulsivische und mit dazwischen vorfallendem Einathmen (nicht wie beim Lachen ein continuirtes) stoßweise erschallende Ausathmen, den Husten, betrifft, vornehmlich den, welchen der gemeine Mann in England den Altmannshusten (im Bette liegend) nennt, so war er mir um so mehr ungelegen, da er sich bisweilen bald nach der Erwärmung im Bette einstellte und das Einschlafen verzögerte. Dieses Husten, welches durch den Reiz der mit offenem Munde eingeath-

---

Spazieren im Freien hat gerade die Absicht durch den Wechsel der Gegenstände seine Aufmerksamkeit auf jeden einzelnen abzuspannen.

111 meten Luft auf den Luftröhrenkopf erregt wird,* nun zu hemmen, bedurfte es einer nicht mechanischen (pharmaceutischen), sondern nur unmittelbaren Gemüthsoperation: näm-

---

* Sollte auch nicht die atmosphärische Luft, wenn sie durch die Eustachische Röhre (also bei geschlossenen Lippen) circulirt, dadurch, daß sie auf diesem dem Gehirn nahe liegenden Umwege Sauerstoff absetzt, das erquickende Gefühl gestärkter Lebensorgane bewirken, welches dem ähnlich ist, als ob man Luft t r i n k e ; wobei diese, ob sie zwar keinen Geruch hat, doch die Geruchsnerven und die denselben nahe liegende einsaugende Gefäße stärkt? Bei manchem Wetter findet sich dieses Erquickliche des Genusses der Luft nicht: bei anderem ist es eine wahre Annehmlichkeit sie auf seiner Wanderung mit langen Zügen zu trinken: welches das Einathmen mit offenem Munde nicht gewährt. – – Das ist aber von der größten diätetischen Wichtigkeit, den Athemzug durch die Nase bei geschlossenen Lippen sich so zur G e w o h n h e i t zu machen, daß er selbst im tiefsten Schlaf nicht anders verrichtet wird, und man sogleich aufwacht, sobald er mit offenem Munde geschieht, und dadurch gleichsam aufgeschreckt wird; wie ich das anfänglich, ehe es mir zur Gewohnheit wurde auf solche Weise zu athmen, bisweilen erfuhr. – Wenn man genöthigt ist stark oder bergan zu schreiten, so gehört größere Stärke des Vorsatzes dazu von jener Regel nicht abzuweichen und eher seine Schritte zu mäßigen, als von ihr eine Ausnahme zu machen; ingleichen, wenn es um starke Motion zu thun ist, die etwa ein Erzieher seinen Zöglingen geben will, daß dieser sie ihre Bewegung lieber stumm, als mit öfterer Einathmung durch den Mund machen lasse. Meine jungen Freunde (ehemalige Zuhörer) haben diese diätetische Maxime als probat und heilsam gepriesen und sie nicht unter die Kleinigkeiten gezählt, weil sie bloßes Hausmittel ist, das den Arzt entbehrlich macht. – Merkwürdig ist noch: daß, da es scheint, beim lange fortgesetzten S p r e c h e n geschehe das E i n a t h m e n auch durch den so oft geöffneten Mund, mithin jene Regel werde da doch ohne Schaden überschritten, es sich wirklich nicht so verhält. Denn es geschieht doch auch durch die N a s e . Denn wäre diese zu der Zeit verstopft, so würde man von dem Redner sagen, er spreche durch die Nase (ein sehr widriger Laut), indem er wirklich nicht durch die Nase spräche, und umgekehrt, er spreche nicht durch die Nase, indem er wirklich durch die Nase spricht: wie es Hr. Hofr. L i c h t e n b e r g launicht und richtig bemerkt. – Das ist auch der Grund, warum der, welcher lange und laut spricht (Vorleser oder Prediger), es ohne Rauhigkeit der Kehle eine Stunde lang wohl aushalten kann: weil nämlich sein A t h e m z i e h e n eigentlich durch die Nase, nicht durch den Mund geschieht, als durch welchen nur das A u s a t h m e n verrichtet wird. – Ein Nebenvortheil dieser Angewohnheit des Athemzuges mit beständig geschlossenen Lippen, wenn man für sich allein wenigstens nicht im Discurs begriffen ist, ist der: daß die sich immer absondernde und den Schlund befeuchtende *Saliva* hiebei zugleich als Verdauungsmittel *(stomachale)*, vielleicht auch (verschluckt) als Abführungsmittel wirkt, wenn man fest genug entschlossen ist, sie nicht durch üble Angewohnheit zu verschwenden.

lich die A u f m e r k s a m k e i t auf diesen Reiz dadurch ganz abzulenken, daß sie mit Anstrengung auf irgend ein Object (wie oben bei krampfhaften Zufällen) gerichtet und dadurch das Ausstoßen der Luft gehemmt wurde, welches mir, wie ich es deutlich fühlte, das Blut ins Gesicht trieb, wobei aber der durch denselben Reiz erregte flüssige Speichel *(saliva)* die Wirkung dieses Reizes, nämlich die Ausstoßung der Luft, verhinderte und ein Herunterschlucken dieser Feuchtigkeit bewirkte. – – Eine Gemüthsoperation, zu der ein recht großer Grad des festen Vorsatzes erforderlich, der aber darum auch desto wohlthätiger ist.

6.

Von den Folgen dieser Angewohnheit des Athemziehens mit geschlossenen Lippen.

Die u n m i t t e l b a r e Folge davon ist, daß sie auch im Schlafe fortwährt, und ich sogleich aus dem Schlafe aufgeschreckt werde, wenn ich zufälligerweise die Lippen öffne und ein Athemzug durch den Mund geschieht; woraus man sieht, daß der Schlaf und mit ihm der Traum nicht eine so gänzliche Abwesenheit von dem Zustande des Wachenden ist, daß sich nicht auch eine Aufmerksamkeit auf seine Lage in jenem Zustande mit einmische: wie man denn dieses auch daraus abnehmen kann, daß die, welche sich des Abends vorher vorgenommen haben früher als gewöhnlich (etwa zu einer Spazierfahrt) aufzustehen, auch früher e r w a c h e n; indem sie vermuthlich durch die Stadtuhren aufgeweckt worden, die sie also auch mitten im Schlaf hören und darauf Acht geben müssen. – Die m i t t e l b a r e Folge dieser löblichen Angewöhnung ist: daß das unwillkürliche abgenöthigte Husten (nicht das A u f h u s t e n eines Schleims als beabsichtigter Auswurf) in beiderlei Zustande verhütet und so durch die bloße Macht des Vorsatzes eine Krankheit verhütet wird. – – Ich habe sogar gefunden, daß, da mich nach ausgelöschtem Licht (und eben zu Bette gelegt) auf einmal ein starker Durst anwandelte, den mit Wassertrinken zu löschen ich im Finstern hätte in eine andere Stube gehen und durch Herumtappen das Wassergeschirr suchen müssen, ich darauf fiel, verschiedene und starke Athemzüge mit Erhebung der Brust zu thun und gleichsam Luft durch die Nase zu trinken; wodurch der Durst in wenig Secunden völlig gelöscht war. Es war ein krankhafter Reiz, der durch einen Gegenreiz gehoben ward.

Beschluß.

Krankhafte Zufälle, in Ansehung deren das Gemüth das Vermögen besitzt, des Gefühls derselben durch den bloßen standhaften Willen des Menschen, als einer Obermacht des vernünftigen Thieres, Meister werden zu können, sind alle von der spastischen (krampfhaften) Art: man kann aber nicht umgekehrt sagen, daß alle von dieser Art durch den bloßen festen Vorsatz gehemmt oder gehoben werden können. – Denn einige derselben sind von der Beschaffenheit, daß die Versuche sie der Kraft des Vorsatzes zu unterwerfen das krampfhafte Leiden vielmehr noch verstärken; wie es der Fall mit mir selber ist, da diejenige Krankheit, welche vor etwa einem Jahr in der Kopenhagener Zeitung als »epidemischer, mit Kopfbedrückung verbundener Katarrh« beschrieben wurde,* (bei mir aber wohl ein Jahr älter, aber doch von ähnlicher Empfindung ist) mich für eigene Kopfarbeiten gleichsam desorganisirt, wenigstens geschwächt und stumpf gemacht hat und, da sich diese Bedrückung auf die natürliche Schwäche des Alters geworfen hat, wohl nicht anders als mit dem Leben zugleich aufhören wird.

Die krankhafte Beschaffenheit des Patienten, die das Denken, in sofern es ein Festhalten eines Begriffs (der Einheit des Bewußtseins verbundener Vorstellungen) ist, begleitet und er-

---

* Ich halte sie für eine Gicht, die sich zum Theil aufs Gehirn geworfen hat.

schwert, bringt das Gefühl eines spastischen Zustandes des Organs des Denkens (des Gehirns) als eines Drucks hervor, der zwar das Denken und Nachdenken selbst, ingleichen das Gedächtniß in Ansehung des ehedem Gedachten eigentlich nicht schwächt, aber im Vortrage (dem mündlichen oder schriftlichen) das feste Zusammenhalten der Vorstellungen in ihrer Zeitfolge wider Zerstreuung sichern soll, bewirkt selbst einen unwillkürlichen spastischen Zustand des Gehirns, als ein Unvermögen, bei dem Wechsel der auf einander folgenden Vorstellungen die Einheit des Bewußtseins derselben zu erhalten. Daher begegnet es mir: daß, wenn ich, wie es in jeder Rede jederzeit geschieht, zuerst zu dem, was ich sagen will, (den Hörer oder Leser) vorbereite, ihm den Gegenstand, wohin ich gehen will, in der Aussicht, dann ihn auch auf das, wovon ich ausgegangen bin, zurückgewiesen habe (ohne welche zwei Hinweisungen kein Zusammenhang der Rede Statt findet) und ich nun das letztere mit dem ersteren verknüpfen soll, ich auf einmal meinen Zuhörer (oder stillschweigend mich selbst) fragen muß: Wo war ich doch? Wovon ging ich aus? welcher Fehler nicht sowohl ein Fehler des Geistes, auch nicht des Gedächtnisses allein, sondern der Geistesgegenwart (im Verknüpfen), d. i. unwillkürliche Zerstreuung und ein sehr peinigender Fehler ist, dem man zwar in Schriften (zumal den philosophischen: weil man da nicht immer so leicht zurücksehen kann, von wo man ausging) mühsam vorbeugen, obzwar mit aller Mühe nie völlig verhüten kann.

Mit dem Mathematiker, der seine Begriffe oder die Stellvertreter derselben (Größen- und Zahlenzeichen) in der Anschauung vor sich hinstellen, und daß, so weit er gegangen ist, alles richtig sei, versichert sein kann, ist es anders bewandt, als mit dem Arbeiter im Fache der vornehmlich reinen Philosophie (Logik und Metaphysik), der seinen Gegenstand in der Luft vor sich schwebend erhalten muß und ihn nicht bloß theilweise, sondern jederzeit zugleich in einem Ganzen des Systems

(d. r. V.) sich darstellen und prüfen muß. Daher es eben nicht zu verwundern ist, wenn ein Metaphysiker eher **invalid** wird, als der Studirende in einem anderen Fache, ingleichen als Geschäftsphilosophen; indessen daß es doch einige derer geben muß, die sich jenem ganz widmen, weil ohne Metaphysik überhaupt es gar keine Philosophie geben könnte.

Hieraus ist auch zu erklären, wie jemand **für sein Alter** gesund zu sein sich rühmen kann, ob er zwar in Ansehung gewisser ihm obliegenden Geschäfte sich in die Krankenliste mußte einschreiben lassen. Denn weil das **Unvermögen** zugleich den Gebrauch und mit diesem auch den Verbrauch und die Erschöpfung der Lebenskraft abhält, und er gleichsam nur in einer niedrigeren Stufe (als vegetirendes Wesen) zu leben gesteht, nämlich essen, gehen und schlafen zu können, was für seine animalische Existenz gesund, für die bürgerliche (zu öffentlichen Geschäften verpflichtete) Existenz aber krank, d. i. invalid, heißt: so widerspricht sich dieser Candidat des Todes hiemit gar nicht.

Dahin führt die Kunst das menschliche Leben zu verlängern: daß man endlich unter den Lebenden nur so geduldet wird, welches eben nicht die ergötzlichste Lage ist.

Hieran aber habe ich selber Schuld. Denn warum will ich auch der hinanstrebenden jüngeren Welt nicht Platz machen und, um zu leben, mir den gewöhnten Genuß des Lebens schmälern: warum ein schwächliches Leben durch Entsagungen in ungewöhnliche Länge ziehen, die Sterbelisten, in denen doch auf den Zuschnitt der von Natur Schwächeren und ihre muthmaßliche Lebensdauer mit gerechnet ist, durch mein Beispiel in Verwirrung bringen und das alles, was man sonst Schicksal nannte (dem man sich demüthig und andächtig unterwarf), dem eigenen festen Vorsatze unterwerfen; welcher doch schwerlich zur allgemeinen diätetischen Regel, nach welcher die Vernunft unmittelbar Heilkraft ausübt, aufgenommen werden und die therapeutische Formeln der Officin jemals verdrängen wird?

Nachschrift.

Den Verfasser der Kunst das menschliche (auch besonders das literärische) Leben zu verlängern darf ich also dazu wohl auffordern, daß er wohlwollend auch darauf bedacht sei, die A u g e n der Leser (vornehmlich der jetzt großen Zahl der Leserinnen, die den Übelstand der Brille noch härter fühlen dürften) in Schutz zu nehmen, auf welche jetzt aus elender Ziererei der Buchdrucker (denn Buchstaben haben doch als Malerei schlechterdings nichts Schönes an sich) von allen Seiten Jagd gemacht wird: damit nicht, so wie in Marokko durch weiße Übertünchung aller Häuser ein großer Theil der Einwohner der Stadt blind ist, dieses Übel aus ähnlicher Ursache auch bei uns einreiße, vielmehr die Buchdrucker desfalls unter Polizeigesetze gebracht werden. – Die jetzige M o d e will es dagegen anders; nämlich:

1) Nicht mit schwarzer, sondern g r a u e r Tinte (weil es sanfter und lieblicher auf schönem weißen Papier absteche) zu drucken.

2) Mit D i d o t schen Lettern von schmalen Füßen, nicht mit Breitkopfschen, die ihrem Namen B u c h s t a b e n (gleichsam bücherner Stäbe zum Feststehen) besser entsprechen würden.

3) Mit l a t e i n i s c h e r (wohl gar Cursiv-)Schrift ein Werk deutschen Inhalts, von welcher Breitkopf mit Grunde sagte: daß niemand das Lesen derselben für seine Augen so lange aushalte, als mit der deutschen.

4) Mit so kleiner Schrift, als nur möglich, damit für die unten etwa beizufügende Noten noch kleinere (dem Auge noch knapper angemessene) leserlich bleibe.

Diesem Unwesen zu steuren, schlage ich vor: den Druck der Berliner Monatsschrift (nach Text und Noten) zum Muster zu nehmen; denn man mag, welches Stück man will, in die Hand nehmen, so wird man die durch obige Leserei angegriffene Augen durch Ansicht des letzteren merklich gestärkt fühlen.*

---

* Unter den krankhaften Zufällen der Augen (nicht eigentlichen Augenkrankheiten) habe ich die Erfahrung von einem, der mir zuerst in meinen Vierzigerjahren einmal, späterhin mit Zwischenräumen von einigen Jahren dann und wann, jetzt aber in einem Jahre etlichemal begegnet ist, gemacht; wo das Phänomen darin besteht: daß auf dem Blatt, welches ich lese, auf einmal alle Buchstaben verwirrt und durch eine gewisse über dasselbe verbreitete Helligkeit vermischt und ganz unleserlich werden: ein Zustand, der nicht über 6 Minuten dauert, der einem Prediger, welcher seine Predigt vom Blatte zu lesen gewohnt ist, sehr gefährlich sein dürfte, von mir aber in meinem Auditorium der Logik oder Metaphysik, wo nach gehöriger Vorbereitung im freien Vortrage (aus dem Kopfe) geredet werden kann, nichts als die Besorgniß entsprang, es möchte dieser Zufall der Vorbote vom Erblinden sein; worüber ich gleichwohl jetzt beruhigt bin: da ich bei diesem jetzt öfter als sonst sich ereignenden Zufalle an meinem Einen gesunden Auge (denn das linke hat das Sehen seit etwa 5 Jahren verloren) nicht den mindesten Abgang an Klarheit verspüre. – Zufälligerweise kam ich darauf, wenn sich jenes Phänomen ereignete, meine Augen zu schließen, ja um noch besser das äußere Licht abzuhalten, meine Hand darüber zu legen, und dann sah ich eine hellweiße, wie mit Phosphor im Finstern auf einem Blatt verzeichnete Figur, ähnlich der, wie das letzte Viertel im Kalender vorgestellt wird, doch mit einem auf der convexen Seite ausgezackten Rande, welche allmählich an Helligkeit verlor und in obbenannter Zeit verschwand. – Ich möchte wohl wissen: ob diese Beobachtung auch von Andern gemacht, und wie diese Erscheinung, die wohl eigentlich nicht in den Augen – als bei deren Bewegung dies Bild nicht zugleich mit bewegt, sondern immer an derselben Stelle gesehen wird –, sondern im *Sensorium commune* ihren Sitz haben dürfte, zu erklären sei. Zugleich ist es seltsam daß man ein Auge (innerhalb einer Zeit, die ich etwa auf 3 Jahre schätze) einbüßen kann, ohne es zu vermissen.

Kleinere Abhandlungen.

Idee zu einer
allgemeinen Geschichte
in weltbürgerlicher Absicht.*

Was man sich auch in metaphysischer Absicht für einen Begriff von der Freiheit des Willens machen mag: so sind doch die Erscheinungen desselben, die menschlichen Handlungen, eben so wohl als jede andere Naturbegebenheit nach allgemeinen Naturgesetzen bestimmt. Die Geschichte, welche sich mit der Erzählung dieser Erscheinungen beschäftigt, so tief auch deren Ursachen verborgen sein mögen, läßt dennoch von sich hoffen: daß, wenn sie das Spiel der Freiheit des menschlichen Willens im Großen betrachtet, sie einen regelmäßigen Gang derselben entdecken könne; und daß auf die Art, was an einzelnen Subjecten verwickelt und regellos in die Augen fällt, an der ganzen Gattung doch als eine stetig fortgehende, obgleich langsame Entwickelung der ursprünglichen Anlagen derselben werde erkannt werden können. So scheinen die Ehen, die daher kommenden Geburten und das Sterben, da der freie Wille der Menschen auf sie so großen Einfluß hat, keiner Regel unterworfen zu sein, nach welcher man die Zahl derselben zum voraus durch Rechnung bestimmen könne; und doch beweisen die jährlichen Tafeln derselben in großen Ländern, daß sie eben so wohl nach beständigen Naturgesetzen geschehen, als die so unbeständigen Witterungen, deren Eräugniß man einzeln nicht vorher bestimmen kann, die aber im Ganzen nicht ermangeln den Wachsthum der Pflanzen, den Lauf der Ströme und andere Naturanstalten in einem gleichförmigen, ununterbrochenen Gange zu erhalten. Einzelne Menschen und

---

* Eine Stelle unter den kurzen Anzeigen des zwölften Stücks der Gothaischen Gel. Zeit. d. J., die ohne Zweifel aus meiner Unterredung mit einem durchreisenden Gelehrten entnommen ist, nötigt mir diese Erläuterung ab, ohne die jene keinen begreiflichen Sinn haben würde.

selbst ganze Völker denken wenig daran, daß, indem sie, ein jedes nach seinem Sinne und einer oft wider den andern, ihre eigene Absicht verfolgen, sie unbemerkt an der Naturabsicht, die ihnen selbst unbekannt ist, als an einem Leitfaden fortgehen und an derselben Beförderung arbeiten, an welcher, selbst wenn sie ihnen bekannt würde, ihnen doch wenig gelegen sein würde.

Da die Menschen in ihren Bestrebungen nicht bloß instinctmäßig wie Thiere und doch auch nicht wie vernünftige Weltbürger nach einem verabredeten Plane im Ganzen verfahren: so scheint auch keine planmäßige Geschichte (wie etwa von den Bienen oder den Bibern) von ihnen möglich zu sein. Man kann sich eines gewissen Unwillens nicht erwehren, wenn man ihr Thun und Lassen auf der großen Weltbühne aufgestellt sieht und bei hin und wieder anscheinender Weisheit im Einzelnen doch endlich alles im Großen aus Thorheit, kindischer Eitelkeit, oft auch aus kindischer Bosheit und Zerstörungssucht zusammengewebt findet: wobei man am Ende nicht weiß, was man sich von unserer auf ihre Vorzüge so eingebildeten Gattung für einen Begriff machen soll. Es ist hier keine Auskunft für den Philosophen, als daß, da er bei Menschen und ihrem Spiele im Großen gar keine vernünftige eigene Absicht voraussetzen kann, er versuche, ob er nicht eine Naturabsicht in diesem widersinnigen Gange menschlicher Dinge entdecken könne: aus welcher von Geschöpfen, die ohne eigenen Plan verfahren, dennoch eine Geschichte nach einem bestimmten Plane der Natur möglich sei. – Wir wollen sehen, ob es uns gelingen werde, einen Leitfaden zu einer solchen Geschichte zu finden, und wollen es dann der Natur überlassen, den Mann hervorzubringen, der im Stande ist, sie darnach abzufassen. So brachte sie einen Kepler hervor, der die eccentrischen Bahnen der Planeten auf eine unerwartete Weise bestimmten Gesetzen unterwarf, und einen Newton, der diese Gesetze aus einer allgemeinen Naturursache erklärte.

Erster Satz.

Alle Naturanlagen eines Geschöpfes sind bestimmt, sich einmal vollständig und zweckmäßig auszuwickeln. Bei allen Thieren bestätigt dieses die äußere sowohl, als innere oder zergliedernde Beobachtung. Ein Organ, das nicht gebraucht werden soll, eine Anordnung, die ihren Zweck nicht erreicht, ist ein Widerspruch in der teleologischen Naturlehre. Denn wenn wir von jenem Grundsatze abgehen, so haben wir nicht mehr eine gesetzmäßige, sondern eine zwecklos spielende Natur; und das trostlose Ungefähr tritt an die Stelle des Leitfadens der Vernunft.

Zweiter Satz.

Am Menschen (als dem einzigen vernünftigen Geschöpf auf Erden) sollten sich diejenigen Naturanlagen, die auf den Gebrauch seiner Vernunft abgezielt sind, nur in der Gattung, nicht aber im Individuum vollständig entwickeln. Die Vernunft in einem Geschöpfe ist ein Vermögen, die Regeln und Absichten des Gebrauchs aller seiner Kräfte weit über den Naturinstinct zu erweitern, und kennt keine Grenzen ihrer Entwürfe. Sie wirkt aber selbst nicht instinctmäßig, sondern bedarf Versuche, Übung und Unterricht, um von einer Stufe der Einsicht zur andern allmählig fortzuschreiten. Daher würde ein jeder Mensch unmäßig lange leben müssen, um zu lernen, wie er von allen seinen Naturanlagen einen vollständigen Gebrauch machen solle; oder wenn die Natur seine Lebensfrist nur kurz angesetzt hat (wie es wirklich geschehen ist), so bedarf sie einer vielleicht unabsehlichen Reihe von Zeugungen, deren eine der andern ihre Aufklärung überliefert, um endlich ihre Keime in unserer Gattung zu derjenigen Stufe der Entwickelung zu treiben, welche ihrer Absicht vollständig angemessen ist. Und dieser Zeitpunkt muß wenigstens in der Idee des Menschen das

Ziel seiner Bestrebungen sein, weil sonst die Naturanlagen größtentheils als vergeblich und zwecklos angesehen werden müßten; welches alle praktische Principien aufheben und dadurch die Natur, deren Weisheit in Beurtheilung aller übrigen Anstalten sonst zum Grundsatze dienen muß, am Menschen allein eines kindischen Spiels verdächtig machen würde.

Dritter Satz.

Die Natur hat gewollt: daß der Mensch alles, was über die mechanische Anordnung seines thierischen Daseins geht, gänzlich aus sich selbst herausbringe und keiner anderen Glückseligkeit oder Vollkommenheit theilhaftig werde, als die er sich selbst frei von Instinct, durch eigene Vernunft, verschafft hat. Die Natur thut nämlich nichts überflüssig und ist im Gebrauche der Mittel zu ihren Zwecken nicht verschwenderisch. Da sie dem Menschen Vernunft und darauf sich gründende Freiheit des Willens gab, so war das schon eine klare Anzeige ihrer Absicht in Ansehung seiner Ausstattung. Er sollte nämlich nun nicht durch Instinct geleitet, oder durch anerschaffene Kenntniß versorgt und unterrichtet sein; er sollte vielmehr alles aus sich selbst herausbringen. Die Erfindung seiner Nahrungsmittel, seiner Bedeckung, seiner äußeren Sicherheit und Vertheidigung (wozu sie ihm weder die Hörner des Stiers, noch die Klauen des Löwen, noch das Gebiß des Hundes, sondern bloß Hände gab), alle Ergötzlichkeit, die das Leben angenehm machen kann, selbst seine Einsicht und Klugheit und sogar die Gutartigkeit seines Willens sollten gänzlich sein eigen Werk sein. Sie scheint sich hier in ihrer größten Sparsamkeit selbst gefallen zu haben und ihre thierische Ausstattung so knapp, so genau auf das höchste Bedürfniß einer anfänglichen Existenz abgemessen zu haben, als wollte sie: der Mensch sollte, wenn er sich aus der größten Rohigkeit dereinst zur größten Geschicklichkeit, innerer Vollkommenheit der Denkungsart und (so viel es auf Erden möglich ist) dadurch zur Glückseligkeit empor gearbeitet haben würde, hievon das Verdienst ganz allein haben und es sich selbst nur verdanken dürfen; gleich als habe sie es mehr auf seine vernünftige Selbstschätzung, als auf ein Wohlbefinden angelegt. Denn in diesem Gange der menschlichen Angelegenheit ist ein ganzes Heer von Mühseligkeiten, die den Menschen erwarten. Es scheint aber der Natur darum gar nicht zu thun gewesen zu sein, daß er wohl lebe; sondern daß er sich so weit hervorarbeite, um sich durch sein Verhalten des Lebens und des Wohlbefindens würdig zu machen. Befremdend bleibt es immer hiebei: daß die ältern Generationen nur scheinen um der späteren willen ihr mühseliges Geschäfte zu treiben, um nämlich diesen eine Stufe zu bereiten, von der diese das Bauwerk, welches die Natur zur Absicht hat, höher bringen könnten; und daß doch nur die spätesten das Glück haben sollen, in dem Gebäude zu wohnen, woran eine lange Reihe ihrer Vorfahren (zwar freilich ohne ihre Absicht) gearbeitet hatten, ohne doch selbst an dem Glück, daß sie vorbereiteten, Antheil nehmen zu können. Allein so räthselhaft dieses auch ist, so nothwendig ist es doch zugleich, wenn man einmal annimmt: eine Thiergattung soll Vernunft haben und als Klasse vernünftiger Wesen, die insgesammt sterben, deren Gattung aber unsterblich ist, dennoch zu einer Vollständigkeit der Entwickelung ihrer Anlagen gelangen.

Vierter Satz.

Das Mittel, dessen sich die Natur bedient, die Entwickelung aller ihrer Anlagen zu Stande zu bringen, ist der **Antagonism** derselben in der Gesellschaft, so fern dieser doch am Ende die Ursache einer gesetzmäßigen Ordnung derselben wird. Ich verstehe hier unter dem Antagonism die **ungesellige Geselligkeit** der Menschen, d. i. den Hang derselben in Gesellschaft zu treten, der doch mit einem durchgängigen Widerstande, welcher diese Gesellschaft beständig zu trennen droht, verbunden ist. Hiezu liegt die Anlage offenbar in der menschlichen Natur. Der Mensch hat eine Neigung sich zu **vergesellschaften**: weil er in einem solchen Zustande sich mehr als Mensch, d. i. die Entwickelung seiner Naturanlagen, fühlt. Er hat aber auch einen großen Hang sich zu **vereinzelnen** (isoliren): weil er in sich zugleich die ungesellige Eigenschaft antrifft, alles bloß nach seinem Sinne richten zu wollen, und daher allerwärts Widerstand erwartet, so wie er von sich selbst weiß, daß er seinerseits zum Widerstande gegen andere geneigt ist. Dieser Widerstand ist es nun, welcher alle Kräfte des Menschen erweckt, ihn dahin bringt seinen Hang zur Faulheit zu überwinden und, getrieben durch Ehrsucht, Herrschsucht oder Habsucht, sich einen Rang unter seinen Mitgenossen zu verschaffen, die er nicht wohl **leiden**, von denen er aber auch nicht **lassen** kann. Da geschehen nun die ersten wahren Schritte aus der Rohigkeit zur Cultur, die eigentlich in dem gesellschaftlichen Werth des Menschen besteht; da werden alle Talente nach und nach entwickelt, der Geschmack gebildet und selbst durch fortgesetzte Aufklärung der Anfang zur Gründung einer Denkungsart gemacht, welche die grobe Naturanlage zur sittlichen Unterscheidung mit der Zeit in bestimmte praktische Principien und so eine **pathologisch-abgedrungene** Zusammenstimmung zu einer Gesellschaft endlich in ein **moralisches** Ganze verwandeln kann. Ohne jene an sich zwar eben nicht liebenswürdige Eigenschaften der Ungeselligkeit, woraus der Widerstand entspringt, den jeder bei seinen selbstsüchtigen Anmaßungen nothwendig antreffen muß, würden in einem arkadischen Schäferleben bei vollkommener Eintracht, Genügsamkeit und Wechselliebe alle Talente auf ewig in ihren Keimen verborgen bleiben: die Menschen, gutartig wie die Schafe, die sie weiden, würden ihrem Dasein kaum einen größeren Werth verschaffen, als dieses ihr Hausvieh hat; sie würden das Leere der Schöpfung in Ansehung ihres Zwecks, als vernünftige Natur, nicht ausfüllen. Dank sei also der Natur für die Unvertragsamkeit, für die mißgünstig wetteifernde Eitelkeit, für die nicht zu befriedigende Begierde zum Haben oder auch zum Herrschen! Ohne sie würden alle vortreffliche Naturanlagen in der Menschheit ewig unentwickelt schlummern. Der Mensch will Eintracht; aber die Natur weiß besser, was für seine Gattung gut ist: sie will Zwietracht. Er will gemächlich und vergnügt leben; die Natur will aber, er soll aus der Lässigkeit und unthätigen Genügsamkeit hinaus sich in Arbeit und Mühseligkeiten stürzen, um dagegen auch Mittel auszufinden, sich klüglich wiederum aus den letztern heraus zu ziehen. Die natürlichen Triebfedern dazu, die Quellen der Ungeselligkeit und des durchgängigen Widerstandes, woraus so viele Übel entspringen, die aber doch auch wieder zur neuen Anspannung der Kräfte, mithin zu mehrerer Entwickelung der Naturanlagen antreiben, verrathen also wohl die Anordnung eines weisen Schöpfers; und nicht etwa die Hand eines bösartigen Geistes, der in seine herrliche Anstalt gepfuscht oder sie neidischer Weise verderbt habe.

Fünfter Satz.

Das größte Problem für die Menschengattung, zu dessen Auflösung die Natur ihn zwingt, ist die Erreichung einer allgemein das Recht verwaltenden bürgerlichen Gesellschaft. Da nur in der Gesellschaft und zwar derjenigen, die die größte Freiheit, mithin einen durchgängigen Antagonism ihrer Glieder und doch die genauste Bestimmung und Sicherung der Grenzen dieser Freiheit hat, damit sie mit der Freiheit anderer bestehen könne, – da nur in ihr die höchste Absicht der Natur, nämlich die Entwickelung aller ihrer Anlagen, in der Menschheit erreicht werden kann, die Natur auch will, daß sie diesen so wie alle Zwecke ihrer Bestimmung sich selbst verschaffen solle: so muß eine Gesellschaft, in welcher Freiheit unter äußeren Gesetzen im größtmöglichen Grade mit unwiderstehlicher Gewalt verbunden angetroffen wird, d. i. eine vollkommen gerechte bürgerliche Verfassung, die höchste Aufgabe der Natur für die Menschengattung sein, weil die Natur nur vermittelst der Auflösung und Vollziehung derselben ihre übrigen Absichten mit unserer Gattung erreichen kann. In diesen Zustand des Zwanges zu treten, zwingt den sonst für ungebundene Freiheit so sehr eingenommenen Menschen die Noth; und zwar die größte unter allen, nämlich die, welche sich Menschen unter einander selbst zufügen, deren Neigungen es machen, daß sie in wilder Freiheit nicht lange neben einander bestehen können. Allein in einem solchen Gehege, als bürgerliche Vereinigung ist, thun eben dieselben Neigungen hernach die beste Wirkung: so wie Bäume in einem Walde eben dadurch, daß ein jeder dem andern Luft und Sonne zu benehmen sucht, einander nöthigen beides über sich zu suchen und dadurch einen schönen geraden Wuchs bekommen; statt daß die, welche in Freiheit und von einander abgesondert ihre Äste nach Wohlgefallen treiben, krüppelig, schief und krumm wachsen. Alle Cultur und Kunst, welche die Menschheit ziert, die schönste gesellschaftliche Ordnung sind Früchte der Ungeselligkeit, die durch sich selbst genöthigt wird sich zu discipliniren und so durch abgedrungene Kunst die Keime der Natur vollständig zu entwickeln.

Sechster Satz.

23 Dieses Problem ist zugleich das schwerste und das, welches von der Menschengattung am spätesten aufgelöset wird. Die Schwierigkeit, welche auch die bloße Idee dieser Aufgabe schon vor Augen legt, ist diese: der Mensch ist ein Thier, das, wenn es unter andern seiner

Gattung lebt, einen Herrn nöthig hat. Denn er mißbraucht gewiß seine Freiheit in Ansehung anderer Seinesgleichen; und ob er gleich als vernünftiges Geschöpf ein Gesetz wünscht, welches der Freiheit Aller Schranken setze: so verleitet ihn doch seine selbstsüchtige thierische Neigung, wo er darf, sich selbst auszunehmen. Er bedarf also einen Herrn, der ihm den eigenen Willen breche und ihn nöthige, einem allgemeingültigen Willen, dabei jeder frei sein kann, zu gehorchen. Wo nimmt er aber diesen Herrn her? Nirgend anders als aus der Menschengattung. – Aber dieser ist eben so wohl ein Thier, das einen Herrn nöthig hat. Er mag es also anfangen, wie er will; so ist nicht abzusehen, wie er sich ein Oberhaupt der öffentlichen Gerechtigkeit verschaffen könne, das selbst gerecht sei; er mag dieses nun in einer einzelnen Person, oder in einer Gesellschaft vieler dazu auserlesenen Personen suchen. Denn jeder derselben wird immer seine Freiheit mißbrauchen, wenn er keinen über sich hat, der nach den Gesetzen über ihn Gewalt ausübt. Das höchste Oberhaupt soll aber gerecht für sich selbst und doch ein Mensch sein. Diese Aufgabe ist daher die schwerste unter allen; ja ihre vollkommene Auflösung ist unmöglich: aus so krummem Holze, als woraus der Mensch gemacht ist, kann nichts ganz Gerades gezimmert werden. Nur die Annäherung zu dieser Idee ist uns von der Natur auferlegt*. Daß sie auch diejenige sei, welche am spätesten ins Werk gerichtet wird, folgt überdem auch daraus: daß hiezu richtige Begriffe von der Natur einer möglichen Verfassung, große durch viel Weltläufe geübte Erfahrenheit und über das alles ein zur Annehmung derselben vorbereiteter guter Wille er-

---

* Die Rolle des Menschen ist also sehr künstlich. Wie es mit den Einwohnern anderer Planeten und ihrer Natur beschaffen sei, wissen wir nicht; wenn wir aber diesen Auftrag der Natur gut ausrichten, so können wir uns wohl schmeicheln, daß wir unter unseren Nachbaren im Weltgebäude einen nicht geringen Rang behaupten dürften. Vielleicht mag bei diesen ein jedes Individuum seine Bestimmung in seinem Leben völlig erreichen. Bei uns ist es anders; nur die Gattung kann dieses hoffen.

fordert wird; drei solche Stücke aber sich sehr schwer und, wenn es geschieht, nur sehr spät, nach viel vergeblichen Versuchen, einmal zusammen finden können.

Siebenter Satz.

24 **Das Problem der Errichtung einer vollkommen bürgerlichen Verfassung ist von dem Problem eines gesetzmäßigen äußeren Staatenverhältnisses abhängig und kann ohne das letztere nicht aufgelöst werden.** Was hilfts, an einer gesetzmäßigen bürgerlichen Verfassung unter einzelnen Menschen, d. i. an der Anordnung eines gemeinen Wesens, zu arbeiten? Dieselbe Ungeselligkeit, welche die Menschen hiezu nöthigte, ist wieder die Ursache, daß ein jedes gemeine Wesen in äußerem Verhältnisse, d. i. als ein Staat in Beziehung auf Staaten, in ungebundener Freiheit steht, und folglich einer von dem andern eben die Übel erwarten muß, die die einzelnen Menschen drückten und sie zwangen in einen gesetzmäßigen bürgerlichen Zustand zu treten. Die Natur hat also die Unvertragsamkeit der Menschen, selbst der großen Gesellschaften und Staatskörper dieser Art Geschöpfe wieder zu einem Mittel gebraucht, um in dem unvermeidlichen Antagonism derselben einen Zustand der Ruhe und Sicherheit auszufinden; d. i. sie treibt durch die Kriege, durch die überspannte und niemals nachlassende Zurüstung zu denselben, durch die Noth, die dadurch endlich ein jeder Staat selbst mitten im Frieden innerlich fühlen muß, zu anfänglich unvollkommenen Versuchen, endlich aber nach vielen Verwüstungen, Umkippungen und selbst durchgängiger innerer Erschöpfung ihrer Kräfte zu dem, was ihnen die Vernunft auch ohne so viel traurige Erfahrung hätte sagen können, nämlich: aus dem gesetzlosen Zustande der Wilden hinaus zu gehen und in einen Völkerbund zu treten; wo jeder, auch der kleinste Staat seine Sicherheit und Rechte nicht von eigener Macht, oder eigener rechtlichen Beurtheilung, sondern allein

von diesem großen Völkerbunde *(Foedus Amphictyonum),* von einer vereinigten Macht und von der Entscheidung nach Gesetzen des vereinigten Willens erwarten könnte. So schwärmerisch diese Idee auch zu sein scheint und als eine solche an einem Abbé von St. Pierre oder Rousseau verlacht worden (vielleicht, weil sie solche in der Ausführung zu nahe glaubten): so ist es doch der unvermeidliche Ausgang der Noth, worein sich Menschen einander versetzen, die die Staaten zu eben der Entschließung (so schwer es ihnen auch eingeht) zwingen muß, wozu der wilde Mensch eben so ungern gezwungen ward, nämlich: seine brutale Freiheit aufzugeben und in einer gesetzmäßigen Verfassung Ruhe und Sicherheit zu suchen. – Alle Kriege sind demnach so viel Versuche (zwar nicht in der Absicht der Menschen, aber doch in der Absicht der Natur), neue Verhältnisse der Staaten zu Stande zu bringen und durch Zerstörung, wenigstens Zerstückelung aller neue Körper zu bilden, die sich aber wieder entweder in sich selbst oder neben einander nicht erhalten können und daher neue, ähnliche Revolutionen erleiden müssen; bis endlich einmal theils durch die bestmögliche Anordnung der bürgerlichen Verfassung innerlich, theils durch eine gemeinschaftliche Verabredung und Gesetzgebung äußerlich ein Zustand errichtet wird, der, einem bürgerlichen gemeinen Wesen ähnlich, so wie ein Automat sich selbst erhalten kann.

Ob man es nun von einem epikurischen Zusammenlauf wirkender Ursachen erwarten solle, daß die Staaten, so wie die kleinen Stäubchen der Materie durch ihren ungefähren Zusammenstoß allerlei Bildungen versuchen, die durch neuen Anstoß wieder zerstört werden, bis endlich einmal von ungefähr eine solche Bildung gelingt, die sich in ihrer Form erhalten kann (ein Glückszufall, der sich wohl schwerlich jemals zutragen wird!); oder ob man vielmehr annehmen solle, die Natur verfolge hier einen regelmäßigen Gang, unsere Gattung von der unteren Stufe der Thierheit an allmählig bis zur höchsten Stufe der Menschheit und zwar durch eigene, obzwar dem Menschen abgedrungene Kunst zu führen, und entwickele in dieser scheinbarlich wilden Anordnung ganz regelmäßig jene ursprüngliche Anlagen; oder ob man lieber will, daß aus allen diesen Wirkungen und Gegenwirkungen der Menschen im Großen überall nichts, wenigstens nichts Kluges herauskomme, daß es bleiben werde, wie es von jeher gewesen ist, und man daher nicht voraus sagen könne, ob nicht die Zwietracht, die unserer Gattung so natürlich ist, am Ende für uns eine Hölle von Übeln in einem noch so gesitteten Zustande vorbereite, indem sie vielleicht diesen Zustand selbst und alle bisherigen Fortschritte in der Cultur durch barbarische Verwüstung wieder vernichten werde (ein Schicksal, wofür man unter der Regierung des blinden Ungefährs nicht stehen kann, mit welcher gesetzlose Freiheit in der That einerlei ist, wenn man ihr nicht einen ingeheim an Weisheit geknüpften Leitfaden der Natur unterlegt!), das läuft ungefähr auf die Frage hinaus: ob es wohl vernünftig sei, Zweckmäßigkeit der Naturanstalt in Theilen und doch Zwecklosigkeit im Ganzen anzunehmen. Was also der zwecklose Zustand der Wilden that, daß er nämlich alle Naturanlagen in unserer Gattung zurück hielt, aber endlich durch die Übel, worin er diese versetzte, sie nöthigte, aus diesem Zustande hinaus und in eine bürgerliche Verfassung zu treten, in welcher alle jene Keime entwickelt werden können, das thut auch die barbarische Freiheit der schon gestifteten Staaten, nämlich: daß durch die Verwendung aller Kräfte der gemeinen Wesen auf Rüstungen gegen einander, durch die Verwüstungen, die der Krieg anrichtet, noch mehr aber durch die Nothwendigkeit sich beständig in Bereitschaft dazu zu erhalten zwar die völlige Entwickelung der Naturanlagen in ihrem Fortgange gehemmt wird, dagegen aber auch die Übel, die daraus entspringen, unsere Gattung nöthigen, zu dem an sich heilsamen Widerstande vieler Staaten neben einander, der aus ihrer Freiheit entspringt, ein Gesetz des Gleichgewichts auszufinden und eine vereinigte Gewalt, die demselben Nachdruck giebt, mithin einen weltbürgerlichen Zustand der öffentlichen Staatssicherheit einzuführen, der nicht ohne alle Gefahr sei, damit die Kräfte der Menschheit nicht einschlafen, aber doch auch nicht ohne ein Princip der Gleichheit ihrer wechselseitigen Wirkung und Gegenwirkung, damit sie einander nicht zerstören. Ehe dieser letzte Schritt (nämlich die Staatenverbindung) geschehen, also fast nur auf der Hälfte ihrer Ausbildung, erduldet die menschliche Natur die härtesten Übel unter dem betrüglichen Anschein äußerer Wohlfahrt; und Rousseau hatte so Unrecht nicht, wenn er den Zustand der Wilden vorzog, so bald man nämlich diese letzte Stufe, die unsere Gattung noch zu ersteigen hat, wegläßt. Wir sind im hohen Grade durch Kunst und Wissenschaft cultivirt. Wir sind civilisirt bis zum Überlästigen zu allerlei gesellschaftlicher Artigkeit und Anständigkeit. Aber uns für schon moralisirt zu halten, daran fehlt noch sehr viel. Denn die Idee der Moralität gehört noch zur Cultur; der Gebrauch dieser Idee aber, welcher nur auf das Sittenähnliche in der Ehrliebe und der äußeren Anständigkeit hinausläuft, macht blos die Civilisirung aus. So lange aber Staaten alle ihre Kräfte auf ihre eiteln und gewaltsamen Erweiterungsabsichten verwenden und so die langsame Bemühung der inneren Bildung der Denkungsart ihrer Bürger unaufhörlich hemmen, ihnen selbst auch alle Unterstützung in dieser Absicht entziehen, ist nichts von dieser Art zu erwarten: weil dazu eine lange innere Bearbeitung jedes gemeinen Wesens zur Bildung seiner Bürger erfordert wird. Alles Gute aber, das nicht auf moralisch-gute Gesinnung gepfropft ist, ist nichts als lauter Schein und schimmerndes Elend. In diesem Zustande wird wohl das menschliche Geschlecht verbleiben, bis es sich auf die Art, wie ich gesagt habe, aus dem chaotischen Zustande seiner Staatsverhältnisse herausgearbeitet haben wird.

Achter Satz.

27 **Man kann die Geschichte der Menschengattung im Großen als die Vollziehung eines verborgenen Plans der Natur ansehen, um eine innerlich- und zu diesem Zwecke auch äußerlich vollkommene Staatsverfassung zu Stande zu bringen, als den einzigen Zustand, in welchem sie alle ihre Anlagen in der Menschheit völlig entwickeln kann.** Der Satz ist eine Folgerung aus dem vorigen. Man sieht: die Philosophie könne auch ihren Chiliasmus haben; aber einen solchen, zu dessen Herbeiführung ihre Idee, obgleich nur sehr von weitem, selbst beförderlich werden kann, der also nichts weniger als schwärmerisch ist. Es kommt nur darauf an, ob die Erfahrung etwas von einem solchen Gange der Naturabsicht entdecke. Ich sage: etwas Weniges; denn dieser Kreislauf scheint so lange Zeit zu erfordern, bis er sich schließt, daß man aus dem kleinen Theil, den die Menschheit in dieser Absicht zurückgelegt hat, nur eben so unsicher die Gestalt ihrer Bahn und das Verhältniß der Theile zum Ganzen bestimmen kann, als aus allen bisherigen Himmelsbeobachtungen den Lauf, den unsere Sonne sammt dem ganzen Heere ihrer Trabanten im großen Fixsternensystem nimmt; obgleich doch aus dem allgemeinen Grunde der systematischen Verfassung des Weltbaues und aus dem Wenigen, was man beobachtet hat, zuverlässig genug, um auf die Wirklichkeit eines solchen Kreislaufes zu schließen. Indessen bringt es die menschliche Natur so mit sich: selbst in Ansehung der allerentferntesten Epoche, die unsere Gattung treffen soll, nicht gleichgültig zu sein, wenn sie nur mit Sicherheit erwartet werden kann. Vornehmlich kann es in unserem Falle um desto weniger geschehen, da es scheint, wir könnten durch unsere eigene vernünftige Veranstaltung diesen für unsere Nachkommen so erfreulichen Zeitpunkt schneller herbeiführen. Um deswillen werden uns selbst

die schwachen Spuren der Annäherung desselben sehr wichtig. Jetzt sind die Staaten schon in einem so künstlichen Verhältnisse gegen einander, daß keiner in der inneren Cultur nachlassen kann, ohne gegen die andern an Macht und Einfluß zu verlieren; also ist, wo nicht der Fortschritt, dennoch die Erhaltung dieses Zwecks der Natur selbst durch die ehrsüchtigen Absichten derselben ziemlich gesichert. Ferner: bürgerliche Freiheit kann jetzt auch nicht sehr wohl angetastet werden, ohne den Nachtheil davon in allen Gewerben, vornehmlich dem Handel, dadurch aber auch die Abnahme der Kräfte des Staats im äußeren Verhältnisse zu fühlen. Diese Freiheit geht aber allmählich weiter. Wenn man den Bürger hindert, seine Wohlfahrt auf alle ihm selbst beliebige Art, die nur mit der Freiheit anderer zusammen bestehen kann, zu suchen: so hemmt man die Lebhaftigkeit des durchgängigen Betriebes und hiemit wiederum die Kräfte des Ganzen. Daher wird die persönliche Einschränkung in seinem Thun und Lassen immer mehr aufgehoben, die allgemeine Freiheit der Religion nachgegeben; und so entspringt allmählig mit unterlaufendem Wahne und Grillen A u f k l ä r u n g, als ein großes Gut, welches das menschliche Geschlecht sogar von der selbstsüchtigen Vergrößerungsabsicht seiner Beherrscher ziehen muß, wenn sie nur ihren eigenen Vortheil verstehen. Diese Aufklärung aber und mit ihr auch ein gewisser Herzensantheil, den der aufgeklärte Mensch am Guten, das er vollkommen begreift, zu nehmen nicht vermeiden kann, muß nach und nach bis zu den Thronen hinauf gehen und selbst auf ihre Regierungsgrundsätze Einfluß haben. Obgleich z. B. unsere Weltregierer zu öffentlichen Erziehungsanstalten und überhaupt zu allem, was das Weltbeste betrifft, für jetzt kein Geld übrig haben, weil alles auf den künftigen Krieg schon zum Voraus verrechnet ist: so werden sie doch ihren eigenen Vortheil darin finden, die obzwar schwachen und langsamen eigenen Bemühungen ihres Volks in diesem Stücke wenigstens nicht zu hindern. Endlich wird selbst der Krieg allmählig nicht allein ein so künstliches, im Ausgange von beiden Seiten so unsicheres, sondern auch durch die Nachwehen, die der Staat in einer immer anwachsenden Schuldenlast (einer neuen Erfindung) fühlt, deren Tilgung unabsehlich wird, ein so bedenkliches Unternehmen, dabei der Einfluß, den jede Staatserschütterung in unserem durch seine Gewerbe so sehr verketteten Welttheil auf alle andere Staaten thut, so merklich: daß sich diese, durch ihre eigene Gefahr gedrungen, obgleich ohne gesetzliches Ansehen, zu Schiedsrichtern anbieten und so alles von weitem zu einem künftigen großen Staatskörper anschicken, wovon die Vorwelt kein Beispiel aufzuzeigen hat. Obgleich dieser Staatskörper für jetzt nur noch sehr im rohen Entwurfe dasteht, so fängt sich dennoch gleichsam schon ein Gefühl in allen Gliedern, deren jedem an der Erhaltung des Ganzen gelegen ist, an zu regen; und dieses giebt Hoffnung, daß nach manchen Revolutionen der Umbildung endlich das, was die Natur zur höchsten Absicht hat, ein allgemeiner weltbürgerlicher Zustand, als der Schooß, worin alle ursprüngliche Anlagen der Menschengattung entwickelt werden, dereinst einmal zu Stande kommen werde.

Neunter Satz.

29 Ein philosophischer Versuch, die allgemeine Weltgeschichte nach einem Plane der Natur, der auf die vollkommene bürgerliche Vereinigung in der Menschengattung abziele, zu bearbeiten, muß als möglich und selbst für diese Naturabsicht beförderlich angesehen werden. Es ist zwar ein befremdlicher und dem Anscheine nach ungereimter Anschlag, nach einer Idee, wie der Weltlauf gehen müßte, wenn er gewissen vernünftigen Zwecken angemessen sein sollte, eine Geschichte abfassen zu wollen; es scheint, in einer solchen Absicht könne nur ein Roman zu Stande kommen. Wenn

man indessen annehmen darf: daß die Natur selbst im Spiele der menschlichen Freiheit nicht ohne Plan und Endabsicht verfahre, so könnte diese Idee doch wohl brauchbar werden; und ob wir gleich zu kurzsichtig sind, den geheimen Mechanism ihrer Veranstaltung durchzuschauen, so dürfte diese Idee uns doch zum Leitfaden dienen, ein sonst planloses Aggregat menschlicher Handlungen wenigstens im Großen als ein System darzustellen. Denn wenn man von der griechischen Geschichte – als derjenigen, wodurch uns jede andere ältere oder gleichzeitige aufbehalten worden, wenigstens beglaubigt werden muß* – anhebt; wenn man derselben Einfluß auf die Bildung und Mißbildung des Staatskörpers des römischen Volks, das den griechischen Staat verschlang, und des letzteren Einfluß auf die Barbaren, die jenen wiederum zerstörten, bis auf unsere Zeit verfolgt; dabei aber die Staatengeschichte anderer Völker, so wie deren Kenntniß durch eben diese aufgeklärten Nationen allmählig zu uns gelangt ist, episodisch hinzuthut: so wird man einen regelmäßigen Gang der Verbesserung der Staatsverfassung in unserem Welttheile (der wahrscheinlicher Weise allen anderen dereinst Gesetze geben wird) entdecken. Indem man ferner allenthalben nur auf die bürgerliche Verfassung und deren Gesetze und auf das Staatsverhältniß Acht hat, in so fern beide durch das Gute, welches sie enthielten, eine Zeitlang dazu dienten, Völker (mit ihnen auch Künste und Wissenschaften) empor zu heben und zu verherrlichen, durch das Fehlerhafte aber, das ihnen anhing, sie wiederum zu

---

* Nur ein gelehrtes Publicum, das von seinem Anfange an bis zu uns ununterbrochen fortgedauert hat, kann die alte Geschichte beglaubigen. Über dasselbe hinaus ist alles *terra incognita;* und die Geschichte der Völker, die außer demselben lebten, kann nur von der Zeit angefangen werden, da sie darin eintraten. Dies geschah mit dem jüdischen Volk zur Zeit der Ptolemäer durch die griechische Bibelübersetzung, ohne welche man ihren isolirten Nachrichten wenig Glauben beimessen würde. Von da (wenn dieser Anfang vorerst gehörig ausgemittelt worden) kann man aufwärts ihren Erzählungen nachgehen. Und so mit allen übrigen Völkern. Das erste Blatt im Thuchdides (sagt Hume) ist der einzige Anfang aller wahren Geschichte.

stürzen, so doch, daß immer ein Keim der Aufklärung übrig blieb, der, durch jede Revolution mehr entwickelt, eine folgende noch höhere Stufe der Verbesserung vorbereitete: so wird sich, wie ich glaube, ein Leitfaden entdecken, der nicht bloß zur Erklärung des so verworrenen Spiels menschlicher Dinge, oder zur politischen Wahrsagerkunst künftiger Staatsveränderungen dienen kann (ein Nutzen, den man schon sonst aus der Geschichte der Menschen, wenn man sie gleich als unzusammenhängende Wirkung einer regellosen Freiheit ansah, gezogen hat!); sondern es wird (was man, ohne einen Naturplan vorauszusetzen, nicht mit Grunde hoffen kann) eine tröstende Aussicht in die Zukunft eröffnet werden, in welcher die Menschengattung in weiter Ferne vorgestellt wird, wie sie sich endlich doch zu dem Zustande empor arbeitet, in welchem alle Keime, die die Natur in sie legte, völlig können entwickelt und ihre Bestimmungen hier auf Erden kann erfüllt werden. Eine solche Rechtfertigung der Natur – oder besser der Vorsehung – ist kein unwichtiger Bewegungsgrund, einen besonderen Gesichtspunkt der Weltbetrachtung zu wählen. Denn was hilfts, die Herrlichkeit und Weisheit der Schöpfung im vernunftlosen Naturreiche zu preisen und der Betrachtung zu empfehlen, wenn der Theil des großen Schauplatzes der obersten Weisheit, der von allem diesem den Zweck enthält, – die Geschichte des menschlichen Geschlechts – ein unaufhörlicher Einwurf dagegen bleiben soll, dessen Anblick uns nöthigt unsere Augen von ihm mit Unwillen wegzuwenden und, indem wir verzweifeln jemals darin eine vollendete vernünftige Absicht anzutreffen, uns dahin bringt, sie nur in einer andern Welt zu hoffen?

Daß ich mit dieser Idee einer Weltgeschichte, die gewissermaßen einen Leitfaden *a priori* hat, die Bearbeitung der eigentlichen bloß empirisch abgefaßten Historie verdrängen wollte: wäre Mißdeutung meiner Absicht; es ist nur ein Gedanke von dem, was ein philosophischer Kopf (der übrigens sehr geschichtskundig sein müßte) noch aus einem anderen Standpunkte versuchen könnte. Überdem muß die sonst rühmliche Umständlichkeit, mit der man jetzt die Geschichte seiner Zeit abfaßt, doch einen jeden natürlicher Weise auf die Bedenklichkeit bringen: wie es unsere späten Nachkommen anfangen werden, die Last von Geschichte, die wir ihnen nach einigen Jahrhunderten hinterlassen möchten, zu fassen. Ohne Zweifel werden sie die der ältesten Zeit, von der ihnen die Urkunden längst erloschen sein dürften, nur aus dem Gesichtspunkte dessen, was sie interessirt, nämlich desjenigen, was Völker und Regierungen in weltbürgerlicher Absicht geleistet oder geschadet haben, schätzen. Hierauf aber Rücksicht zu nehmen, imgleichen auf die Ehrbegierde der Staatsoberhäupter sowohl als ihrer Diener, um sie auf das einzige Mittel zu richten, das ihr rühmliches Andenken auf die späteste Zeit bringen kann: das kann noch überdem einen kleinen Bewegungsgrund zum Versuche einer solchen philosophischen Geschichte abgeben.

Beantwortung der Frage:
Was ist Aufklärung?

Aufklärung ist der Ausgang des Menschen aus seiner selbst verschuldeten Unmündigkeit. Unmündigkeit ist das Unvermögen, sich seines Verstandes ohne Leitung eines anderen zu bedienen. **Selbstverschuldet** ist diese Unmündigkeit, wenn die Ursache derselben nicht am Mangel des Verstandes, sondern der Entschließung und des Muthes liegt, sich seiner ohne Leitung eines andern zu bedienen. *Sapere aude!* Habe Muth dich deines **eigenen** Verstandes zu bedienen! ist also der Wahlspruch der Aufklärung.

Faulheit und Feigheit sind die Ursachen, warum ein so großer Theil der Menschen, nachdem sie die Natur längst von fremder Leitung frei gesprochen *(naturaliter maiorennes)*, dennoch gerne zeitlebens unmündig bleiben; und warum es Anderen so leicht wird, sich zu deren Vormündern aufzuwerfen. Es ist so bequem, unmündig zu sein. Habe ich ein Buch, das für mich Verstand hat, einen Seelsorger, der für mich Gewissen hat, einen Arzt, der für mich die Diät beurtheilt, u. s. w., so brauche ich mich ja nicht selbst zu bemühen. Ich habe nicht nöthig zu denken, wenn ich nur bezahlen kann; andere werden das verdrießliche Geschäft schon für mich übernehmen. Daß der bei weitem größte Theil der Menschen (darunter das ganze schöne Geschlecht) den Schritt zur Mündigkeit, außer dem daß er beschwerlich ist, auch für sehr gefährlich halte: dafür sorgen schon jene Vormünder, die die Oberaufsicht über sie gütigst auf sich genommen haben. Nachdem sie ihr Hausvieh zuerst dumm gemacht haben und sorgfältig verhüteten, daß diese ruhigen Geschöpfe ja keinen Schritt außer dem Gängelwagen, darin sie sie einsperrten, wagen durften, so zeigen sie ihnen nachher die Gefahr, die ihnen droht, wenn sie es versuchen allein zu gehen. Nun ist diese Gefahr zwar eben so groß nicht, denn sie würden durch einigemal Fallen wohl endlich gehen lernen; allein ein Beispiel von der Art macht doch schüchtern und schreckt gemeiniglich von allen ferneren Versuchen ab.

Es ist also für jeden einzelnen Menschen schwer, sich aus der ihm beinahe zur Natur gewordenen Unmündigkeit herauszuarbeiten. Er hat sie sogar lieb gewonnen und ist vor der Hand wirklich unfähig, sich seines eigenen Verstandes zu bedienen, weil man ihn niemals den Versuch davon machen ließ. Satzungen und Formeln, diese mechanischen Werkzeuge eines vernünftigen Gebrauchs oder vielmehr Mißbrauchs seiner Naturgaben, sind die Fußschellen einer immerwährenden Unmündigkeit. Wer sie auch abwürfe, würde dennoch auch über den schmalsten Graben einen nur unsicheren Sprung thun, weil er zu dergleichen freier Bewegung nicht gewöhnt ist. Daher giebt es nur Wenige, denen es gelungen ist, durch eigene Bearbeitung ihres Geistes sich aus der Unmündigkeit heraus zu wickeln und dennoch einen sicheren Gang zu thun.

Daß aber ein Publicum sich selbst aufkläre, ist eher möglich; ja es ist, wenn man ihm nur Freiheit läßt, beinahe unausbleiblich. Denn da werden sich immer einige Selbstdenkende sogar unter den eingesetzten Vormündern des großen Haufens finden, welche, nachdem sie das Joch der Unmündigkeit selbst abgeworfen haben, den Geist einer vernünftigen Schätzung des eigenen Werths und des Berufs jedes Menschen selbst zu denken um sich verbreiten werden. Besonders ist hiebei: daß das Publicum, welches zuvor von ihnen unter dieses Joch gebracht worden, sie hernach selbst zwingt darunter zu bleiben, wenn es von einigen seiner Vormünder, die selbst aller Aufklärung unfähig sind, dazu aufgewiegelt worden; so schädlich ist es Vorurtheile zu pflanzen, weil sie sich zuletzt an denen selbst rächen, die oder deren Vorgänger ihre Urheber gewesen sind. Daher kann ein Publicum nur langsam zur Aufklärung gelangen. Durch eine Revolution wird vielleicht wohl ein Abfall von persönlichem Despotism und gewinnsüchtiger oder herrschsüchtiger Bedrückung, aber niemals wahre Reform der Denkungsart zu Stande kommen; sondern neue Vorurtheile werden eben sowohl als die alten zum Leitbande des gedankenlosen großen Haufens dienen.

Zu dieser Aufklärung aber wird nichts erfordert als **Freiheit**; und zwar die unschädlichste unter allem, was nur Freiheit heißen mag, nämlich die: von seiner Vernunft in allen Stücken **öffentlichen Gebrauch** zu machen. Nun höre ich aber von allen Seiten rufen: **räsonnirt nicht!** Der Offizier sagt: räsonnirt nicht, sondern exercirt! Der Finanzrath: räsonnirt nicht, sondern bezahlt! Der Geistliche: räsonnirt nicht, sondern glaubt! (Nur ein einziger Herr in der Welt sagt: **räsonnirt, so viel ihr wollt, und worüber ihr wollt; aber gehorcht!**) Hier ist überall Einschränkung der Freiheit. Welche Einschränkung aber ist der Aufklärung hinderlich? welche nicht, sondern ihr wohl gar beförderlich? – Ich antworte: der **öffentliche Gebrauch** seiner Vernunft muß jederzeit frei sein, und der allein kann Aufklärung unter Menschen zu Stande bringen; der **Privatgebrauch** derselben aber darf öfters sehr enge eingeschränkt sein, ohne doch darum den Fortschritt der Aufklärung sonderlich zu hindern. Ich verstehe aber unter dem öffentlichen Gebrauche seiner eigenen Vernunft denjenigen, den jemand **als Gelehrter** von ihr vor dem ganzen Publicum der **Leserwelt** macht. Den Privatgebrauch nenne ich denjenigen, den er in einem gewissen ihm anvertrauten **bürgerlichen Posten oder Amte** von seiner Vernunft machen darf. Nun ist zu manchen Geschäften, die in das Interesse des gemeinen Wesens laufen, ein gewisser Mechanism nothwendig, vermittelst dessen einige Glieder des gemeinen Wesens sich bloß passiv verhalten müssen, um durch eine künstliche Einhelligkeit von der Regierung zu öffentlichen Zwecken gerichtet, oder wenigstens von der Zerstörung dieser Zwecke abgehalten zu werden. Hier ist es nun freilich nicht erlaubt, zu räsonniren; sondern man muß gehorchen. So fern sich aber dieser Theil der Maschine zugleich als Glied eines ganzen gemeinen Wesens, ja sogar der Weltbürgergesellschaft ansieht, mithin in der Qualität eines Gelehrten, der sich an ein Publicum im eigentlichen Verstande durch Schriften wendet: kann er allerdings räsonniren, ohne daß dadurch die Geschäfte leiden, zu denen er zum Theile als passives Glied angesetzt ist. So würde es sehr verderblich sein, wenn ein Offizier, dem von seinen Oberen etwas anbefohlen wird, im Dienste über die Zweckmäßigkeit oder Nützlichkeit dieses Befehls laut vernünfteln wollte; er muß gehorchen. Es kann ihm aber billigermaßen nicht verwehrt werden, als Gelehrter über die Fehler im Kriegsdienste Anmerkungen zu machen und diese seinem Publicum zur Beurtheilung vorzulegen. Der Bürger kann sich nicht weigern, die ihm auferlegten Abgaben zu leisten; sogar kann ein vorwitziger Tadel solcher Auflagen, wenn sie von ihm geleistet werden sollen, als ein Skandal (das allgemeine Widersetzlichkeiten veranlassen könnte) bestraft werden. Eben derselbe handelt demungeachtet der Pflicht eines Bürgers nicht entgegen, wenn er als Gelehrter wider die Unschicklichkeit oder 38 auch Ungerechtigkeit solcher Ausschreibungen öffentlich seine Gedanken äußert. Eben so ist ein Geistlicher verbunden, seinen Katechismusschülern und seiner Gemeine nach dem Symbol der Kirche, der er dient, seinen Vortrag zu thun; denn er ist auf diese Bedingung angenommen worden. Aber als Gelehrter hat er volle Freiheit, ja sogar den Beruf dazu, alle seine sorgfältig geprüften und wohlmeinenden Gedanken über das Fehlerhafte in jenem Symbol und Vorschläge wegen besserer Einrichtung des Religions- und Kirchenwesens dem Publicum mitzutheilen. Es ist hiebei auch nichts, was dem Gewissen zur Last gelegt werden könnte. Denn was er zu Folge seines Amts als Geschäftsträger der Kirche lehrt, das stellt er als etwas vor, in Ansehung dessen er nicht freie Gewalt hat nach eigenem Gutdünken zu lehren, sondern das er nach Vorschrift und im Namen eines andern vorzutragen angestellt ist. Er wird sagen: unsere Kirche lehrt dieses oder jenes; das sind die Beweisgründe, deren sie sich bedient. Er zieht alsdann allen praktischen Nutzen für seine Gemeine aus

Satzungen, die er selbst nicht mit voller Überzeugung unterschreiben würde, zu deren Vortrag er sich gleichwohl anheischig machen kann, weil es doch nicht ganz unmöglich ist, daß darin Wahrheit verborgen läge, auf alle Fälle aber wenigstens doch nichts der innern Religion Widersprechendes darin angetroffen wird. Denn glaubte er das letztere darin zu finden, so würde er sein Amt mit Gewissen nicht verwalten können; er müßte es niederlegen. Der Gebrauch also, den ein angestellter Lehrer von seiner Vernunft vor seiner Gemeinde macht, ist bloß ein Privatgebrauch: weil diese immer nur eine häusliche, obzwar noch so große Versammlung ist; und in Ansehung dessen ist er als Priester nicht frei und darf es auch nicht sein, weil er einen fremden Auftrag ausrichtet. Dagegen als Gelehrter, der durch Schriften zum eigentlichen Publicum, nämlich der Welt, spricht, mithin der Geistliche im öffentlichen Gebrauche seiner Vernunft genießt einer uneingeschränkten Freiheit, sich seiner eigenen Vernunft zu bedienen und in seiner eigenen Person zu sprechen. Denn daß die Vormünder des Volks (in geistlichen Dingen) selbst wieder unmündig sein sollen, ist eine Ungereimtheit, die auf Verewigung der Ungereimtheiten hinausläuft.

Aber sollte nicht eine Gesellschaft von Geistlichen, etwa eine Kirchenversammlung, oder eine ehrwürdige Classis (wie sie sich unter den Holländern selbst nennt), berechtigt sein, sich eidlich unter einander auf ein gewisses unveränderliches Symbol zu verpflichten, um so eine unaufhörliche Obervormundschaft über jedes ihrer Glieder und vermittelst ihrer über das Volk zu führen und diese sogar zu verewigen? Ich sage: das ist ganz unmöglich. Ein solcher Contract, der auf immer alle weitere Aufklärung vom Menschengeschlechte abzuhalten geschlossen würde, ist schlechterdings null und nichtig; und sollte er auch durch die oberste Gewalt, durch Reichstage und die feierlichsten Friedensschlüsse bestätigt sein. Ein Zeitalter kann sich nicht verbünden und darauf verschwören, das folgende in einen Zustand zu setzen, darin es ihm unmöglich werden muß, seine (vornehmlich so sehr angelegentliche) Erkenntnisse zu erweitern, von Irrthümern zu reinigen und überhaupt in der Aufklärung weiter zu schreiten. Das wäre ein Verbrechen wider die menschliche Natur, deren ursprüngliche Bestimmung gerade in diesem Fortschreiten besteht; und die Nachkommen sind also vollkommen dazu berechtigt, jene Beschlüsse, als unbefugter und frevelhafter Weise genommen, zu verwerfen. Der Probirstein alles dessen, was über ein Volk als Gesetz beschlossen werden kann, liegt in der Frage: ob ein Volk sich selbst wohl ein solches Gesetz auferlegen könnte. Nun wäre dieses wohl gleichsam in der Erwartung eines bessern auf eine bestimmte kurze Zeit möglich, um eine gewisse Ordnung einzuführen: indem man es zugleich jedem der Bürger, vornehmlich dem Geistlichen frei ließe, in der Qualität eines Gelehrten öffentlich, d. i. durch Schriften, über das Fehlerhafte der damaligen Einrichtung seine Anmerkungen zu machen, indessen die eingeführte Ordnung noch immer fortdauerte, bis die Einsicht in die Beschaffenheit dieser Sachen öffentlich so weit gekommen und bewährt worden, daß sie durch Vereinigung ihrer Stimmen (wenn gleich nicht aller) einen Vorschlag vor den Thron bringen könnte, um diejenigen Gemeinden in Schutz zu nehmen, die sich etwa nach ihren Begriffen der besseren Einsicht zu einer veränderten Religionseinrichtung geeinigt hätten, ohne doch diejenigen zu hindern, die es beim Alten wollten bewenden lassen. Aber auf eine beharrliche, von Niemanden öffentlich zu bezweifelnde Religionsverfassung auch nur binnen der Lebensdauer eines Menschen sich zu einigen und dadurch einen Zeitraum in dem Fortgange der Menschheit zur Verbesserung gleichsam zu vernichten und fruchtlos, dadurch aber wohl gar der Nachkommenschaft nachtheilig zu machen, ist schlechterdings unerlaubt. Ein Mensch kann zwar für seine Person und auch alsdann nur auf einige Zeit in dem, was ihm zu wissen obliegt, die Aufklärung aufschieben; aber auf sie Verzicht zu thun, es sei für seine Person, mehr aber noch für die

Nachkommenschaft, heißt die heiligen Rechte der Menschheit verletzen und mit Füßen treten. Was aber nicht einmal ein Volk über sich selbst beschließen darf, das darf noch weniger ein Monarch über das Volk beschließen; denn sein gesetzgebendes Ansehen beruht eben darauf, daß er den gesammten Volkswillen in dem seinigen vereinigt. Wenn er nur darauf sieht, daß alle wahre oder vermeinte Verbesserung mit der bürgerlichen Ordnung zusammen bestehe: so kann er seine Unterthanen übrigens nur selbst machen lassen, was sie um ihres Seelenheils willen zu thun nöthig finden; das geht ihn nichts an, wohl aber zu verhüten, daß nicht einer den andern gewaltthätig hindere, an der Bestimmung und Beförderung desselben nach allem seinem Vermögen zu arbeiten. Es thut selbst seiner Majestät Abbruch, wenn er sich hierin mischt, indem er die Schriften, wodurch seine Unterthanen ihre Einsichten ins Reine zu bringen suchen, seiner Regierungsaufsicht würdigt, sowohl wenn er dieses aus eigener höchsten Einsicht thut, wo er sich dem Vorwurfe aussetzt: *Caesar non est supra Grammaticos,* als auch und noch weit mehr, wenn er seine oberste Gewalt so weit erniedrigt, den geistlichen Despotism einiger Tyrannen in seinem Staate gegen seine übrigen Unterthanen zu unterstützen.

Wenn denn nun gefragt wird: Leben wir jetzt in einem a u f g e k l ä r t e n Zeitalter? so ist die Antwort: Nein, aber wohl in einem Zeitalter der A u f k l ä r u n g. Daß die Menschen, wie die Sachen jetzt stehen, im Ganzen genommen, schon im Stande wären, oder darin auch nur gesetzt werden könnten, in Religionsdingen sich ihres eigenen Verstandes ohne Leitung eines Andern sicher und gut zu bedienen, daran fehlt noch sehr viel. Allein daß jetzt ihnen doch das Feld geöffnet wird, sich dahin frei zu bearbeiten, und die Hindernisse der allgemeinen Aufklärung, oder des Ausganges aus ihrer selbst verschuldeten Unmündigkeit allmählig weniger werden, davon haben wir doch deutliche Anzeigen. In diesem Betracht ist dieses Zeitalter das Zeitalter der Aufklärung, oder das Jahrhundert F r i e d e r i c h s .

Ein Fürst, der es seiner nicht unwürdig findet, zu sagen: daß er es für **Pflicht** halte, in Religionsdingen den Menschen nichts vorzuschreiben, sondern ihnen darin volle Freiheit zu lassen, der also selbst den hochmüthigen Namen der **Toleranz** von sich ablehnt, ist selbst aufgeklärt und verdient von der dankbaren Welt und Nachwelt als derjenige gepriesen zu werden, der zuerst das menschliche Geschlecht der Unmündigkeit wenigstens von Seiten der Regierung entschlug und jedem frei ließ, sich in allem, was Gewissensangelegenheit ist, seiner eigenen Vernunft zu bedienen. Unter ihm dürfen verehrungswürdige Geistliche unbeschadet ihrer Amtspflicht ihre vom angenommenen Symbol hier oder da abweichenden Urtheile und Einsichten in der Qualität der Gelehrten frei und öffentlich der Welt zur Prüfung darlegen; noch mehr aber jeder andere, der durch keine Amtspflicht eingeschränkt ist. Dieser Geist der Freiheit breitet sich auch außerhalb aus, selbst da, wo er mit äußeren Hindernissen einer sich selbst mißverstehenden Regierung zu ringen hat. Denn es leuchtet dieser doch ein Beispiel vor, daß bei Freiheit für die öffentliche Ruhe und Einigkeit des gemeinen Wesens nicht das Mindeste zu besorgen sei. Die Menschen arbeiten sich von selbst nach und nach aus der Rohigkeit heraus, wenn man nur nicht absichtlich künstelt, um sie darin zu erhalten.

Ich habe den Hauptpunkt der Aufklärung, die des Ausganges der Menschen aus ihrer selbst verschuldeten Unmündigkeit, vorzüglich in **Religionssachen** gesetzt: weil in Ansehung der Künste und Wissenschaften unsere Beherrscher kein Interesse haben, den Vormund über ihre Unterthanen zu spielen; überdem auch jene Unmündigkeit, so wie die schädlichste, also auch die entehrendste unter allen ist. Aber die Denkungsart eines Staatsoberhaupts, der die erstere begünstigt, geht noch weiter und sieht ein: daß selbst in Ansehung seiner **Gesetzgebung** es ohne Gefahr sei, seinen Unterthanen zu erlauben, von ihrer eigenen Vernunft **öffentlichen** Gebrauch zu machen und ihre Gedanken über eine bessere Abfassung derselben sogar mit einer freimüthigen Kritik der schon gegebenen der Welt öffentlich vorzulegen; davon wir ein glänzendes Beispiel haben, wodurch noch kein Monarch demjenigen vorging, welchen wir verehren.

Aber auch nur derjenige, der, selbst aufgeklärt, sich nicht vor Schatten fürchtet, zugleich aber ein wohldisciplinirtes zahlreiches Heer zum Bürgen der öffentlichen Ruhe zur Hand hat, kann das sagen, was ein Freistaat nicht wagen darf: räsonnirt, so viel ihr wollt, und worüber ihr wollt; nur gehorcht! So zeigt sich hier ein befremdlicher, nicht erwarteter Gang menschlicher Dinge; so wie auch sonst, wenn man ihn im Großen betrachtet, darin fast alles paradox ist. Ein größerer Grad bürgerlicher Freiheit scheint der Freiheit des Geistes des Volks vortheilhaft und setzt ihr doch unübersteigliche Schranken; ein Grad weniger von jener verschafft hingegen diesem Raum, sich nach allem seinem Vermögen auszubreiten. Wenn denn die Natur unter dieser harten Hülle den Keim, für den sie am zärtlichsten sorgt, nämlich den Hang und Beruf zum freien Denken, ausgewickelt hat: so wirkt dieser allmählig zurück auf die Sinnesart des Volks (wodurch dieses der Freiheit zu handeln nach und nach fähiger wird) und endlich auch sogar auf die Grundsätze der Regierung, die es ihr selbst zuträglich findet, den Menschen, der nun mehr als Maschine ist, seiner Würde gemäß zu behandeln.*

Königsberg in Preußen, den 30. Septemb. 1784.

---

* In den Büsching'schen wöchentlichen Nachrichten vom 13. Sept. lese ich heute den 30sten eben dess. die Anzeige der Berlinischen Monatsschrift von diesem Monat, worin des Herrn Mendelssohn Beantwortung eben derselben Frage angeführt wird. Mir ist sie noch nicht zu Händen gekommen; sonst würde sie die gegenwärtige zurückgehalten haben, die jetzt nur zum Versuche da stehen mag, wiefern der Zufall Einstimmigkeit der Gedanken zuwege bringen könne.

Muthmaßlicher
Anfang der Menschengeschichte.

Im Fortgange einer Geschichte Muthmaßungen einzustreuen, um Lücken in den Nachrichten auszufüllen, ist wohl erlaubt: weil das Vorhergehende als entfernte Ursache und das Nachfolgende als Wirkung eine ziemlich sichere Leitung zur Entdeckung der Mittelursachen abgeben kann, um den Übergang begreiflich zu machen. Allein eine Geschichte ganz und gar aus Muthmaßungen entstehen zu lassen, scheint nicht viel besser, als den Entwurf zu einem Roman zu machen. Auch würde sie nicht den Namen einer muthmaßlichen Geschichte, sondern einer bloßen Erdichtung führen können. – Gleichwohl kann das, was im Fortgange der Geschichte menschlicher Handlungen nicht gewagt werden darf, doch wohl über den ersten Anfang derselben, so fern ihn die Natur macht, durch Muthmaßung versucht werden. Denn dieser darf nicht erdichtet, sondern kann von der Erfahrung hergenommen werden, wenn man voraussetzt, daß diese im ersten Anfange nicht besser oder schlechter gewesen, als wir sie jetzt antreffen: eine Voraussetzung, die der Analogie der Natur gemäß ist und nichts Gewagtes bei sich führt. Eine Geschichte der ersten Entwickelung der Freiheit aus ihrer ursprünglichen Anlage in der Natur des Menschen ist daher ganz etwas anderes, als die Geschichte der Freiheit in ihrem Fortgange, die nur auf Nachrichten gegründet werden kann.

Gleichwohl, da Muthmaßungen ihre Ansprüche auf Beistimmung nicht zu hoch treiben dürfen, sondern sich allenfalls nur als eine der Einbildungskraft in Begleitung der Vernunft zur Erholung und Gesundheit des Gemüths vergönnte Bewegung, nicht aber für ein ernsthaftes Geschäft ankündigen müssen: so können sie sich auch nicht mit derjenigen Geschichte messen, die über eben dieselbe Begebenheit als wirkliche Nachricht aufgestellt und geglaubt wird, deren Prüfung auf ganz andern Gründen, als bloßer Naturphilosophie beruht. Eben darum, und da ich hier eine bloße Lustreise wage, darf ich mir wohl die Gunst versprechen, daß es mir erlaubt sei, mich einer heiligen Urkunde dazu als Karte zu bedienen und mir zugleich einzubilden, als ob mein Zug, den ich auf den Flügeln der Einbildungskraft, obgleich nicht ohne einen durch Vernunft an Erfahrung geknüpften Leitfaden, thue, gerade dieselbe Linie treffe, die jene historisch vorgezeichnet enthält. Der Leser wird die Blätter jener Urkunde (1. M o s e Kap. II-VI) aufschlagen und Schritt vor Schritt nachsehen, ob der Weg, den Philosophie nach Begriffen nimmt, mit dem, welchen die Geschichte angiebt, zusammentreffe.

Will man nicht in Muthmaßungen schwärmen, so muß der Anfang von dem gemacht werden, was keiner Ableitung aus vorhergehenden Naturursachen durch menschliche Vernunft fähig ist, also: mit der E x i s t e n z d e s M e n s c h e n; und zwar in seiner a u s g e b i l d e t e n G r ö ß e, weil er der mütterlichen Beihülfe entbehren muß; in einem P a a r e, damit er seine Art fortpflanze; und auch nur e i n e m e i n z i g e n Paare, damit nicht sofort der Krieg entspringe, wenn die Menschen einander nahe und doch einander fremd wären, oder auch damit die Natur nicht beschuldigt werde, sie habe durch die Verschiedenheit der Abstammung es an der schicklichsten Veranstaltung zur Geselligkeit, als dem größten Zwecke der menschlichen Bestimmung, fehlen lassen; denn die Einheit der Familie, woraus alle Menschen abstammen sollten, war ohne Zweifel hiezu die beste Anordnung. Ich setze dieses Paar in einen wider den Anfall der Raubthiere gesicherten und mit allen Mitteln der Nahrung von der Natur reichlich versehenen Platz, also gleichsam in einen G a r t e n unter einem jederzeit milden Himmelsstriche. Und was noch mehr ist, ich betrachte es nur, nachdem es schon einen mächtigen Schritt in der Geschicklichkeit gethan hat, sich seiner Kräfte zu bedienen, und fange also nicht von der gänzlichen Rohigkeit seiner Natur an; denn es könnten der

Muthmaßungen für den Leser leicht zu viel, der Wahrscheinlichkeiten aber zu wenig werden, wenn ich diese Lücke, die vermuthlich einen großen Zeitraum begreift, auszufüllen unternehmen wollte. Der erste Mensch konnte also **stehen** und **gehen**; er konnte **sprechen** (1. B. Mose Kap. II, V. 20),* ja **reden**, d. i. nach zusammenhängenden Begriffen sprechen (V. 23), mithin **denken**. Lauter Geschicklichkeiten, die er alle selbst erwerben mußte (denn wären sie anerschaffen, so würden sie auch anerben, welches aber der Erfahrung widerstreitet); mit denen ich ihn aber jetzt schon als versehen annehme, um bloß die Entwickelung des Sittlichen in seinem Thun und Lassen, welches jene Geschicklichkeit nothwendig voraussetzt, in Betrachtung zu ziehen.

Der Instinct, diese **Stimme Gottes**, der alle Thiere gehorchen, mußte den Neuling anfänglich allein leiten. Dieser erlaubte ihm einige Dinge zur Nahrung, andere verbot er ihm (III, 2. 3). – Es ist aber nicht nöthig, einen besondern jetzt verlorenen Instinct zu diesem Behuf anzunehmen; es konnte bloß der Sinn des Geruchs und dessen Verwandtschaft mit dem Organ des Geschmacks, dieses letzteren bekannte Sympathie aber mit den Werkzeugen der Verdauung und also gleichsam das Vermögen der Vorempfindung der Tauglichkeit oder Untauglichkeit einer Speise zum Genusse, dergleichen man auch noch jetzt wahrnimmt, gewesen sein. Sogar darf man diesen Sinn im ersten Paare nicht schärfer, als er jetzt ist, annehmen; denn es ist bekannt genug, welcher Unterschied in der Wahrnehmungskraft zwischen den bloß mit ihren Sinnen und den zugleich mit

---

* Der **Trieb sich mitzutheilen** muß den Menschen, der noch allein ist, gegen lebende Wesen außer ihm, vornehmlich diejenigen, die einen Laut geben, welchen er nachahmen und der nachher zum Namen dienen kann, zuerst zur Kundmachung seiner Existenz bewogen haben. Eine ähnliche Wirkung dieses Triebes sieht man auch noch an Kindern und an gedankenlosen Leuten, die durch Schnarren, Schreien, Pfeifen, Singen und andere lärmende Unterhaltungen (oft auch dergleichen Andachten) den denkenden Theil des gemeinen Wesens stören. Denn ich sehe keinen andern Bewegungsgrund hiezu, als daß sie ihre Existenz weit und breit um sich kund machen wollen.

ihren Gedanken beschäftigten, dadurch aber von ihren Empfindungen abgewandten Menschen angetroffen werde.

So lange der unerfahrne Mensch diesem Rufe der Natur gehorchte, so befand er sich gut dabei. Allein die Vernunft fing bald an sich zu regen und suchte durch Vergleichung des Genossenen mit dem, was ihm ein anderer Sinn als der, woran der Instinct gebunden war, etwa der Sinn des Gesichts, als dem sonst Genossenen ähnlich vorstellte, seine Kenntniß der Nahrungsmittel über die Schranken des Instincts zu erweitern (III, 6). Dieser Versuch hätte zufälligerweise noch gut genug ausfallen können, obgleich der Instinct nicht anrieth, wenn er nur nicht widersprach. Allein es ist eine Eigenschaft der Vernunft, daß sie Begierden mit Beihülfe der Einbildungskraft nicht allein o h n e einen darauf gerichteten Naturtrieb, sondern sogar w id e r denselben erkünsteln kann, welche im Anfange den Namen der Lüsternheit bekommen, wodurch aber nach und nach ein ganzer Schwarm entbehrlicher, ja sogar naturwidriger Neigungen unter der Benennung der Üppigkeit ausgeheckt wird. Die Veranlassung, von dem Naturtriebe abtrünnig zu werden, durfte nur eine Kleinigkeit sein; allein der Erfolg des ersten Versuchs, nämlich sich seiner Vernunft als eines Vermögens bewußt zu werden, das sich über die Schranken, worin alle Thiere gehalten werden, erweitern kann, war sehr wichtig und für die Lebensart entscheidend. Wenn es also auch nur eine Frucht gewesen wäre, deren Anblick durch die Ähnlichkeit mit anderen annehmlichen, die man sonst gekostet hatte, zum Versuche einladete; wenn dazu noch etwa das Beispiel eines Thieres kam, dessen Natur ein solcher Genuß angemessen, so wie er im Gegentheil dem Menschen nachtheilig war, daß folglich in diesem ein sich dawider setzender natürlicher Instinct war: so konnte dieses schon der Vernunft die erste Veranlassung geben, mit der Stimme der Natur zu chikaniren (III, 1) und trotz ihrem Widerspruch den ersten Versuch von einer freien Wahl zu machen, der als der erste wahrscheinlicherweise nicht der

Erwartung gemäß ausfiel. Der Schade mochte nun gleich so unbedeutend gewesen sein, als man will, so gingen dem Menschen hierüber doch die Augen auf (V. 7). Er entdeckte in sich ein Vermögen, sich selbst eine Lebensweise auszuwählen und nicht gleich anderen Thieren an eine einzige gebunden zu sein. Auf das augenblickliche Wohlgefallen, das ihm dieser bemerkte Vorzug erwecken mochte, mußte doch sofort Angst und Bangigkeit folgen: wie er, der noch kein Ding nach seinen verborgenen Eigenschaften und entfernten Wirkungen kannte, mit seinem neu entdeckten Vermögen zu Werke gehen sollte. Er stand gleichsam am Rande eines Abgrundes; denn aus einzelnen Gegenständen seiner Begierde, die ihm bisher der Instinct angewiesen hatte, war ihm eine Unendlichkeit derselben eröffnet, in deren Wahl er sich noch gar nicht zu finden wußte; und aus diesem einmal gekosteten Stande der Freiheit war es ihm gleichwohl jetzt unmöglich, in den der Dienstbarkeit (unter der Herrschaft des Instincts) wieder zurück zu kehren.

Nächst dem Instinct zur Nahrung, durch welchen die Natur jedes Individuum erhält, ist der Instinct zum Geschlecht, wodurch sie für die Erhaltung jeder Art sorgt, der vorzüglichste. Die einmal rege gewordene Vernunft säumte nun nicht, ihren Einfluß auch an diesem zu beweisen. Der Mensch fand bald: daß der Reiz des Geschlechts, der bei den Thieren bloß auf einem vorübergehenden, größtentheils periodischen Antriebe beruht, für ihn der Verlängerung und sogar Vermehrung durch die Einbildungskraft fähig sei, welche ihr Geschäft zwar mit mehr Mäßigung, aber zugleich dauerhafter und gleichförmiger treibt, je mehr der Gegenstand den Sinnen entzogen wird, und daß dadurch der Überdruß verhütet werde, den die Sättigung einer bloß thierischen Begierde bei sich führt. Das Feigenblatt (V. 7) war also das Product einer weit größeren Äußerung der Vernunft, als sie in der ersteren Stufe ihrer Entwickelung bewiesen hatte. Denn eine Neigung dadurch inniglicher und dauerhafter zu machen, daß man ihren Gegenstand den Sinnen entzieht, zeigt schon das Bewußtsein einiger Herrschaft der Vernunft über Antriebe und nicht bloß, wie der erstere Schritt ein Vermögen ihnen im kleineren oder größeren Umfange Dienste zu leisten. Weigerung war das Kunststück, um von bloß empfundenen zu idealischen Reizen, von der bloß thierischen Begierde allmählich zur Liebe und mit dieser vom Gefühl des bloß Angenehmen zum Geschmack für Schönheit anfänglich nur an Menschen, dann aber auch an der Natur überzuführen. Die Sittsamkeit, eine Neigung durch guten Anstand (Verhehlung dessen, was Geringschätzung erregen könnte) Andern Achtung gegen uns einzuflößen, als die eigentliche Grundlage aller wahren Geselligkeit, gab überdem den ersten Wink zur Ausbildung des Menschen als eines sittlichen Geschöpfs. – Ein kleiner Anfang, der aber Epoche macht, indem er der Denkungsart eine ganz neue Richtung giebt, ist wichtiger, als die ganze unabsehliche Reihe von darauf folgenden Erweiterungen der Cultur.

Der dritte Schritt der Vernunft, nachdem sie sich in die ersten unmittelbar empfundenen Bedürfnisse gemischt hatte, war die überlegte Erwartung des Künftigen. Dieses Vermögen, nicht bloß den gegenwärtigen Lebensaugenblick zu genießen, sondern die kommende, oft sehr entfernte Zeit sich gegenwärtig zu machen, ist das entscheidendste Kennzeichen des menschlichen Vorzuges, um seiner Bestimmung gemäß sich zu entfernten Zwecken vorzubereiten, – aber auch zugleich der unversiegendste Quell von Sorgen und Bekümmernissen, die die ungewisse Zukunft erregt, und welcher alle Thiere überhoben sind (V. 13–19). Der Mann, der sich und eine Gattin sammt künftigen Kindern zu ernähren hatte, sah die immer wachsende Mühseligkeit seiner Arbeit; das Weib sah die Beschwerlichkeiten, denen die Natur ihr Geschlecht unterworfen hatte, und noch obenein diejenigen, welche der mächtigere Mann ihr auferlegen würde, voraus. Beide sahen nach einem mühseligen Leben noch im Hintergrunde des Gemäldes das, was zwar alle

Thiere unvermeidlich trifft, ohne sie doch zu bekümmern, nämlich den Tod, mit Furcht voraus und schienen sich den Gebrauch der Vernunft, die ihnen alle diese Übel verursacht, zu verweisen und zum Verbrechen zu machen. In ihrer Nachkommenschaft zu leben, die es vielleicht besser haben, oder auch wohl als Glieder einer Familie ihre Beschwerden erleichtern könnten, war vielleicht die einzige tröstende Aussicht, die sie aufrichtete (V. 16–20).

Der vierte und letzte Schritt, den die den Menschen über die Gesellschaft mit Thieren gänzlich erhebende Vernunft that, war: daß er (wiewohl nur dunkel) begriff, er sei eigentlich der **Zweck der Natur**, und nichts, was auf Erden lebt, könne hierin einen Mitwerber gegen ihn abgeben. Das erstemal, daß er zum Schafe sagte: **den Pelz, den du trägst, hat dir die Natur nicht für dich, sondern für mich gegeben**, ihm ihn abzog und sich selbst anlegte (V. 21): ward er eines Vorrechtes inne, welches er vermöge seiner Natur über alle Thiere hatte, die er nun nicht mehr als seine Mitgenossen an der Schöpfung, sondern als seinem Willen überlassene Mittel und Werkzeuge zu Erreichung seiner beliebigen Absichten ansah. Diese Vorstellung schließt (wiewohl dunkel) den Gedanken des Gegensatzes ein: daß er so etwas zu keinem **Menschen** sagen dürfe, sondern diesen als gleichen Theilnehmer an den Geschenken der Natur anzusehen habe; eine Vorbereitung von weitem zu den Einschränkungen, die die Vernunft künftig dem Willen in Ansehung seines Mitmenschen auferlegen sollte, und welche weit mehr als Zuneigung und Liebe zu Errichtung der Gesellschaft nothwendig ist.

Und so war der Mensch in eine **Gleichheit mit allen vernünftigen Wesen**, von welchem Range sie auch sein mögen, getreten (III, 22): nämlich in Ansehung des Anspruchs **selbst Zweck zu sein**, von jedem anderen auch als ein solcher geschätzt und von keinem bloß als Mittel zu anderen Zwecken gebraucht zu werden. Hierin und nicht in der Vernunft, wie sie bloß als ein Werkzeug zu Befriedigung der mancherlei Neigungen betrachtet wird, steckt der Grund der so unbeschränkten Gleichheit des Menschen selbst mit höheren Wesen, die ihm an Naturgaben sonst über alle Vergleichung vorgehen möchten, deren keines aber darum ein Recht hat, über ihn nach bloßem Belieben zu schalten und zu walten. Dieser Schritt ist daher zugleich mit Entlassung desselben aus dem Mutterschooße der Natur verbunden: eine Veränderung, die zwar ehrend, aber zugleich sehr gefahrvoll ist, indem sie ihn aus dem harmlosen und sicheren Zustande der Kindespflege, gleichsam aus einem Garten, der ihn ohne seine Mühe versorgte, heraustrieb (V. 23) und ihn in die weite Welt stieß, wo so viel Sorgen, Mühe und unbekannte Übel auf ihn warten. Künftig wird ihm die Mühseligkeit des Lebens öfter den Wunsch nach einem Paradiese, dem Geschöpfe seiner Einbildungskraft, wo er in ruhiger Unthätigkeit und beständigem Frieden sein Dasein verträumen oder vertändeln könne, ablocken. Aber es lagert sich zwischen ihm und jenem eingebildeten Sitz der Wonne die rastlose und zur Entwickelung der in ihn gelegten Fähigkeiten unwiderstehlich treibende Vernunft und erlaubt es nicht, in den Stand der Rohigkeit und Einfalt zurück zu kehren, aus dem sie ihn gezogen hatte (V. 24). Sie treibt ihn an, die Mühe, die er haßt, dennoch geduldig über sich zu nehmen, dem Flitterwerk, das er verachtet, nachzulaufen und den Tod selbst, vor dem ihn grauet, über alle jene Kleinigkeiten, deren Verlust er noch mehr scheuet, zu vergessen.

Anmerkung.

Aus dieser Darstellung der ersten Menschengeschichte ergiebt sich: daß der Ausgang des Menschen aus dem ihm durch die Vernunft als erster Aufenthalt seiner Gattung vorgestellten Paradiese nicht anders, als der Übergang aus der Rohigkeit eines bloß thierischen Geschöpfes in die Menschheit, aus dem Gängelwagen des Instincts zur Leitung der Vernunft, mit einem Worte, aus der Vormundschaft der Natur in den Stand der Freiheit gewesen sei. Ob der Mensch durch diese Veränderung gewonnen oder verloren habe, kann nun nicht mehr die Frage sein, wenn man auf die Bestimmung seiner Gattung sieht, die in nichts als im Fortschreiten zur Vollkommenheit besteht, so fehlerhaft auch die ersten selbst in einer langen Reihe ihrer Glieder nach einander folgenden Versuche, zu diesem Ziele durchzudringen, ausfallen mögen. – Indessen ist dieser Gang, der für die Gattung ein Fortschritt vom Schlechteren zum Besseren ist, nicht eben das Nämliche für das Individuum. Ehe die Vernunft erwachte, war noch kein Gebot oder Verbot und also noch keine Übertretung; als sie aber ihr Geschäft anfing und, schwach wie sie ist, mit der Thierheit und deren ganzen Stärke ins Gemenge kam, so mußten Übel und, was ärger ist, bei cultivirterer Vernunft Laster entspringen, die dem Stande der Unwissenheit, mithin der Unschuld ganz fremd waren. Der erste Schritt also aus diesem Stande war auf der sittlichen Seite ein Fall; auf der physischen waren eine Menge nie gekannter Übel des Lebens die Folge dieses Falls, mithin Strafe. Die Geschichte der Natur fängt also vom Guten an, denn sie ist das Werk Gottes; die Geschichte der Freiheit vom Bösen, denn sie ist Menschenwerk. Für das Individuum, welches im Gebrauche seiner Freiheit bloß auf sich selbst sieht, war bei einer solchen Veränderung Verlust; für die Natur, die ihren Zweck mit dem Menschen auf die Gattung richtet, war sie Gewinn. Jenes hat daher Ursache, alle Übel, die es erduldet, und alles Böse, das es verübt, seiner eigenen Schuld zuzuschreiben, zugleich aber auch als ein Glied des Ganzen (einer Gattung) die Weisheit und Zweckmäßigkeit der Anordnung zu bewundern und zu preisen. – Auf diese Weise kann man auch die so oft gemißdeuteten, dem Scheine nach einander widerstreitenden Behauptungen des berühmten J. J. Rousseau unter sich und mit der Vernunft in Einstimmung bringen. In seiner Schrift über den Einfluß der Wissenschaften und der über die Ungleichheit der Menschen zeigt er ganz richtig den unvermeidlichen Widerstreit der Cultur mit der Natur des menschlichen Geschlechts, als einer physischen Gattung, in welcher jedes Individuum seine Bestimmung ganz erreichen sollte; in seinem Emil aber, seinem gesellschaftlichen Contracte und anderen Schriften sucht er wieder das schwerere Problem aufzulösen: wie die Cultur fortgehen müsse, um die Anlagen der Menschheit als einer sittlichen Gattung zu ihrer Bestimmung gehörig zu entwickeln, so daß diese jener als Naturgattung nicht mehr widerstreite. Aus welchem Widerstreit (da die Cultur nach wahren Principien der Erziehung zum Menschen und Bürger zugleich vielleicht noch nicht recht angefangen, viel weniger vollendet ist) alle wahre Übel entspringen, die das menschliche Leben drücken, und alle Laster, die es verunehren*; indessen daß

---

* Um nur einige Beispiele dieses Widerstreits zwischen der Bestrebung der Menschheit zu ihrer sittlichen Bestimmung einerseits und der unveränderlichen Befolgung der für den rohen und thierischen Zustand in ihrer Natur gelegten Gesetze andererseits beizubringen, führe ich folgendes an.
Die Epoche der Mündigkeit, d. i. des Triebes sowohl als Vermögens, seine Art zu erzeugen, hat die Natur auf das Alter von etwa 16 bis 17 Jahren festgesetzt: ein Alter, in welchem der Jüngling im rohen Naturstande buchstäblich ein Mann wird; denn er hat alsdann das Vermögen sich selbst zu erhalten, seine Art zu erzeugen und auch diese sammt seinem Weibe zu erhalten. Die Einfalt der Bedürfnisse macht ihm dieses leicht. Im cultivirten Zustande hingegen gehören zum letzteren viele Erwerbmittel sowohl an Geschicklichkeit, als auch an günstigen äußern Umständen, so daß diese Epoche bürgerlich wenigstens im Durchschnitt um 10 Jahre weiter hinausgerückt wird. Die Natur hat indessen ihren Zeitpunkt der Reife nicht zugleich mit dem Fortschritte der gesellschaftlichen Verfeinerung verändert, sondern befolgt hartnäckig ihr Gesetz, welches sie auf die Erhaltung der Menschengattung als Thiergattung gestellt hat. Hieraus entspringt nun dem Naturzwecke durch die Sitten und diesen durch jenen ein unvermeidlicher Abbruch. Denn der Naturmensch ist in einem gewissen Alter schon Mann, wenn der bürgerliche Mensch (der doch nicht aufhört Naturmensch zu sein) nur Jüngling, ja wohl gar nur Kind ist; denn so kann man denjenigen wohl nennen, der seiner Jahre wegen (im bürgerlichen Zustande) sich nicht einmal selbst, viel weniger seine Art erhalten kann, ob er gleich den Trieb und das Vermögen, mithin den Ruf der Natur für sich hat, sie zu erzeugen. Denn die Natur hat gewiß nicht Instincte und

die Anreize zu den letzteren, denen man desfalls Schuld giebt, an sich gut und als Naturanlagen zweckmäßig sind, diese Anla-

---

Vermögen in lebende Geschöpfe gelegt, damit sie solche bekämpfen und unterdrücken sollten. Also war die Anlage derselben auf den gesitteten Zustand gar nicht gestellt, sondern bloß auf die Erhaltung der Menschengattung als Thiergattung; und der civilisirte Zustand kommt also mit dem letzteren in unvermeidlichen Widerstreit, den nur eine vollkommene bürgerliche Verfassung (das äußerste Ziel der Cultur) heben könnte, da jetzt jener Zwischenraum gewöhnlicherweise mit Lastern und ihrer Folge, dem mannigfaltigen menschlichen Elende, besetzt wird.

Ein anderes Beispiel zum Beweise der Wahrheit des Satzes: daß die Natur in uns zwei Anlagen zu zwei verschiedenen Zwecken, nämlich der Menschheit als Thiergattung und eben derselben als sittlicher Gattung, gegründet habe, ist das: *Ars longa, vita brevis* des Hippokrates. Wissenschaften und Künste könnten durch einen Kopf, der für sie gemacht ist, wenn er einmal zur rechten Reife des Urtheils durch lange Übung und erworbene Erkenntniß gelangt ist, viel weiter gebracht werden, als ganze Generationen von Gelehrten nach einander es leisten mögen, wenn jener nur mit der nämlichen jugendlichen Kraft des Geistes die Zeit, die diesen Generationen zusammen verliehen ist, durchlebte. Nun hat die Natur ihre Entschließung wegen der Lebensdauer des Menschen offenbar aus einem anderen Gesichtspunkte, als dem der Beförderung der Wissenschaften genommen. Denn wenn der glücklichste Kopf am Rande der größten Entdeckungen steht, die er von seiner Geschicklichkeit und Erfahrenheit hoffen darf, so tritt das Alter ein; er wird stumpf und muß es einer zweiten Generation (die wieder vom A B C anfängt und die ganze Strecke, die schon zurückgelegt war, nochmals durchwandern muß) überlassen, noch ein Spanne im Fortschritte der Cultur hinzuzuthun. Der Gang der Menschengattung zur Erreichung ihrer ganzen Bestimmung scheint daher unaufhörlich unterbrochen und in continuirlicher Gefahr zu sein, in die alte Rohigkeit zurückzufallen; und der griechische Philosoph klagte nicht ganz ohne Grund: es ist Schade, daß man alsdann sterben muß, wenn man eben angefangen hat, einzusehen, wie man eigentlich hätte leben sollen.

Ein drittes Beispiel mag die U n g l e i c h h e i t unter den Menschen und zwar nicht die der Naturgaben oder Glücksgüter, sondern des allgemeinen M e n s c h e n r e c h t s derselben sein: eine Ungleichheit, über die R o u s s e a u mit vieler Wahrheit klagt, die aber von der Cultur nicht abzusondern ist, so lange sie gleichsam planlos fortgeht (welches eine lange Zeit hindurch gleichfalls unvermeidlich ist), und zu welcher die Natur den Menschen gewiß nicht bestimmt hatte, da sie ihm Freiheit gab und Vernunft, diese Freiheit durch nichts als ihre eigene allgemeine und zwar äußere Gesetzmäßigkeit, welche das b ü r g e r l i c h e R e c h t heißt, einzuschränken. Der Mensch sollte sich aus der Rohigkeit seiner Naturanlagen selbst herausarbeiten und, indem er sich über sie erhebt, dennoch Acht haben, daß er nicht wider sie verstoße; eine Geschicklichkeit, die er nur spät und nach vielen mißlingenden Versuchen erwarten kann, binnen welcher Zwischenzeit die Menschheit unter den Übeln seufzt, die sie sich aus Unerfahrenheit selbst anthut.

gen aber, da sie auf den bloßen Naturzustand gestellt waren, durch die fortgehende Cultur Abbruch leiden und dieser dagegen Abbruch thun, bis vollkommene Kunst wieder Natur wird: als welches das letzte Ziel der sittlichen Bestimmung der Menschengattung ist.

Beschluß der Geschichte.

Der Anfang der folgenden Periode war: daß der Mensch aus dem Zeitabschnitte der Gemächlichkeit und des Friedens in den der Arbeit und der Zwietracht, als das Vorspiel der Vereinigung in Gesellschaft, überging. Hier müssen wir wiederum einen großen Sprung thun und ihn auf einmal in den Besitz gezähmter Thiere und der Gewächse, die er selbst durch Säen oder Pflanzen zu seiner Nahrung vervielfältigen konnte, versetzen (IV, 2), obwohl es mit dem Übergange aus dem wilden Jägerleben in den ersten und aus dem unstäten Wurzelgraben oder Fruchtsammlen in den zweiten Zustand langsam genug zugegangen sein mag. Hier mußte nun der Zwist zwischen bis dahin friedlich neben einander lebenden Menschen schon anfangen, dessen Folge die Trennung derer von verschiedener Lebensart und ihre Zerstreuung auf der Erde war. Das Hirtenleben ist nicht allein gemächlich, sondern giebt auch, weil es in einem weit und breit unbewohnten Boden an Futter nicht mangeln kann, den sichersten Unterhalt. Dagegen ist der Ackerbau oder die Pflanzung sehr mühsam, vom Unbestande der Witterung abhängend, mithin unsicher, erfordert auch bleibende Behausung, Eigenthum des Bodens und hinreichende Gewalt, ihn zu vertheidigen; der Hirte aber haßt dieses Eigenthum, welches seine Freiheit der Weiden einschränkt. Was das erste betrifft, so konnte der Ackersmann den Hirten als vom Himmel mehr begünstigt zu beneiden scheinen (V. 4); in der That aber wurde ihm der letztere, so lange er in seiner

Nachbarschaft blieb, sehr lästig; denn das weidende Vieh schont seine Pflanzungen nicht. Da es nun jenem nach dem Schaden, den er angerichtet hat, ein Leichtes ist, sich mit seiner Heerde weit weg zu machen und sich aller Schadloshaltung zu entziehen, weil er nichts hinterläßt, was er nicht eben so gut allenthalben wieder fände: so war es wohl der Ackersmann, der gegen solche Beeinträchtigungen, die der andere nicht für unerlaubt hielt, Gewalt brauchen und (da die Veranlassung dazu niemals ganz aufhören konnte), wenn er nicht der Früchte seines langen Fleißes verlustig gehen wollte, sich endlich so weit, als es ihm möglich war, von denen, die das Hirtenleben trieben, e n t f e r n e n mußte (V. 16). Diese Scheidung macht die dritte Epoche.

Ein Boden, von dessen Bearbeitung und Bepflanzung (vornehmlich mit Bäumen) der Unterhalt abhängt, erfordert bleibende Behausungen; und die Vertheidigung desselben gegen alle Verletzungen bedarf einer Menge einander Beistand leistender Menschen. Mithin konnten die Menschen bei dieser Lebensart sich nicht mehr familienweise zerstreuen, sondern mußten zusammen halten und Dorfschaften (uneigentlich S t ä d t e genannt) errichten, um ihr Eigenthum gegen wilde Jäger oder Horden herumschweifender Hirten zu schützen. Die ersten Bedürfnisse des Lebens, deren Anschaffung eine v e r s c h i e d e n e L e b e n s a r t erfordert (V. 20), konnten nun gegen einander v e r t a u s c h t werden. Daraus mußte C u l t u r entspringen und der Anfang der K u n s t, des Zeitvertreibes sowohl als des Fleißes (V. 21. 22); was aber das Vornehmste ist, auch einige Anstalt zur bürgerlichen Verfassung und öffentlicher Gerechtigkeit, zuerst freilich nur in Ansehung der größten Gewaltthätigkeiten, deren Rächung nun nicht mehr wie im wilden Zustande Einzelnen, sondern einer gesetzmäßigen Macht, die das Ganze zusammenhielt, d. i. einer Art von Regierung überlassen war, über welche selbst keine Ausübung der Gewalt statt fand (V. 23, 24). – Von dieser ersten und rohen

Anlage konnte sich nun nach und nach alle menschliche Kunst, unter welcher die der **Geselligkeit und bürgerlichen Sicherheit** die ersprießlichste ist, allmählich entwickeln, das menschliche Geschlecht sich vermehren und aus einem Mittelpunkte wie Bienenstöcke durch Aussendung schon gebildeter Colonisten überall verbreiten. Mit dieser Epoche fing auch die **Ungleichheit** unter Menschen, diese reiche Quelle so vieles Bösen, aber auch alles Guten, an und nahm fernerhin zu.

So lange nun noch die nomadischen Hirtenvölker, welche allein Gott für ihren Herrn erkennen, die Städtebewohner und Ackerleute, welche einen Menschen (Obrigkeit) zum Herrn haben (VI, 4)*, umschwärmten und als abgesagte Feinde alles Landeigenthums diese anfeindeten und von diesen wieder gehaßt wurden, war zwar continuirlicher Krieg zwischen beiden, wenigstens unaufhörliche Kriegsgefahr, und beiderseitige Völker konnten daher im Innern wenigstens des unschätzbaren Guts der Freiheit froh werden – (denn Kriegsgefahr ist auch noch jetzt das einzige, was den Despotismus mäßigt: weil Reichthum dazu erfordert wird, daß ein Staat jetzt eine Macht sei, ohne **Freiheit** aber keine Betriebsamkeit, die Reichthum hervorbringen könnte, statt findet. In einem armen Volke muß an dessen Stelle große Theilnehmung an der Erhaltung des gemeinen Wesens angetroffen werden, welche wiederum nicht anders, als wenn es sich darin frei fühlt, möglich ist). – Mit der Zeit aber mußte denn doch der anhebende Luxus der Städtebewohner, vornehmlich aber die Kunst zu gefallen, wodurch die städtischen Weiber die schmutzigen Dirnen der Wüsten verdunkelten, eine mächtige Lockspeise für jene Hirten sein (V. 2), in Verbindung mit diesen zu treten und sich in das glänzende

---

* Die arabischen B e d u i n e n nennen sich noch Kinder eines ehemaligen S c h e c h s , des Stifters ihres Stammes (als B e n i H a l e d u. d. gl.). Dieser ist keineswegs H e r r über sie und kann nach seinem Kopfe keine Gewalt an ihnen ausüben. Denn in einem Hirtenvolke, da niemand liegendes Eigenthum hat, welches er zurücklassen müßte, kann jede Familie, der es da mißfällt, sich sehr leicht vom Stamme absondern, um einen andern zu verstärken.

Elend der Städte ziehen zu lassen. Da denn durch Zusammenschmelzung zweier sonst einander feindseligen Völkerschaften mit dem Ende aller Kriegsgefahr zugleich das Ende aller Freiheit, also der Despotismus mächtiger Tyrannen einerseits, bei kaum noch angefangener Cultur aber seelenlose Üppigkeit in verworfenster Sklaverei, mit allen Lastern des rohen Zustandes vermischt, andrerseits das menschliche Geschlecht von dem ihm durch die Natur vorgezeichneten Fortgange der Ausbildung seiner Anlagen zum Guten unwiderstehlich abbrachte; und es dadurch selbst seiner Existenz, als einer über die Erde zu herrschen, nicht viehisch zu genießen und sklavisch zu dienen bestimmten Gattung, unwürdig machte (V. 17).

Schluß-Anmerkung.

Der denkende Mensch fühlt einen Kummer, der wohl gar Sittenverderbniß werden kann, von welchem der Gedankenlose nichts weiß: nämlich Unzufriedenheit mit der Vorsehung, die den Weltlauf im Ganzen regiert, wenn er die Übel überschlägt, die das menschliche Geschlecht so sehr und (wie es scheint) ohne Hoffnung eines Bessern drücken. Es ist aber von der größten Wichtigkeit: **mit der Vorsehung zufrieden zu sein** (ob sie uns gleich auf unserer Erdenwelt eine so mühsame Bahn vorgezeichnet hat): theils um unter den Mühseligkeiten immer noch Muth zu fassen, theils um, indem wir die Schuld davon aufs Schicksal schieben, nicht unsere eigene, die vielleicht die einzige Ursache aller dieser Übel sein mag, darüber aus dem Auge zu setzen und in der Selbstbesserung die Hülfe dagegen zu versäumen.

Man muß gestehen: daß die größten Übel, welche gesittete Völker drücken, uns vom **Kriege** und zwar nicht so sehr von dem, der wirklich oder gewesen ist, als von der nie nachlassenden und sogar unaufhörlich vermehrten **Zurüstung** zum künftigen zugezogen werden. Hiezu werden alle Kräfte des

Staats, alle Früchte seiner Cultur, die zu einer noch größeren Cultur gebraucht werden könnten, verwandt; der Freiheit wird an so viel Orten mächtiger Abbruch gethan und die mütterliche Vorsorge des Staats für einzelne Glieder in eine unerbittliche Härte der Forderungen verwandelt, indeß diese doch auch durch die Besorgniß äußerer Gefahr gerechtfertigt wird. Allein würde wohl diese Cultur, würde die enge Verbindung der Stände des gemeinen Wesens zur wechselseitigen Beförderung ihres Wohlstandes, würde die Bevölkerung, ja sogar der Grad der Freiheit, der, obgleich unter sehr einschränkenden Gesetzen, noch übrig ist, wohl angetroffen werden, wenn jener immer gefürchtete Krieg selbst den Oberhäuptern der Staaten diese **Achtung für die Menschheit** nicht abnöthigte? Man sehe nur **Sina** an, welches seiner Lage nach wohl etwa einmal einen unvorhergesehenen Überfall, aber keinen mächtigen Feind zu fürchten hat, und in welchem daher alle Spur von Freiheit vertilgt ist. – Auf der Stufe der Cultur also, worauf das menschliche Geschlecht noch steht, ist der Krieg ein unentbehrliches Mittel, diese noch weiter zu bringen; und nur nach einer (Gott weiß wann) vollendeten Cultur würde ein immerwährender Friede für uns heilsam und auch durch jene allein möglich sein. Also sind wir, was diesen Punkt betrifft, an den Übeln doch wohl selbst schuld, über die wir so bittere Klagen erheben; und die heilige Urkunde hat ganz recht, die Zusammenschmelzung der Völker in eine Gesellschaft und ihre völlige Befreiung von äußerer Gefahr, da ihre Cultur kaum angefangen hatte, als eine Hemmung aller ferneren Cultur und eine Versenkung in unheilbares Verderbniß vorzustellen.

122   **Die zweite Unzufriedenheit** der Menschen trifft die Ordnung der Natur in Ansehung der **Kürze des Lebens**. Man muß sich zwar nur schlecht auf die Schätzung des Werths desselben verstehen, wenn man noch wünschen kann, daß es länger währen solle, als es wirklich dauret; denn das wäre doch nur eine Verlängerung eines mit lauter Mühseligkeiten bestän-

dig ringenden Spiels. Aber man mag es einer kindischen Urtheilskraft allenfalls nicht verdenken, daß sie den Tod fürchtet, ohne das Leben zu lieben, und, indem es ihr schwer wird, ihr Dasein jeden einzelnen Tag mit leidlicher Zufriedenheit durchzubringen, dennoch der Tage niemals genug hat, diese Plage zu wiederholen. Wenn man aber nur bedenkt, wie viel Sorge um die Mittel zur Hinbringung eines so kurzen Lebens uns quält, wie viel Ungerechtigkeit auf Hoffnung eines künftigen, obzwar so wenig daurenden Genusses ausgeübt wird, so muß man vernünftiger Weise glauben: daß, wenn die Menschen in eine Lebensdauer von 800 und mehr Jahren hinaussehen könnten, der Vater vor seinem Sohne, ein Bruder vor dem anderen, oder ein Freund neben dem anderen kaum seines Lebens mehr sicher sein würde, und daß die Laster eines so lange lebenden Menschengeschlechts zu einer Höhe steigen müßten, wodurch sie keines bessern Schicksals würdig sein würden, als in einer allgemeinen Überschwemmung von der Erde vertilgt zu werden (V. 12. 13).

Der dritte Wunsch, oder vielmehr die leere Sehnsucht (denn man ist sich bewußt, daß das Gewünschte uns niemals zu Theil werden kann) ist das Schattenbild des von Dichtern so gepriesenen goldenen Zeitalters: wo eine Entledigung von allem eingebildeten Bedürfnisse, das uns die Üppigkeit aufladet, sein soll, eine Genügsamkeit mit dem bloßen Bedarf der Natur, eine durchgängige Gleichheit der Menschen, ein immerwährender Friede unter ihnen, mit einem Worte der reine Genuß eines sorgenfreien, in Faulheit verträumten oder mit kindischem Spiel vertändelten Lebens: – eine Sehnsucht, die die Robinsone und die Reisen nach den Südseeinseln so reizend macht, überhaupt aber den Überdruß beweiset, den der denkende Mensch am civilisirten Leben fühlt, wenn er dessen Werth lediglich im Genusse sucht und das Gegengewicht der Faulheit dabei in Anschlag bringt, wenn etwa die Vernunft ihn erinnert, dem Leben durch Handlungen einen Werth zu geben. Die Richtigkeit dieses Wunsches zur Rückkehr in jene Zeit der Einfalt und Unschuld wird hinreichend gezeigt, wenn man durch die obige Vorstellung des ursprünglichen Zustandes belehrt wird: der Mensch könne sich darin nicht erhalten, darum weil er ihm nicht genügt; noch weniger sei er geneigt, jemals wieder in denselben zurückzukehren; so daß er also den gegenwärtigen Zustand der Mühseligkeiten doch immer sich selbst und seiner eigenen Wahl beizumessen habe.

Es ist also dem Menschen eine solche Darstellung seiner Geschichte ersprießlich und dienlich zur Lehre und zur Besserung, die ihm zeigt: daß er der Vorsehung wegen der Übel, die ihn drücken, keine Schuld geben müsse; daß er seine eigene Vergehung auch nicht einem ursprünglichen Verbrechen seiner Stammeltern zuzuschreiben berechtigt sei, wodurch etwa ein Hang zu ähnlichen Übertretungen in der Nachkommenschaft erblich geworden wäre (denn willkürliche Handlungen können nichts Anerbendes bei sich führen); sondern daß er das von jenen Geschehene mit vollem Rechte als von ihm selbst gethan anerkennen und sich also von allen Übeln, die aus dem Mißbrauche seiner Vernunft entspringen, die Schuld gänzlich selbst beizumessen habe, indem er sich sehr wohl bewußt werden kann, er würde sich in denselben Umständen gerade eben so verhalten und den ersten Gebrauch der Vernunft damit gemacht haben, sie (selbst wider den Wink der Natur) zu mißbrauchen. Die eigentlichen physischen Übel, wenn jener Punkt wegen der moralischen berichtigt ist, können alsdann in der Gegenrechnung von Verdienst und Schuld schwerlich einen Überschuß zu unserem Vortheil austragen.

Und so ist der Ausschlag einer durch Philosophie versuchten ältesten Menschengeschichte: Zufriedenheit mit der Vorsehung und dem Gange menschlicher Dinge im Ganzen, der nicht vom Guten anhebend zum Bösen fortgeht, sondern sich vom Schlechtern zum Besseren allmählig entwickelt; zu welchem

Fortschritte denn ein jeder an seinem Theile, so viel in seinen Kräften steht, beizutragen durch die Natur selbst berufen ist.

Was heißt:

Sich im Denken orientiren?

133 Wir mögen unsre Begriffe noch so hoch anlegen und dabei noch so sehr von der Sinnlichkeit abstrahiren, so hängen ihnen doch noch immer bildliche Vorstellungen an, deren eigentliche Bestimmung es ist, sie, die sonst nicht von der Erfahrung abgeleitet sind, zum Erfahrungsgebrauche tauglich zu machen. Denn wie wollten wir auch unseren Begriffen Sinn und Bedeutung verschaffen, wenn ihnen nicht irgend eine Anschauung (welche zuletzt immer ein Beispiel aus irgend einer möglichen Erfahrung sein muß) untergelegt würde? Wenn wir hernach von dieser concreten Verstandeshandlung die Beimischung des Bildes, zuerst der zufälligen Wahrnehmung durch Sinne, dann sogar die reine sinnliche Anschauung überhaupt weglassen: so bleibt jener reine Verstandesbegriff übrig, dessen Umfang nun erweitert ist und eine Regel des Denkens überhaupt enthält. Auf solche Weise ist selbst die allgemeine Logik zu Stande gekommen; und manche heuristische Methode zu denken liegt in dem Erfahrungsgebrauche unseres Verstandes und der Vernunft vielleicht noch verborgen, welche, wenn wir sie behutsam aus jener Erfahrung herauszuziehen verständen, die Philosophie wohl mit mancher nützlichen Maxime selbst im abstracten Denken bereichern könnte.

Von dieser Art ist der Grundsatz, zu dem der sel. Mendelssohn, so viel ich weiß, nur in seinen letzten Schriften (den Morgenstunden S. 164–65 und dem Briefe an Lessings Freunde S. 33 und 67) sich ausdrücklich bekannte; nämlich die Maxime der Nothwendigkeit, im speculativen Gebrauche der Vernunft (welchem er sonst in Ansehung der Erkenntniß übersinnlicher Gegenstände sehr viel, sogar bis zur Evidenz der Demonstration, zutraute) durch ein gewisses Leitungsmittel, welches er bald den Gemeinsinn (Morgenstunden), bald die gesunde Vernunft, bald den schlichten

Menschenverstand (an Lessings Freunde) nannte, sich zu **orientiren**. Wer hätte denken sollen, daß dieses Geständniß nicht allein seiner vortheilhaften Meinung von der Macht des speculativen Vernunftgebrauchs in Sachen der Theologie so verderblich werden sollte (welches in der That unvermeidlich war); sondern daß selbst die gemeine gesunde Vernunft bei der Zweideutigkeit, worin er die Ausübung dieses Vermögens im Gegensatze mit der Speculation ließ, in Gefahr gerathen würde, zum Grundsatze der Schwärmerei und der gänzlichen Entthronung der Vernunft zu dienen? Und doch geschah dieses in der Mendelssohn- und Jacobi'schen Streitigkeit vornehmlich durch die nicht unbedeutenden Schlüsse des scharfsinnigen Verfassers der Resultate*; wiewohl ich keinem von beiden die Absicht, eine so verderbliche Denkungsart in Gang zu bringen, beilegen will, sondern des letzteren Unternehmung lieber als *argumentum ad hominem* ansehe, dessen man sich zur bloßen Gegenwehr zu bedienen wohl berechtigt ist, um die Blöße, die der Gegner giebt, zu dessen Nachtheil zu benutzen. Andererseits werde ich zeigen: daß es in der That bloß die Vernunft, nicht ein vorgeblicher geheimer Wahrheitssinn, keine überschwengliche Anschauung unter dem Namen des Glaubens, worauf Tradition oder Offenbarung ohne Einstimmung der Vernunft gepfropft werden kann, sondern, wie Mendelssohn standhaft und mit gerechtem Eifer behauptete, bloß die eigentliche reine Menschenvernunft sei, wodurch er es nöthig fand und anpries, sich zu orientiren; obzwar freilich hiebei der hohe Anspruch des speculativen Vermögens derselben, vornehmlich ihr allein gebietendes Ansehen (durch Demonstration) wegfallen und ihr, so fern sie speculativ ist, nichts weiter als das Geschäft der Reinigung des gemeinen Vernunftbe-

---

* Jacobi, Briefe über die Lehre des Spinoza. Breslau 1785. – Jacobi wider Mendelssohns Beschuldigung betreffend die Briefe über die Lehre des Spinoza. Leipzig 1786. – Die Resultate der Jacobischen und Mendelssohnschen Philosophie, kritisch untersucht von einem Freiwilligen. Ebendas.

griffs von Widersprüchen und die Vertheidigung gegen ihre eigenen sophistischen Angriffe auf die Maximen einer gesunden Vernunft übrig gelassen werden muß. – Der erweiterte und genauer bestimmte Begriff des Sichorientirens kann uns behülflich sein, die Maxime der gesunden Vernunft in ihren Bearbeitungen zur Erkenntniß übersinnlicher Gegenstände deutlich darzustellen.

Sich orientiren heißt in der eigentlichen Bedeutung des Worts: aus einer gegebenen Weltgegend (in deren vier wir den Horizont eintheilen) die übrigen, namentlich den Aufgang zu finden. Sehe ich nun die Sonne am Himmel und weiß, daß es nun die Mittagszeit ist, so weiß ich Süden, Westen, Norden und Osten zu finden. Zu diesem Behuf bedarf ich aber durchaus das Gefühl eines Unterschiedes an meinem eigenen Subject, nämlich der rechten und linken Hand. Ich nenne es ein Gefühl: weil diese zwei Seiten äußerlich in der Anschauung keinen merklichen Unterschied zeigen. Ohne dieses Vermögen: in der Beschreibung eines Cirkels, ohne an ihm irgend eine Verschiedenheit der Gegenstände zu bedürfen, doch die Bewegung von der Linken zur Rechten von der in entgegengesetzter Richtung zu unterscheiden und dadurch eine Verschiedenheit in der Lage der Gegenstände *a priori* zu bestimmen, würde ich nicht wissen, ob ich Westen dem Südpunkte des Horizonts zur Rechten oder zur Linken setzen und so den Kreis durch Norden und Osten bis wieder zu Süden vollenden sollte. Also orientire ich mich geographisch bei allen objectiven Datis am Himmel doch nur durch einen subjectiven Unterscheidungsgrund; und wenn in einem Tage durch ein Wunder alle Sternbilder zwar übrigens dieselbe Gestalt und eben dieselbe Stellung gegen einander behielten, nur daß die Richtung derselben, die sonst östlich war, jetzt westlich geworden wäre, so würde in der nächsten sternhellen Nacht zwar kein menschliches Auge die geringste Veränderung bemerken, und selbst der Astronom, wenn er bloß auf das, was er sieht, und nicht zugleich, was er fühlt, Acht gäbe, würde sich unvermeidlich desorientiren. So aber kommt ihm ganz natürlich das zwar durch die Natur angelegte, aber durch öftere Ausübung gewohnte Unterscheidungsvermögen durchs Gefühl der rechten und linken Hand zu Hülfe; und er wird, wenn er nur den Polarstern ins Auge nimmt, nicht allein die vorgegangene Veränderung bemerken, sondern sich auch ungeachtet derselben orientiren können.

Diesen geographischen Begriff des Verfahrens sich zu orientiren kann ich nun erweitern und darunter verstehen: sich in einem gegebenen Raum überhaupt, mithin bloß mathematisch orientiren. Im Finstern orientire ich mich in einem mir bekannten Zimmer, wenn ich nur einen einzigen Gegenstand, dessen Stelle ich im Gedächtniß habe, anfassen kann. Aber hier hilft mir offenbar nichts als das Bestimmungsvermögen der Lagen nach einem subjectiven Unterscheidungsgrunde: denn die Objecte, deren Stelle ich finden soll, sehe ich gar nicht; und hätte jemand mir zum Spaße alle Gegenstände zwar in derselben Ordnung unter einander, aber links gesetzt, was vorher rechts war, so würde ich mich in einem Zimmer, wo sonst alle Wände ganz gleich wären, gar nicht finden können. So aber orientire ich mich bald durch das bloße Gefühl eines Unterschiedes meiner zwei Seiten, der rechten und der linken. Eben das geschieht, wenn ich zur Nachtzeit auf mir sonst bekannten Straßen, in denen ich jetzt kein Haus unterscheide, gehen und mich gehörig wenden soll.

Endlich kann ich diesen Begriff noch mehr erweitern, da er denn in dem Vermögen bestände, sich nicht bloß im Raume, d. i. mathematisch, sondern überhaupt im Denken, d. i. logisch, zu orientiren. Man kann nach der Analogie leicht errathen, daß dieses ein Geschäft der reinen Vernunft sein werde, ihren Gebrauch zu lenken, wenn sie, von bekannten Gegenständen (der Erfahrung) ausgehend, sich über alle Grenzen der Erfahrung erweitern will und ganz und gar kein Object der

Anschauung, sondern bloß Raum für dieselbe findet; da sie alsdann gar nicht mehr im Stande ist, nach objectiven Gründen der Erkenntniß, sondern lediglich nach einem subjectiven Unterscheidungsgrunde in der Bestimmung ihres eigenen Urtheilsvermögens ihre Urtheile unter eine bestimmte Maxime zu bringen*. Dies subjective Mittel, das alsdann noch übrig bleibt, ist kein anderes, als das Gefühl des der Vernunft eigenen **Bedürfnisses.** Man kann vor allem Irrthum gesichert bleiben, wenn man sich da nicht unterfängt zu urtheilen, wo man nicht so viel weiß, als zu einem bestimmenden Urtheile erforderlich ist. Also ist Unwissenheit an sich die Ursache zwar der Schranken, aber nicht der Irrthümer in unserer Erkenntniß. Aber wo es nicht so willkürlich ist, ob man über etwas bestimmt urtheilen wolle oder nicht, wo ein wirkliches B e d ü r f n i ß und wohl gar ein solches, welches der Vernunft an sich selbst anhängt, das Urtheilen nothwendig macht, und gleichwohl Mangel des Wissens in Ansehung der zum Urtheil erforderlichen Stücke uns einschränkt: da ist eine Maxime nöthig, wornach wir unser Urtheil fällen; denn die Vernunft will einmal befriedigt sein. Wenn denn vorher schon ausgemacht ist, daß es hier keine Anschauung vom Objecte, nicht einmal etwas mit diesem Gleichartiges geben könne, wodurch wir unseren erweiterten Begriffen den ihnen angemessenen Gegenstand darstellen und diese also ihrer realen Möglichkeit wegen sichern könnten: so wird für uns nichts weiter zu thun übrig sein, als zuerst den Begriff, mit welchem wir uns über alle mögliche Erfahrung hinaus wagen wollen, wohl zu prüfen, ob er auch von Widersprüchen frei sei; und dann wenigstens das V e r h ä l t n i ß des Gegenstandes zu den Gegenständen der Erfahrung unter reine Verstandesbegriffe zu bringen, wodurch wir ihn noch gar nicht versinnlichen, aber doch etwas Übersinnliches wenigstens tauglich

---

* Sich im Denken überhaupt o r i e n t i r e n, heißt also: sich bei der Unzulänglichkeit der objectiven Principien der Vernunft im Fürwahrhalten nach einem subjectiven Princip derselben bestimmen.

zum Erfahrungsgebrauche unserer Vernunft denken; denn ohne diese Vorsicht würden wir von einem solchen Begriffe gar keinen Gebrauch machen können, sondern schwärmen, anstatt zu denken.

Allein hiedurch, nämlich durch den bloßen Begriff, ist doch noch nichts in Ansehung der Existenz dieses Gegenstandes und der wirklichen Verknüpfung desselben mit der Welt (dem Inbegriffe aller Gegenstände möglicher Erfahrung) ausgerichtet. Nun aber tritt das Recht des Bedürfnisses der Vernunft ein, als eines subjectiven Grundes etwas vorauszusetzen und anzunehmen, was sie durch objective Gründe zu wissen sich nicht anmaßen darf; und folglich sich im Denken, im unermeßlichen und für uns mit dicker Nacht erfüllten Raume des Übersinnlichen, lediglich durch ihr eigenes Bedürfniß zu orientiren.

Es läßt sich manches Übersinnliche denken (denn Gegenstände der Sinne füllen doch nicht das ganze Feld aller Möglichkeit aus), wo die Vernunft gleichwohl kein Bedürfniß fühlt, sich bis zu demselben zu erweitern, viel weniger dessen Dasein anzunehmen. Die Vernunft findet an den Ursachen in der Welt, welche sich den Sinnen offenbaren (oder wenigstens von derselben Art sind, als die, so sich ihnen offenbaren), Beschäftigung genug, um nicht den Einfluß reiner geistiger Naturwesen zu deren Behuf nöthig zu haben, deren Annehmung vielmehr ihrem Gebrauche nachtheilig sein würde. Denn da wir von den Gesetzen, nach welchen solche Wesen wirken mögen, nichts, von jenen aber, nämlich den Gegenständen der Sinne, vieles wissen, wenigstens noch zu erfahren hoffen können: so würde durch solche Voraussetzung dem Gebrauche der Vernunft vielmehr Abbruch geschehen. Es ist also gar kein Bedürfniß, es ist vielmehr bloßer Vorwitz, der auf nichts als Träumerei ausläuft, darnach zu forschen, oder mit Hirngespinsten der Art zu spielen. Ganz anders ist es mit dem Begriffe von einem ersten Urwesen, als oberster Intelligenz und zugleich als dem höchsten Gute, bewandt. Denn nicht allein, daß unsere Vernunft schon ein Bedürfniß fühlt, den Begriff des Uneingeschränkten dem Begriffe alles Eingeschränkten, mithin aller anderen Dinge* zum Grunde zu legen; so geht dieses Bedürfniß auch auf die Voraussetzung des Daseins desselben, ohne welche sie sich

---

* Da die Vernunft zur Möglichkeit aller Dinge Realität als gegeben vorauszusetzen bedarf und die Verschiedenheit der Dinge durch ihnen anhängende Negationen nur als Schranken betrachtet: so sieht sie sich genöthigt, eine einzige Möglichkeit, nämlich die des uneingeschränkten Wesens, als ursprünglich zum Grunde zu legen, alle anderen aber als abgeleitet zu betrachten. Da auch die durchgängige Möglichkeit eines jeden Dinges durchaus im Ganzen aller Existenz angetroffen werden muß, wenigstens der Grundsatz der durchgängigen Bestimmung die Unterscheidung des Möglichen vom Wirklichen unserer Vernunft nur auf solche Art möglich macht: so finden wir einen subjectiven Grund der Nothwendigkeit, d. i. ein Bedürfniß unserer Vernunft selbst; aller Möglichkeit das Dasein eines allerrealsten (höchsten) Wesens zum Grunde zu legen. So entspringt nun der Cartesianische Beweis vom Dasein Gottes, indem subjective Gründe etwas für den Gebrauch der Vernunft (der im Grunde immer nur ein Erfahrungsgebrauch bleibt) voraus zu setzen für objectiv – mithin Bedürfniß für Einsicht – gehalten werden. So ist es mit diesem, so ist es mit allen Beweisen des würdigen Mendelssohn in seinen Morgenstunden bewandt. Sie leisten nichts zum Behuf einer Demonstration. Darum sind sie aber keinesweges unnütz. Denn nicht zu erwähnen, welchen schönen Anlaß diese überaus scharfsinnigen Entwickelungen der subjectiven Bedingungen des Gebrauchs unserer Vernunft zu der vollständigen Erkenntniß dieses unsers Vermögens geben, als zu welchem Behuf sie bleibende Beispiele sind: so ist das Fürwahrhalten aus subjectiven Gründen des Gebrauchs der Vernunft, wenn uns objective mangeln und wir dennoch zu urtheilen genöthigt sind, immer noch von großer Wichtigkeit; nur müssen wir das, was nur abgenöthigte Voraussetzung ist, nicht für freie Einsicht ausgeben, um dem Gegner, mit dem wir uns aufs Dogmatisiren eingelassen haben, nicht ohne Noth Schwächen darzubieten, deren er sich zu unserem Nachtheil bedienen kann. Mendelssohn dachte wohl nicht daran, daß das Dogmatisiren mit der reinen Vernunft im Felde des Übersinnlichen der gerade Weg zur philosophischen Schwärmerei sei und daß nur Kritik eben desselben Vernunftvermögens diesem Übel gründlich abhelfen könne. Zwar kann die Disciplin der scholastischen Methode (der Wolffischen z. B., die er darum auch anrieth) da alle Begriffe durch Definitionen bestimmt und alle Schritte durch Grundsätze gerechtfertigt werden müssen, diesen Unfug wirklich eine Zeit lang hemmen, aber keinesweges gänzlich abhalten. Denn mit welchem Rechte will man der Vernunft, der es einmal in jenem Felde seinem eigenen Geständnisse noch so wohl gelungen ist, verwehren, in eben demselben noch weiter zu gehen? und wo ist dann die Gränze, wo sie stehen bleiben muß?

von der Zufälligkeit der Existenz der Dinge in der Welt, am wenigsten aber von der Zweckmäßigkeit und Ordnung, die man in so bewunderungswürdigem Grade (im Kleinen, weil es uns nahe ist, noch mehr wie im Großen) allenthalben antrifft, gar keinen befriedigenden Grund angeben kann. Ohne einen verständigen Urheber anzunehmen, läßt sich, ohne in lauter Ungereimtheiten zu verfallen, wenigstens **kein verständlicher Grund** davon angeben; und ob wir gleich die Unmöglichkeit einer solchen Zweckmäßigkeit ohne eine erste **verständige Ursache** nicht **beweisen** können (denn alsdann hätten wir hinreichende objective Gründe dieser Behauptung und bedürften es nicht, uns auf den subjectiven zu berufen): so bleibt bei diesem Mangel der Einsicht doch ein genugsamer subjectiver Grund der **Annehmung** derselben darin, daß die Vernunft es **bedarf**: etwas, was ihr verständlich ist, voraus zu setzen, um diese gegebene Erscheinung daraus zu erklären, da alles, womit sie sonst nur einen Begriff verbinden kann, diesem Bedürfnisse nicht abhilft.

Man kann aber das Bedürfniß der Vernunft als zwiefach ansehen: **erstlich** in ihrem **theoretischen, zweitens** in ihrem **praktischen** Gebrauch. Das erste Bedürfniß habe ich eben angeführt; aber man sieht wohl, daß es nur bedingt sei, d. i. wir müssen die Existenz Gottes annehmen, wenn wir über die ersten Ursachen alles Zufälligen vornehmlich in der Ordnung der wirklich in der Welt gelegten Zwecke **urtheilen wollen**. Weit wichtiger ist das Bedürfniß der Vernunft in ihrem praktischen Gebrauche, weil es unbedingt ist, und wir die Existenz Gottes voraus zu setzen nicht bloß alsdann genöthigt werden, wenn wir urtheilen **wollen**, sondern weil wir **urtheilen müssen**. Denn der reine praktische Gebrauch der Vernunft besteht in der Vorschrift der moralischen Gesetze. Sie führen aber alle auf die Idee des **höchsten Gutes**, was in der Welt möglich ist, so fern es allein durch **Freiheit** möglich ist: die **Sittlichkeit**; von der anderen Seite auch auf das, was

nicht bloß auf menschliche Freiheit, sondern auch auf die Na‐
tur ankommt, nämlich auf die größte Glückseligkeit, so
fern sie in Proportion der ersten ausgetheilt ist. Nun bedarf
die Vernunft, ein solches abhängiges höchste Gut und zum
Behuf desselben eine oberste Intelligenz als höchstes unab‐
hängiges Gut anzunehmen: zwar nicht um davon das ver‐
bindende Ansehen der moralischen Gesetze, oder die Triebfe‐
der zu ihrer Beobachtung abzuleiten (denn sie würden keinen
moralischen Werth haben, wenn ihr Bewegungsgrund von et‐
was anderem, als von dem Gesetz allein, das für sich apodik‐
tisch gewiß ist, abgeleitet würde); sondern nur um dem Begrif‐
fe vom höchsten Gut objective Realität zu geben, d. i. zu ver‐
hindern, daß es zusammt der ganzen Sittlichkeit nicht bloß für
ein bloßes Ideal gehalten werde, wenn dasjenige nirgend exi‐
stirte, dessen Idee die Moralität unzertrennlich begleitet.

Es ist also nicht Erkenntniß, sondern gefühltes* Be‐
dürfniß der Vernunft, wodurch sich Mendelssohn (ohne
sein Wissen) im speculativen Denken orientirte. Und da dieses
Leitungsmittel nicht ein objectives Princip der Vernunft, ein
Grundsatz der Einsichten, sondern ein bloß subjectives (d. i.
eine Maxime) des ihr durch ihre Schranken allein erlaubten Ge‐
brauchs, ein Folgesatz des Bedürfnisses, ist und für sich al‐
lein den ganzen Bestimmungsgrund unsers Urtheils über das
Dasein des höchsten Wesens ausmacht, von dem es nur ein zu‐
fälliger Gebrauch ist sich in den speculativen Versuchen über
denselben Gegenstand zu orientiren: so fehlte es hierin aller‐
dings, daß er dieser Speculation dennoch so viel Vermögen zu‐
traute, für sich allein auf dem Wege der Demonstration alles
auszurichten. Die Nothwendigkeit des ersteren Mittels konnte

---

* Die Vernunft fühlt nicht; sie sieht ihren Mangel ein und wirkt durch den Er‐
kenntnißtrieb das Gefühl des Bedürfnisses. Es ist hiemit, wie mit dem
moralischen Gefühl bewandt, welches kein moralisches Gesetz verursacht,
denn dieses entspringt gänzlich aus der Vernunft; sondern durch moralische
Gesetze, mithin durch die Vernunft verursacht oder gewirkt wird, indem der
rege und doch freie Wille bestimmter Gründe bedarf.

nur Statt finden, wenn die Unzulänglichkeit des letzteren völlig zugestanden war: ein Geständniß, zu welchem ihn seine Scharfsinnigkeit doch zuletzt würde gebracht haben, wenn mit einer längeren Lebensdauer ihm auch die den Jugendjahren mehr eigene Gewandtheit des Geistes, alte, gewohnte Denkungsart nach Veränderung des Zustandes der Wissenschaften leicht umzuändern, wäre vergönnt gewesen. Indessen bleibt ihm doch das Verdienst, daß er darauf bestand: den letzten Probirstein der Zulässigkeit eines Urtheils hier wie allerwärts nirgend, als **allein in der Vernunft** zu suchen, sie mochte nun durch Einsicht oder bloßes Bedürfniß und die Maxime ihrer eigenen Zuträglichkeit in der Wahl ihrer Sätze geleitet werden. Er nannte die Vernunft in ihrem letzteren Gebrauche die gemeine Menschenvernunft; denn dieser ist ihr eigenes Interesse jederzeit zuerst vor Augen, indeß man aus dem natürlichen Geleise schon muß getreten sein, um jenes zu vergessen und müßig unter Begriffen in objectiver Rücksicht zu spähen, um bloß sein Wissen, es mag nöthig sein oder nicht, zu erweitern.

Da aber der Ausdruck: **Anspruch der gesunden Vernunft**, in vorliegender Frage immer noch zweideutig ist und entweder, wie ihn selbst Mendelssohn mißverstand, für ein Urtheil aus **Vernunfteinsicht**, oder, wie ihn der Verfasser der Resultate zu nehmen scheint, ein Urtheil aus **Vernunfteingebung** genommen werden kann: so wird nöthig sein, dieser Quelle der Beurtheilung eine andere Benennung zu geben, und keine ist ihr angemessener, als die eines **Vernunftglaubens**. Ein jeder Glaube, selbst der historische muß zwar **vernünftig** sein (denn der letzte Probirstein der Wahrheit ist immer die Vernunft); allein ein Vernunftglaube ist der, welcher sich auf keine andere Data gründet als die, so in der **reinen** Vernunft enthalten sind. Aller **Glaube** ist nun ein subjectiv zureichendes, objectiv aber mit **Bewußtsein** unzureichendes Fürwahrhalten; also wird er dem **Wissen** entgegengesetzt. Andrerseits, wenn aus objectiven, obzwar mit Bewußtsein unzureichenden, Gründen etwas für wahr gehalten, mithin bloß gemeint wird: so kann dieses Meinen doch durch allmählige Ergänzung in derselben Art von Gründen endlich ein Wissen werden. Dagegen wenn die Gründe des Fürwahrhaltens ihrer Art nach gar nicht objectiv gültig sind, so kann der Glaube durch keinen Gebrauch der Vernunft jemals ein Wissen werden. Der historische Glaube z. B. von dem Tode eines großen Mannes, den einige Briefe berichten, kann ein Wissen werden, wenn die Obrigkeit des Orts denselben, sein Begräbniß, Testament u. s. w. meldet. Daß daher etwas historisch bloß auf Zeugnisse für wahr gehalten, d. i. geglaubt wird, z. B. daß eine Stadt Rom in der Welt sei, und doch derjenige, der niemals da gewesen, sagen kann: ich weiß, und nicht bloß: ich glaube, es existire ein Rom, das steht ganz wohl beisammen. Dagegen kann der reine Vernunftglaube durch alle natürliche Data der Vernunft und Erfahrung niemals in ein Wissen verwandelt werden, weil der Grund des Fürwahrhaltens hier bloß subjectiv, nämlich ein nothwendiges Bedürfniß der Vernunft, ist (und, so lange wir Menschen sind, immer bleiben wird), das Dasein eines höchsten Wesens nur vorauszusetzen, nicht zu demonstriren. Dieses Bedürfniß der Vernunft zu ihrem sie befriedigenden theoretischen Gebrauche würde nichts anders als reine Vernunfthypothese sein, d. i. eine Meinung, die aus subjectiven Gründen zum Fürwahrhalten zureichend wäre: darum, weil man gegebene Wirkungen zu erklären niemals einen andern als diesen Grund erwarten kann, und die Vernunft doch einen Erklärungsgrund bedarf. Dagegen der Vernunftglaube, der auf dem Bedürfniß ihres Gebrauchs in praktischer Absicht beruht, ein Postulat der Vernunft heißen könnte: nicht als ob es eine Einsicht wäre, welche aller logischen Forderung zur Gewißheit Genüge thäte, sondern weil dieses Fürwahrhalten (wenn in dem Menschen alles nur moralisch gut bestellt ist) dem Grade nach keinem Wissen nachsteht*, ob es gleich der Art nach davon völlig unterschieden ist.

Ein reiner Vernunftglaube ist also der Wegweiser oder Compaß, wodurch der speculative Denker sich auf seinen Vernunftstreifereien im Felde übersinnlicher Gegenstände orientiren, der Mensch von gemeiner, doch (moralisch) gesunder Vernunft aber seinen Weg sowohl in theoretischer als praktischer Absicht dem ganzen Zwecke seiner Bestimmung völlig angemessen vorzeichnen kann; und dieser Vernunftglaube ist es auch, der jedem anderen Glauben, ja jeder Offenbarung zum Grunde gelegt werden muß.

Der Begriff von Gott und selbst die Überzeugung von seinem Dasein kann nur allein in der Vernunft angetroffen werden, von ihr allein ausgehen und weder durch Eingebung, noch durch eine ertheilte Nachricht von noch so großer Autorität zuerst in uns kommen. Widerfährt mir eine unmittelbare Anschauung von einer solchen Art, als sie mir die Natur, so weit ich sie kenne, gar nicht liefern kann: so muß doch ein Begriff von Gott zur Richtschnur dienen, ob diese Erscheinung auch mit allem dem übereinstimme, was zu dem Charakteristischen einer Gottheit erforderlich ist. Ob ich gleich nun gar nicht einsehe, wie es möglich sei, daß irgend eine Erscheinung dasjenige auch nur der Qualität nach darstelle, was sich immer nur denken, niemals aber anschauen läßt: so ist doch wenigstens so viel klar, daß, um nur zu urtheilen, ob das Gott sei, was mir erscheint, was auf mein Gefühl innerlich und äußerlich wirkt, ich ihn an meinen Vernunftbegriff von Gott halten und darnach

---

* Zur Festigkeit des Glaubens gehört das Bewußtsein seiner Unveränderlichkeit. Nun kann ich völlig gewiß sein, daß mir niemand den Satz: Es ist ein Gott, werde widerlegen können; denn wo will er diese Einsicht hernehmen? Also ist es mit dem Vernunftglauben nicht so, wie mit dem historischen bewandt, bei dem es immer noch möglich ist, daß Beweise zum Gegentheil aufgefunden würden, und wo man sich immer noch vorbehalten muß, seine Meinung zu ändern, wenn sich unsere Kenntniß der Sachen erweitern sollte.

prüfen müsse, nicht ob er diesem adäquat sei, sondern bloß ob er ihm nicht widerspreche. Eben so: wenn auch bei allem, wodurch er sich mir unmittelbar entdeckte, nichts angetroffen würde, was jenem Begriffe widerspräche: so würde dennoch diese Erscheinung, Anschauung, unmittelbare Offenbarung, oder wie man sonst eine solche Darstellung nennen will, das Dasein eines Wesens niemals beweisen, dessen Begriff (wenn er nicht unsicher bestimmt und daher der Beimischung alles möglichen Wahnes unterworfen werden soll) Unendlichkeit der Größe nach zur Unterscheidung von allem Geschöpfe fordert, welchem Begriffe aber gar keine Erfahrung oder Anschauung adäquat sein, mithin auch niemals das Dasein eines solchen Wesens unzweideutig beweisen kann. Vom Dasein des höchsten Wesens kann also niemand durch irgend eine Anschauung zuerst überzeugt werden; der Vernunftglaube muß vorhergehen, und alsdann könnten allenfalls gewisse Erscheinungen oder Eröffnungen Anlaß zur Untersuchung geben, ob wir das, was zu uns spricht oder sich uns darstellt, wohl befugt sind für eine Gottheit zu halten, und nach Befinden jenen Glauben bestätigen.

Wenn also der Vernunft in Sachen, welche übersinnliche Gegenstände betreffen, als das Dasein Gottes und die künftige Welt, das ihr zustehende Recht zuerst zu sprechen bestritten wird: so ist aller Schwärmerei, Aberglauben, ja selbst der Atheisterei eine weite Pforte geöffnet. Und doch scheint in der Jacobischen und Mendelssohnschen Streitigkeit alles auf diesen Umsturz, ich weiß nicht recht, ob bloß der Vernunfteinsicht und des Wissens (durch vermeinte Stärke in der Speculation), oder auch sogar des Vernunftglaubens, und dagegen auf die Errichtung eines andern Glaubens, den sich ein jeder nach seinem Belieben machen kann, angelegt. Man sollte beinahe auf das letztere schließen, wenn man den Spinozistischen Begriff von Gott als den einzigen mit allen Grundsätzen der Vernunft stimmigen* und dennoch verwerflichen Begriff aufgestellt sieht. Denn ob es sich gleich mit dem Vernunftglauben ganz wohl verträgt, einzuräumen: daß speculative Vernunft selbst nicht einmal die M ö g l i c h k e i t eines Wesens, wie wir uns Gott denken müssen, einzusehen im Stande sei: so kann es doch mit gar keinem Glauben und überall mit keinem Fürwahrhalten eines Daseins zusammen bestehen, daß Vernunft gar die U n m ö g l i c h k e i t eines Gegenstandes einsehen und dennoch aus anderen Quellen die Wirklichkeit desselben erkennen könnte.

Männer von Geistesfähigkeiten und von erweiterten Gesin-

---

* Es ist kaum zu begreifen, wie gedachte Gelehrte in der K r i t i k d e r r e i n e n V e r n u n f t Vorschub zum Spinozism finden konnten. Die Kritik beschneidet dem Dogmatism gänzlich die Flügel in Ansehung der Erkenntniß übersinnlicher Gegenstände, und der Spinozism ist hierin so dogmatisch, daß er sogar mit dem Mathematiker in Ansehung der Strenge des Beweises wetteifert. Die Kritik beweiset: daß die Tafel der reinen Verstandesbegriffe alle Materialien des reinen Denkens enthalten müsse; der Spinozism spricht von Gedanken, die doch selbst denken, und also von einem Accidens, das doch zugleich für sich als Subject existirt: ein Begriff, der sich im menschlichen Verstande gar nicht findet und sich auch in ihn nicht bringen läßt. Die Kritik zeigt: es reiche noch lange nicht zur Behauptung der Möglichkeit eines selbst gedachten Wesens zu, daß in seinem Begriffe nichts Widersprechendes sei (wiewohl es alsdann nöthigenfalls allerdings erlaubt bleibt, diese Möglichkeit anzunehmen); der Spinozism giebt aber vor, die Unmöglichkeit eines Wesens einzusehen, dessen Idee aus lauter reinen Verstandesbegriffen besteht, wovon man nur alle Bedingungen der Sinnlichkeit abgesondert hat, worin also niemals ein Widerspruch angetroffen werden kann, und vermag doch diese über alle Gränzen gehende Anmaßung durch gar nichts zu unterstützen. Eben um dieser willen führt der Spinozism gerade zur Schwärmerei. Dagegen giebt es kein einziges sicheres Mittel alle Schwärmerei mit der Wurzel auszurotten, als jene Gränzbestimmung des reinen Vernunftvermögens. – Eben so findet ein anderer Gelehrter in der Kritik d. r. Vernunft eines S k e p s i s, obgleich die Kritik eben darauf hinausgeht, etwas Gewisses und Bestimmtes in Ansehung des Umfanges unserer Erkenntniß *a priori* fest zu setzen. Imgleichen eine D i a l e k t i k in den kritischen Untersuchungen, welche noch darauf angelegt sind, die unvermeidliche Dialektik, womit die allerwärts dogmatisch geführte reine Vernunft sich selbst verfängt und verwickelt, aufzulösen und auf immer zu vertilgen. Die Neuplatoniker, die sich Eklektiker nannten, weil sie ihre eigenen Grillen allenthalben in älteren Autoren zu finden wußten, wenn sie solche vorher hineingetragen hatten, verfuhren gerade eben so; es geschieht also in so fern nichts Neues unter der Sonne.

nungen! Ich verehre Eure Talente und liebe Euer Menschengefühl. Aber habt Ihr auch wohl überlegt, was Ihr thut, und wo es mit Euren Angriffen auf die Vernunft hinaus will? Ohne Zweifel wollt Ihr, daß F r e i h e i t z u d e n k e n ungekränkt erhalten werde; denn ohne diese würde es selbst mit Euren freien Schwüngen des Genies bald ein Ende haben. Wir wollen sehen, was aus dieser Denkfreiheit natürlicher Weise werden müsse, wenn ein solches Verfahren, als Ihr beginnt, überhand nimmt.

Der Freiheit zu denken ist **erstlich** der b ü r g e r l i c h e Z w a n g entgegengesetzt. Zwar sagt man: die Freiheit zu s p r e c h e n oder zu s c h r e i b e n könne uns zwar durch obere Gewalt, aber die Freiheit zu d e n k e n durch sie gar nicht genommen werden. Allein wie viel und mit welcher Richtigkeit würden wir wohl d e n k e n, wenn wir nicht gleichsam in Gemeinschaft mit andern, denen wir unsere und die uns ihre Gedanken m i t t h e i l e n, dächten! Also kann man wohl sagen, daß diejenige äußere Gewalt, welche die Freiheit, seine Gedanken öffentlich m i t z u t h e i l e n, den Menschen entreißt, ihnen auch die Freiheit zu d e n k e n nehme: das einzige Kleinod, das uns bei allen bürgerlichen Lasten noch übrig bleibt, und wodurch allein wider alle Übel dieses Zustandes noch Rath geschafft werden kann.

Zweitens wird die Freiheit zu denken auch in der Bedeutung genommen, daß ihr der G e w i s s e n s z w a n g entgegengesetzt ist; wo ohne alle äußere Gewalt in Sachen der Religion sich Bürger über andere zu Vormündern aufwerfen und statt Argument durch vorgeschriebene, mit ängstlicher Furcht vor der G e f a h r e i n e r e i g e n e n U n t e r s u c h u n g begleitete Glaubensformeln alle Prüfung der Vernunft durch frühen Eindruck auf die Gemüther zu verbannen wissen.

Drittens bedeutet auch Freiheit im Denken die Unterwerfung der Vernunft unter keine andere Gesetze als: d i e s i e s i c h s e l b s t g i e b t; und ihr Gegentheil ist die Maxime eines

gesetzlosen Gebrauchs der Vernunft (um dadurch, wie das Genie wähnt, weiter zu sehen, als unter der Einschränkung durch Gesetze). Die Folge davon ist natürlicher Weise diese: daß, wenn die Vernunft dem Gesetze nicht unterworfen sein will, das sie sich selbst giebt, sie sich unter das Joch der Gesetze beugen muß, die ihr ein anderer giebt; denn ohne irgend ein Gesetz kann gar nichts, selbst nicht der größte Unsinn sein Spiel lange treiben. Also ist die unvermeidliche Folge der e r - k l ä r t e n Gesetzlosigkeit im Denken (eine Befreiung von den Einschränkungen durch die Vernunft) diese: daß Freiheit zu denken zuletzt dadurch eingebüßt und, weil nicht etwa Unglück, sondern wahrer Übermuth daran schuld ist, im eigentlichen Sinne des Worts v e r s c h e r z t wird.

Der Gang der Dinge ist ungefähr dieser. Zuerst gefällt sich das G e n i e sehr in seinem kühnen Schwunge, da es den Faden, woran es sonst die Vernunft lenkte, abgestreift hat. Es bezaubert bald auch Andere durch Machtsprüche und große Erwartungen und scheint sich selbst nunmehr auf einen Thron gesetzt zu haben, den langsame, schwerfällige Vernunft so schlecht zierte; wobei es gleichwohl immer die Sprache derselben führt. Die alsdann angenommene Maxime der Ungültigkeit einer zu oberst gesetzgebenden Vernunft nennen wir gemeine Menschen **Schwärmerei**; jene Günstlinge der gütigen Natur aber E r l e u c h t u n g. Weil indessen bald eine Sprachverwirrung unter diesen selbst entspringen muß, indem, da Vernunft allein für jedermann gültig gebieten kann, jetzt jeder seiner Eingebung folgt: so müssen zuletzt aus inneren Eingebungen durch äußere Zeugnisse bewährte Facta, aus Traditionen, die anfänglich selbst gewählt waren, mit der Zeit a u f g e - d r u n g e n e Urkunden, mit einem Worte die gänzliche Unterwerfung der Vernunft unter Facta, d. i. der **Aberglaube**, entspringen, weil dieser sich doch wenigstens in eine g e s e t z l i - c h e F o r m und dadurch in einen Ruhestand bringen läßt.

Weil gleichwohl die menschliche Vernunft immer noch nach

Freiheit strebt: so muß, wenn sie einmal die Fesseln zerbricht, ihr erster Gebrauch einer lange entwöhnten Freiheit in Mißbrauch und vermessenes Zutrauen auf Unabhängigkeit ihres Vermögens von aller Einschränkung ausarten, in eine Überredung von der Alleinherrschaft der speculativen Vernunft, die nichts annimmt, als was sich durch objective Gründe und dogmatische Überzeugung rechtfertigen kann, alles übrige aber kühn weglägnet. Die Maxime der Unabhängigkeit der Vernunft von ihrem eigenen Bedürfniß (Verzichtthuung auf Vernunftglauben) heißt nun **Unglaube**: nicht ein historischer; denn den kann man sich gar nicht als vorsetzlich, mithin auch nicht als zurechnungsfähig denken (weil jeder einem Factum, welches nur hinreichend bewährt ist, eben so gut als einer mathematischen Demonstration glauben muß, er mag wollen oder nicht); sondern ein Vernunftunglaube, ein mißlicher Zustand des menschlichen Gemüths, der den moralischen Gesetzen zuerst alle Kraft der Triebfedern auf das Herz, mit der Zeit sogar ihnen selbst alle Autorität benimmt und die Denkungsart veranlaßt, die man **Freigeisterei** nennt, d. i. den Grundsatz, gar keine Pflicht mehr zu erkennen. Hier mengt sich nun die Obrigkeit ins Spiel, damit nicht selbst bürgerliche Angelegenheiten in die größte Unordnung kommen; und da das behendeste und doch nachdrücklichste Mittel ihr gerade das beste ist, so hebt sie die Freiheit zu denken gar auf und unterwirft dieses gleich anderen Gewerben den Landesverordnungen. Und so zerstört Freiheit im Denken, wenn sie sogar unabhängig von Gesetzen der Vernunft verfahren will, endlich sich selbst.

Freunde des Menschengeschlechts und dessen, was ihm am heiligsten ist! Nehmt an, was Euch nach sorgfältiger und aufrichtiger Prüfung am glaubwürdigsten scheint, es mögen nun Facta, es mögen Vernunftgründe sein; nur streitet der Vernunft nicht das, was sie zum höchsten Gut auf Erden macht, nämlich das Vorrecht ab, der letzte Probirstein der Wahrheit* zu sein. Widrigenfalls werdet Ihr, dieser Freiheit unwürdig, sie auch sicherlich einbüßen und dieses Unglück noch dazu dem übrigen, schuldlosen Theile über den Hals ziehen, der sonst wohl gesinnt gewesen wäre, sich seiner Freiheit gesetzmäßig und dadurch auch zweckmäßig zum Weltbesten zu bedienen!

---

* Selbstdenken heißt den obersten Probirstein der Wahrheit in sich selbst (d. i. in seiner eigenen Vernunft) suchen; und die Maxime, jederzeit selbst zu denken, ist die Aufklärung. Dazu gehört nun eben so viel nicht, als sich diejenigen einbilden, welche die Aufklärung in Kenntnisse setzen: da sie vielmehr ein negativer Grundsatz im Gebrauche seines Erkenntnißvermögens ist, und öfter der, so an Kenntnissen überaus reich ist, im Gebrauche derselben am wenigsten aufgeklärt ist. Sich seiner eigenen Vernunft bedienen, will nichts weiter sagen, als bei allem dem, was man annehmen soll, sich selbst fragen: ob man es wohl thunlich finde, den Grund, warum man etwas annimmt, oder auch die Regel, die aus dem, was man annimmt, folgt, zum allgemeinen Grundsatze seines Vernunftgebrauchs zu machen. Diese Probe kann ein jeder mit sich selbst anstellen: und er wird Aberglauben und Schwärmerei bei dieser Prüfung alsbald verschwinden sehen, wenn er gleich bei weitem die Kenntnisse nicht hat, beide aus objectiven Gründen zu widerlegen. Denn er bedient sich blos der Maxime der Selbsterhaltung der Vernunft. Aufklärung in einzelnen Subjecten durch Erziehung zu gründen, ist also gar leicht; man muß nur früh anfangen, die jungen Köpfe zu dieser Reflexion zu gewöhnen. Ein Zeitalter aber aufzuklären, ist sehr langwierig; denn es finden sich viel äußere Hindernisse, welche jene Erziehungsart theils verbieten, theils erschweren.

Über den
Gebrauch teleologischer Principien
in der Philosophie.

Wenn man unter Natur den Inbegriff von allem versteht, was nach Gesetzen bestimmt existirt, die Welt (als eigentlich sogenannte Natur) mit ihrer obersten Ursache zusammengenommen, so kann es die Naturforschung (die im ersten Falle Physik, im zweiten Metaphysik heißt) auf zwei Wegen versuchen, entweder auf dem blos theoretischen, oder auf dem teleologischen Wege, auf dem letztern aber, als Physik, nur solche Zwecke, die uns durch Erfahrung bekannt werden können, als Metaphysik dagegen ihrem Berufe angemessen nur einen Zweck, der durch reine Vernunft fest steht, zu ihrer Absicht gebrauchen. Ich habe anderwärts gezeigt, daß die Vernunft in der Metaphysik auf dem theoretischen Naturwege (in Ansehung der Erkenntniß Gottes) ihre ganze Absicht nicht nach Wunsch erreichen könne, und ihr also nur noch der teleologische übrig sei; so doch, daß nicht die Naturzwecke, die nur auf Beweisgründen der Erfahrung beruhen, sondern ein *a priori* durch reine praktische Vernunft bestimmt gegebener Zweck (in der Idee des höchsten Guts) den Mangel der unzulänglichen Theorie ergänzen müsse. Eine ähnliche Befugniß, ja Bedürfniß, von einem teleologischen Princip auszugehen, wo uns die Theorie verläßt, habe ich in einem kleinen Versuche über die Menschenracen zu beweisen gesucht. Beide Fälle aber enthalten eine Forderung, der der Verstand sich ungern unterwirft, und die Anlaß genug zum Mißverstande geben kann.

Mit Recht ruft die Vernunft in aller Naturuntersuchung zuerst nach Theorie und nur später nach Zweckbestimmung. Den Mangel der erstern kann keine Teleologie noch praktische Zweckmäßigkeit ersetzen. Wir bleiben immer unwissend in Ansehung der wirkenden Ursachen, wenn wir gleich die Angemessenheit unserer Voraussetzung mit Endursachen, es sei der Natur oder unsers Willens, noch so einleuchtend machen können. Am meisten scheint diese Klage da gegründet zu sein, wo (wie in jenem metaphysischen Falle) sogar praktische Gesetze vorangehen müssen, um den Zweck allererst anzugeben, dem zum Behuf ich den Begriff einer Ursache zu bestimmen gedenke, der auf solche Art die Natur des Gegenstandes gar nichts anzugehen, sondern blos eine Beschäftigung mit unsern eignen Absichten und Bedürfnissen zu sein scheint.

Es hält allemal schwer, sich in Principien zu einigen, in solchen Fällen, wo die Vernunft ein doppeltes, sich wechselseitig einschränkendes Interesse hat. Aber es ist sogar schwer sich über die Principien dieser Art auch nur zu verstehen, weil sie die Methode zu denken vor der Bestimmung des Objects betreffen, und einander widerstreitende Ansprüche der Vernunft den Gesichtspunkt zweideutig machen, aus dem man seinen Gegenstand zu betrachten hat. In der gegenwärtigen Zeitschrift sind zwei meiner Versuche über zweierlei sehr verschiedene Gegenstände und von sehr ungleicher Erheblichkeit einer scharfsinnigen Prüfung unterworfen worden. In einer bin ich **nicht verstanden** worden, ob ich es zwar erwartete, in der andern aber über alle Erwartung **wohl verstanden** worden; beides von Männern von vorzüglichem Talente, jugendlicher Kraft und aufblühendem Ruhme. In jener gerieth ich in Verdacht, als wollte ich eine Frage der **physischen** Naturforschung durch Urkunden der Religion beantworten: in der andern wurde ich von dem Verdachte befreit, als wollte ich durch den Beweis der Unzulänglichkeit einer **metaphysischen** Naturforschung der Religion Abbruch thun. In beiden gründet sich die Schwierigkeit verstanden zu werden auf der noch nicht genug ins Licht gestellten Befugniß, sich, wo theoretische Erkenntnißquellen nicht zulangen, des teleologischen Princips bedienen zu dürfen, doch mit einer solchen Beschränkung seines Gebrauchs, daß der theoretisch-speculativen

Nachforschung das Recht des Vortritts gesichert wird, um zuerst ihr ganzes Vermögen daran zu versuchen (wobei in der metaphysischen von der reinen Vernunft mit Recht gefordert wird, daß sie dieses und überhaupt ihre Anmaßung über irgend etwas zu entscheiden vorher rechtfertige, dabei aber ihren Vermögenszustand vollständig aufdecke, um auf Zutrauen rechnen zu dürfen), ingleichen daß im Fortgange diese Freiheit ihr jederzeit unbenommen bleibe. Ein großer Theil der Mißhelligkeit beruht hier auf der Besorgniß des Abbruchs, womit die Freiheit des Vernunftgebrauchs bedroht werde; wenn diese gehoben wird, so glaube ich die Hindernisse der Einhelligkeit leicht wegräumen zu können.

Wider eine in der Berl. M. S. November 1785 eingerückte Erläuterung meiner vorlängst geäußerten Meinung über den Begriff und den Ursprung der Menschenracen trägt der Herr Geheimerath Georg Forster im Teutschen Merkur October und November 1786 Einwürfe vor, die, wie mich dünkt, blos aus dem Mißverstande des Princips, wovon ich ausgehe, herrühren. Zwar findet es der berühmte Mann gleich anfangs mißlich, vorher ein Princip festzusetzen, nach welchem sich der Naturforscher sogar im Suchen und Beobachten solle leiten lassen, und vornehmlich ein solches, was die Beobachtung auf eine dadurch zu befördernde Naturgeschichte zum Unterschiede von der bloßen Naturbeschreibung richtete, so wie diese Unterscheidung selbst unstatthaft. Allein diese Mißhelligkeit läßt sich leicht heben.

Was die erste Bedenklichkeit betrifft, so ist wohl ungezweifelt gewiß, daß durch bloßes empirisches Herumtappen ohne ein leitendes Princip, wornach man zu suchen habe, nichts Zweckmäßiges jemals würde gefunden werden; denn Erfahrung methodisch anstellen, heißt allein beobachten. Ich danke für den blos empirischen Reisenden und seine Erzählung, vornehmlich wenn es um eine zusammenhängende Erkenntniß zu thun ist, daraus die Vernunft etwas zum Behuf einer Theorie machen soll. Gemeiniglich antwortet er, wenn man wonach frägt: ich hätte das wohl bemerken können, wenn ich gewußt hätte, daß man darnach fragen würde. Folgt doch Herr F. selbst der Leitung des Linneischen Princips der Beharrlichkeit des Charakters der Befruchtungstheile an Gewächsen, ohne welches die systematische Naturbeschreibung des Pflanzenreichs nicht so rühmlich würde geordnet und erweitert worden sein. Daß manche so unvorsichtig sind, ihre Ideen in die Beobachtung selbst hineinzutragen, (und, wie es auch wohl dem großen Naturkenner selbst widerfuhr, die Ähnlichkeit jener Charaktere gewissen Beispielen zufolge für eine Anzeige der Ähnlichkeit der Kräfte der Pflanzen zu halten), ist leider sehr wahr, so wie die Lection für rasche Vernünftler (die uns beide vermuthlich nichts angeht) ganz wohl gegründet; allein dieser Mißbrauch kann die Gültigkeit der Regel doch nicht aufheben.

Was aber den bezweifelten, ja gar schlechthin verworfenen Unterschied zwischen Naturbeschreibung und Naturgeschichte betrifft, so würde, wenn man unter der letzteren eine Erzählung von Naturbegebenheiten, wohin keine menschliche Vernunft reicht, z. B. das erste Entstehen der Pflanzen und Thiere, verstehen wollte, eine solche freilich, wie Hr. F. sagt, eine Wissenschaft für Götter, die gegenwärtig, oder selbst Urheber waren, und nicht für Menschen sein. Allein nur den Zusammenhang gewisser jetziger Beschaffenheiten der Naturdinge mit ihren Ursachen in der ältern Zeit nach Wirkungsgesetzen, die wir nicht erdichten, sondern aus den Kräften der Natur, wie sie sich uns jetzt darbietet, ableiten, nur blos so weit zurück verfolgen, als es die Analogie erlaubt, das wäre Naturgeschichte und zwar eine solche, die nicht allein möglich, sondern auch z. B. in den Erdtheorien (worunter des berühmten Linné seine auch ihren Platz findet) von gründlichen Naturforschern häufig genug versucht worden ist, sie mögen nun viel oder wenig damit ausgerichtet haben. Auch gehört selbst des Herrn F. Muthmaßung vom ersten Ursprunge des N e g e r s gewiß nicht zur Naturbeschreibung, sondern nur zur Naturgeschichte. Dieser Unterschied ist in der Sachen Beschaffenheit gelegen, und ich verlange dadurch nichts Neues, sondern blos die sorgfältige Absonderung des einen Geschäftes vom andern, weil sie ganz h e t e r o g e n sind, und, wenn die eine (die Naturbeschreibung) als Wissenschaft in der ganzen Pracht eines großen Systems erscheint, die andere (die Naturgeschichte) nur Bruchstücke, oder schwankende Hypothesen aufzeigen kann. Durch diese Absonderung und Darstellung der zweiten, als einer eigenen, wenn gleich für jetzt (vielleicht auch auf immer) mehr im Schattenrisse als im Werk ausführbaren Wissenschaft (in welcher für die meisten Fragen ein Vacat angezeichnet gefunden werden möchte), hoffe ich das zu bewirken, daß man sich nicht mit vermeintlicher Einsicht auf die eine etwas zu gute thue, was eigentlich blos der andern angehört, und den Umfang der wirklichen Erkenntnisse in der Naturgeschichte (denn einige derselben besitzt man), zugleich auch die in der Vernunft selbst liegende Schranken derselben sammt den Principien, wonach sie auf die bestmögliche Art zu erweitern wäre, bestimmter kennen lerne. Man muß mir diese Peinlichkeit zu gute halten, da ich so manches Unheil aus der Sorglosigkeit, die Grenzen der Wissenschaften in einander laufen zu lassen, in anderen Fällen erfahren und nicht eben zu jedermanns Wohlgefallen angezeigt habe; überdem hiebei völlig überzeugt worden bin, daß durch die bloße Scheidung des Ungleichartigen, welches man vorher im Gemenge genommen hatte, den Wissenschaften oft ein ganz neues Licht aufgehe, wobei gar manche Armseligkeit aufgedeckt wird, die sich vorher hinter fremdartigen Kenntnissen verstecken konnte, aber auch viele ächte Quellen der Erkenntniß eröffnet werden, wo man sie gar nicht hätte vermuthen sollen. Die größte Schwierigkeit bei dieser vermeintlichen Neuerung liegt blos im Namen. Das Wort G e s c h i c h t e in der Bedeutung, da es einerlei mit dem griechischen *Historia* (Erzählung, Beschreibung) ausdrückt, ist schon zu sehr und zu lange im Gebrauche, als daß man sich leicht gefallen lassen sollte, ihm eine andere Bedeutung, welche die Naturforschung des Ursprungs bezeichnen kann, zuzugestehen; zumal da es auch nicht ohne Schwierigkeit ist, ihm in der letzteren einen andern anpassenden technischen Ausdruck auszufinden*. Doch die Sprachschwierigkeit im Unterscheiden kann den Unterschied der Sachen nicht aufheben. Vermuthlich ist eben dergleichen Mißhelligkeit wegen einer, obwohl unvermeidlichen Abweichung von classischen Ausdrücken auch bei dem Begriffe einer Race die Ursache der Veruneinigung über die Sache selbst gewesen. Es ist uns hier widerfahren, was Sterne bei Gelegenheit eines physiognomischen Streits, der nach seinen launichten Einfällen alle Facultäten der straßburgischen Universität in Aufruhr versetzte, sagt: Die Logiker würden die Sache entschieden haben, wären sie nur nicht auf eine Definition gestoßen. Was ist eine Race? Das Wort steht gar nicht in einem System der Naturbeschreibung, vermuthlich ist also auch das Ding selber überall nicht in der Natur. Allein der Begriff, den dieser Ausdruck bezeichnet, ist doch in der Vernunft eines jeden Beobachters der Natur gar wohl gegründet, der zu einer sich vererbenden Eigenthümlichkeit verschiedener vermischt zeugenden Thiere, die nicht in dem Begriffe ihrer Gattung liegt, eine Gemeinschaft der Ursache und zwar einer in dem Stamme der Gattung selbst ursprünglich gelegenen Ursache denkt. Daß dieses Wort nicht in der Naturbeschreibung (sondern an dessen Statt das der Varietät) vorkommt, kann ihn nicht abhalten, es in Absicht auf Naturgeschichte nöthig zu finden. Nur muß er es freilich zu diesem Behuf deutlich bestimmen; und dieses wollen wir hier versuchen.

Der Name einer Race, als radicaler Eigenthümlichkeit,

---
* Ich würde für die Naturbeschreibung das Wort Physiographie, für Naturgeschichte aber Physiogonie in Vorschlag bringen.

die auf einen gemeinschaftlichen Abstamm Anzeige giebt und zugleich mehrere solche beharrliche forterbende Charaktere nicht allein derselben Thiergattung, sondern auch desselben Stammes zuläßt, ist nicht unschicklich ausgedacht. Ich würde ihn durch **Abartung** (*progenies classifica*) übersetzen, um eine Race von der **Ausartung** (*degeneratio s. progenies specifica*)* zu unterscheiden, die man nicht einräumen kann, weil sie dem Gesetz der Natur (in der Erhaltung ihrer Species in unveränderlicher Form) zuwider läuft. Das Wort *progenies* zeigt an, daß es nicht ursprüngliche, durch so vielerlei **Stämme** als Species derselben Gattung ausgetheilte, sondern sich allererst in der Folge der Zeugungen entwickelnde Charaktere, mithin nicht verschiedene **Arten**, sondern **Abartungen**, aber doch so bestimmt und beharrlich sind, daß sie zu einem Classenunterschiede berechtigen.

Nach diesen Vorbegriffen würde die **Menschengattung** (nach dem allgemeinen Kennzeichen derselben in der Naturbeschreibung genommen) in einem System der Naturgeschichte in **Stamm** (oder Stämme), **Racen** oder Abartungen (*progenies classificae*) und verschiedenen **Menschenschlag** (*varietates nativae*) abgetheilt werden können, welche letztere nicht unausbleibliche, nach einem anzugebenden Gesetze sich vererbende, also auch nicht zu einer Classeneintheilung hinreichende Kennzeichen enthalten. Alles dieses ist aber so lange bloße Idee von der Art, wie die größte Mannigfaltigkeit in der Zeugung

---

* Die Benennungen der *classes* und *ordines* drücken ganz unzweideutig eine blos **logische** Absonderung aus, die die **Vernunft** unter ihren Begriffen zum Behuf der bloßen **Vergleichung** macht: *genera* und *species* aber können auch die **physische** Absonderung bedeuten, die die **Natur** selbst unter ihren Geschöpfen in Ansehung ihrer **Erzeugung** macht. Der Charakter der Race kann also hinreichen, um Geschöpfe darnach zu classificiren, aber nicht um eine besondere **Species** daraus zu machen, weil diese auch eine absonderliche Abstammung bedeuten könnte, welche wir unter dem Namen einer Race nicht verstanden wissen wollen. Es versteht sich von selbst, daß wir hier das Wort Classe nicht in der ausgedehnten Bedeutung nehmen, als es im **Linnéischen** System genommen wird; wir brauchen es aber auch zur Eintheilung in ganz anderer Absicht.

mit der größten Einheit der Abstammung von der Vernunft zu vereinigen sei. Ob es wirklich eine solche Verwandtschaft in der Menschengattung gebe, müssen die Beobachtungen, welche die Einheit der Abstammung kenntlich machen, entscheiden. Und hier sieht man deutlich: daß man durch ein bestimmtes Princip geleitet werden müsse, um blos zu **beobachten**, d. i. auf dasjenige Acht zu geben, was Anzeige auf die Abstammung, nicht blos die Charakteren-Ähnlichkeit geben könne, weil wir es alsdann mit einer Aufgabe der Naturgeschichte, nicht der Naturbeschreibung und blos methodischen Benennung zu thun haben. Hat jemand nicht nach jenem Princip seine Nachforschung angestellt, so muß er noch einmal suchen; denn von selbst wird sich ihm das nicht darbieten, was er bedarf, um, ob es eine reale oder bloße Nominalverwandtschaft unter den Geschöpfen gebe, auszumachen.

Von der Verschiedenheit des ursprünglichen Stammes kann es keine sichere Kennzeichen geben, als die Unmöglichkeit durch Vermischung zweier erblich verschiedenen Menschenabtheilungen fruchtbare Nachkommenschaft zu gewinnen. Gelingt dieses aber, so ist die noch so große Verschiedenheit der Gestalt keine Hinderniß eine gemeinschaftliche Abstammung derselben wenigstens möglich zu finden; denn so wie sie sich unerachtet dieser Verschiedenheit doch durch Zeugung in ein Product, das beider Charactere enthält, **vereinigen** können: so haben sie sich aus einem Stamme, der die Anlagen zur Entwicklung beider Charaktere ursprünglich in sich verbarg, durch Zeugung in so viel Racen **theilen** können; und die Vernunft wird ohne Noth nicht von zwei Principien ausgehen, wenn sie mit einem auslangen kann. Das sichere Kennzeichen erblicher Eigenthümlichkeiten aber, als der Merkmale eben so vieler Racen, ist schon angeführt worden. Jetzt ist noch etwas von den erblichen **Varietäten** anzumerken, welche zur Benennung eines oder andern Menschenschlags (Familien- und Volksschlags) Anlaß geben.

Eine Varietät ist die erbliche Eigenthümlichkeit, die nicht klassisch ist, weil sie sich nicht unausbleiblich fortpflanzt; denn eine solche Beharrlichkeit des erblichen Charakters wird erfordert, um selbst für die Naturbeschreibung nur zur Classeneintheilung zu berechtigen. Eine Gestalt, die in der Fortpflanzung nur bisweilen den Charakter der nächsten Eltern und zwar mehrentheils nur einseitig (Vater oder Mutter nachartend) reproducirt, ist kein Merkmal, daran man den Abstamm von beiden Eltern kennen kann, z. B. den Unterschied der Blonden und Brunetten. Eben so ist die Race oder Abartung eine unausbleibliche erbliche Eigenthümlichkeit, die zwar zur Classeneintheilung berechtigt, aber doch nicht specifisch ist, weil die unausbleiblich halbschlächtige Nachartung (also das Zusammenschmelzen der Charaktere ihrer Unterscheidung) es wenigstens nicht als unmöglich urtheilen läßt, ihre angeerbte Verschiedenheit auch in ihrem Stamme uranfänglich, als in bloßen Anlagen vereinigt und nur in der Fortpflanzung allmählig entwickelt und geschieden, anzusehen. Denn man kann ein Thiergeschlecht nicht zu einer besondern Species machen, wenn es mit einem anderen zu einem und demselben Zeugungssystem der Natur gehört. Also würde in der Naturgeschichte Gattung und Species einerlei, nämlich die nicht mit einem gemeinschaftlichen Abstamme vereinbare Erbeigenthümlichkeit, bedeuten. Diejenige aber, die damit zusammen bestehen kann, ist entweder nothwendig erblich, oder nicht. Im erstern Fall macht es den Character der Race, im andern der Varietät aus.

Von dem, was in der Menschengattung Varietät genannt werden kann, merke ich hier nun an, daß man auch in Ansehung dieser die Natur nicht als in voller Freiheit bildend, sondern eben sowohl, als bei den Racen-Charakteren, sie nur als entwickelnd und auf dieselbe durch ursprüngliche Anlagen vorausbestimmt anzusehen habe: weil auch in dieser Zweckmäßigkeit und derselben gemäße Abgemessenheit angetroffen wird, die kein Werk des Zufalls sein kann. Was schon Lord Shaftsbury anmerkte, nämlich, daß in jedem Menschengesichte eine gewisse Originalität (gleichsam ein wirkliches Dessein) angetroffen werde, welche das Individuum als zu besonderen Zwecken, die es nicht mit anderen gemein hat, bestimmt auszeichnet, obzwar diese Zeichen zu entziffern über unser Vermögen geht, das kann ein jeder Portraitmaler, der über seine Kunst denkt, bestätigen. Man sieht einem nach dem Leben gemalten und wohlausgedrückten Bilde die Wahrheit an, d. i. daß es nicht aus der Einbildung genommen ist. Worin besteht aber diese Wahrheit? Ohne Zweifel in einer bestimmten Proportion eines der vielen Theile des Gesichts zu allen anderen, um einen individuellen Charakter, der einen dunkel vorgestellten Zweck enthält, auszudrücken. Kein Theil des Gesichts, wenn er uns auch unproportionirt scheint, kann in der Schilderei mit Beibehaltung der übrigen abgeändert werden, ohne dem Kennerauge, ob er gleich das Original nicht gesehen hat, in Vergleichung mit dem von der Natur copirten Porträt, sofort merklich zu machen, welches von beiden die lautere Natur und welches Erdichtung enthalte. Die Varietät unter Menschen von eben derselben Race ist aller Wahrscheinlichkeit nach eben so zweckmäßig in dem ursprünglichen Stamme belegen gewesen, um die größte Mannigfaltigkeit zum Behuf unendlich verschiedener Zwecke, als der Racenunterschied, um die Tauglichkeit zu weniger, aber wesentlichern Zwecken zu gründen und in der Folge zu entwickeln; wobei doch der Unterschied obwaltet, daß die letztern Anlagen, nachdem sie sich einmal entwickelt haben (welches schon in der ältesten Zeit geschehen sein muß), keine neue Formen dieser Art weiter entstehen, noch auch die alte erlöschen lassen; dagegen die erstere wenigstens unserer Kenntniß nach eine an neuen Charakteren (äußeren sowohl als innern) unerschöpfliche Natur anzuzeigen scheinen.

In Ansehung der Varietäten scheint die Natur die Zusammenschmelzung zu verhüten, weil sie ihrem Zwecke, nämlich der Mannigfaltigkeit der Charaktere, entgegen ist; dagegen sie, was die Racenunterschiede betrifft, dieselbe (nämlich Zusammenschmelzung) wenigstens verstattet, wenn gleich nicht begünstigt, weil dadurch das Geschöpf für mehrere Klimate tauglich wird, obgleich keinem derselben in dem Grade angemessen, als die erste Anartung an dasselbe es gemacht hatte. Denn was die gemeine Meinung betrifft, nach welcher Kinder (von unserer Classe der Weißen) die Kennzeichen, die zur Varietät gehören (als Statur, Gesichtsbildung, Hautfarbe, selbst manche Gebrechen, innere sowohl als äußere) von ihren Eltern auf die Halbscheid ererben sollen (wie man sagt: das hat das Kind vom Vater, das hat es von der Mutter), so kann ich nach genauer Aufmerksamkeit auf den Familienschlag ihr nicht beitreten. Sie arten, wenn gleich nicht Vater oder Mutter nach, doch entweder in des einen oder der andern Familie unvermischt ein; und obzwar der Abscheu wider die Vermischungen der zu nahe Verwandten wohl großentheils moralische Ursachen haben, ingleichen die Unfruchtbarkeit derselben nicht genug bewiesen sein mag: so giebt doch seine weite Ausbreitung selbst bis zu rohen Völkern Anlaß zur Vermuthung, daß der Grund dazu auf entfernte Art in der Natur selbst gelegen sei, welche nicht will, daß immer die alten Formen wieder reproducirt werden, sondern alle Mannigfaltigkeit herausgebracht werden soll, die sie in die ursprüngliche Keime des Menschenstamms gelegt hatte. Ein gewisser Grad der Gleichförmigkeit, der sich in einem Familien- oder sogar Volksschlage hervorfindet, darf auch nicht der halbschlächtigen Anartung ihrer Charaktere (welche meiner Meinung nach in Ansehung der Varietäten gar nicht statt findet) zugeschrieben werden. Denn das Übergewicht der Zeugungskraft des einen oder andern Theils verehlichter Personen, da bisweilen fast alle Kinder in den väterlichen, oder alle in den mütterlichen Stamm einschlagen, kann bei der anfänglich großen Verschiedenheit der Charaktere durch Wirkung und Gegenwirkung, nämlich dadurch daß die

Nachartungen auf der einen Seite immer seltener werden, die Mannigfaltigkeit vermindern und eine gewisse Gleichförmigkeit (die nur fremden Augen sichtbar ist) hervorbringen. Doch das ist nur meine beiläufige Meinung, die ich dem beliebigen Urtheile des Lesers Preis gebe. Wichtiger ist, daß bei andern Thieren fast alles, was man an ihnen Varietät nennen möchte (wie die Größe, die Hautbeschaffenheit etc.), halbschlächtig anartet, und dieses, wenn man den Menschen wie billig nach der Analogie mit Thieren (in Absicht auf die Fortpflanzung) betrachtet, einen Einwurf wider meinen Unterschied der Racen von Varietäten zu enthalten scheint. Um hierüber zu urtheilen, muß man schon einen höheren Standpunkt der Erklärung dieser Natureinrichtung nehmen, nämlich den, daß vernunftlose Thiere, deren Existenz blos als Mittel einen Werth haben kann, darum zu verschiedenem Gebrauche verschiedentlich schon in der Anlage (wie die verschiedenen Hunderacen, die nach Buffon von dem gemeinschaftlichen Stamme des Schäferhundes abzuleiten sind) ausgerüstet sein mußten; dagegen die größere Einhelligkeit des Zwecks in der Menschengattung so große Verschiedenheit anartender Naturformen nicht erheischte; die nothwendig anartende also nur auf die Erhaltung der Species in einigen wenigen von einander vorzüglich unterschiedenen Klimaten angelegt sein durften. Jedoch da ich nur den Begriff der Racen habe vertheidigen wollen, so habe ich nicht nöthig, mich wegen des Erklärungsgrundes der Varietäten zu verbürgen.

Nach Aufhebung dieser Sprachuneinigkeit, die öfters an einem Zwiste mehr schuld ist, als die in Principien, hoffe ich nun weniger Hinderniß wider die Behauptung meiner Erklärungsart anzutreffen. Herr F. ist darin mit mir einstimmig, daß er wenigstens eine erbliche Eigenthümlichkeit unter den verschiedenen Menschengestalten, nämlich die der Neger und der übrigen Menschen, groß genug findet, um sie nicht für bloßes Naturspiel und Wirkung zufälliger Eindrücke zu halten, sondern dazu ursprünglich dem Stamme einverleibte Anlagen und specifische Natureinrichtung fordert. Diese Einhelligkeit unserer Begriffe ist schon wichtig und macht auch in Ansehung der beiderseitigen Erklärungsprincipien Annäherung möglich; anstatt daß die gemeine seichte Vorstellungsart alle Unterschiede unserer Gattung auf gleichen Fuß, nämlich den des Zufalls, zu nehmen und sie noch immer entstehen und vergehen zu lassen, wie äußere Umstände es fügen, alle Untersuchungen dieser Art für überflüssig und hiemit selbst die Beharrlichkeit der Species in derselben zweckmäßigen Form für nichtig erklärt. Zwei Verschiedenheiten unserer Begriffe bleiben nur noch, die aber nicht so weit aus einander sind, um eine nie beizulegende Mißhelligkeit nothwendig zu machen: die **erste** ist, daß gedachte erbliche Eigenthümlichkeiten, nämlich die der Neger zum Unterschiede von allen andern Menschen, die einzigen sind, welche für ursprünglich eingepflanzt gehalten zu werden verdienen sollen; da ich hingegen noch mehrere (die der Indier und Amerikaner, zu der der Weißen hinzugezählt) zur vollständigen classifischen Eintheilung eben sowohl berechtigt zu sein urtheile: die **zweite** Abweichung, welche aber nicht sowohl die Beobachtung (Naturbeschreibung) als die anzunehmende Theorie (Naturgeschichte) betrifft, ist: daß Hr. F. zum Behuf der Erklärung dieser Charactere zwei ursprüngliche Stämme nöthig findet; da nach meiner Meinung (der ich sie mit Hrn. F. gleichfalls für ursprüngliche Charaktere halte) es möglich und dabei der philosophischen Erklärungsart angemessener ist, sie als Entwickelung in einem Stamme eingepflanzter zweckmäßiger erster Anlagen anzusehen; welches denn auch keine so große Zwistigkeit ist, daß die Vernunft sich nicht hierüber ebenfalls die Hand böte, wenn man bedenkt, daß der physische erste Ursprung organischer Wesen uns beiden und überhaupt der Menschenvernunft unergründlich bleibt, eben so wohl als das halbschlächtige Anarten in der Fortpflanzung derselben. Da das System der gleich anfangs getrennten und in zweierlei Stämmen isolirten, gleichwohl aber nachher in der Vermischung der vorher abgesonderten einträchtig wieder zusammenschmelzenden Keime nicht die mindeste Erleichterung für die Begreiflichkeit der Vernunft mehr verschafft, als das der in einem und demselben Stamme ursprünglich eingepflanzten verschiedenen, sich in der Folge zweckmäßig für die erste allgemeine Bevölkerung entwickelnden Keime; und die letztere Hypothese dabei doch den Vorzug der Ersparniß verschiedener Localschöpfungen bei sich führt; da ohnedem an Ersparniß teleologischer Erklärungsgründe, um sie durch physische zu ersetzen, bei organisirten Wesen in dem, was die Erhaltung ihrer Art angeht, gar nicht zu denken ist, und die letztere Erklärungsart also der Naturforschung keine neue Last auflegt über die, welche sie ohnedem niemals los werden kann, nämlich hierin lediglich dem Princip der Zwecke zu folgen; da auch Hr. F. eigentlich nur durch die Entdeckungen seines Freundes, des berühmten und philosophischen Zergliederers Hrn. Sömmering, bestimmt worden, den Unterschied der Neger von andern Menschen erheblicher zu finden, als es denen wohl gefallen möchte, die gern alle erbliche Charaktere in einander verwischen und sie als bloße zufällige Schattirungen ansehen möchten, und dieser vortreffliche Mann sich für die vollkommene Zweckmäßigkeit der Negerbildung in Betreff seines Mutterlandes erklärt*, indessen daß doch in dem Knochenbau des Kopfs eine begreiflichere Angemessenheit mit seinem Boden eben nicht abzusehen ist, als in der Organisation der Haut, diesem großen Absonderungswerkzeuge alles dessen, was aus dem Blute abgeführt

---

* Sömmering über die körperliche Verschiedenheit des Negers vom Europäer. S. 79. »Man findet am Bau des Negers Eigenschaften, die ihn für sein Klima zum vollkommensten, vielleicht zum vollkommenern Geschöpf, als den Europäer machen.« Der vortreffliche Mann bezweifelt in derselben Schrift § 44 D. Schott's Meinung von der zu besserer Herauslassung schädlicher Materien geschickter organisirten Haut der Negern. Allein wenn man Lind's (von den Krankheiten der Europäer etc.) Nachrichten über die Schädlichkeit der durch sumpfichte Waldungen phlogisticirten Luft um den Gambiastrom, welche den englischen Matrosen so geschwinde tödtlich wird, in der gleichwohl die Neger als in ihrem Elemente leben, damit verbindet, so bekommt jene Meinung doch viele Wahrscheinlichkeit.

werden soll, – folglich er d i e s e von der ganzen übrigen ausgezeichneten Natureinrichtung derselben (wovon die Hautbeschaffenheit ein wichtiges Stück ist) zu verstehen scheint und j e n e nur zum deutlichsten Wahrzeichen derselben für den Anatomiker aufstellt: so wird Hr. F. hoffentlich, wenn bewiesen ist, daß es noch andere sich eben so beharrlich vererbende, nach den Abstufungen des Klima gar nicht in einander fließende, sondern scharf abgeschnittene Eigenthümlichkeiten in weniger Zahl giebt, ob sie gleich ins Fach der Zergliederungskunst nicht einschlagen, – nicht abgeneigt sein, ihnen einen gleichen Anspruch auf besondere ursprüngliche, zweckmäßig dem Stamme eingepflanzte Keime zuzugestehen. Ob aber der Stämme darum mehrere, oder nur Ein gemeinschaftlicher anzunehmen nöthig sei, darüber würden wir hoffentlich zuletzt noch wohl einig werden können.

Es würden also nur die Schwierigkeiten zu heben sein, die Hrn. F. abhalten, meiner Meinung nicht sowohl in Ansehung des Princips, als vielmehr der Schwierigkeit es allen Fällen der Anwendung gehörig anzupassen, beizutreten. In dem ersten Abschnitte seiner Abhandlung, October 1786, S. 70, führt Hr. F. eine Farbenleiter der Haut durch von den Bewohnern des nördlichen Europa über Spanien, Ägypten, Arabien, Abyssinien bis zum Äquator, von da aber wieder in umgekehrter Abstufung mit der Fortrückung in die temperirte südliche Zone über die Länder der Kaffern und Hottentotten (seiner Meinung nach) mit einer dem Klima der Länder so proportionirten Gradfolge der braunen bis ins Schwarze und wiederum zurück (wobei er, wiewohl ohne Beweis, annimmt, daß aus Nigritien hervorgegangene Colonien, die sich gegen die Spitze von Afrika gezogen, allmählig blos durch die Wirkung des Klima in Kaffern und Hottentotten verwandelt sind), daß es ihn Wunder nimmt, wie man noch hierüber hat wegsehen können. Man muß sich aber billig noch mehr wundern, wie man über das bestimmt genug und mit Grunde allein für entscheidend zu haltende Kennzeichen der unausbleiblichen halbschlächtigen Zeugung, darauf hier doch alles ankommt, hat wegsehen können. Denn weder der nordlichste Europäer in der Vermischung mit denen von spanischem Blute, noch der Mauritanier oder Araber (vermuthlich auch der mit ihm nahe verwandte Habessinier) in Vermischung mit circassischen Weibern sind diesem Gesetze im mindesten unterworfen. Man hat auch nicht Ursache ihre Farbe, nachdem das, was die Sonne ihres Landes jedem Individuum der letzteren eindrückt, bei Seite gesetzt worden, für etwas anderes als die Brünette unter dem weißen Menschenschlag zu urtheilen. Was aber das Negerähnliche der Kaffern und im mindern Grade der Hottentotten in demselben Welttheile betrifft, welche vermuthlich den Versuch der halbschlächtigen Zeugung bestehen würden: so ist im höchsten Grade wahrscheinlich, daß diese nichts anders als Bastardererzeugungen eines Negervolks mit den von der ältesten Zeit her diese Küste besuchenden Arabern sein mögen. Denn woher findet sich nicht dergleichen angebliche Farbenleiter auch auf der Westküste von Afrika, wo vielmehr die Natur vom brunetten Araber oder Mauritanier zu den schwärzesten Negern am Senegal einen plötzlichen Sprung macht, ohne vorher die Mittelstraße der Kaffern durchgegangen zu sein? Hiemit fällt auch der Seite 74 vorgeschlagene und zum voraus entschiedene Probeversuch weg, der die Verwerflichkeit meines Princips beweisen soll, nämlich daß der schwarzbraune Habessinier, mit einer Kaffern vermischt, der Farbe nach keinen Mittelschlag geben würde, weil beider Farbe einerlei, nämlich schwarzbraun, ist. Denn nimmt Hr. F. an, daß die braune Farbe des Habessiniers in der Tiefe, wie sie die Kaffern haben, ihm angeboren sei und zwar so, daß sie in vermischter Zeugung mit einer Weißen nothwendig eine Mittelfarbe geben müßte: so würde der Versuch freilich so ausschlagen, wie Hr. F. will; er würde aber auch nichts gegen mich beweisen, weil die Verschiedenheit der Racen doch nicht nach dem beurtheilt wird, was an ihnen einerlei, sondern was an ihnen verschieden ist. Man würde nur sagen können, daß es auch tiefbraune Racen gäbe, die sich vom Neger oder seinem Abstamme in andern Merkmalen (zum Beispiel dem Knochenbau) unterscheiden; denn in Ansehung deren allein würde die Zeugung einen Blendling geben, und meine Farbenliste würde nur um Eine vermehrt werden. Ist aber die tiefe Farbe, die der in seinem Lande erwachsene Habessinier an sich trägt, nicht angeerbt, sondern nur etwa wie die eines Spaniers, der in demselben Lande von klein auf erzogen wäre: so würde seine Naturfarbe ohne Zweifel mit der der Kaffern einen Mittelschlag der Zeugung geben, der aber, weil der zufällige Anstrich durch die Sonne hinzukommt, verdeckt werden und ein gleichartiger Schlag (der Farbe nach) zu sein scheinen würde. Also beweiset dieser projectirte Versuch nichts wider die Tauglichkeit der nothwendig-erblichen Hautfarbe zu einer Racenunterscheidung, sondern nur die Schwierigkeit, dieselbe, so fern sie angeboren ist, an Orten richtig bestimmen zu können, wo die Sonne sie noch mit zufälliger Schminke überdeckt, und bestätigt die Rechtmäßigkeit meiner Forderung, Zeugungen von denselben Eltern im Auslande zu diesem Behuf vorzuziehen.

Von den letzteren haben wir nun ein entscheidendes Beispiel an der indischen Hautfarbe eines seit vielen Jahrhunderten in unsern nordischen Ländern sich fortpflanzenden Völkchens, nämlich den Zigeunern. Daß sie ein indisches Volk sind, beweiset ihre Sprache unabhängig von ihrer Hautfarbe. Aber diese zu erhalten ist die Natur so hartnäckig geblieben, daß, ob man zwar ihre Anwesenheit in Europa bis auf zwölf Generationen zurück verfolgen kann, sie noch immer so vollständig zum Vorschein kommt, daß, wenn sie in Indien aufwüchsen, zwischen ihnen und den dortigen Landeseingebornen allem Vermuthen nach gar kein Unterschied angetroffen werden würde. Hier nun zu sagen, daß man noch 12 mal 12 Generationen warten müsse, bis die nordische Luft ihre anerbende Farbe völlig ausgebleicht haben würde, hieße den Nachforscher mit dilatorischen Antworten hinhalten und Ausflüchte suchen. Ihre Farbe aber für bloße Varietät ausgeben, wie etwa die des brünetten Spaniers gegen den Dänen heißt das Gepräge der Natur bezweifeln. Denn sie zeugen mit unseren alten Eingebornen unausbleiblich halbschlächtige Kinder, welchem Gesetze die Race der Weißen in Ansehung keiner einzigen ihrer charakteristischen Varietäten unterworfen ist.

Aber Seite 155-156 tritt das wichtigste Gegenargument auf, wodurch im Falle, daß es gegründet wäre, bewiesen werden würde, daß, wenn man mir auch meine ursprünglichen Anlagen einräumte, die Angemessenheit der Menschen zu ihren Mutterländern bei ihrer Verbreitung über die Erdfläche damit doch nicht bestehen könne. Es ließe sich, sagt Hr. F., allenfalls noch vertheidigen, daß gerade diejenigen Menschen, deren Anlage sich für dieses oder jenes Klima paßt, da oder dort durch eine weise Fügung der Vorsehung geboren würden: aber, fährt er fort, wie ist denn eben diese Vorsehung so kurzsichtig geworden, nicht auf eine zweite Verpflanzung zu denken, wo jener Keim, der nur für Ein Klima taugte, ganz zwecklos geworden wäre.

Was den ersten Punkt betrifft, so erinnere man sich, daß ich jene erste Anlagen nicht als unter verschiedene Menschen vertheilt – denn sonst wären es so viel verschiedene Stämme geworden, – sondern im ersten Menschenpaare als vereinigt angenommen hatte; und so paßten ihre Abkömmlinge, an denen noch die ganze ursprüngliche Anlage für alle künftige Abartungen ungeschieden ist, zu allen Klimaten (in Potentia), nämlich so, daß sich derjenige Keim, der sie demjenigen Erdstriche, in welchen sie oder ihre frühe Nachkommen gerathen würden, angemessen machen würde, daselbst entwickeln könnte. Also bedurfte es nicht einer besonderen weisen Fügung, sie in solche Örter zu bringen, wo ihre Anlagen paßten; sondern wo sie zufälliger Weise hinkamen und lange Zeit ihre Generation fortsetzten, da entwickelte sich der für diese Erdgegend in ihrer Organisation befindliche, sie einem solchen Klima angemessen machende Keim. Die Entwickelung der Anlagen richtete sich nach den Örtern, und nicht, wie es Hr. F. mißversteht, mußten etwa die Örter nach den schon entwickelten Anlagen ausgesucht werden. Dieses alles versteht sich aber nur von der ältesten Zeit, welche lange gnug (zur allmähligen Erdbevölkerung) gewährt haben mag, um allererst einem Volke, das eine bleibende Stelle hatte, die zur Entwickelung seiner derselben angemessenen Anlagen erforderliche Einflüsse des Klima und Bodens zu verschaffen. Aber nun fährt er fort: Wie ist nun derselbe Verstand, der hier so richtig ausrechnete, welche Länder und welche Keime zusammen treffen sollten (sie mußten nach dem Vorigen immer zusammentreffen, wenn man auch will, daß sie nicht ein Verstand, sondern nur dieselbe Natur, die die Organisation der Thiere so durchgängig zweckmäßig innerlich eingerichtet hatte, auch für ihre Erhaltung eben so sorgfältig ausgerüstet habe), auf einmal so kurzsichtig geworden, daß er nicht auch den Fall einer zweiten Verpflanzung vorausgesehen? Dadurch wird ja die angeborne Eigenthümlichkeit, die nur für Ein Klima taugt, gänzlich zwecklos u. s. w.

Was nun diesen zweiten Punkt des Einwurfs betrifft, so räume ich ein, daß jener Verstand, oder, wenn man lieber will, jene von selbst zweckmäßig wirkende Natur nach schon entwickelten Keimen auf Verpflanzung in der That gar nicht Rücksicht getragen, ohne doch deshalb der Unweisheit und Kurzsichtigkeit beschuldigt werden zu dürfen. Sie hat vielmehr durch ihre veranstaltete Angemessenheit zum Klima die Verwechselung desselben, vornehmlich des warmen mit dem kältern, verhindert. Denn eben diese üble Anpassung des neuen Himmelsstrichs zu dem schon angearteten Naturell der Bewohner des alten hält sie von selbst davon ab. Und wo haben Indier oder

Neger sich in nordlichen Gegenden auszubreiten gesucht? – Die aber dahin vertrieben sind, haben in ihrer Nachkommenschaft (wie die creolischen Neger oder Indier unter dem Namen der Zigeuner) niemals einen zu ansässigen Landanbauern oder Handarbeitern tauglichen Schlag abgeben wollen*.

---

* Die letztere Bemerkung wird hier nicht als beweisend angeführt, ist aber doch nicht unerheblich. In Hrn. Sprengels Beiträgen, 5tem Theile, S. 287-292, führt ein fachkundiger Mann gegen Ramsays Wunsch, alle Negersklaven als freie Arbeiter zu brauchen, an: daß unter den vielen tausend freigelassenen Negern, die man in Amerika und in England antrifft, er kein Beispiel kenne, daß irgend einer ein Geschäfte treibe, was man eigentlich Arbeit nennen kann, vielmehr daß sie ein leichtes Handwerk, welches sie vormals als Sklaven zu treiben gezwungen waren, alsbald aufgeben, wenn sie in Freiheit kommen, um dafür Höker, elende Gastwirthe, Livereibediente, auf den Fischzug oder Jagd Ausgehende, mit einem Worte Umtreiber zu werden. Eben das findet man auch an den Zigeunern unter uns. Derselbe Verfasser bemerkt hiebei: daß nicht etwa das nordliche Klima sie zur Arbeit ungeneigt mache; denn sie halten, wenn sie hinter dem Wagen ihrer Herrschaften, oder in den ärgsten Winternächten in den kalten Eingängen der Theater (in England) warten müssen, doch lieber aus, als Dreschen, Graben, Lasten tragen u. s. w. Sollte man hieraus nicht schließen: daß es außer dem Vermögen zu arbeiten noch einen unmittelbaren, von aller Anlockung unabhängigen Trieb zur Thätigkeit (vornehmlich der anhaltenden, die man Emsigkeit nennt) gebe, der mit gewissen Naturanlagen besonders verwebt ist, und daß Indier sowohl als Neger nicht mehr von diesem Antriebe in andere Klimaten mitbringen und vererben, als sie für ihre Erhaltung in ihrem alten Mutterlande bedurften und von der Natur empfangen hatten, und daß diese innere Anlage eben so wenig erlösche, als die äußerlich sichtbare. Die weit mindern Bedürfnisse aber in jenen Ländern und die wenige Mühe, die es erfordert, sich auch nur diese zu verschaffen, erfordern keine größern Anlagen zur Thätigkeit. – Hier will ich noch etwas aus Marsdens gründlicher Beschreibung von Sumatra (Siehe Sprengels Beiträge, 6ter Theil, S. 198 bis 199) anführen. »Die Farbe ihrer (der Rejangs) Haut ist gewöhnlich gelb ohne die Beimischung von Roth, welche die Kupferfarbe hervorbringt. Sie sind beinahe durchgängig etwas heller von Farbe als die Mestizen in andern Gegenden von Indien. – Die weiße Farbe der Einwohner von Sumatra *in* Vergleichung mit andern Völkern eben des Himmelsstrichs ist meines Erachtens ein starker Beweis, daß die Farbe der Haut keineswegs unmittelbar von dem Klima abhängt. (Eben das sagt er von dort gebornen Kindern der Europäer und Negern in der zweiten Generation und vermuthet, daß die dunklere Farbe der Europäer, die sich hier lange aufgehalten haben, eine Folge der vielen Gallenkrankheiten sei, denen dort alle ausgesetzt sind.) – Hier muß ich noch bemerken, daß die Hände der Eingeborenen und der Mestizen unerachtet des heißen Klimas gewöhnlich kalt sind« (ein wichtiger Umstand, der Anzeige giebt,

175 Aber eben das, was Hr. F. für eine unüberwindliche Schwierigkeit gegen mein Princip hält, wirft in einer gewissen Anwendung das vortheilhafteste Licht auf dieselbe und löset Schwierigkeiten, wider die keine andere Theorie etwas vermag. Ich nehme an, daß so viele Generationen von der Zeit des Anfangs der Menschengattung über die allmählige Entwickelung der zur völligen Anartung an ein Klima in ihr befindlichen Anlagen erforderlich gewesen, daß darüber die großentheils durch gewaltsame Naturrevolutionen erzwungene Verbreitung derselben über den beträchtlichsten Theil der Erde, mit kümmerlicher Vermehrung der Art, hat geschehen können. Wenn nun auch durch diese Ursachen ein Völkchen der alten Welt aus südlichern Gegenden in die nordlichern getrieben worden: so muß die Anartung – die, um den vorigen angemessen zu werden, vielleicht noch nicht vollendet war, – allmählig in Stillstand gesetzt, dagegen einer entgegengesetzten Entwickelung der Anlagen, nämlich für das nordliche Klima, Platz gemacht haben. Setzet nun, dieser Menschenschlag hätte sich nordostwärts immer weiter bis nach Amerika herübergezogen – eine Meinung, die geständlich die größte Wahrscheinlichkeit hat –, so wären, ehe er sich in diesem Welttheile wiederum beträchtlich nach Süden verbreiten konnte, seine Naturanlagen schon so weit entwickelt, als es möglich ist, und diese Entwickelung, nun als vollendet, müßte alle fernere Anartung an ein neues Klima unmöglich gemacht haben. Nun wäre also eine Race gegründet, die bei ihrem Fortrücken nach Süden für alle Klimaten immer einerlei, in der That also keinem gehörig angemessen ist, weil die südliche Anartung vor ihrem Ausgange in der Hälfte ihrer Entwickelung unterbrochen, durch die ans nordliche Klima abgewechselt und so der beharrliche Zustand dieses Menschenhaufens gegründet worden. In der That versichert

daß die eigenthümliche Hautbeschaffenheit von keinen oberflächlichen äußeren Ursachen herrühren müsse).

Don Ulloa (ein vorzüglich wichtiger Zeuge, der die Einwohner von Amerika in beiden Hemisphären kannte) die charakteristische Gestalt der Bewohner dieses Welttheils durchgängig sehr ähnlich befunden zu haben (was die Farbe betrifft, so beschreibt sie einer der neuern Seereisenden, dessen Namen ich jetzt nicht mit Sicherheit nennen kann, wie Eisenrost mit Öl vermischt). Daß aber ihr Naturell zu keiner völligen Angemessenheit mit irgend einem Klima gelangt ist, läßt sich auch daraus abnehmen, daß schwerlich ein anderer Grund angegeben werden kann, warum diese Race, zu schwach für schwere Arbeit, zu gleichgültig für emsige und unfähig zu aller Cultur, wozu sich doch in der Naheit Beispiel und Aufmunterung genug findet, noch tief unter dem Neger selbst steht, welcher doch die niedrigste unter allen übrigen Stufen einnimmt, die wir als Racenverschiedenheiten genannt haben.

Nun halte man alle andere mögliche Hypothesen an dies Phänomen! Wenn man nicht die von Hrn. F. schon in Vorschlag gebrachte besondere Schöpfung des Negers mit einer zweiten, nämlich des Amerikaners, vermehren will, so bleibt keine andere Antwort übrig, als daß Amerika zu kalt, oder zu neu sei, um die Abartung der Neger oder gelben Indier jemals hervorzubringen, oder in so kurzer Zeit, als es bevölkert ist, schon hervorgebracht zu haben. Die erste Behauptung ist, was das heiße Klima dieses Welttheils betrifft, jetzt genugsam widerlegt; und was die zweite betrifft, daß nämlich, wenn man nur noch einige Jahrtausende zu warten Geduld hätte, sich die Neger (wenigstens der erblichen Hautfarbe nach) wohl dereinst hier auch durch den allmähligen Sonneneinfluß hervorfinden würden: so müßte man erst gewiß sein, daß Sonne und Luft solche Einpfropfungen verrichten können, um sich durch einen so ins weite gestellten, immer nach Belieben weiter hinaus zu rückenden, blos vermutheten Erfolg nur gegen Einwürfe zu vertheidigen; wie viel weniger kann, da jenes selbst noch gar sehr bezweifelt wird, eine bloß beliebige Vermuthung den Thatsachen entgegen gestellt werden!

Eine wichtige Bestätigung der Ableitung der unausbleiblich erblichen Verschiedenheiten durch Entwickelung ursprünglich und zweckmäßig in einem Menschenstamme für die Erhaltung der Art zusammenbefindlicher Anlagen ist: daß die daraus entwickelten Racen nicht sporadisch (in allen Welttheilen, in einerlei Klima, auf gleiche Art) verbreitet, sondern cykladisch in vereinigten Haufen, die sich innerhalb der Grenzlinie eines Landes, worin jede derselben sich hat bilden können, vertheilt angetroffen werden. So ist die reine Abstammung der Geldfarbigen innerhalb den Grenzen von Hindostan eingeschlossen, und das nicht weit davon entfernte Arabien, welches großentheils gleichen Himmelsstrich einnimmt, enthält nichts davon; beide aber enthalten keine Neger, die nur in Afrika zwischen dem Senegal und Capo Negro (und so weiter im Inwendigen dieses Welttheils) zu finden sind; indessen das ganze Amerika weder die einen noch die andern, ja gar keinen Racencharakter der alten Welt (die Eskimos ausgenommen, die nach verschiedenen sowohl von ihrer Gestalt, als selbst ihrem Talent hergenommenen Charakteren spätere Ankömmlinge aus einem der alten Welttheile zu sein scheinen). Jede dieser Racen ist gleichsam isolirt, und da sie bei dem gleichen Klima doch von einander und zwar durch einen dem Zeugungsvermögen einer jeden derselben unabtrennlich anhängenden Charakter sich unterscheiden: so machen sie die Meinung von dem Ursprunge der letzteren als Wirkungen des Klima sehr unwahrscheinlich, bestätigen dagegen die Vermuthung einer zwar durchgängigen Zeugungsverwandtschaft durch Einheit der Abstammung, aber zugleich die von einer in ihnen selbst, nicht blos im Klima liegenden Ursache des classifischen Unterschiedes derselben, welcher lange Zeit erfordert haben muß, um seine Wirkung angemessen dem Orte der Fortpflanzung zu thun, und nachdem diese einmal zu Stande gekommen, durch keine Versetzungen neue Abartungen mehr möglich werden läßt, welche denn für nichts anders, als eine sich allmählig zweckmäßig entwickelnde, in den Stamm gelegte, auf eine gewisse Zahl nach den Hauptverschiedenheiten der Lufteinflüsse eingeschränkte, ursprüngliche Anlage gehalten werden kann. Diesem Beweisgrunde scheint die in den zu Südasien und so weiter ostwärts zum Stillen Ocean gehörigen Inseln zerstreute Race der Papuas, welche ich mit Capt. Forrester Kaffern genannt habe (weil er vermuthlich theils in der Hautfarbe, theils in dem Kopf- und Barthaare, welche sie der Eigenschaft der Neger zuwider zu ansehnlichem Umfange auskämmen können, Ursache gefunden, sie nicht Neger zu nennen), Abbruch zu thun. Aber die daneben anzutreffende wundersame Zerstreuung noch anderer Racen, nämlich der Haraforas und gewisser mehr dem reinen indischen Stamme ähnlicher Menschen, macht es wieder gut, weil es auch den Beweis für die Wirkung des Klima auf ihre Erbeigenschaft schwächt, indem diese in einem und demselben Himmelsstriche doch so ungleichartig ausfällt. Daher man auch mit gutem Grunde sie nicht für Aborigines, sondern durch wer weiß welche Ursache (vielleicht eine mächtige Erdrevolution, die von Westen nach Osten gewirkt haben muß) aus ihren Sitzen vertriebene Fremdlinge (jene Papuas etwa aus Madagaskar) zu halten wahrscheinlich findet. Mit den Einwohnern von Frevilleiland, von denen ich Carterets Nachricht aus dem Gedächtnisse (vielleicht unrichtig) anführte, mag es also beschaffen sein, wie es wolle, so wird man die Beweisthümer der Entwickelung der Racenunterschiede in dem vermuthlichen Wohnsitze ihres Stammes auf dem Continent und nicht auf den Inseln, die allem Ansehen nach allererst nach längst vollendeter Wirkung der Natur bevölkert worden, zu suchen haben.

Soviel zur Vertheidigung meines Begriffs von der Ableitung der erblichen Mannigfaltigkeit organischer Geschöpfe einer und derselben Naturgattung (*species naturalis,* so fern sie durch ihr Zeugungsvermögen in Verbindung stehen und von Einem Stamme entsprossen sein* können) zum Unterschiede von der Schulgattung (*species articifialis,* so fern sie unter einem gemeinschaftlichen Merkmale der bloßen Vergleichung stehen), davon die erstere zur Naturgeschichte, die zweite zur Naturbeschreibung gehört. Jetzt noch etwas über das eigne System des Hrn. F. von dem Ursprunge desselben. Darin sind wir beide einig, daß alles in einer Naturwissenschaft natürlich müsse erklärt werden, weil es sonst zu dieser Wissenschaft nicht gehören würde. Diesem Grundsatze bin ich so sorgfältig gefolgt, daß auch ein scharfsinniger Mann (Hr. O.C.R. Büsching in der Recension meiner obgedachten Schrift) wegen der Ausdrücke von Absichten, von Weisheit und Vorsorge etc. der Natur mich zu einem Naturalisten, doch mit dem Beisatze von eigner Art macht, weil ich in Verhandlungen, welche die bloße Naturkenntnisse und, wieweit diese reichen, angehen (wo es ganz schicklich ist, sich teleologisch auszudrücken), es nicht rathsam finde eine theologische Sprache zu führen; um jeder Erkenntnißart ihre Grenzen ganz sorgfältig zu bezeichnen.

Allein ebenderselbe Grundsatz, daß alles in der Naturwissenschaft natürlich erklärt werden müsse, bezeichnet zugleich

---

* Zu einem und demselben Stamme zu gehören bedeutet nicht sofort von einem einzelnen ursprünglichen Paare erzeugt zu sein; es will nur soviel sagen: die Mannigfaltigkeiten, die jetzt in einer gewissen Thiergattung anzutreffen sind, dürfen darum nicht als so viel ursprüngliche Verschiedenheiten angesehen werden. Wenn nun der erste Menschenstamm aus noch so viel Personen (beiderlei Geschlechts), die aber alle gleichartig waren, bestand, so kann ich eben so gut die jetzigen Menschen von einem einzigen Paare, als von vielen derselben ableiten. Hr. F. hält mich im Verdacht, daß ich das letztere als ein Factum und zwar zufolge einer Autorität behaupten wolle; allein es ist nur die Idee, die ganz natürlich aus der Theorie folgt. Was aber die Schwierigkeit betrifft, daß wegen der reißenden Thiere das menschliche Geschlecht mit seinem Anfange von einem einzigen Paare schlecht gesichert gewesen sein würde, so kann ihm diese keine sonderliche Mühe machen. Denn seine allgebärende Erde durfte dieselbe nur später als die Menschen hervorgebracht haben.

die Grenzen derselben. Denn man ist zu ihrer äußersten Grenze gelangt, wenn man den letzten unter allen Erklärungsgründen braucht, der noch durch Erfahrung bewährt werden kann. Wo diese aufhören, und man mit selbst erdachten Kräften der Materie nach unerhörten und keiner Belege fähigen Gesetzen es anfangen muß, da ist man schon über die Naturwissenschaft hinaus, ob man gleich noch immer Naturdinge als Ursachen nennt, zugleich aber ihnen Kräfte beilegt, deren Existenz durch nichts bewiesen, ja sogar ihre Möglichkeit mit der Vernunft schwerlich vereinigt werden kann. Weil der Begriff eines organisirten Wesens es schon bei sich führt, daß es eine Materie sei, in der Alles wechselseitig als Zweck und Mittel auf einander in Beziehung steht, und dies sogar nur als System von Endursachen gedacht werden kann, mithin die Möglichkeit desselben nur teleologische, keinesweges aber physisch-mechanische Erklärungsart wenigstens der menschlichen Vernunft übrig läßt: so kann in der Physik nicht nachgefragt werden, woher denn alle Organisirung selbst ursprünglich herkomme. Die Beantwortung dieser Frage würde, wenn sie überhaupt für uns zugänglich ist, offenbar außer der Naturwissenschaft in der Metaphysik liegen. Ich meinerseits leite alle Organisation von organischen Wesen (durch Zeugung) ab und spätere Formen (dieser Art Naturdinge) nach Gesetzen der allmähligen Entwickelung von ursprünglichen Anlagen (dergleichen sich bei den Verpflanzungen der Gewächse häufig antreffen lassen), die in der Organisation ihres Stammes anzutreffen waren. Wie dieser Stamm selbst entstanden sei, diese Aufgabe liegt gänzlich über die Grenzen aller dem Menschen möglichen Physik hinaus, innerhalb denen ich doch glaubte mich halten zu müssen.

Ich fürchte daher für Hrn. F.'s System nichts von einem Ketzergerichte (denn das würde sich hier eben so wohl eine Gerichtsbarkeit außer seinem Gebiete anmaßen), auch stimme ich erforderlichen Falles auf eine philosophische Jury (S. 166) von bloßen Naturforschern und glaube doch kaum, daß ihr Ausspruch für ihn günstig ausfallen dürfte. »Die kreißende Erde (S. 80), welche Thiere und Pflanzen ohne Zeugung von ihres gleichen aus ihrem weichen, vom Meeresschlamme befruchteten Mutterschooße entspringen ließ, die darauf gegründete Localzeugungen organischer Gattungen, da Afrika seine Menschen (die Neger), Asien die seinige (alle übrige) hervorbrachte (S. 158), die davon abgeleitete Verwandtschaft Aller in einer unmerklichen Abstufung vom Menschen zum Wallfische (S. 77) und so weiter hinab (vermuthlich bis zu Moosen und Flechten, nicht blos im Vergleichungssystem, sondern im Erzeugungssystem aus gemeinschaftlichem Stamme) gehenden Naturkette* organischer Wesen« – diese würden zwar nicht machen, daß der Naturforscher davor, als vor einem Ungeheuer (S. 75), zurückbebte (denn es ist ein Spiel, womit sich wohl mancher irgend einmal unterhalten hat, das er aber, weil damit nichts ausgerichtet wird, wieder aufgab), er würde aber doch davon durch die Betrachtung zurückgescheucht werden, daß er sich hiedurch unvermerkt von dem fruchtbaren Boden der Naturforschung in die Wüste der Metaphysik verirre. Zudem kenne ich noch eine eben nicht (S. 75) unmännliche Furcht, nämlich vor allem zurückzubeben, was die Vernunft von ihren ersten Grundsätzen abspannt und ihr es erlaubt macht, in grenzlosen Einbildungen herumzuschweifen. Vielleicht hat Hr. F. auch hiedurch nur irgend einem Hypermetaphysiker (denn dergleichen giebts auch, die nämlich die Elementarbegriffe nicht kennen, die sie auch zu verachten sich anstellen und doch heroisch auf Eroberungen ausgehen) einen

---

* Über diese vornehmlich durch Bonnet sehr beliebt gewordene Idee verdient des Hrn. Prof. Blumenbach Erinnerung (Handbuch der Naturgeschichte 1779. Vorrede § 7) gelesen zu werden. Dieser einsehende Mann legt auch den Bildungstrieb, durch den er so viel Licht in die Lehre der Zeugungen gebracht hat, nicht der unorganischen Materie, sondern nur den Gliedern organisirter Wesen bei.

Gefallen thun und Stoff für dessen Phantasie geben wollen, um sich hernach hierüber zu belustigen.

Wahre Metaphysik kennt die Grenzen der menschlichen Vernunft und unter anderen diesen ihren Erbfehler, den sie nie verläugnen kann: daß sie schlechterdings keine Grundkräfte *a priori* erdenken kann und darf (weil sie alsdann lauter leere Begriffe aushecken würde), sondern nichts weiter thun kann, als die, so ihr die Erfahrung lehrt (so fern sie nur dem Anscheine nach verschieden, im Grunde aber identisch sind), auf die kleinstmögliche Zahl zurück zu führen und die dazu gehörige Grundkraft, wenns die Physik gilt, in der Welt, wenn es aber die Metaphysik angeht (nämlich die nicht weiter abhängige anzugeben), allenfalls außer der Welt zu suchen. Von einer Grundkraft aber (da wir sie nicht anders als durch die Beziehung einer Ursache auf eine Wirkung kennen) können wir keinen andern Begriff geben und keine Benennung dafür ausfinden, als der von der Wirkung hergenommen ist und gerade nur diese Beziehung ausdrückt*. Nun ist der Begriff eines or-

---

* Z. B. die Einbildung im Menschen ist eine Wirkung, die wir mit andern Wirkungen des Gemüths nicht als einerlei erkennen. Die Kraft, die sich darauf bezieht, kann daher nicht anders als Einbildungskraft (als Grundkraft) genannt werden. Eben so sind unter dem Titel der bewegenden Kräfte Zurückstoßungs- und Anziehungskraft Grundkräfte. Zu der Einheit der Substanz haben verschiedene geglaubt eine einige Grundkraft annehmen zu müssen und haben sogar gemeint sie zu erkennen, indem sie blos den gemeinschaftlichen Titel verschiedener Grundkräfte nannten, z. B. die einzige Grundkraft der Seele sei Vorstellungskraft der Welt; gleich als ob ich sagte: die einzige Grundkraft der Materie ist bewegende Kraft, weil Zurückstoßung und Anziehung beide unter dem gemeinschaftlichen Begriffe der Bewegung stehen. Man verlangt aber zu wissen, ob sie auch von dieser abgeleitet werden können, welches unmöglich ist. Denn die niedrigern Begriffe können nach dem, was sie Verschiedenes haben, von dem höheren niemals abgeleitet werden; und was die Einheit der Substanz betrifft, von der es scheint, daß sie die Einheit der Grundkraft schon in ihrem Begriffe bei sich führe, so beruht diese Täuschung auf einer unrichtigen Definition der Kraft. Denn diese ist nicht das, was den Grund der Wirklichkeit der Accidenzen enthält (das ist die Substanz), sondern ist blos das Verhältniß der Substanz zu den Accidenzen, so fern sie den Grund ihrer Wirklichkeit enthält. Es können aber der Substanz (unbeschadet ihrer Einheit) verschiedene Verhältnisse gar wohl beigelegt werden.

ganisirten Wesens dieser: daß es ein materielles Wesen sei, welches nur durch die Beziehung alles dessen, was in ihm enthalten ist, aufeinander als Zweck und Mittel möglich ist (wie auch wirklich jeder Anatomiker als Physiolog von diesem Begriffe ausgeht). Eine Grundkraft, durch die eine Organisation gewirkt würde, muß also als eine nach Zwecken wirkende Ursache gedacht werden und zwar so, daß diese Zwecke der Möglichkeit der Wirkung zum Grunde gelegt werden müssen. Wir kennen aber dergleichen Kräfte ihrem Bestimmungsgrunde nach durch Erfahrung nur in uns selbst, nämlich an unserem Verstande und Willen, als einer Ursache der Möglichkeit gewisser ganz nach Zwecken eingerichteter Producte, nämlich der Kunstwerke. Verstand und Wille sind bei uns Grundkräfte, deren der letztere, so fern er durch den erstern bestimmt wird, ein Vermögen ist, Etwas gemäß einer Idee, die Zweck genannt wird, hervorzubringen. Unabhängig von aller Erfahrung aber sollen wir uns keine neue Grundkraft erdenken, dergleichen doch diejenige sein würde, die in einem Wesen zweckmäßig wirkte, ohne doch den Bestimmungsgrund in einer Idee zu haben. Also ist der Begriff von dem Vermögen eines Wesens aus sich selbst zweckmäßig, aber ohne Zweck und Absicht, die in ihm oder seiner Ursache lägen, zu wirken – als eine besondere Grundkraft, von der die Erfahrung kein Beispiel giebt – völlig erdichtet und leer, d. i. ohne die mindeste Gewährleistung, daß ihr überhaupt irgend ein Object correspondiren könne. Es mag also die Ursache organisirter Wesen in der Welt oder außer der Welt anzutreffen sein, so müssen wir entweder aller Bestimmung ihrer Ursache entsagen, oder ein intelligentes Wesen uns dazu denken; nicht als ob wir (wie der sel. Mendelssohn mit andern glaubte) einsähen, daß eine solche Wirkung aus einer andern Ursache unmöglich sei: sondern weil wir, um eine andere Ursache mit Ausschließung der Endursachen zum Grunde zu legen, uns eine Grundkraft erdichten müßten, wozu die

Vernunft durchaus keine Befugniß hat, weil es ihr alsdann keine Mühe machen würde, alles, w a s sie will und w ie sie will, zu erklären.

* * *

Und nun die Summe von allem diesem gezogen! Z w e c k e haben eine gerade Beziehung auf die Ve r n u n f t, sie mag nun fremde, oder unsere eigene sein. Allein um sie auch in fremder Vernunft zu setzen, müssen wir unsere eigene wenigstens als ein Analogon derselben zum Grunde legen: weil sie ohne diese gar nicht vorgestellt werden können. Nun sind die Zwecke entweder Zwecke der Na t u r, oder der Fre ih e it. Daß es in der Natur Zwecke geben müsse, kann kein Mensch *a priori* einsehen; dagegen er *a priori* ganz wohl einsehen kann, daß es darin eine Verknüpfung der Ursachen und Wirkungen geben müsse. Folglich ist der Gebrauch des teleologischen Princips in Ansehung der Natur jederzeit empirisch bedingt. Eben so würde es mit den Zwecken der Freiheit bewandt sein, wenn dieser vorher die Gegenstände des Wollens durch die Natur (in Bedürfnissen und Neigungen) als Bestimmungsgründe gegeben werden müßten, um blos vermittelst der Vergleichung derselben unter einander und mit ihrer Summe dasjenige durch Vernunft zu bestimmen, was wir uns zum Zwecke machen. Allein die Kritik der praktischen Vernunft zeigt, daß es reine praktische Principien gebe, wodurch die Vernunft *a priori* bestimmt wird, und die also *a priori* den Zweck derselben angeben. Wenn also der Gebrauch des teleologischen Princips zu Erklärungen der Natur darum, weil es auf empirische Bedingungen eingeschränkt ist, den Urgrund der zweckmäßigen Verbindung niemals vollständig und für alle Zwecke bestimmt gnug angeben kann: so muß man dieses dagegen von einer re in e n Z w e c k s l e h r e (welche keine andere als die der Fre i h e i t sein kann) erwarten, deren Princip *a priori* die Beziehung einer

Vernunft überhaupt auf das Ganze aller Zwecke enthält und nur praktisch sein kann. Weil aber eine reine praktische Teleologie, d. i. eine Moral, ihre Zwecke in der Welt wirklich zu machen bestimmt ist, so wird sie deren Möglichkeit in derselben, sowohl was darin gegebene Endursachen betrifft, als auch die Angemessenheit der obersten Weltursache zu einem Ganzen aller Zwecke als Wirkung, mit hin sowohl die natürliche Teleologie, als auch die Möglichkeit einer Natur überhaupt, d. i. die Transscendental-Philosophie, nicht verabsäumen dürfen, um der praktischen reinen Zweckslehre objective Realität in Absicht auf die Möglichkeit des Objects in der Ausübung, nämlich die des Zwecks, den sie als in der Welt zu bewirken vorschreibt, zu sichern.

In beider Rücksicht hat nun der Verfasser der Briefe über die K. Philosophie sein Talent, Einsicht und ruhmwürdige Denkungsart jene zu allgemein nothwendigen Zwecken nützlich anzuwenden musterhaft bewiesen; und ob es zwar eine Zumuthung an den vortrefflichen Herausgeber gegenwärtiger Zeitschrift ist, welche der Bescheidenheit zu nahe zu treten scheint, habe ich doch nicht ermangeln können, ihn um die Erlaubniß zu bitten, meine Anerkennung des Verdienstes des ungenannten und mir bis nur vor kurzem unbekannten Verfassers jener Briefe um die gemeinschaftliche Sache einer nach festen Grundsätzen geführten sowohl speculativen als praktischen Vernunft, so fern ich einen Beitrag dazu zu thun bemüht gewesen, in seine Zeitschrift einrücken zu dürfen. Das Talent einer lichtvollen, sogar anmuthigen Darstellung trockener abgezogener Lehren ohne Verlust ihrer Gründlichkeit ist so selten (am wenigsten dem Alter beschieden) und gleichwohl so nützlich, ich will nicht sagen blos zur Empfehlung, sondern selbst zur Klarheit der Einsicht, der Verständlichkeit und damit verknüpften Überzeugung, – daß ich mich verbunden halte, demjenigen Manne, der meine Arbeiten, welche ich diese Erleichterung nicht verschaffen konnte, auf solche Weise ergänzte, meinen Dank öffentlich abzustatten.

Ich will bei dieser Gelegenheit nur noch mit Wenigem den Vorwurf entdeckter vorgeblicher Widersprüche in einem Werke von ziemlichem Umfange, ehe man es im Ganzen wohl gefaßt hat, berühren. Sie schwinden insgesammt von selbst, wenn man sie in der Verbindung mit dem Übrigen betrachtet. In der Leipz. gel. Zeitung 1787 No. 94 wird das, was in der Kritic etc. Auflage 1787 in der Einleitung S. 3. Z. 7 steht, mit dem, was bald darauf S. 5. Z. 1 und 2 angetroffen wird, als im geraden Widerspruche stehend angegeben; denn in der ersteren Stelle hatte ich gesagt: von den Erkenntnissen *a priori* heißen diejenige r e i n, denen gar nichts Empirisches b e i g e m i s c h t ist, und als ein Beispiel des Gegentheils den Satz angeführt: alles Veränderliche hat eine Ursache. Dagegen führe ich S. 5 eben diesen Satz zum Beispiel einer reinen Erkenntniß *a priori*, d. i. einer solchen, die von nichts Empirischem a b h ä n g i g ist, an; – zweierlei Bedeutungen des Worts r e i n, von denen ich aber im ganzen Werke es nur mit der letzteren zu thun habe. Freilich hätte ich den Mißverstand durch ein Beispiel der erstern Art Sätze verhüten können: Alles Z u f ä l l i g e hat eine Ursache. Denn hier ist gar nichts Empirisches b e i g e m i s c h t. Wer besinnt sich aber auf alle Veranlassungen zum Mißverstande? – Eben das ist mir mit einer Note zur Vorrede der m e t a p h. A n f a n g s g. d. N a t.-W. S. XVI-XVII widerfahren, da ich die Deduction der Kategorien zwar für wichtig, aber nicht f ü r ä u ß e r s t n o t h w e n d i g ausgebe, letzteres aber in der Kritik doch geflissentlich behaupte. Aber man sieht leicht, daß sie dort nur zu einer n e g a t i v e n Absicht, nämlich um zu beweisen, es könne vermittelst ihrer a l l e i n (ohne sinnliche Anschauung) gar k e i n E r k e n n t n i ß der Dinge zu Stande kommen, in Betrachtung gezogen wurden, da es denn schon klar wird, wenn man auch nur die **Exposition** der Kategorien (als blos auf Objecte überhaupt angewandte logische Functionen) zur Hand nimmt. Weil wir aber von ihnen doch einen Gebrauch machen, darin sie zur E r k e n n t n i ß der Objecte (der Erfahrung) wirklich gehören, so mußte nun auch die Möglichkeit einer objectiven Gültigkeit solcher Begriffe *a priori* in Beziehung aufs Empirische besonders bewiesen werden, damit sie nicht gar ohne Bedeutung, oder auch nicht empirisch e n t s p r u n g e n zu sein geurtheilt würden; und das war die p o s i t i v e Absicht, in Ansehung deren die D e d u c t i o n allerdings unentbehrlich nothwendig ist.

Ich erfahre eben jetzt, daß der Verfasser obbenannter Briefe, Herr Rath R e i n h o l d , seit kurzem Professor der Philosophie in Jena sei; ein Zuwachs, der dieser berühmten Universität nicht anders als sehr vortheilhaft sein kann.

I. Kant.

Über das Mißlingen aller philosophischen Versuche in der Theodicee.

Unter einer Theodicee versteht man die Vertheidigung der höchsten Weisheit des Welturhebers gegen die Anklage, welche die Vernunft aus dem Zweckwidrigen in der Welt gegen jene erhebt. – Man nennt dieses, die Sache Gottes verfechten; ob es gleich im Grunde nichts mehr als die Sache unserer anmaßenden, hiebei aber ihre Schranken verkennenden Vernunft sein möchte, welche zwar nicht eben die beste Sache ist, insofern aber doch gebilligt werden kann, als (jenen Eigendünkel bei Seite gesetzt) der Mensch als ein vernünftiges Wesen berechtigt ist, alle Behauptungen, alle Lehre, welche ihm Achtung auferlegt, zu prüfen, ehe er sich ihr unterwirft, damit diese Achtung aufrichtig und nicht erheuchelt sei.

Zu dieser Rechtfertigung wird nun erfordert, daß der vermeintliche Sachwalter Gottes entweder beweise: daß das, was wir in der Welt als zweckwidrig beurtheilen, es nicht sei; oder: daß, wenn es auch dergleichen wäre, es doch gar nicht als Factum, sondern als unvermeidliche Folge aus der Natur der Dinge beurtheilt werden müsse; oder endlich: daß es wenigstens nicht als Factum des höchsten Urhebers aller Dinge, sondern bloß der Weltwesen, denen etwas zugerechnet werden kann, d. i. der Menschen, (allenfalls auch höherer, guter oder böser, geistiger Wesen) angesehen werden müsse.

Der Verfasser einer Theodicee willigt also ein, daß dieser Rechtshandel vor dem Gerichtshofe der Vernunft anhängig gemacht werde, und macht sich anheischig, den angeklagten Theil als Sachwalter durch förmliche Widerlegung aller Beschwerden des Gegners zu vertreten: darf letztern also während des Rechtsganges nicht durch einen Machtspruch der Unstatthaftigkeit des Gerichtshofes der menschlichen Vernunft *(exceptionem fori)* abweisen, d. i. die Beschwerden nicht durch ein dem Gegner auferlegtes Zugeständniß der höchsten Weisheit des Welturhebers, welches sofort alle Zweifel, die sich dagegen regen möchten, auch ohne Untersuchung für grundlos erklärt, abfertigen; sondern muß sich auf die Einwürfe einlassen und, wie sie dem Begriff der höchsten Weisheit* keinesweges Abbruch thun, durch Beleuchtung und Tilgung derselben begreiflich machen. – Doch auf eines hat er nicht nöthig sich einzulassen: nämlich daß er die höchste Weisheit Gottes aus dem, was die Erfahrung an dieser Welt lehrt, auch sogar beweise; denn hiermit würde es ihm auch schlechterdings nicht gelingen, weil Allwissenheit dazu erforderlich ist, um an einer gegebnen Welt (wie sie sich in der Erfahrung zu erkennen giebt) diejenige Vollkommenheit zu erkennen, von der man mit Gewißheit sagen könne, es sei überall keine größere in der Schöpfung und Regierung derselben möglich.

---

* Obgleich der eigenthümliche Begriff einer W e i s h e i t nur die Eigenschaft eines Willens vorstellt, zum höchsten Gut als dem E n d z w e c k aller Dinge zusammen zu stimmen; hingegen K u n s t nur das Vermögen im Gebrauch der tauglichsten Mittel zu b e l i e b i g e n Z w e c k e n: so wird doch Kunst, wenn sie sich als eine solche beweiset, welche Ideen adäquat ist, deren Möglichkeit alle Einsicht der menschlichen Vernunft übersteigt (z. B. wenn Mittel und Zwecke wie in organischen Körpern einander wechselseitig hervorbringen), als eine g ö t t l i c h e K u n s t nicht unrecht auch mit dem Namen der Weisheit belegt werden können; doch, um die Begriffe nicht zu verwechseln, mit dem Namen einer K u n s t w e i s h e i t des Welturhebers zum Unterschiede von der m o r a l i s c h e n W e i s h e i t desselben. Die Teleologie (auch durch sie die Physikotheologie) giebt reichliche Beweise der erstern in der Erfahrung. Aber von ihr gilt kein Schluß auf die moralische Weisheit des Welturhebers, weil Naturgesetz und Sittengesetz ganz ungleichartige Principien erfordern, und der Beweis der letztern Weisheit gänzlich *a priori* geführt, also schlechterdings nicht auf Erfahrung von dem, was in der Welt vorgeht, gegründet werden muß. Da nun der Begriff von Gott, der für die Religion tauglich sein soll (denn zum Behuf der Naturerklärung, mithin in speculativer Absicht brauchen wir ihn nicht), ein Begriff von ihm als einem moralischen Wesen sein muß; da dieser Begriff, so wenig als er auf Erfahrung gegründet, eben so wenig aus bloß transscendentalen Begriffen eines schlechthin nothwendigen Wesens, der gar für uns überschwenglich ist, herausgebracht werden kann: so leuchtet genugsam ein, daß der Beweis des Daseins eines solchen Wesens kein andrer als ein moralischer sein könne.

Das Zweckwidrige in der Welt aber, was der Weisheit ihres Urhebers entgegengesetzt werden könnte, ist nun dreifacher Art:

I. Das schlechthin Zweckwidrige, was weder als Zweck, noch als Mittel von einer Weisheit gebilligt und begehrt werden kann.

II. Das bedingt Zweckwidrige, welches zwar nie als Zweck, aber doch als Mittel mit der Weisheit eines Willens zusammen besteht.

Das erste ist das moralische Zweckwidrige, als das eigentliche Böse (die Sünde); das zweite das physische Zweckwidrige, das Übel (der Schmerz). – Nun giebt es aber noch eine Zweckmäßigkeit in dem Verhältniß der Übel zu dem moralischen Bösen, wenn das letztere einmal da ist und nicht verhindert werden konnte oder sollte: nämlich in der Verbindung der Übel und Schmerzen als Strafen mit dem Bösen als Verbrechen; und von dieser Zweckmäßigkeit in der Welt fragt es sich, ob jedem in der Welt hierin sein Recht widerfährt. Folglich muß auch noch eine

IIIte Art des Zweckwidrigen in der Welt gedacht werden können, nämlich das Mißverhältniß der Verbrechen und Strafen in der Welt.

Die Eigenschaften der höchsten Weisheit des Welturhebers, wogegen jene Zweckwidrigkeiten als Einwürfe auftreten, sind also auch drei:

Erstlich die Heiligkeit desselben als Gesetzgebers (Schöpfers) im Gegensatze mit dem Moralisch-Bösen in der Welt.

Zweitens die Gütigkeit desselben als Regierers (Erhalters) im Contraste mit den zahllosen Übeln und Schmerzen der vernünftigen Weltwesen.

Drittens die Gerechtigkeit desselben als Richters in Vergleichung mit dem Übelstande, den das Mißverhältniß zwischen der Straflosigkeit der Lasterhaften und ihren Verbrechen in der Welt zu zeigen scheint*.

Es wird also gegen jene drei Klagen die Verantwortung auf die oben erwähnte dreifach verschiedene Art vorgestellt und ihrer Gültigkeit nach geprüft werden müssen.

I. Wider die Beschwerde gegen die Heiligkeit des göttlichen

---

* Diese drei Eigenschaften zusammen, deren eine sich keineswegs auf die andre, wie etwa die Gerechtigkeit auf Güte, und so das Ganze auf eine kleinere Zahl zurückführen läßt, machen den moralischen Begriff von Gott aus. Es läßt sich auch die Ordnung derselben nicht verändern (wie etwa die Gütigkeit zur obersten Bedingung der Weltschöpfung machen, der die Heiligkeit der Gesetzgebung untergeordnet sei), ohne der Religion Abbruch zu thun, welcher eben dieser moralische Begriff zum Grunde liegt. Unsre eigene reine (und zwar praktische) Vernunft bestimmt diese Rangordnung, indem, wenn sogar die Gesetzgebung sich nach der Güte bequemt, es keine Würde derselben und keinen festen Begriff von Pflichten mehr giebt. Der Mensch wünscht zwar zuerst glücklich zu sein; sieht aber doch ein und bescheidet sich (obzwar ungern), daß die Würdigkeit glücklich zu sein, d. i. die Übereinstimmung des Gebrauchs seiner Freiheit mit dem heiligen Gesetze, in dem Rathschluß des Urhebers die Bedingung seiner Gütigkeit sein und also nothwendig vorhergehen müsse. Denn der Wunsch, welcher den subjectiven Zweck (der Selbstliebe) zum Grunde hat, kann nicht den objectiven Zweck (der Weisheit), den das Gesetz vorschreibt, bestimmen, welches dem Willen unbedingt die Regel giebt. – Auch ist die Strafe in der Ausübung der Gerechtigkeit keineswegs als bloßes Mittel, sondern als Zweck in der gesetzgebenden Weisheit gegründet: die Übertretung wird mit Übeln verbunden, nicht damit ein anderes Gute herauskomme, sondern weil diese Verbindung an sich selbst, d. i. moralisch nothwendig und gut ist. Die Gerechtigkeit setzt zwar Güte des Gesetzgebers voraus (denn wenn sein Willen nicht auf das Wohl seiner Unterthanen ginge, so würde dieser sie auch nicht verpflichten können ihm zu gehorchen); aber sie ist nicht Güte, sondern als Gerechtigkeit von dieser wesentlich unterschieden, obgleich im allgemeinen Begriffe der Weisheit enthalten. Daher geht auch die Klage über den Mangel einer Gerechtigkeit, die sich im Loose, welches den Menschen hier in der Welt zu Theil wird, zeige, nicht darauf, daß es den Guten hier nicht w o h l, sondern daß es den Bösen nicht ü b e l geht (obzwar, wenn das erstere zu dem letztern hinzu kommt, der Contrast diesen Anstoß noch vergrößert). Denn in einer göttlichen Regierung kann auch der beste Mensch seinen Wunsch zum Wohlergehen nicht auf die göttliche Gerechtigkeit, sondern muß ihn jederzeit auf seine Güte gründen: weil der, welcher bloß seine Schuldigkeit thut, keinen Rechtsanspruch auf das Wohlthun Gottes haben kann.

Willens aus dem Moralisch-Bösen, welches die Welt, sein Werk, verunstaltet, besteht die erste Rechtfertigung darin:

a) Daß es ein solches schlechterdings Zweckwidrige, als wofür wir die Übertretung der reinen Gesetze unserer Vernunft nehmen, gar nicht gebe, sondern daß es nur Verstöße wider die menschliche Weisheit seien; daß die göttliche sie nach ganz andern, uns unbegreiflichen Regeln beurtheile, wo, was wir zwar beziehungsweise auf unsre praktische Vernunft und deren Bestimmung mit Recht verwerflich finden, doch in Verhältniß auf göttliche Zwecke und die höchste Weisheit vielleicht gerade das schicklichste Mittel sowohl für unser besonderes Wohl, als das Weltbeste überhaupt sein mag; daß die Wege des Höchsten nicht unsre Wege seien *(sunt Superis sua iura)*, und wir darin irren, wenn, was nur relativ für Menschen in diesem Leben Gesetz ist, wir für schlechthin als ein solches beurtheilen und so das, was unsrer Betrachtung der Dinge aus so niedrigem Standpunkte als zweckwidrig erscheint, dafür auch, aus dem höchsten Standpunkte betrachtet, halten. – Diese Apologie, in welcher die Verantwortung ärger ist als die Beschwerde, bedarf keiner Widerlegung und kann sicher der Verabscheuung jedes Menschen, der das mindeste Gefühl für Sittlichkeit hat, frei überlassen werden.

b) Die zweite vorgebliche Rechtfertigung würde zwar die Wirklichkeit des Moralisch-Bösen in der Welt einräumen, den Welturheber aber damit entschuldigen, daß es nicht zu verhindern möglich gewesen: weil es sich auf den Schranken der Natur der Menschen, als endlicher Wesen, gründe. – Aber dadurch würde jenes Böse selbst gerechtfertigt werden; und man müßte, da es nicht als die Schuld der Menschen ihnen zugerechnet werden kann, aufhören es ein moralisches Böse zu nennen.

c) Die dritte Beantwortung: daß, gesetzt auch, es ruhe wirklich mit dem, was wir moralisch böse nennen, eine Schuld auf dem Menschen, doch Gott keine beigemessen werden müsse, weil er jenes als That der Menschen aus weisen Ursachen bloß zugelassen, keineswegs aber für sich gebilligt und gewollt oder veranstaltet hat, – läuft (wenn man auch an dem Begriffe des bloßen Zulassens eines Wesens, welches ganz und alleiniger Urheber der Welt ist, keinen Anstoß nehmen will) doch mit der vorigen Apologie (b) auf einerlei Folge hinaus: nämlich daß, da es selbst Gott unmöglich war dieses Böse zu verhindern, ohne anderweitigen höhern und selbst moralischen Zwecken Abbruch zu thun, der Grund dieses Übels (denn so müßte man es eigentlich nun nennen) unvermeidlich in dem Wesen der Dinge, nämlich den nothwendigen Schranken der Menschheit als endlicher Natur, zu suchen sein müsse, mithin ihr auch nicht zugerechnet werden könne.

II. Auf die Beschwerde, die wider die göttliche Gütigkeit aus den Übeln, nämlich Schmerzen, in dieser Welt erhoben wird, besteht nun die Rechtfertigung derselben gleichfalls

a) darin: daß in den Schicksalen der Menschen ein Übergewicht des Übels über den angenehmen Genuß des Lebens fälschlich angenommen werde, weil doch ein Jeder, so schlimm es ihm auch ergeht, lieber leben als todt sein will, und diejenigen Wenigen, die das letztere beschließen, so lange sie es selbst aufschoben, selbst dadurch noch immer jenes Übergewicht eingestehen und, wenn sie zum letztern thöricht genug sind, auch alsdann bloß in den Zustand der Nichtempfindung übergehen, in welchem ebenfalls kein Schmerz gefühlt werden könne. – Allein man kann die Beantwortung dieser Sophisterei sicher dem Ausspruche eines jeden Menschen von gesundem Verstande, der lange genug gelebt und über den Werth des Lebens nachgedacht hat, um hierüber ein Urtheil fällen zu können, überlassen, wenn man ihn fragt: ob er wohl, ich will nicht sagen auf dieselbe, sondern auf jede andre ihm beliebige Bedingungen (nur nicht etwa einer Feen-, sondern dieser unserer Erdenwelt) das Spiel des Lebens noch einmal durchzuspielen Lust hätte.

b) Auf die zweite Rechtfertigung: daß nämlich das Übergewicht der schmerzhaften Gefühle über die angenehmen von der Natur eines thierischen Geschöpfes, wie der Mensch ist, nicht könne getrennt werden (wie etwa Graf Veri in dem Buche über die Natur des Vergnügens behauptet), – würde man erwidern: daß, wenn dem also ist, sich eine andre Frage einfinde, woher nämlich der Urheber unsers Daseins uns überhaupt ins Leben gerufen, wenn es nach unserm richtigen Überschlage für uns nicht wünschenswerth ist. Der Unmuth würde hier, wie jene indianische Frau dem Dschingischan, der ihr wegen erlittener Gewaltthätigkeit keine Genugthuung, noch wegen der künftigen Sicherheit verschaffen konnte, antworten: Wenn du uns nicht schützen willst, warum eroberst du uns denn?

c) Die dritte Auflösung des Knotens soll diese sein: daß uns Gott um einer künftigen Glückseligkeit willen, also doch aus Güte, in die Welt gesetzt habe, daß aber vor jener zu hoffenden überschwenglich großen Seligkeit durchaus ein mühe- und trübsalvoller Zustand des gegenwärtigen Lebens vorhergehen müsse, wo wir eben durch den Kampf mit Widerwärtigkeiten jener künftigen Herrlichkeit würdig werden sollten. – Allein daß diese Prüfungszeit (der die Meisten unterliegen, und in welcher auch der Beste seines Lebens nicht froh wird) vor der höchsten Weisheit durchaus die Bedingung der dereinst von uns zu genießenden Freuden sein müsse, und daß es nicht thunlich gewesen, das Geschöpf mit jeder Epoche seines Lebens zufrieden werden zu lassen, kann zwar vorgegeben, aber schlechterdings nicht eingesehen werden, und man kann also freilich diesen Knoten durch Berufung auf die höchste Weisheit, die es so gewollt hat, abhauen, aber nicht auflösen: welches doch die Theodicee verrichten zu können sich anheischig macht.

III. Auf die letzte Anklage, nämlich wider die Gerechtigkeit des Weltrichters,* wird geantwortet:

a) Daß das Vorgeben von der Straflosigkeit der Lasterhaften in der Welt keinen Grund habe, weil jedes Verbrechen seiner Natur gemäß schon hier die ihm angemessene Strafe bei sich führe, indem die innern Vorwürfe des Gewissens den Lasterhaften ärger noch als Furien plagen. – Allein in diesem Urtheile liegt offenbar ein Mißverstand. Denn der tugendhafte Mann leiht hierbei dem lasterhaften seinen Gemüthscharakter, nämlich die Gewissenhaftigkeit in ihrer ganzen Strenge, welche, je tugendhafter der Mensch ist, ihn desto härter wegen der geringsten Übereilung, welche das sittliche Gesetz in ihm mißbilligt, bestraft. Allein wo diese Denkungsart und mit ihr die Gewissenhaftigkeit gar fehlt, da fehlt auch der Peiniger für begangene Verbrechen; und der Lasterhafte, wenn er nur den äußern Züchtigungen wegen seiner Frevelthaten entschlüpfen kann, lacht über die Ängstlichkeit der Redlichen sich mit selbsteigenen Verweisen innerlich zu plagen; die kleinen Vorwürfe aber, die er sich bisweilen machen mag, macht er sich entweder gar nicht durchs Gewissen, oder, hat er davon noch etwas in sich, so werden sie durch das Sinnenvergnügen, als woran er allein Geschmack findet, reichlich aufgewogen und vergütet. – – Wenn jene Anklage ferner

b) dadurch widerlegt werden soll: daß zwar nicht zu läugnen sei, es finde sich schlechterdings kein der Gerechtigkeit gemäßes Verhältniß zwischen Schuld und Strafen in der Welt, und

---

* Es ist merkwürdig, daß unter allen Schwierigkeiten, den Lauf der Weltbegebenheiten mit der Göttlichkeit ihres Urhebers zu vereinigen, keine sich dem Gemüth so heftig aufdringt, als die von dem Anschein einer darin mangelnden Gerechtigkeit. Trägt es sich zu (ob es zwar selten geschieht), daß ein ungerechter, vornehmlich Gewalt habender Bösewicht nicht ungestraft aus der Welt entwischt: so frohlockt der mit dem Himmel gleichsam versöhnte, sonst parteilose Zuschauer. Keine Zweckmäßigkeit der Natur wird ihn durch Bewunderung derselben so in Affect setzen und die Hand Gottes gleichsam daran vernehmen lassen. Warum? Sie ist hier moralisch und einzig von der Art, die man in der Welt einigermaßen wahrzunehmen hoffen kann.

man müsse im Laufe derselben oft ein mit schreiender Ungerechtigkeit geführtes und gleichwohl bis ans Ende glückliches Leben mit Unwillen wahrnehmen; daß dieses aber in der Natur liegende und nicht absichtlich veranstaltete, mithin nicht moralische Mißhelligkeit sei, weil es eine Eigenschaft der Tugend sei, mit Widerwärtigkeit zu ringen (wozu der Schmerz, den der Tugendhafte durch die Vergleichung seines eigenen Unglücks mit dem Glück des Lasterhaften leiden muß, mitgehört), und die Leiden den Werth der Tugend nur zu erheben dienen, mithin vor der Vernunft diese Dissonanz der unverschuldeten Übel des Lebens doch in den herrlichsten sittlichen Wohllaut aufgelöset werde: – so steht dieser Auflösung entgegen: daß, obgleich diese Übel, wenn sie als Wetzstein der Tugend vor ihr v o r h e r g e h e n oder sie begleiten, zwar mit ihr als in moralischer Übereinstimmung stehend vorgestellt werden können, wenn wenigstens das Ende des Lebens noch die letztere krönt und das Laster bestraft; daß aber, wenn selbst dieses Ende, wie doch die Erfahrung davon viele Beispiele giebt, widersinnig ausfällt, dann das Leiden dem Tugendhaften, nicht d a m i t seine Tugend rein sei, sondern w e i l sie es gewesen ist (dagegen aber den Regeln der klugen Selbstliebe zuwider war), zugefallen zu sein scheine; welches gerade das Gegentheil der Gerechtigkeit ist, wie sich der Mensch einen Begriff von ihr machen kann. Denn was die Möglichkeit betrifft, daß das Ende dieses Erdenlebens doch vielleicht nicht das Ende alles Lebens sein möge: so kann diese Möglichkeit nicht für R e c h t f e r t i g u n g der Vorsehung gelten, sondern ist bloß ein Machtspruch der moralisch-gläubigen Vernunft, wodurch der Zweifelnde zur Geduld verwiesen, aber nicht befriedigt wird.

c) Wenn endlich die dritte Auflösung dieses unharmonischen Verhältnisses zwischen dem moralischen Werth der Menschen und dem Loose, das ihnen zu Theil wird, dadurch versucht werden will, daß man sagt: in dieser Welt müsse alles Wohl oder Übel bloß als Erfolg aus dem Gebrauche der Vermögen der Menschen nach Gesetzen der Natur proportionirt ihrer angewandten Geschicklichkeit und Klugheit, zugleich auch den Umständen, darein sie zufälliger Weise gerathen, nicht aber nach ihrer Zusammenstimmung zu übersinnlichen Zwecken beurtheilt werden; in einer künftigen Welt dagegen werde sich eine andere Ordnung der Dinge hervorthun und jedem zu Theil werden, wessen seine Thaten hienieden nach moralischer Beurtheilung werth sind: – so ist diese Voraussetzung auch willkürlich. Vielmehr muß die Vernunft, wenn sie nicht als moralisch gesetzgebendes Vermögen diesem ihrem Interesse gemäß einen Machtspruch thut, nach bloßen Regeln des theoretischen Erkenntnisses es wahrscheinlich finden: daß der Lauf der Welt nach der Ordnung der Natur, so wie hier, also auch fernerhin unsre Schicksale bestimmen werde. Denn was hat die Vernunft für ihre theoretische Vermuthung anders zum Leitfaden, als das Naturgesetz? Und ob sie sich gleich, wie ihr vorher (Nr. b) zugemuthet worden, zur Geduld und Hoffnung eines künftig bessern verweisen ließe: wie kann sie erwarten, daß, da der Lauf der Dinge nach der Ordnung der Natur hier auch für sich selbst weise ist, er nach eben demselben Gesetze in einer künftigen Welt unweise sein würde? Da also nach derselben zwischen den innern Bestimmungsgründen des Willens (nämlich der moralischen Denkungsart) nach Gesetzen der Freiheit und zwischen den (größtentheils äußern) von unserm Willen unabhängigen Ursachen unsers Wohlergehens nach Naturgesetzen gar kein begreifliches Verhältniß ist: so bleibt die Vermuthung, daß die Übereinstimmung des Schicksals der Menschen mit einer göttlichen Gerechtigkeit nach den Begriffen, die wir uns von ihr machen, so wenig dort wie hier zu erwarten sei.

* * *

263 Der Ausgang dieses Rechtshandels vor dem Gerichtshofe der Philosophie ist nun: daß alle bisherige Theodicee das nicht leiste, was sie verspricht, nämlich die moralische Weisheit in der

Weltregierung gegen die Zweifel, die dagegen aus dem, was die Erfahrung an dieser Welt zu erkennen giebt, gemacht werden, zu rechtfertigen: obgleich freilich diese Zweifel als Einwürfe, so weit unsre Einsicht in die Beschaffenheit unsrer Vernunft in Ansehung der letztern reicht, auch das Gegentheil nicht beweisen können. Ob aber nicht noch etwa mit der Zeit tüchtigere Gründe der Rechtfertigung derselben erfunden werden könnten, die angeklagte Weisheit nicht (wie bisher) bloß *ab instantia* zu absolviren: das bleibt dabei doch noch immer unentschieden, wenn wir es nicht dahin bringen, mit Gewißheit darzuthun: daß unsre Vernunft zur Einsicht des Verhältnisses, in welchem eine Welt, so wie wir sie durch Erfahrung immer kennen mögen, zu der höchsten Weisheit stehe, schlechterdings unvermögend sei; denn alsdann sind alle fernere Versuche vermeintlicher menschlicher Weisheit, die Wege der göttlichen einzusehen, völlig abgewiesen. Daß also wenigstens eine negative Weisheit, nämlich die Einsicht der nothwendigen Beschränkung unsrer Anmaßungen in Ansehung dessen, was uns zu hoch ist, für uns erreichbar sei: das muß noch bewiesen werden, um diesen Proceß für immer zu endigen; und dieses läßt sich gar wohl thun.

Wir haben nämlich von einer Kunstweisheit in der Einrichtung dieser Welt einen Begriff, dem es für unser speculatives Vernunftvermögen nicht an objectiver Realität mangelt, um zu einer Physikotheologie zu gelangen. Eben so haben wir auch einen Begriff von einer moralischen Weisheit, die in eine Welt überhaupt durch einen vollkommensten Urheber gelegt werden könnte, an der sittlichen Idee unserer eigenen praktischen Vernunft. – Aber von der Einheit in der Zusammenstimmung jener Kunstweisheit mit der moralischen Weisheit in einer Sinnenwelt haben wir keinen Begriff und können auch zu demselben nie zu gelangen hoffen. Denn ein Geschöpf zu sein und als Naturwesen bloß dem Willen seines Urhebers zu folgen; dennoch aber als freihandelndes Wesen (welches seinen vom äußern Einfluß unabhängigen Willen hat, der dem erstern vielfältig zuwider sein kann) der Zurechnung fähig zu sein und seine eigne That doch auch zugleich als die Wirkung eines höhern Wesens anzusehen: ist eine Vereinbarung von Begriffen, die wir zwar in der Idee einer Welt, als des höchsten Guts, zusammen denken müssen; die aber nur der einsehen kann, welcher bis zur Kenntniß der übersinnlichen (intelligiblen) Welt durchdringt und die Art einsieht, wie sie der Sinnenwelt zum Grunde liegt: auf welche Einsicht allein der Beweis der moralischen Weisheit des Welturhebers in der letztern gegründet werden kann, da diese doch nur die Erscheinung jener erstern Welt darbietet, – eine Einsicht, zu der kein Sterblicher gelangen kann.

* * *

Alle Theodicee soll eigentlich **Auslegung** der Natur sein, sofern Gott durch dieselbe die Absicht seines Willens kund macht. Nun ist jede Auslegung des declarirten Willens eines Gesetzgebers entweder **doctrinal** oder **authentisch**. Die erste ist diejenige, welche jenen Willen aus den Ausdrücken, deren sich dieser bedient hat, in Verbindung mit den sonst bekannten Absichten des Gesetzgebers herausvernünftelt; die zweite macht der Gesetzgeber selbst.

Die Welt, als ein Werk Gottes, kann von uns auch als eine göttliche Bekanntmachung der **Absichten** seines Willens betrachtet werden. Allein hierin ist sie für uns **oft** ein verschlossenes Buch; **jederzeit** aber ist sie dies, wenn es darauf angesehen ist, sogar die **Endabsicht** Gottes (welche jederzeit moralisch ist) aus ihr, obgleich einem Gegenstande der Erfahrung, abzunehmen. Die philosophischen Versuche dieser Art Auslegung sind doctrinal und machen die eigentliche Theodicee aus, die man daher die doctrinale nennen kann. – Doch kann man auch der bloßen Abfertigung aller Einwürfe wider die göttliche Weisheit den Namen einer Theodicee nicht versagen, wenn sie ein göttlicher Machtspruch, oder (welches in diesem Falle auf Eins hinausläuft) wenn sie ein Ausspruch derselben Vernunft ist, wodurch wir uns den Begriff von Gott als einem moralischen und weisen Wesen nothwendig und vor aller Erfahrung machen. Denn da wird Gott durch unsre Vernunft selbst der Ausleger seines durch die Schöpfung verkündigten Willens; und diese Auslegung können wir eine authentische Theodicee nennen. Das ist aber alsdann nicht Auslegung einer vernünftelnden (speculativen), sondern einer machthabenden praktischen Vernunft, die, so wie sie ohne weitere Gründe im Gesetzgeben schlechthin gebietend ist, als die unmittelbare Erklärung und Stimme Gottes angesehen werden kann, durch die er dem Buchstaben seiner Schöpfung einen Sinn giebt. Eine solche authentische Interpretation finde ich nun in einem alten heiligen Buche allegorisch ausgedrückt.

Hiob wird als ein Mann vorgestellt, zu dessen Lebensgenuß sich Alles vereinigt hatte, was man, um ihn vollkommen zu machen, nur immer ausdenken mag. Gesund, wohlhabend, frei, ein Gebieter über Andre, die er glücklich machen kann, im Schoße einer glücklichen Familie, unter geliebten Freunden; und über das Alles (was das Vornehmste ist) mit sich selbst zufrieden in einem guten Gewissen. Alle diese Güter, das letzte ausgenommen, entriß ihm plötzlich ein schweres über ihn zur Prüfung verhängtes Schicksal. Von der Betäubung über diesen unerwarteten Umsturz allmählig zum Besinnen gelangt, bricht er nun in Klagen über seinen Unstern aus; worüber zwischen ihm und seinen vorgeblich sich zum Trösten einfindenden Freunden es bald zu einer Disputation kommt, worin beide Theile, jeder nach seiner Denkungsart (vornehmlich aber nach seiner Lage), seine besondere Theodicee zur moralischen Erklärung jenes schlimmen Schicksals aufstellt. Die Freunde Hiobs bekennen sich zu dem System der Erklärung aller Übel in der Welt aus der göttlichen Gerechtigkeit, als so vieler Strafen für begangene Verbrechen; und ob sie zwar keine zu nennen wußten, die dem unglücklichen Mann zu Schulden kommen sollten, so glaubten sie doch *a priori* urtheilen zu können, er müßte deren auf sich ruhen haben, weil es sonst nach der göttlichen Gerechtigkeit nicht möglich wäre, daß er unglücklich sei. Hiob dagegen – der mit Entrüstung betheuert, daß ihm sein Gewissen seines ganzen Lebens halber keinen Vorwurf mache; was aber menschliche unvermeidliche Fehler betrifft, Gott selbst wissen werde, daß er ihn als ein gebrechliches Geschöpf gemacht habe – erklärt sich für das System des **unbedingten göttlichen Rathschlusses**. »Er ist einig,« sagt er, »er machts, wie er will*.«

In dem, was beide Theile vernünfteln oder übervernünfteln, ist wenig Merkwürdiges; aber der Charakter, in welchem sie es thun, verdient desto mehr Aufmerksamkeit. Hiob spricht, wie er denkt, und wie ihm zu Muthe ist, auch wohl jedem Menschen in seiner Lage zu Muthe sein würde; seine Freunde sprechen dagegen, wie wenn sie ingeheim von dem Mächtigern, über dessen Sache sie Recht sprechen, und bei dem sich durch ihr Urtheil in Gunst zu setzen ihnen mehr am Herzen liegt als an der Wahrheit, behorcht würden. Diese ihre Tücke, Dinge zum Schein zu behaupten, von denen sie doch gestehen mußten, daß sie sie nicht einsahen, und eine Überzeugung zu heucheln, die sie in der That nicht hatten, sticht gegen Hiobs gerade Freimüthigkeit, die sich so weit von falscher Schmeichelei entfernt, daß sie fast an Vermessenheit gränzt, sehr zum Vortheil des letztern ab. »Wollt ihr,« sagt er**, »Gott vertheidigen mit Unrecht? Wollt ihr seine Person ansehen? Wollt Ihr Gott vertreten? Er wird euch strafen, wenn ihr Personen anseht heimlich! – Es kommt kein Heuchler vor Ihn.«

Das letztere bestätigt der Ausgang der Geschichte wirklich. Denn Gott würdigt Hiob, ihm die Weisheit seiner Schöpfung vornehmlich von Seiten ihrer Unerforschlichkeit vor Augen zu

---

* Hiob XXIII, 13.
** Hiob XIII, 7 bis 11; 16.

stellen. Er läßt ihn Blicke auf die schöne Seite der Schöpfung thun, wo dem Menschen begreifliche Zwecke die Weisheit und gütige Vorsorge des Welturhebers in ein unzweideutiges Licht stellen; dagegen aber auch auf die abschreckende, indem er ihm Producte seiner Macht und darunter auch schädliche, furchtbare Dinge hernennt, deren jedes für sich und seine Species zwar zweckmäßig eingerichtet, in Ansehung anderer aber und selbst der Menschen zerstörend, zweckwidrig und mit einem allgemeinen durch Güte und Weisheit angeordneten Plane nicht zusammenstimmend zu sein scheint; wobei er aber doch die den weisen Welturheber verkündigende Anordnung und Erhaltung des Ganzen beweiset, obzwar zugleich seine für uns unerforschliche Wege selbst schon in der physischen Ordnung der Dinge, wie vielmehr denn in der Verknüpfung derselben mit der moralischen (die unsrer Vernunft noch undurchdringlicher ist) verborgen sein müssen. – Der Schluß ist dieser: daß, indem Hiob gesteht, nicht etwa frevelhaft, denn er ist sich seiner Redlichkeit bewußt, sondern nur unweislich über Dinge abgesprochen zu haben, die ihm zu hoch sind, und die er nicht versteht, Gott das Verdammungsurtheil wider seine Freunde fällt, weil sie nicht so gut (der Gewissenhaftigkeit nach) von Gott geredet hätten als sein Knecht Hiob. Betrachtet man nun die Theorie, die jede von beiden Seiten behauptete: so möchte die seiner Freunde eher den Anschein mehrerer speculativen Vernunft und frommer Demuth bei sich führen; und Hiob würde wahrscheinlicher Weise vor einem jeden Gerichte dogmatischer Theologen, vor einer Synode, einer Inquisition, einer ehrwürdigen Classis, oder einem jeden Oberconsistorium unserer Zeit (ein einziges ausgenommen), ein schlimmes Schicksal erfahren haben. Also nur die Aufrichtigkeit des Herzens, nicht der Vorzug der Einsicht, die Redlichkeit, seine Zweifel unverhohlen zu gestehen, und der Abscheu, Überzeugung zu heucheln, wo man sie doch nicht fühlt, vornehmlich nicht vor Gott (wo diese List ohnedas ungereimt ist): diese Eigenschaften sind es, welche den Vorzug des redlichen Mannes in der Person Hiobs vor dem religiösen Schmeichler im göttlichen Richterausspruch entschieden haben.

Der Glauben aber, der ihm durch eine so befremdliche Auflösung seiner Zweifel, nämlich bloß die Überführung von seiner Unwissenheit, entsprang, konnte auch nur in die Seele eines Mannes kommen, der mitten unter seinen lebhaftesten Zweifeln sagen konnte (XXVII, 5, 6): »Bis daß mein Ende kommt, will ich nicht weichen von meiner Frömmigkeit« u. s. w. Denn mit dieser Gesinnung bewies er, daß er nicht seine Moralität auf den Glauben, sondern den Glauben auf die Moralität gründete: in welchem Falle dieser, so schwach er auch sein mag, doch allein lauter und ächter Art, d. i. von derjenigen Art ist, welche ein Religion nicht der Gunstbewerbung, sondern des guten Lebenswandels gründet.

Schlußanmerkung.

Die Theodicee hat es, wie hier gezeigt worden, nicht sowohl mit einer Aufgabe zum Vortheil der Wissenschaft, als vielmehr mit einer Glaubenssache zu thun. Aus der authentischen sahen wir: daß es in solchen Dingen nicht so viel aufs Vernünfteln ankomme, als auf Aufrichtigkeit in Bemerkung des Unvermögens unserer Vernunft und auf die Redlichkeit, seine Gedanken nicht in der Aussage zu verfälschen, geschehe dies auch in noch so frommer Absicht, als es immer wolle. – Dieses veranlaßt noch folgende kurze Betrachtung über einen reichhaltigen Stoff, nämlich über die Aufrichtigkeit als das Haupterforderniß in Glaubenssachen im Widerstreite mit dem Hange zur Falschheit und Unlauterkeit, als dem Hauptgebrechen in der menschlichen Natur.

Daß das, was Jemand sich selbst oder einem Andern sagt, w a h r sei: dafür kann er nicht jederzeit stehen (denn er kann irren); dafür aber kann und muß er stehen, daß sein Bekenntniß oder Geständniß w a h r h a f t sei: denn dessen ist er sich unmittelbar bewußt. Er vergleicht nämlich im erstern Falle seine Aussage mit dem Object im logischen Urtheile (durch den Verstand); im zweiten Fall aber, da er sein Fürwahrhalten bekennt, mit dem Subject (vor dem Gewissen). Thut er das Bekenntniß in Ansehung des erstern, ohne sich des letztern bewußt zu sein: so lügt er, weil er etwas anders vorgiebt, als wessen er sich bewußt ist. – Die Bemerkung, daß es solche Unlauterkeit im menschlichen Herzen gebe, ist nicht neu (denn Hiob hat sie schon gemacht); aber fast sollte man glauben, daß die Aufmerksamkeit auf dieselbe für Sitten- und Religionslehrer neu sei: so wenig findet man, daß sie ungeachtet der Schwierigkeit, welche eine Läuterung der Gesinnungen der Menschen, selbst wenn sie pflichtmäßig handeln **wollen**, bei sich führt, von jener Bemerkung genugsamen Gebrauch gemacht hätten. – Man kann diese Wahrhaftigkeit die **formale Gewissenhaftigkeit** nennen; die **materiale** besteht in der Behutsamkeit, nichts auf die Gefahr, daß es unrecht sei, zu wagen: da hingegen jene in dem Bewußtsein besteht, diese Behutsamkeit im gegebnen Falle angewandt zu haben. – Moralisten reden von einem irrenden Gewissen. Aber ein irrendes Gewissen ist ein Unding; und gäbe es ein solches, so könnte man niemals sicher sein recht gehandelt zu haben, weil selbst der Richter in der letzten Instanz noch irren könnte. Ich kann zwar in dem Urtheile irren, **in welchem ich glaube** Recht zu haben: denn das gehört dem Verstande zu, der allein (wahr oder falsch) objectiv urtheilt; aber in dem Bewußtsein: **ob ich in der That glaube** Recht zu haben (oder es bloß vorgebe), kann ich schlechterdings nicht irren, weil dieses Urtheil oder vielmehr dieser Satz bloß sagt: daß ich den Gegenstand so beurtheile.

In der Sorgfalt sich dieses Glaubens (oder Nichtglaubens) bewußt zu werden und kein Fürwahrhalten vorzugeben, dessen man sich nicht bewußt ist, besteht nun eben die formale Gewissenhaftigkeit, welche der Grund der Wahrhaftigkeit ist. Derjenige also, welcher sich selbst (und, welches in den Religionsbekenntnissen einerlei ist, vor Gott) sagt: er glaube, ohne vielleicht auch nur einen Blick in sich selbst gethan zu haben, ob er sich in der That dieses Fürwahrhaltens oder auch eines solchen Grades desselben bewußt sei*, der lügt nicht bloß die ungereimteste Lüge (vor einem Herzenskündiger), sondern

---

* Das Erpressungsmittel der Wahrhaftigkeit in äußern Aussagen, der Eid *(tortura spiritualis),* wird vor einem menschlichen Gerichtshofe nicht bloß für erlaubt, sondern auch für unentbehrlich gehalten: ein trauriger Beweis von der geringen Achtung der Menschen für die Wahrheit selbst im Tempel der öffentlichen Gerechtigkeit, wo die bloße Idee von ihr schon für sich die größte Achtung einflößen sollte! Aber die Menschen lügen auch Überzeugung, die sie wenigstens nicht von der Art oder in dem Grade haben, als sie vorgeben, selbst in ihrem innern Bekenntnisse; und da diese Unredlichkeit (weil sie nach und nach in wirkliche Überredung ausschlägt) auch äußere schädliche Folgen haben kann, so kann jenes Erpressungsmittel der Wahrhaftigkeit, der Eid (aber freilich nur ein innerer, d. i. der Versuch, ob das Fürwahrhalten auch die Probe einer innern eidlichen Abhörung des Bekenntnisses aushalte), dazu gleichfalls sehr wohl gebraucht werden, die Vermessenheit dreister, zuletzt auch wohl äußerlich gewaltsamer Behauptungen, wo nicht abzuhalten, doch wenigstens stutzig zu machen. – Von einem menschlichen Gerichtshofe wird dem Gewissen des Schwörenden nichts weiter zugemuthet, als die Anheischigmachung: daß, wenn es einen künftigen Weltrichter (mithin Gott und ein künftiges Leben) giebt, er ihm für die Wahrheit seines äußeren Bekenntnisses verantwortlich sein wolle; daß es einen solchen Weltrichter gebe, davon hat er nicht nöthig ihm ein Bekenntniß abzufordern, weil, wenn die erstere Betheuerung die Lüge nicht abhalten kann, das zweite falsche Bekenntniß eben so wenig Bedenken erregen würde. Nach dieser innern Eidesdelation würde man sich also selbst fragen: Getrauest du dir wohl, bei allem, was dir theuer und heilig ist, dich für die Wahrheit jenes wichtigen oder eines andern dafür gehaltenen Glaubenssatzes zu verbürgen? Bei einer solchen Zumuthung wird das Gewissen aufgeschreckt durch die Gefahr, der man sich aussetzt, mehr vorzugeben, als man mit Gewißheit behaupten kann, wo das Dafürhalten einen Gegenstand betrifft, der auf dem Wege des Wissens (theoretischer Einsicht) gar nicht erreichbar ist, dessen Annehmung aber dadurch, daß sie allein den Zusammenhang der höchsten praktischen Vernunftprincipien mit denen der theoretischen Naturerkenntniß in einem System möglich (und also die Vernunft mit sich selbst zusammenstimmend) macht, über alles empfehlbar, aber immer doch frei ist. – Noch mehr aber müssen Glaubensbekenntnisse, deren Quelle historisch ist, dieser Feuerprobe der Wahrhaftigkeit unterworfen werden, wenn sie Andern gar als Vorschriften auferlegt werden: weil hier die Unlauterkeit und geheuchelte Überzeugung auf Mehrere verbreitet wird, und die Schuld davon dem, der sich für Anderer Gewissen gleichsam verbürgt (denn die Menschen sind mit ihrem Gewissen gerne passiv), zur Last fällt.

auch die frevelhafteste, weil sie den Grund jedes tugendhaften Vorsatzes, die Aufrichtigkeit, untergräbt. Wie bald solche blinde und äußere B e k e n n t n i s s e (welche sehr leicht mit einem eben so unwahren innern vereinbart werden), wenn sie E r w e r b m i t t e l abgeben, allmählich eine gewisse Falschheit in die Denkungsart selbst des gemeinen Wesens bringen können, ist leicht abzusehen. – Während indeß diese öffentliche Läuterung der Denkungsart wahrscheinlicher Weise auf entfernte Zeiten ausgesetzt bleibt, bis sie vielleicht einmal unter dem Schutze der Denkfreiheit ein allgemeines Erziehungs- und Lehrprincip werden wird, mögen hier noch einige Zeilen auf die Betrachtung jener Unart, welche in der menschlichen Natur tief gewurzelt zu sein scheint, verwandt werden.

Es liegt etwas Rührendes und Seelenerhebendes in der Aufstellung eines aufrichtigen, von aller Falschheit und positiven Verstellung entfernten Charakters; da doch die Ehrlichkeit, eine bloße Einfalt und Geradheit der Denkungsart (vornehmlich wenn man ihr die Offenherzigkeit erläßt), das Kleinste ist, was man zu einem guten Charakter nur immer fordern kann, und daher nicht abzusehen ist, worauf sich denn jene Bewunderung gründe, die wir einem solchen Gegenstande widmen: es müßte denn sein, daß die Aufrichtigkeit die Eigenschaft wäre, von der die menschliche Natur gerade am weitesten entfernt ist. Eine traurige Bemerkung! Indem eben durch jene alle übrige Eigenschaften, sofern sie auf Grundsätzen beruhen, allein einen innern wahren Werth haben können. Ein contemplativer Misanthrop (der keinem Menschen Böses wünscht, wohl aber geneigt ist von ihnen alles Böse zu glauben) kann nur zweifelhaft sein, ob er die Menschen h a s s e n s - oder ob er sie eher v e r a c h t u n g s w ü r d i g finden solle. Die Eigenschaften, um derentwillen er sie für die erste Begegnung qualificirt zu sein urtheilen würde, sind die, durch welche sie vorsätzlich schaden. Diejenige Eigenschaft aber, welche sie ihm eher der letztern Abwürdigung auszusetzen scheint, könnte keine andere sein, als ein Hang, der an sich böse ist, ob er gleich Niemanden schadet: ein Hang zu demjenigen, was zu keiner Absicht als Mittel gebraucht werden soll, was also objectiv zu nichts gut ist. Das erstere Böse wäre wohl kein anderes, als das der Feindseligkeit (gelinder gesagt, Lieblosigkeit); das zweite kann kein anderes sein als Lügenhaftigkeit (Falschheit, selbst ohne alle Absicht zu schaden). Die erste Neigung hat eine Absicht, deren Gebrauch doch in gewissen andern Beziehungen erlaubt und gut sein kann, z. B. die Feindseligkeit gegen unbesserliche Friedenstörer. Der zweite Hang aber ist der zum Gebrauch eines Mittels (der Lüge), das zu nichts gut ist, zu welcher Absicht es auch sei, weil es an sich selbst böse und verwerflich ist. In der Beschaffenheit des Menschen von der ersten Art ist Bosheit, womit sich doch noch Tüchtigkeit zu guten Zwecken in gewissen äußern Verhältnissen verbinden läßt, und sie sündigt nur in den Mitteln, die doch auch nicht in aller Absicht verwerflich sind. Das Böse von der letztern Art ist Nichtswürdigkeit, wodurch dem Menschen aller Charakter abgesprochen wird. – Ich halte mich hier hauptsächlich an der tief im Verborgnen liegenden Unlauterkeit, da der Mensch sogar die innern Aussagen vor seinem eignen Gewissen zu verfälschen weiß. Um desto weniger darf die äußere Betrugsneigung befremden; es müßte denn dieses sein, daß, obzwar ein jeder von der Falschheit der Münze belehrt ist, mit der er Verkehr treibt, sie sich dennoch immer so gut im Umlaufe erhalten kann.

271 In Herrn de Lüc Briefen über die Gebirge, die Geschichte der Erde und Menschen erinnere ich mich folgendes Resultat seiner zum Theil anthropologischen Reise gelesen zu haben. Der menschenfreundliche Verfasser war mit der Voraussetzung der ursprünglichen Gutartigkeit unserer Gattung ausgegangen und suchte die Bestätigung derselben da, wo städtische Üppigkeit nicht solchen Einfluß haben kann, Gemüther zu verderben: in Gebirgen, von den schweizerischen an bis zum

Harze; und nachdem sein Glauben an uneigennützig hülfleistende Neigung durch eine Erfahrung in den erstern etwas wankend geworden, so bringt er doch am Ende diese Schlußfolge heraus: **daß der Mensch, was das Wohlwollen betrifft, gut genug sei** (kein Wunder! denn dieses beruht auf eingepflanzter Neigung, wovon Gott der Urheber ist); **wenn ihm nur nicht ein schlimmer Hang zur feinen Betrügerei bewohnte** (welches auch nicht zu verwundern ist; denn diese abzuhalten beruht auf dem Charakter, welchen der Mensch selber in sich bilden muß)! – Ein Resultat der Untersuchung, welches ein Jeder, auch ohne in Gebirge gereiset zu sein, unter seinen Mitbürgern, ja noch näher, in seinem eignen Busen, hätte antreffen können.

Das
Ende aller Dinge.

327 Es ist ein vornehmlich in der frommen Sprache üblicher Ausdruck, einen sterbenden Menschen sprechen zu lassen: er gehe aus der Zeit in die Ewigkeit.

Dieser Ausdruck würde in der That nichts sagen, wenn hier unter der Ewigkeit eine ins Unendliche fortgehende Zeit verstanden werden sollte; denn da käme ja der Mensch nie aus der Zeit heraus, sondern ginge nur immer aus einer in die andre fort. Also muß damit ein Ende aller Zeit bei ununterbrochener Fortdauer des Menschen, diese Dauer aber (sein Dasein als Größe betrachtet) doch auch als eine mit der Zeit ganz unvergleichbare Größe *(duratio Noumenon)* gemeint sein, von der wir uns freilich keinen (als bloß negativen) Begriff machen können. Dieser Gedanke hat etwas Grausendes in sich: weil er gleichsam an den Rand eines Abgrunds führt, aus welchem für den, der darin versinkt, keine Wiederkehr möglich ist (»Ihn aber hält am ernsten Orte, Der nichts zurücke läßt, Die Ewigkeit mit starken Armen fest.« Haller); und doch auch etwas Anziehendes: denn man kann nicht aufhören, sein zurückgeschrecktes Auge immer wiederum darauf zu wenden *(nequeunt explèri corda tuendo. Virgil.)* Er ist furchtbar-erhaben: zum Theil wegen seiner Dunkelheit, in der die Einbildungskraft mächtiger als beim hellen Licht zu wirken pflegt. Endlich muß er doch auch mit der allgemeinen Menschenvernunft auf wundersame Weise verwebt sein: weil er unter allen vernünftelnden Völkern, zu allen Zeiten, auf eine oder andere Art eingekleidet, angetroffen wird. – Indem wir nun den Übergang aus der Zeit in die Ewigkeit (diese Idee mag, theoretisch, als Erkenntniß-Erweiterung, betrachtet, objective Realität haben oder nicht), so wie ihn sich die Vernunft in moralischer Rücksicht selbst macht, verfolgen, stoßen wir auf das Ende aller Dinge als Zeitwesen und als Gegenstände möglicher Erfahrung: welches

Ende aber in der moralischen Ordnung der Zwecke zugleich der Anfang einer Fortdauer eben dieser als **übersinnlicher**, folglich nicht unter Zeitbedingungen stehender Wesen ist, die also und deren Zustand keiner andern als moralischer Bestimmung ihrer Beschaffenheit fähig sein wird.

Tage sind gleichsam Kinder der Zeit, weil der folgende Tag mit dem, was er enthält, das Erzeugniß des vorigen ist. Wie nun das letzte Kind seiner Eltern jüngstes Kind genannt wird: so hat unsre Sprache beliebt, den letzten Tag (den Zeitpunkt, der alle Zeit beschließt) den **jüngsten Tag** zu nennen. Der jüngste Tag gehört also annoch zur Zeit; denn es **geschieht** an ihm noch irgend Etwas (nicht zur Ewigkeit, wo nichts mehr geschieht, weil das Zeitfortsetzung sein würde, Gehöriges): nämlich Ablegung der Rechnung der Menschen von ihrem Verhalten in ihrer ganzen Lebenszeit. Er ist ein **Gerichtstag**; das Begnadigungs- oder Verdammungs-Urtheil des Weltrichters ist also das eigentliche Ende aller Dinge in der Zeit und zugleich der Anfang der (seligen oder unseligen) Ewigkeit, in welcher das Jedem zugefallne Loos so bleibt, wie es in dem Augenblick des Ausspruchs (der Sentenz) ihm zu Theil ward. Also enthält der jüngste Tag auch das **jüngste Gericht** zugleich in sich. – Wenn nun zu **den letzten Dingen** noch das Ende der Welt, so wie sie in ihrer jetzigen Gestalt erscheint, nämlich das Abfallen der Sterne vom Himmel als einem Gewölbe, der Einsturz dieses Himmels selbst (oder das Entweichen desselben als eines eingewickelten Buchs), das Verbrennen beider, die Schöpfung eines neuen Himmels und einer neuen Erde zum Sitz der Seligen und der Hölle zu dem der Verdammten, gezählt werden sollten: so würde jener Gerichtstag freilich nicht der jüngste Tag sein; sondern es würden noch verschiedne andre auf ihn folgen. Allein da die Idee eines Endes aller Dinge ihren Ursprung nicht von dem Vernünfteln über den **physischen**, sondern über den moralischen Lauf der Dinge in der Welt hernimmt und dadurch allein veranlaßt wird; der letztere auch allein auf das Übersinnliche (welches nur am Moralischen verständlich ist), dergleichen die Idee der Ewigkeit ist, bezogen werden kann: so muß die Vorstellung jener letzten Dinge, die nach dem jüngsten Tage kommen sollen, nur als eine Versinnlichung des letztern sammt seinen moralischen, uns übrigens nicht theoretisch begreiflichen Folgen angesehen werden.

Es ist aber anzumerken, daß es von den ältesten Zeiten her zwei die künftige Ewigkeit betreffende Systeme gegeben hat: eines das der Unitarier derselben, welche allen Menschen (durch mehr oder weniger lange Büßungen gereinigt) die ewige Seligkeit, das andre das der Dualisten*, welche einigen Auserwählten die Seligkeit, allen übrigen aber die ewige Verdammniß zusprechen. Denn ein System, wornach Alle verdammt zu sein bestimmt wären, konnte wohl nicht Platz finden, weil sonst kein rechtfertigender Grund da wäre, warum sie überhaupt wären erschaffen worden; die Vernichtung Aller aber eine verfehlte Weisheit anzeigen würde, die, mit ihrem eignen Werk unzufrieden, kein ander Mittel weiß, den Mängeln desselben abzuhelfen, als es zu zerstören. – Den Dualisten steht indeß immer eben dieselbe Schwierigkeit, welche hinderte sich eine ewige Verdammung aller zu denken, im Wege; denn wozu, könnte man fragen, waren auch die Wenigen,

---

* Ein solches System war in der altpersischen Religion (des Zoroaster) auf der Voraussetzung zweier im ewigen Kampf mit einander begriffenen Urwesen, dem guten Princip, Ormuzd, und dem bösen, Ahriman, gegründet. – Sonderbar ist es: daß die Sprache zweier weit von einander, noch weiter aber von dem jetzigen Sitz der deutschen Sprache entfernten Länder in der Benennung dieser beiden Urwesen deutsch ist. Ich erinnere mich bei Sonnerat gelesen zu haben, daß in Ava (dem Lande der Burachmanen) das gute Princip Godeman (welches Wort in dem Namen *Darius Codomannus* auch zu liegen scheint) genannt werde; und da das Wort Ahriman mit dem arge Mann sehr gleich lautet, das jetzige Persische auch eine Menge ursprünglich deutscher Wörter enthält: so mag es eine Aufgabe für den Alterthumsforscher sein, auch an dem Leitfaden der Sprachverwandtschaft dem Ursprunge der jetzigen Religionsbegriffe mancher Völker nachzugehn (Man. s. Sonnerat's Reise, 4. Buch, 2. Kap., 2. B.).

warum auch nur ein Einziger geschaffen, wenn er nur dasein sollte, um ewig verworfen zu werden? welches doch ärger ist als gar nicht sein.

Zwar, soweit wir es einsehen, soweit wir uns selbst erforschen können, hat das dualistische System (aber nur unter e i - n e m höchstguten Urwesen) in p r a k t i s c h e r Absicht für jeden Menschen, wie er sich selbst zu richten hat (obgleich nicht, wie er Andre zu richten befugt ist), einen überwiegenden Grund in sich: denn so viel er sich kennt, läßt ihm die Vernunft keine andre Aussicht in die Ewigkeit übrig, als die ihm aus seinem bisher geführten Lebenswandel sein eignes Gewissen am Ende des Lebens eröffnet. Aber zum D o g m a , mithin um einen an sich selbst (objectiv) gültigen, theoretischen Satz daraus zu machen, dazu ist es als bloßes Vernunfturtheil bei weitem nicht hinreichend. Denn welcher Mensch kennt sich selbst, wer kennt Andre so durch und durch, um zu entscheiden: ob, wenn er von den Ursachen seines vermeintlich wohlgeführten Lebenswandels alles, was man Verdienst des Glücks nennt, als sein angebornes gutartiges Temperament, die natürliche größere Stärke seiner obern Kräfte (des Verstandes und der Vernunft, um seine Triebe zu zähmen), überdem auch noch die Gelegenheit, wo ihm der Zufall glücklicherweise viele Versuchungen ersparte, die einen Andern trafen; wenn er dies Alles von seinem wirklichen Charakter absonderte (wie er das denn, um diesen gehörig zu würdigen, nothwendig abrechnen muß, weil er es als Glücksgeschenk seinem eignen Verdienst nicht zuschreiben kann); wer will dann entscheiden, sage ich, ob vor dem allsehenden Auge eines Weltrichters ein Mensch seinem innern moralischen Werthe nach überall noch irgend einen Vorzug vor dem andern habe, und es so vielleicht nicht ein ungereimter Eigendünkel sein dürfte, bei dieser oberflächlichen Selbsterkenntniß zu seinem Vortheil über den moralischen Werth (und das verdiente Schicksal) seiner selbst sowohl als Anderer irgend ein Urtheil zu sprechen? – Mithin scheint das

System des Unitariers sowohl als des Dualisten, beides als Dogma betrachtet, das speculative Vermögen der menschlichen Vernunft gänzlich zu übersteigen und Alles uns dahin zurückzuführen, jene Vernunftideen schlechterdings nur auf die Bedingungen des praktischen Gebrauchs einzuschränken. Denn wir sehen doch nichts vor uns, das uns von unserm Schicksal in einer künftigen Welt jetzt schon belehren könnte, als das Urtheil unsers eignen Gewissens, d. i. was unser gegenwärtiger moralischer Zustand, so weit wir ihn kennen, uns darüber vernünftigerweise urtheilen läßt: daß nämlich, welche Principien unsers Lebenswandels wir bis zu dessen Ende in uns herrschend gefunden haben (sie seien die des Guten oder des Bösen), auch nach dem Tode fortfahren werden es zu sein; ohne daß wir eine Abänderung derselben in jener Zukunft anzunehmen den mindesten Grund haben. Mithin müßten wir uns auch der jenem Verdienste oder dieser Schuld angemessenen Folgen unter der Herrschaft des guten oder des bösen Princips für die Ewigkeit gewärtigen; in welcher Rücksicht es folglich weise ist, so zu handeln, a l s o b ein andres Leben und der moralische Zustand, mit dem wir das gegenwärtige endigen, sammt seinen Folgen beim Eintritt in dasselbe unabänderlich sei. In praktischer Absicht wird also das anzunehmende System das dualistische sein müssen; ohne doch ausmachen zu wollen, welches von beiden in theoretischer und bloß speculativer den Vorzug verdiene: zumal da das unitarische zu sehr in gleichgültige Sicherheit einzuwiegen scheint.

Warum erwarten aber die Menschen ü b e r h a u p t e i n E n d e der Welt? und, wenn dieses ihnen auch eingeräumt wird, warum eben ein Ende mit Schrecken (für den größten Theil des menschlichen Geschlechts)?... Der Grund des e r s t e r n scheint darin zu liegen, weil die Vernunft ihnen sagt, daß die Dauer der Welt nur sofern einen Werth hat, als die vernünftigen Wesen in ihr dem Endzweck ihres Daseins gemäß sind, wenn dieser aber nicht erreicht werden sollte, die Schöpfung selbst ihnen zwecklos zu sein scheint: wie ein Schauspiel, das gar keinen Ausgang hat und keine vernünftige Absicht zu erkennen giebt. Das letztere gründet sich auf der Meinung von der verderbten Beschaffenheit des menschlichen Geschlechts*, die bis zur Hoffnungslosigkeit groß sei; welchem ein Ende und zwar ein schreckliches Ende zu machen, die einzige der höchsten Weisheit und Gerechtigkeit (dem größten Theil der Menschen nach) anständige Maßregel sei. – Daher sind auch die Vorzeichen des jüngsten Tages (denn wo läßt es eine durch große Erwartungen erregte Einbildungskraft wohl an Zeichen und Wundern fehlen?) alle von der schrecklichen Art. Einige sehen sie in der überhandnehmenden Ungerechtigkeit, Unterdrückung der Armen durch übermüthige Schwelgerei der Reichen und dem allgemeinen Verlust von Treu und Glau-

---

* Zu allen Zeiten haben sich dünkende Weise (oder Philosophen), ohne die Anlage zum Guten in der menschlichen Natur einiger Aufmerksamkeit zu würdigen, sich in widrigen, zum Theil ekelhaften Gleichnissen erschöpft, um unsere Erdenwelt, den Aufenthalt für Menschen, recht verächtlich vorzustellen: 1) Als ein Wirthshaus (Karavanserai), wie jener Derwisch sie ansieht: wo jeder auf seiner Lebensreise Einkehrende gefaßt sein muß, von einem folgenden bald verdrängt zu werden. 2) Als ein Zuchthaus, welcher Meinung die brahmanischen, tibetanischen und andre Weisen des Orients (auch sogar Plato) zugethan sind: ein Ort der Züchtigung und Reinigung gefallner, aus dem Himmel verstoßner Geister, jetzt menschlicher oder Thier-Seelen. 3) Als ein Tollhaus: wo nicht allein Jeder für sich seine eignen Absichten vernichtet, sondern Einer dem Andern alles erdenkliche Herzeleid zufügt und obenein die Geschicklichkeit und Macht das thun zu können für die größte Ehre hält. Endlich 4) als ein Kloak, wo aller Unrath aus andern Welten hingebannt worden. Der letztere Einfall ist auf gewisse Art originell und einem persischen Witzling zu verdanken, der das Paradies, den Aufenthalt des ersten Menschenpaars, in den Himmel versetzte, in welchem Garten Bäume genug, mit herrlichen Früchten reichlich versehen, anzutreffen waren, deren Überschuß nach ihrem Genuß sich durch unmerkliche Ausdünstung verlor; einen einzigen Baum mitten im Garten ausgenommen, der zwar eine reizende, aber solche Frucht trug, die sich nicht ausschwitzen ließ. Da unsre ersten Eltern sich nun gelüsten ließen, ungeachtet das Verbots dennoch davon zu kosten: so war, damit sie den Himmel nicht beschmutzten, kein andrer Rath, als daß einer der Engel ihnen die Erde in weiter Ferne zeigte mit den Worten: »Das ist der Abtritt für das ganze Universum,« sie sodann dahinführte, um das Benöthigte zu verrichten, und darauf mit Hinterlassung derselben zum Himmel zurückflog. Davon sei nun das menschliche Geschlecht auf Erden entsprungen.

ben; oder in den an allen Erdenden sich entzündenden blutigen Kriegen u. s. w.: mit einem Worte, an dem moralischen Verfall und der schnellen Zunahme aller Laster sammt den sie begleitenden Übeln, dergleichen, wie sie wähnen, die vorige Zeit nie sah. Andre dagegen in ungewöhnlichen Naturveränderungen, an den Erdbeben, Stürmen und Überschwemmungen, oder Kometen und Luftzeichen.

In der That fühlen nicht ohne Ursache die Menschen die Last ihrer Existenz, ob sie gleich selbst die Ursache derselben sind. Der Grund davon scheint mir hierin zu liegen. – Natürlicherweise eilt in den Fortschritten des menschlichen Geschlechts die Cultur der Talente, der Geschicklichkeit und des Geschmacks (mit ihrer Folge, der Üppigkeit) der Entwicklung der Moralität vor; und dieser Zustand ist gerade der lästigste und gefährlichste für Sittlichkeit sowohl als physisches Wohl: weil die Bedürfnisse viel stärker anwachsen, als die Mittel sie zu befriedigen. Aber die sittliche Anlage der Menschheit, die (wie Horazens *poena pede claudo*) ihr immer nachhinkt, wird sie, die in ihrem eilfertigen Lauf sich selbst verfängt und oft stolpert, (wie man unter einem weisen Weltregierer wohl hoffen darf) dereinst überholen; und so sollte man selbst nach den Erfahrungsbeweisen des Vorzugs der Sittlichkeit in unserm Zeitalter in Vergleichung mit allen vorigen wohl die Hoffnung nähren können, daß der jüngste Tag eher mit einer Eliasfahrt, als mit einer der Rotte Korah ähnlichen Höllenfahrt eintreten und das Ende aller Dinge auf Erden herbeiführen dürfte. Allein dieser heroische Glaube an die Tugend scheint doch subjectiv keinen so allgemein-kräftigen Einfluß auf die Gemüther zur Bekehrung zu haben, als der an einen mit Schrecken begleiteten Auftritt, der vor den letzten Dingen als vorhergehend gedacht wird.

* * *

Anmerkung. Da wir es hier bloß mit Ideen zu thun haben (oder damit spielen), die die Vernunft sich selbst schafft, wovon die Gegenstände (wenn sie deren haben) ganz über unsern Gesichtskreis hinausliegen, die indeß, obzwar für das speculative Erkenntniß überschwenglich, darum doch nicht in aller Beziehung für leer zu halten sind, sondern in praktischer Absicht uns von der gesetzgebenden Vernunft selbst an die Hand gegeben werden, nicht etwa um über ihre Gegenstände, was sie an sich und ihrer Natur nach sind, nachzugrübeln, sondern wie wir sie zum Behuf der moralischen, auf den Endzweck aller Dinge gerichteten Grundsätze zu denken haben (wodurch sie, die sonst gänzlich leer wären, objectiv praktische Realität bekommen): – so haben wir ein f r e i e s Feld vor uns, dieses Product unsrer eignen Vernunft, den allgemeinen Begriff von einem Ende aller Dinge, nach dem Verhältniß, das er zu unserm Erkenntnißvermögen hat, einzutheilen und die unter ihm stehenden zu klassificiren.

Diesem nach wird das Ganze 1) in das n a t ü r l i c h e* Ende aller Dinge nach der Ordnung moralischer Zwecke göttlicher Weisheit, welches wir also (in praktischer Absicht) w o h l v e r s t e h e n können, 2) in das m y s t i s c h e (übernatürliche) Ende derselben in der Ordnung der wirkenden Ursachen, von welchen wir n i c h t s v e r s t e h e n, 3) in das w i d e r n a t ü r l i c h e (verkehrte) Ende aller Dinge, welches von uns selbst dadurch, daß wir den Endzweck m i ß v e r s t e h e n, herbeigeführt wird, eingetheilt und in drei Abtheilungen vorgestellt werden: wovon die erste so eben abgehandelt worden, und nun die zwei noch übrigen folgen.

In der A p o k a l y p s e (X, 5, 6) »hebt ein Engel seine Hand auf gen Himmel und schwört bei dem Lebendigen von Ewigkeit

---

* N a t ü r l i c h (formaliter) heißt, was nach Gesetzen einer gewissen Ordnung, welche es auch sei, mithin auch der moralischen (also nicht immer bloß der physischen) nothwendig folgt. Ihm ist das N i c h t n a t ü r l i c h e, welches entweder das Übernatürliche, oder das Widernatürliche sein kann, entgegengesetzt. Das Nothwendige aus N a t u r u r s a c h e n würde auch als materialiternatürlich (physisch-nothwendig) vorgestellt werden.

zu Ewigkeit, der den Himmel erschaffen hat u. s. w.: daß
hinfort keine Zeit mehr sein soll.«

Wenn man nicht annimmt, daß dieser Engel »mit seiner
Stimme von sieben Donnern« (V. 3) habe Unsinn schreien wollen, so muß er damit gemeint haben, daß hinfort keine Veränderung sein soll; denn wäre in der Welt noch Veränderung, so wäre auch die Zeit da, weil jene nur in dieser Statt finden kann und ohne ihre Voraussetzung gar nicht denkbar ist.

Hier wird nun ein Ende aller Dinge als Gegenstände der Sinne vorgestellt, wovon wir uns gar keinen Begriff machen können: weil wir uns selbst unvermeidlich in Widersprüche verfangen, wenn wir einen einzigen Schritt aus der Sinnenwelt in die intelligible thun wollen; welches hier dadurch geschieht, daß der Augenblick, der das Ende der erstern ausmacht, auch der Anfang der andern sein soll, mithin diese mit jener in eine und dieselbe Zeitreihe gebracht wird, welches sich widerspricht.

Aber wir sagen auch, daß wir uns eine Dauer als **unendlich** (als Ewigkeit) denken: nicht darum weil wir etwa von ihrer Größe irgend einen bestimmbaren Begriff haben – denn das ist unmöglich, da ihr die Zeit als Maß derselben gänzlich fehlt –; sondern jener Begriff ist, weil, wo es keine Zeit giebt, auch **kein Ende** Statt hat, bloß ein negativer von der ewigen Dauer, wodurch wir in unserm Erkenntniß nicht um einen Fußbreit weiter kommen, sondern nur gesagt werden will, daß der Vernunft in (praktischer) Absicht auf den Endzweck auf dem Wege beständiger Veränderungen nie Genüge gethan werden kann: obzwar auch, wenn sie es mit dem Princip des Stillstandes und der Unveränderlichkeit des Zustandes der Weltwesen versucht, sie sich eben so wenig in Ansehung ihres **theoretischen** Gebrauchs genug thun, sondern vielmehr in gänzliche Gedankenlosigkeit gerathen würde; da ihr dann nichts übrig bleibt, als sich eine ins Unendliche (in der Zeit) fortgehende Veränderung im beständigen Fortschreiten zum

Endzweck zu denken, bei welchem die Gesinnung (welche nicht wie jenes ein Phänomen, sondern etwas Übersinnliches, mithin nicht in der Zeit veränderlich ist) bleibt und beharrlich dieselbe ist. Die Regel des praktischen Gebrauchs der Vernunft dieser Idee gemäß will also nichts weiter sagen als: wir müssen unsre Maxime so nehmen, als ob bei allen ins Unendliche gehenden Veränderungen vom Guten zum Bessern unser moralischer Zustand der Gesinnung nach (der *homo Noumenon*, »dessen Wandel im Himmel ist«) gar keinem Zeitwechsel unterworfen wäre.

Daß aber einmal ein Zeitpunkt eintreten wird, da alle Veränderung (und mit ihr die Zeit selbst) aufhört, ist eine die Einbildungskraft empörende Vorstellung. Alsdann wird nämlich die ganze Natur starr und gleichsam versteinert: der letzte Gedanke, das letzte Gefühl bleiben alsdann in dem denkenden Subject stehend und ohne Wechsel immer dieselben. Für ein Wesen, welches sich seines Daseins und der Größe desselben (als Dauer) nur in der Zeit bewußt werden kann, muß ein solches Leben, wenn es anders Leben heißen mag, der Vernichtung gleich scheinen: weil es, um sich in einen solchen Zustand hineinzudenken, doch überhaupt etwas denken muß, Denken aber ein Reflectiren enthält, welches selbst nur in der Zeit geschehen kann. – Die Bewohner der andern Welt werden daher so vorgestellt, wie sie nach Verschiedenheit ihres Wohnorts (dem Himmel oder der Hölle) entweder immer dasselbe Lied, ihr Hallelujah, oder ewig eben dieselben Jammertöne anstimmen (XIX, 1–6.; XX, 15): wodurch der gänzliche Mangel alles Wechsels in ihrem Zustande angezeigt werden soll.

Gleichwohl ist diese Idee, so sehr sie auch unsre Fassungskraft übersteigt, doch mit der Vernunft in praktischer Beziehung nahe verwandt. Wenn wir den moralisch-physischen Zustand des Menschen hier im Leben auch auf dem besten Fuß annehmen, nämlich eines beständigen Fortschreitens und Annäherns zum höchsten (ihm zum Ziel ausgesteckten) Gut: so kann er doch (selbst im Bewußtsein der Unveränderlichkeit seiner Gesinnung) mit der Aussicht in eine ewig dauernde Veränderung seines Zustandes (des sittlichen sowohl als physischen) die Zufriedenheit nicht verbinden. Denn der Zustand, in welchem er jetzt ist, bleibt immer doch ein Übel vergleichungsweise gegen den bessern, in den zu treten er in Bereitschaft steht; und die Vorstellung eines unendlichen Fortschreitens zum Endzweck ist doch zugleich ein Prospect in eine unendliche Reihe von Übeln, die, ob sie zwar von dem größern Guten überwogen werden, doch die Zufriedenheit nicht Statt finden lassen, die er sich nur dadurch, daß der Endzweck endlich einmal erreicht wird, denken kann.

Darüber geräth nun der nachgrübelnde Mensch in die Mystik (denn die Vernunft, weil sie sich nicht leicht mit ihrem immanenten, d. i. praktischen, Gebrauch begnügt, sondern gern im Transscendenten etwas wagt, hat auch ihre Geheimnisse), wo seine Vernunft sich selbst, und was sie will, nicht versteht, sondern lieber schwärmt, als sich, wie es einem intellectuellen Bewohner einer Sinnenwelt geziemt, innerhalb den Gränzen dieser eingeschränkt zu halten. Daher kommt das Ungeheuer von System des Laokiun von dem höchsten Gut, das im Nichts bestehen soll: d. i. im Bewußtsein, sich in den Abgrund der Gottheit durch das Zusammenfließen mit derselben und also durch Vernichtung seiner Persönlichkeit verschlungen zu fühlen; von welchem Zustande die Vorempfindung zu haben, sinesische Philosophen sich in dunkeln Zimmern mit geschlossenen Augen anstrengen, dieses ihr Nichts zu denken und zu empfinden. Daher der Pantheism (der Tibetaner und andrer östlichen Völker) und der aus der metaphysischen Sublimirung desselben in der Folge erzeugte Spinozism: welche beide mit dem uralten Emanationssystem aller Menschenseelen aus der Gottheit (und ihrer endlichen Resorption in eben dieselbe) nahe verschwistert sind. Alles lediglich darum, damit die Menschen sich endlich doch einer **ewigen Ruhe** zu erfreuen haben möchten, welche denn ihr vermeintes seliges Ende aller Dinge ausmacht; eigentlich ein Begriff, mit dem ihnen zugleich der Verstand ausgeht und alles Denken selbst ein Ende hat.

* * *

Das Ende aller Dinge, die durch der Menschen Hände gehen, ist selbst bei ihren guten Zwecken **Thorheit**: das ist, Gebrauch solcher Mittel zu ihren Zwecken, die diesen gerade zuwider sind. **Weisheit**, d. i. praktische Vernunft in der Angemessenheit ihrer dem Endzweck aller Dinge, dem höchsten Gut, völlig entsprechenden Maßregeln, wohnt allein bei Gott; und ihrer Idee nur nicht sichtbarlich entgegen zu handeln, ist das, was man etwa menschliche Weisheit nennen könnte. Diese Sicherung aber wider Thorheit, die der Mensch nur durch Versuche und öftre Veränderung seiner Plane zu erlangen hoffen darf, ist mehr »ein Kleinod, welchem auch der beste Mensch nur nachjagen kann, ob er es etwa **ergreifen möchte**;« wovon er aber niemals sich die eigenliebige Überredung darf anwandeln lassen, viel weniger darnach verfahren, als ob er es **ergriffen habe**. – Daher auch die von Zeit zu Zeit veränderten, oft widersinnigen Entwürfe zu schicklichen Mitteln, um **Religion in einem ganzen Volk lauter und zugleich kraftvoll zu machen**; so daß man wohl ausrufen kann: Arme Sterbliche, bei euch ist nichts beständig, als die Unbeständigkeit!

Wenn es indeß mit diesen Versuchen doch endlich einmal so weit gediehen ist, daß das Gemeinwesen fähig und geneigt ist, nicht bloß den hergebrachten frommen Lehren, sondern auch der durch sie erleuchteten praktischen Vernunft (wie es zu einer Religion auch schlechterdings nothwendig ist) Gehör zu geben; wenn die (auf menschliche Art) Weisen unter dem Volk nicht durch unter sich genommene Abreden (als ein Klerus), sondern als Mitbürger Entwürfe machen und darin größtentheils übereinkommen, welche auf unverdächtige Art beweisen, daß ihnen um Wahrheit zu thun sei; und das Volk wohl auch im Ganzen (wenn gleich noch nicht im kleinsten Detail) durch das allgemein gefühlte, nicht auf Autorität gegründete Bedürfniß der nothwendigen Anbauung seiner moralischen Anlage daran Interesse nimmt: so scheint nichts rathsamer zu sein, als Jene nur machen und ihren Gang fortsetzen zu lassen, da sie einmal, was die Idee betrifft, der sie nachgehn, auf gutem Wege sind; was aber den Erfolg, aus den zum besten Endzweck gewählten Mitteln betrifft, da dieser, wie er nach dem Laufe der Natur ausfallen dürfte, immer ungewiß bleibt, ihn der Vorsehung zu überlassen. Denn, man mag so schwergläubig sein, wie man will, so muß man doch, wo es schlechterdings unmöglich ist, den Erfolg aus gewissen nach aller menschlichen Weisheit (die, wenn sie ihren Namen verdienen soll, lediglich auf das Moralische gehen muß) genommenen Mitteln mit Gewißheit voraus zu sehn, eine Concurrenz göttlicher Weisheit zum Laufe der Natur auf praktische Art glauben, wenn man seinen Endzweck nicht lieber gar aufgeben will. – Zwar wird man einwenden: Schon oft ist gesagt worden, der gegenwärtige Plan ist der beste; bei ihm muß es von nun an auf immer bleiben, das ist jetzt ein Zustand für die Ewigkeit. »Wer (nach diesem Begriffe) gut ist, der ist immerhin gut, und wer (ihm zuwider) böse ist, ist immerhin böse« (Apokal. XXII, 11): gleich als ob die Ewigkeit und mit ihr das Ende aller Dinge schon jetzt eingetreten sein könne; – und gleichwohl sind seitdem immer neue Plane, unter welchen der neueste oft nur die Wiederherstellung eines alten war, auf die Bahn gebracht worden, und es wird auch an mehr letzten Entwürfen fernerhin nicht fehlen.

Ich bin mir so sehr meines Unvermögens, hierin einen neuen und glücklichen Versuch zu machen, bewußt, daß ich, wozu freilich keine große Erfindungskraft gehört, lieber rathen möchte: die Sachen so zu lassen, wie sie zuletzt standen und beinahe ein Menschenalter hindurch sich als erträglich gut in ihren Folgen bewiesen hatten. Da das aber wohl nicht die Meinung der Männer von entweder großem oder doch unternehmendem Geiste sein möchte: so sei es mir erlaubt, nicht sowohl, was sie zu thun, sondern wogegen zu verstoßen sie sich ja in Acht zu nehmen hätten, weil sie sonst ihrer eignen Absicht (wenn sie auch die beste wäre) zuwider handeln würden, bescheidentlich anzumerken.

Das Christenthum hat außer der größten Achtung, welche die Heiligkeit seiner Gesetze unwiderstehlich einflößt, noch etwas Liebenswürdiges in sich. (Ich meine hier nicht die Liebenswürdigkeit der Person, die es uns mit großen Aufopferungen erworben hat, sondern der Sache selbst: nämlich der sittlichen Verfassung, die Er stiftete; denn jene läßt sich nur aus dieser folgern.) Die Achtung ist ohne Zweifel das Erste, weil ohne sie auch keine wahre Liebe Statt findet; ob man gleich ohne Liebe doch große Achtung gegen Jemand hegen kann. Aber wenn es nicht bloß auf Pflichtvorstellung, sondern auch auf Pflichtbefolgung ankommt, wenn man nach dem subjectiven Grunde der Handlungen fragt, aus welchem, wenn man ihn voraussetzen darf, am ersten zu erwarten ist, was der Mensch thun werde, nicht bloß nach dem objectiven, was er thun soll: so ist doch die Liebe, als freie Aufnahme des Willens eines Andern unter seine Maximen, ein unentbehrliches Ergänzungsstück der Unvollkommenheit der menschlichen Natur (zu dem, was die Vernunft durchs Gesetz vorschreibt, genöthigt werden zu müssen): denn was Einer nicht gern thut, das thut er so kärglich, auch wohl mit sophistischen Ausflüchten vom Gebot der Pflicht, daß auf diese als Triebfeder ohne den Beitritt jener nicht sehr viel zu rechnen sein möchte.

Wenn man nun, um es recht gut zu machen, zum Christenthum noch irgend eine Autorität (wäre es auch die göttliche) hinzuthut, die Absicht derselben mag auch noch so wohlmeinend und der Zweck auch wirklich noch so gut sein, so ist doch die Liebenswürdigkeit desselben verschwunden: denn es ist ein Widerspruch, Jemanden zu gebieten, daß er etwas nicht allein thue, sondern es auch gern thun solle.

Das Christenthum hat zur Absicht: Liebe zu dem Geschäft der Beobachtung seiner Pflicht überhaupt zu befördern, und bringt sie auch hervor, weil der Stifter desselben nicht in der Qualität eines Befehlshabers, der seinen Gehorsam fordernden Willen, sondern in der eines Menschenfreundes redet, der seinen Mitmenschen ihren eignen wohlverstandnen Willen, d. i. wornach sie von selbst freiwillig handeln würden, wenn sie sich selbst gehörig prüften, ans Herz legt.

Es ist also die liberale Denkungsart – gleichweit entfernt vom Sklavensinn und von Bandenlosigkeit –, wovon das Christenthum für seine Lehre Effect erwartet, durch die es die Herzen der Menschen für sich zu gewinnen vermag, deren Verstand schon durch die Vorstellung des Gesetzes ihrer Pflicht erleuchtet ist. Das Gefühl der Freiheit in der Wahl des Endzwecks ist das, was ihnen die Gesetzgebung liebenswürdig macht. – Obgleich also der Lehrer desselben auch Strafen ankündigt, so ist das doch nicht so zu verstehen, wenigstens ist es der eigenthümlichen Beschaffenheit des Christenthums nicht angemessen es so zu erklären, als sollten diese die Triebfedern werden, seinen Geboten Folge zu leisten: denn sofern würde es aufhören liebenswürdig zu sein. Sondern man darf dies nur als liebreiche, aus dem Wohlwollen des Gesetzgebers entspringende Warnung, sich vor dem Schaden zu hüten, welcher unvermeidlich aus der Übertretung des Gesetzes entspringen müßte (denn: *lex est res surda et inexorabilis.* Livius), auslegen: weil nicht das Christenthum als freiwillig angenommene Lebensmaxime, sondern das Gesetz hier droht: welches, als unwandelbar in der Natur der Dinge liegende Ordnung, selbst nicht der Willkür des Schöpfers, die Folge derselben so oder anders zu entscheiden, überlassen ist.

Wenn das Christenthum Belohnungen verheißt (z. B. »Seid fröhlich und getrost, es wird Euch im Himmel alles wohl vergolten werden«): so muß das nach der liberalen Denkungsart nicht so ausgelegt werden, als wäre es ein Angebot, um dadurch den Menschen zum guten Lebenswandel gleichsam zu dingen: denn da würde das Christenthum wiederum für sich selbst nicht liebenswürdig sein. Nur ein Ansinnen solcher Handlungen, die aus uneigennützigen Beweggründen entspringen, kann gegen den, welcher das Ansinnen thut, dem Menschen Achtung einflößen; ohne Achtung aber giebt es keine wahre Liebe. Also muß man jener Verheißung nicht den Sinn beilegen, als sollten die Belohnungen für die Triebfedern der Handlungen genommen werden. Die Liebe, wodurch eine liberale Denkart an einen Wohltäter gefesselt wird, richtet sich nicht nach dem Guten, was der Bedürftige empfängt, sondern bloß nach der Gütigkeit des Willens dessen, der geneigt ist es zu ertheilen: sollte er auch etwa nicht dazu vermögend sein, oder durch andere Beweggründe, welche die Rücksicht auf das allgemeine Weltbeste mit sich bringt, an der Ausführung gehindert werden.

Das ist die moralische Liebenswürdigkeit, welche das Christenthum bei sich führt, die durch manchen äußerlich ihm beigefügten Zwang bei dem öftern Wechsel der Meinungen immer noch durchgeschimmert und es gegen die Abneigung erhalten hat, die es sonst hätte treffen müssen, und welche (was merkwürdig ist) zur Zeit der größten Aufklärung, die je unter Menschen war, sich immer in einem nur desto hellern Lichte zeigt.

Sollte es mit dem Christenthum einmal dahin kommen, daß es aufhörte liebenswürdig zu sein (welches sich wohl zutragen könnte, wenn es statt seines sanften Geistes mit gebieterischer Autorität bewaffnet würde): so müßte, weil in moralischen

Dingen keine Neutralität (noch weniger Coalition entgegengesetzter Principien) Statt findet, eine Abneigung und Widersetzlichkeit gegen dasselbe die herrschende Denkart der Menschen werden; und der Antichrist, der ohnehin für den Vorläufer des jüngsten Tages gehalten wird, würde sein (vermuthlich auf Furcht und Eigennutz gegründetes), obzwar kurzes Regiment anfangen: alsdann aber, weil das Christenthum allgemeine Weltreligion zu sein zwar bestimmt, aber es zu werden von dem Schicksal nicht begünstigt sein würde, das (verkehrte) Ende aller Dinge in moralischer Rücksicht eintreten.

Zum ewigen Frieden.

Ein philosophischer Entwurf
von
Immanuel Kant.

Zum ewigen Frieden.

Ob diese satirische Überschrift auf dem Schilde jenes holländischen Gastwirths, worauf ein Kirchhof gemalt war, die Menschen überhaupt, oder besonders die Staatsoberhäupter, die des Krieges nie satt werden können, oder wohl gar nur die Philosophen gelte, die jenen süßen Traum träumen, mag dahin gestellt sein. Das bedingt sich aber der Verfasser des Gegenwärtigen aus, daß, da der praktische Politiker mit dem theoretischen auf dem Fuß steht, mit großer Selbstgefälligkeit auf ihn als einen Schulweisen herabzusehen, der dem Staat, welcher von Erfahrungsgrundsätzen ausgehen müsse, mit seinen sachleeren Ideen keine Gefahr bringe, und den man immer seine elf Kegel auf einmal werfen lassen kann, ohne daß sich der weltkundige Staatsmann daran kehren darf, dieser auch im Fall eines Streits mit jenem sofern consequent verfahren müsse, hinter seinen auf gut Glück gewagten und öffentlich geäußerten Meinungen nicht Gefahr für den Staat zu wittern; – durch welche Clausula salvatoria der Verfasser dieses sich dann hiemit in der besten Form wider alle bösliche Auslegung ausdrücklich verwahrt wissen will.

Erster Abschnitt,

welcher die Präliminarartikel zum ewigen Frieden unter Staaten enthält.
1. »Es soll kein Friedensschluß für einen solchen gelten, der mit dem geheimen Vorbehalt des Stoffs zu einem künftigen Kriege gemacht worden.«

Denn alsdann wäre er ja ein bloßer Waffenstillstand, Aufschub der Feindseligkeiten, nicht Friede, der das Ende aller Hostilitäten bedeutet, und dem das Beiwort ewig anzuhängen ein schon verdächtiger Pleonasm ist. Die vorhandene, obgleich jetzt vielleicht den Paciscirenden selbst noch nicht bekannte, Ursachen zum künftigen Kriege sind durch den Friedensschluß insgesammt vernichtet, sie mögen auch aus archivarischen Documenten mit noch so scharfsichtiger Ausspähungsgeschicklichkeit ausgeklaubt sein. – Der Vorbehalt *(reservatio mentalis)* alter allererst künftig auszudenkender Prätensionen, deren kein Theil für jetzt Erwähnung thun mag, weil beide zu sehr erschöpft sind, den Krieg fortzusetzen, bei dem bösen Willen, die erste günstige Gelegenheit zu diesem Zweck zu benutzen, gehört zur Jesuitencasuistik und ist unter der Würde der Regenten, so wie die Willfährigkeit zu dergleichen Deductionen unter der Würde eines Ministers desselben, wenn man die Sache, wie sie an sich selbst ist, beurtheilt. –

Wenn aber nach aufgeklärten Begriffen der Staatsklugheit in beständiger Vergrößerung der Macht, durch welche Mittel es auch sei, die wahre Ehre des Staats gesetzt wird, so fällt freilich jenes Urtheil als schulmäßig und pedantisch in die Augen.

2. »Es soll kein für sich bestehender Staat (klein oder groß, das gilt hier gleichviel) von einem andern Staate durch Erbung, Tausch, Kauf oder Schenkung erworben werden können.«

Ein Staat ist nämlich nicht (wie etwa der Boden, auf dem er seinen Sitz hat) eine Habe *(patrimonium)*. Er ist eine Gesellschaft von Menschen, über die Niemand anders, als er selbst zu gebieten und zu disponiren hat. Ihn aber, der selbst als Stamm seine eigene Wurzel hatte, als Pfropfreis einem andern Staate einzuverleiben, heißt seine Existenz als einer moralischen Person aufheben und aus der letzteren eine Sache machen und widerspricht also der Idee des ursprünglichen Vertrags, ohne die sich kein Recht über ein Volk denken läßt*. In welche Gefahr das Vorurtheil dieser Erwerbungsart Europa, denn die andern Welttheile haben nie davon gewußt, in unsern bis auf die neuesten Zeiten gebracht habe, daß sich nämlich auch Staaten einander heurathen könnten, ist jedermann bekannt, theils als eine neue Art von Industrie, sich auch ohne Aufwand von Kräften durch Familienbündnisse übermächtig zu machen, theils auch auf solche Art den Länderbesitz zu erweitern. – Auch die Verdingung der Truppen eines Staats an einen andern gegen einen nicht gemeinschaftlichen Feind ist dahin zu zählen; denn die Unterthanen werden dabei als nach Belieben zu handhabende Sachen gebraucht und verbraucht.

3. »Stehende Heere *(miles perpetuus)* sollen mit der Zeit ganz aufhören.«

Denn sie bedrohen andere Staaten unaufhörlich mit Krieg durch die Bereitschaft, immer dazu gerüstet zu erscheinen; reizen diese an, sich einander in Menge der Gerüsteten, die keine Grenzen kennt, zu übertreffen, und indem durch die darauf verwandten Kosten der Friede endlich noch drückender wird als ein kurzer Krieg, so sind sie selbst Ursache von Angriffskriegen, um diese Last loszuwerden; wozu kommt, daß, zum Tödten oder getödtet zu werden in Sold genommen zu sein, einen Gebrauch von Menschen als bloßen Maschinen und Werkzeugen in der Hand eines Andern (des Staats) zu enthalten scheint, der sich nicht wohl mit dem Rechte der Menschheit in unserer eigenen Person vereinigen läßt. Ganz anders ist es mit der freiwilligen periodisch vorgenommenen Übung der Staatsbürger in Waffen bewandt, sich und ihr Vaterland dadurch gegen Angriffe von außen zu sichern. – Mit der Anhäufung eines Schatzes würde es eben so gehen, daß er, von andern Staaten

---

* Ein Erbreich ist nicht ein Staat, der von einem andern Staate, sondern dessen Recht zu regieren an eine andere physische Person vererbt werden kann. Der Staat erwirbt alsdann einen Regenten, nicht dieser als ein solcher (d. i. der schon ein anderes Reich besitzt) den Staat.

als Bedrohung mit Krieg angesehen, zu zuvorkommenden Angriffen nöthigte (weil unter den drei Mächten, der **Heeresmacht**, der **Bundesmacht** und der **Geldmacht**, die letztere wohl das zuverlässigste Kriegswerkzeug sein dürfte), wenn nicht die Schwierigkeit, die Größe desselben zu erforschen, dem entgegenstände.

4. »Es sollen keine Staatsschulden in Beziehung auf äußere Staatshändel gemacht werden.«

Zum Behuf der Landesökonomie (der Wegebesserung, neuer Ansiedelungen, Anschaffung der Magazine für besorgliche Mißwachsjahre u. s. w.) außerhalb oder innerhalb dem Staate Hülfe zu suchen, ist diese Hülfsquelle unverdächtig. Aber als entgegenwirkende Maschine der Mächte gegen einander ist ein Creditsystem ins Unabsehliche anwachsender und doch immer für die gegenwärtige Forderung (weil sie doch nicht von allen Gläubigern auf einmal geschehen wird) gesicherter Schulden – die sinnreiche Erfindung eines handeltreibenden Volks in diesem Jahrhundert – eine gefährliche Geldmacht, nämlich ein Schatz zum Kriegführen, der die Schätze aller andern Staaten zusammengenommen übertrifft und nur durch den einmal bevorstehenden Ausfall der Taxen (der doch auch durch die Belebung des Verkehrs vermittelst der Rückwirkung auf Industrie und Erwerb noch lange hingehalten wird) erschöpft werden kann. Diese Leichtigkeit Krieg zu führen, mit der Neigung der Machthabenden dazu, welche der menschlichen Natur eingeartet zu sein scheint, verbunden, ist also ein großes Hinderniß des ewigen Friedens, welches zu verbieten um desto mehr ein Präliminarartikel desselben sein müßte, weil der endlich doch unvermeidliche Staatsbankerott manche andere Staaten unverschuldet in den Schaden mit verwickeln muß, welches eine öffentliche Läsion der letzteren sein würde. Mithin sind wenigstens andere Staaten berechtigt, sich gegen einen solchen und dessen Anmaßungen zu verbünden.

5. »Kein Staat soll sich in die Verfassung und Regierung eines andern Staats gewaltthätig einmischen.«

Denn was kann ihn dazu berechtigen? Etwa das Skandal, was er den Unterthanen eines andern Staats giebt? Es kann dieser vielmehr durch das Beispiel der großen Übel, die sich ein Volk durch seine Gesetzlosigkeit zugezogen hat, zur Warnung dienen; und überhaupt ist das böse Beispiel, was eine freie Person der andern giebt, (als *scandalum acceptum*) keine Läsion derselben. – Dahin würde zwar nicht zu ziehen sein, wenn ein Staat sich durch innere Veruneinigung in zwei Theile spaltete, deren jeder für sich einen besondern Staat vorstellt, der auf das Ganze Anspruch macht; wo einem derselben Beistand zu leisten einem äußern Staat nicht für Einmischung in die Verfassung des andern (denn es ist alsdann Anarchie) angerechnet werden könnte. So lange aber diese innere Streit noch nicht entschieden ist, würde diese Einmischung äußerer Mächte Verletzung der Rechte eines nur mit seiner innern Krankheit ringenden, von keinem andern abhängigen Volks, selbst also ein gegebenes Skandal sein und die Autonomie aller Staaten unsicher machen.

6. »Es soll sich kein Staat im Kriege mit einem andern solche Feindseligkeiten erlauben, welche das wechselseitige Zutrauen im künftigen Frieden unmöglich machen müssen: als da sind Anstellung der **Meuchelmörder** *(percussores)*, **Giftmischer** *(venefici)*, **Brechung der Capitulation**, **Anstiftung des Verraths** *(perduellio)* in dem bekriegten Staat etc.«

Das sind ehrlose Stratagemen. Denn irgend ein Vertrauen auf die Denkungsart des Feindes muß mitten im Kriege noch übrig bleiben, weil sonst auch kein Friede abgeschlossen werden könnte, und die Feindseligkeit in einen Ausrottungskrieg *(bellum internecinum)* ausschlagen würde; da der Krieg doch nur das traurige Nothmittel im Naturzustande ist (wo kein Gerichtshof vorhanden ist, der rechtskräftig urtheilen könnte), durch Gewalt sein Recht zu behaupten; wo keiner von beiden Theilen für einen ungerechten Feind erklärt werden kann (weil das schon einen Richterausspruch voraussetzt), sondern der Ausschlag desselben (gleich als vor einem so genannten Gottesgerichte) entscheidet, auf wessen Seite das Recht ist; zwischen Staaten aber sich kein Bestrafungskrieg *(bellum punitivum)* denken läßt (weil zwischen ihnen kein Verhältniß eines Obern zu einem Untergebenen statt findet). – Woraus denn folgt: daß ein Ausrottungskrieg, wo die Vertilgung beide Theile zugleich und mit dieser auch alles Rechts treffen kann, den ewigen Frieden nur auf dem großen Kirchhofe der Menschengattung statt finden lassen würde. Ein solcher Krieg also, mithin auch der Gebrauch der Mittel, die dahin führen, muß schlechterdings unerlaubt sein. – Daß aber die genannte Mittel unvermeidlich dahin führen, erhellt daraus: daß jene höllische Künste, da sie an sich selbst niederträchtig sind, wenn sie in Gebrauch gekommen, sich nicht lange innerhalb der Grenze des Krieges halten, wie etwa der Gebrauch der Spione *(uti exploratoribus),* wo nur die Ehrlosigkeit A n d e r e r (die nun einmal nicht ausgerottet werden kann) benutzt wird, sondern auch in den Friedenszustand übergehen und so die Absicht desselben gänzlich vernichten würden.

* * *

Obgleich die angeführte Gesetze objectiv, d. i. in der Intention der Machthabenden, lauter V e r b o t g e s e t z e *(leges prohibitivae)* sind, so sind doch einige derselben von der s t r e n g e n , ohne Unterschied der Umstände geltenden Art *(leges strictae),* die s o f o r t auf Abschaffung dringen (wie Nr. 1, 5, 6), andere aber (wie Nr. 2, 3, 4), die zwar nicht als Ausnahmen von der Rechtsregel, aber doch in Rücksicht auf die A u s ü b u n g derselben, durch die Umstände, s u b j e c t i v für die Befugniß erweiternd *(leges latae),* und Erlaubnisse enthalten, die Vollführung a u f z u s c h i e b e n , ohne doch den Zweck aus den Augen zu verlieren, der diesen Aufschub, z. B. der **Wiedererstattung** der gewissen Staaten nach Nr. 2 entzogenen Freiheit, nicht auf den Nimmertag (wie August zu versprechen pflegte, *ad calendas graecas*) auszusetzen, mithin die Nichterstattung, sondern nur, damit sie nicht übereilt und so der Absicht selbst zuwider geschehe, die Verzögerung erlaubt. Denn das Verbot betrifft hier nur die **Erwerbungsart**, die fernerhin nicht gelten soll, aber nicht den **Besitzstand**, der, ob er zwar nicht den erforderlichen Rechtstitel hat, doch zu seiner Zeit (der putativen Erwerbung) nach der damaligen öffentlichen Meinung von allen Staaten für rechtmäßig gehalten wurde*.

---

* Ob es außer dem Gebot *(leges praeceptivae)* und Verbot *(leges prohibitivae)* noch **Erlaubnißgesetze** *(leges permissivae)* der reinen Vernunft geben könne, ist bisher nicht ohne Grund bezweifelt worden. Denn Gesetze überhaupt enthalten einen Grund objectiver praktischer Nothwendigkeit, Erlaubniß aber einen der praktischen Zufälligkeit gewisser Handlungen; mithin würde ein **Erlaubnißgesetz** Nöthigung zu einer Handlung, zu dem, wozu jemand nicht genöthigt werden kann, enthalten, welches, wenn das Object des Gesetzes in beiderlei Beziehung welche Bedeutung hätte, in Widerspruch sein würde. – Nun geht aber hier im Erlaubnißgesetze das vorausgesetzte Verbot nur auf die künftige Erwerbungsart eines Rechts (z. B. durch Erbschaft), die Befreiung aber von diesem Verbot, d. i. die Erlaubniß auf den gegenwärtigen Besitzstand, welcher letztere im Überschritt aus dem Naturzustande in den bürgerlichen als ein, obwohl unrechtmäßiger, dennoch **ehrlicher Besitz** *(possessio putativa)* nach einem Erlaubnißgesetz des Naturrechts noch fernerhin fortdauern kann, obgleich ein putativer Besitz, so bald er als ein solcher erkannt worden, im Naturzustande, imgleichen eine ähnliche Erwerbungsart im nachmaligen bürgerlichen (nach geschehenem Überschritt) verboten ist, welche Befugniß des fortdaurenden Besitzes nicht statt finden würde, wenn eine solche vermeintliche Erwerbung im bürgerlichen Zustande geschehen wäre; denn da würde er, als Läsion, sofort nach Entdeckung seiner Unrechtmäßigkeit aufhören müssen.

Ich habe hiemit nur beiläufig die Lehrer des Naturrechts auf den Begriff einer *lex permissiva*, welcher sich einer systematisch-eintheilenden Vernunft von selbst darbietet, aufmerksam machen wollen; vornehmlich da im Civilgesetze (statutarischen) öfters davon Gebrauch gemacht wird, nur mit dem Unterschiede, daß das Verbotgesetz für sich allein dasteht, die Erlaubniß aber nicht als einschränkende Bedingung (wie es sollte) in jenes Gesetz mit hinein gebracht, sondern unter die Ausnahmen geworfen wird. – Das Heißt es dann: dies oder jenes wird verboten: **es sei denn** Nr. 1, Nr. 2, Nr. 3 und so weiter ins Unabsehliche, da Erlaubnisse nur zufälliger Weise, nicht nach einem Prin-

Zweiter Abschnitt,

welcher die Definitivartikel zum ewigen Frieden unter Staaten enthält.

Der Friedenszustand unter Menschen, die neben einander leben, ist kein Naturstand *(status naturalis),* der vielmehr ein Zustand des Krieges ist, d. i. wenn gleich nicht immer ein Ausbruch der Feindseligkeiten, doch immerwährende Bedrohung mit denselben. Er muß also gestiftet werden; denn die Unterlassung der letzteren ist noch nicht Sicherheit dafür, und ohne daß sie einem Nachbar von dem andern geleistet wird (welches aber nur in einem gesetzlichen Zustande geschehen kann), kann jener diesen, welchen er dazu aufgefordert hat, als einen Feind behandeln*.

cip, sondern durch Herumtappen unter vorkommenden Fällen, zum Gesetz hinzukommen; denn sonst hätten die Bedingungen in die Formel des Verbotsgesetzes mit hineingebracht werden müssen, wodurch es dann zugleich ein Erlaubnißgesetz geworden wäre. – Es ist daher zu bedauern, daß die sinnreiche, aber unaufgelöst gebliebene Preisaufgabe des eben so weisen als scharfsinnigen Herrn Grafen von Windischgrätz, welche gerade auf das letztere drang, sobald verlassen worden. Denn die Möglichkeit einer solchen (der mathematischen ähnlichen) Formel ist der einzige ächte Probirstein einer consequent bleibenden Gesetzgebung, ohne welche das so genannte *ius certum* immer ein frommer Wunsch bleiben wird. – Sonst wird man bloß generale Gesetze (die im Allgemeinen gelten), aber keine universale (die allgemein gelten) haben, wie es doch der Begriff eines Gesetzes zu erfordern scheint.

---

* Gemeiniglich nimmt man an, daß man gegen Niemand feindlich verfahren dürfe, als nur wenn er mich schon thätig lädirt hat, und das ist auch ganz richtig, wenn beide im bürgerlich-gesetzlichen Zustande sind. Denn dadurch, daß dieser in denselben getreten ist, leistet er jenem (vermittelst der Obrigkeit, welche über Beide Gewalt hat) die erforderliche Sicherheit. – Der Mensch aber (oder das Volk) im bloßen Naturstande benimmt mir diese Sicherheit und lädirt mich schon durch eben diesen Zustand, indem er neben mir ist, obgleich nicht thätig *(facto),* doch durch die Gesetzlosigkeit seines Zustandes *(statu iniusto),* wodurch ich beständig von ihm bedroht werde, und ich kann ihn nöthigen, entweder mit mir in einen gemeinschaftlich-gesetzlichen Zustand zu treten, oder aus meiner Nachbarschaft zu weichen. – Das Postulat

Erster Definitivartikel zum ewigen Frieden.
Die bürgerliche Verfassung in jedem Staate soll republikanisch sein.

Die erstlich nach Principien der Freiheit der Glieder einer Gesellschaft (als Menschen), zweitens nach Grundsätzen der Abhängigkeit aller von einer einzigen gemeinsamen Gesetzgebung (als Unterthanen) und drittens die nach dem Gesetz der Gleichheit derselben (als Staatsbürger) gestiftete Verfassung – die einzige, welche aus der Idee des ursprünglichen Vertrags hervorgeht, auf der alle rechtliche Gesetzgebung eines Volks gegründet sein muß – ist die republikanische*. Diese ist also, was das Recht betrifft, an sich selbst die-

also, was allen folgenden Artikeln zum Grunde liegt, ist: Alle Menschen, die auf einander wechselseitig einfließen können, müssen zu irgend einer bürgerlichen Verfassung gehören.

Alle rechtliche Verfassung aber ist, was die Personen betrifft, die darin stehen,
1) die nach dem Staatsbürgerrecht der Menschen in einem Volke *(ius civitatis)*,
2) nach dem Völkerrecht der Staaten in Verhältniß gegen einander *(ius gentium)*,
3) die nach dem Weltbürgerrecht, so fern Menschen und Staaten, in äußerem auf einander einfließendem Verhältniß stehend, als Bürger eines allgemeinen Menschenstaats anzusehen sind *(ius cosmopoliticum)*. Diese Eintheilung ist nicht willkürlich, sondern nothwendig in Beziehung auf die Idee vom ewigen Frieden. Denn wenn nur einer von diesen im Verhältnisse des physischen Einflusses auf den andern und doch im Naturstande wäre, so würde damit der Zustand des Krieges verbunden sein, von dem befreit zu werden hier eben die Absicht ist.

---

* Rechtliche (mithin äußere) Freiheit kann nicht, wie man wohl zu thun pflegt, durch die Befugniß definirt werden: alles zu thun, was man will, wenn man nur Keinem Unrecht thut. Denn was heißt Befugniß? Die Möglichkeit einer Handlung, so fern man dadurch Keinem Unrecht thut. Also würde die Erklärung so lauten: Freiheit ist die Möglichkeit der Handlungen, dadurch man Keinem Unrecht thut. Man thut Keinem Unrecht (man mag auch thun, was man will), wenn man nur Keinem Unrecht thut: folglich ist es leere Tautologie. – Vielmehr ist meine äußere (rechtliche) Freiheit so zu erklären: sie ist die Befugniß, keinen äußeren Gesetzen zu gehorchen, als zu denen ich meine Beistimmung habe geben können. – Eben so ist äußere

jenige, welche allen Arten der bürgerlichen Constitution ursprünglich zum Grunde liegt; und nun ist nur die Frage: ob sie auch die einzige ist, die zum ewigen Frieden hinführen kann.

351 Nun hat aber die republikanische Verfassung außer der Lau-

---

(rechtliche) G l e i c h h e i t in einem Staate dasjenige Verhältniß der Staatsbürger, nach welchem Keiner den andern wozu rechtlich verbinden kann, ohne daß er sich zugleich dem Gesetz unterwirft, von diesem wechselseitig auf dieselbe Art auch verbunden werden zu k ö n n e n. (Vom Princip der r e c h t l i c h e n Abhängigkeit, da dieses schon in dem Begriffe einer Staatsverfassung überhaupt liegt, bedarf es keiner Erklärung) – Die Gültigkeit dieser angebornen, zur Menschheit nothwendig gehörenden und unveräußerlichen Rechte wird durch das Princip der rechtlichen Verhältnisse des Menschen selbst zu höheren Wesen (wenn er sich solche denkt) bestätigt und erhoben, indem er sich nach eben denselben Grundsätzen auch als Staatsbürger einer übersinnlichen Welt vorstellt. – Denn was meine Freiheit betrifft, so habe ich selbst in Ansehung der göttlichen, von mir durch bloße Vernunft erkennbaren Gesetze keine Verbindlichkeit, als nur so fern ich dazu selber habe meine Beistimmung geben können (denn durchs Freiheitsgesetz meiner eigenen Vernunft mache ich mir allererst einen Begriff vom göttlichen Willen). Was in Ansehung des erhabensten Weltwesens außer Gott, welches ich mir etwa denken möchte (einen großen Ä o n), das Princip der Gleichheit betrifft, so ist kein Grund da, warum ich, wenn ich in meinem Posten meine Pflicht thue, wie jener Äon es in dem seinigen, mir bloß die Pflicht zu gehorchen, jenem aber das Recht zu befehlen zukommen solle. – Daß dieses Princip der G l e i c h h e i t nicht (so wie das der Freiheit) auch auf das Verhältniß zu Gott paßt, davon ist der Grund dieser, weil dieses Wesen das einzige ist, bei dem der Pflichtbegriff aufhört.

Was aber das Recht der Gleichheit aller Staatsbürger als Unterthanen betrifft, so kommt es in Beantwortung der Frage von der Zulässigkeit des E r b a d e l s allein darauf an: ob der vom Staat zugestandene R a n g (eines Unterthans vor dem andern) vor dem V e r d i e n s t, oder dieses vor jenem vorhergehen müsse. – Nun ist offenbar: daß, wenn der Rang mit der Geburt verbunden wird, es ganz ungewiß ist, ob das Verdienst (Amtsgeschicklichkeit und Amtstreue) auch folgen werde; mithin ist es eben so viel, als ob er ohne alles Verdienst dem Begünstigten zugestanden würde (Befehlshaber zu sein); welches der allgemeine Volkswille in einem ursprünglichen Vertrage (der doch das Princip aller Rechte ist) nie beschließen wird. Denn ein Edelmann ist darum nicht sofort ein e d l e r Mann. – Was den A m t s a d e l (wie man den Rang einer höheren Magistratur nennen könnte, und den man sich durch Verdienste erwerben muß) betrifft, so klebt der Rang da nicht als Eigenthum an der Person, sondern am Posten, und die Gleichheit wird dadurch nicht verletzt: weil, wenn jene ihr Amt niederlegt, sie zugleich den Rang ablegt und unter das Volk zurücktritt. –

terkeit ihres Ursprungs, aus dem reinen Quell des Rechtsbegriffs entsprungen zu sein, noch die Aussicht in die gewünschte Folge, nämlich den ewigen Frieden; wovon der Grund dieser ist. – Wenn (wie es in dieser Verfassung nicht anders sein kann) die Beistimmung der Staatsbürger dazu erfordert wird, um zu beschließen, ob Krieg sein solle, oder nicht, so ist nichts natürlicher, als daß, da sie alle Drangsale des Krieges über sich selbst beschließen müßten (als da sind: selbst zu fechten, die Kosten des Krieges aus ihrer eigenen Habe herzugeben; die Verwüstung, die er hinter sich läßt, kümmerlich zu verbessern; zum Übermaße des Übels endlich noch eine den Frieden selbst verbitternde, nie (wegen naher, immer neuer Kriege) zu tilgende Schuldenlast selbst zu übernehmen), sie sich sehr bedenken werden, ein so schlimmes Spiel anzufangen: da hingegen in einer Verfassung, wo der Unterthan nicht Staatsbürger, die also nicht republikanisch ist, es die unbedenklichste Sache von der Welt ist, weil das Oberhaupt nicht Staatsgenosse, sondern Staatseigenthümer ist, an seinen Tafeln, Jagden, Luftschlössern, Hoffesten u. d. gl. durch den Krieg nicht das Mindeste einbüßt, diesen also wie eine Art von Lustpartie aus unbedeutenden Ursachen beschließen und der Anständigkeit wegen dem dazu allezeit fertigen diplomatischen Corps die Rechtfertigung desselben gleichgültig überlassen kann.

* * *

Damit man die republikanische Verfassung nicht (wie gemeiniglich geschieht) mit der demokratischen verwechsele, muß Folgendes bemerkt werden. Die Formen eines Staats *(civitas)* 352 können entweder nach dem Unterschiede der Personen, welche die oberste Staatsgewalt inne haben, oder nach der Regierungsart des Volks durch sein Oberhaupt, er mag sein, welcher er wolle, eingetheilt werden; die erste heißt eigentlich die Form der Beherrschung *(forma imperii)*, und es sind nur drei derselben möglich, wo nämlich entweder nur Einer, oder Einige unter sich verbunden, oder Alle zusammen, welche die bürgerliche Gesellschaft ausmachen, die Herrschergewalt besitzen (Autokratie, Aristokratie und Demokratie, Fürstengewalt, Adelsgewalt und Volksgewalt). Die zweite ist die Form der Regierung *(forma regiminis)* und betrifft die auf die Constitution (den Act des allgemeinen Willens, wodurch die Menge ein Volk wird) gegründete Art, wie der Staat von seiner Machtvollkommenheit Gebrauch macht: und ist in dieser Beziehung entweder republikanisch oder despotisch. Der Republikanism ist das Staatsprincip der Absonderung der ausführenden Gewalt (der Regierung) von der gesetzgebenden; der Despotism ist das der eigenmächtigen Vollziehung des Staats von Gesetzen, die er selbst gegeben hat, mithin der öffentliche Wille, sofern er von dem Regenten als sein Privatwille gehandhabt wird. – Unter den drei Staatsformen ist die der Demokratie im eigentlichen Verstande des Worts nothwendig ein Despotism, weil sie eine exekutive Gewalt gründet, da alle über und allenfalls auch wider Einen (der also nicht mit einstimmt), mithin Alle, die doch nicht Alle sind, beschließen; welches ein Widerspruch des allgemeinen Willens mit sich selbst und mit der Freiheit ist.

Alle Regierungsform nämlich, die nicht repräsentativ ist, ist eigentlich eine Unform, weil der Gesetzgeber in einer und derselben Person zugleich Vollstrecker seines Willens (so wenig wie das Allgemeine des Obersatzes in einem Vernunftschlusse zugleich die Subsumtion des Besondern unter jenem im Untersatze) sein kann; und wenn gleich die zwei andern Staatsverfassungen so fern immer fehlerhaft sind, daß sie einer solchen Regierungsart Raum geben, so ist es bei ihnen doch wenigstens möglich, daß sie eine dem Geiste eines repräsentativen Systems gemäße Regierungsart annähmen, wie etwa Friedrich II. wenigstens sagte: er sei bloß der oberste Diener des Staats*, da hingegen die demokratische es unmöglich macht, weil Alles da Herr sein will. – Man kann daher sagen: je kleiner das Personale der Staatsgewalt (die Zahl der Herrscher), je größer dagegen die Repräsentation derselben, desto mehr stimmt die Staatsverfassung zur Möglichkeit des Republikanism, und sie kann hoffen, durch allmähliche Reformen sich dazu endlich zu erheben. Aus diesem Grunde ist es in der Aristokratie schon schwerer als in der Monarchie, in der Demokratie aber unmöglich anders als durch gewaltsame Revolution zu dieser einzigen vollkommen rechtlichen Verfassung zu gelangen. Es ist aber an der Regierungsart** dem Volk ohne alle Vergleichung mehr gelegen, als an der Staatsform (wiewohl auch auf dieser ihre mehrere oder mindere Angemessenheit zu jenem Zwecke sehr viel ankommt). Zu jener aber, wenn sie dem Rechtsbegriffe gemäß sein soll, gehört das repräsentative System, in welchem allein eine republikanische Regierungsart

---

* Man hat die hohe Benennungen, die einem Beherrscher oft beigelegt werden (die eines göttlichen Gesalbten, eines Verwesers des göttlichen Willens auf Erden und Stellvertreters desselben), als grobe, schwindlich machende Schmeicheleien oft getadelt; aber mich dünkt, ohne Grund. – Weit gefehlt, daß sie den Landesherrn sollten hochmüthig machen, so müssen sie ihn vielmehr in seiner Seele demüthigen, wenn er Verstand hat (welches man doch voraussetzen muß) und es bedenkt, daß er ein Amt übernommen habe, was für einen Menschen zu groß ist, nämlich das Heiligste, was Gott auf Erden hat, das R e c h t d e r M e n s c h e n , zu verwalten, und diesem Augapfel Gottes irgend worin zu nahe getreten zu sein jederzeit in Besorgniß stehen muß.

** Mallet du Pan rühmt in seiner genietönenden, aber hohlen und sachleeren Sprache: nach vieljähriger Erfahrung endlich zur Überzeugung von der Wahrheit des bekannten Spruchs des P o p e gelangt zu sein: »Laß über die beste Regierung Narren streiten; die bestgeführte ist die beste.« Wenn das soviel sagen soll: die am besten geführte Regierung ist am besten geführt, so hat er nach Schwifts Ausdruck eine Nuß aufgebissen, die ihn mit einer Made belohnte; soll es aber bedeuten, sie sei auch die beste Regierungsart, d. i. Staatsverfassung, so ist es grundfalsch; denn Exempel von guten Regierungen beweisen nichts für die Regierungsart. – Wer hat wohl besser regiert als ein T i t u s und M a r c u s A u r e l i u s , und doch hinterließ der eine einen D o m i t i a n , der andere einen C o m m o d u s zu Nachfolgern; welches bei einer guten Staatsverfassung nicht hätte geschehen können, da ihre Untauglichkeit zu diesem Posten früh genug bekannt war, und die Macht des Beherrschers auch hinreichend war, um sie auszuschließen.

möglich, ohne welches sie (die Verfassung mag sein, welche sie wolle) despotisch und gewaltthätig ist. – Keine der alten sogenannten Republiken hat dieses gekannt, und sie mußten sich darüber auch schlechterdings in dem Despotism auflösen, der unter der Obergewalt eines Einzigen noch der erträglichste unter allen ist.

Zweiter Definitivartikel zum ewigen Frieden.

Das Völkerrecht soll auf einen Föderalism freier Staaten gegründet sein.

354 Völker als Staaten können wie einzelne Menschen beurtheilt werden, die sich in ihrem Naturzustande (d. i. in der Unabhängigkeit von äußern Gesetzen) schon durch ihr Nebeneinandersein lädiren, und deren jeder um seiner Sicherheit willen von dem andern fordern kann und soll, mit ihm in eine der bürgerlichen ähnliche Verfassung zu treten, wo jedem sein Recht gesichert werden kann. Dies wäre ein Völkerbund, der aber gleichwohl kein Völkerstaat sein müßte. Darin aber wäre ein Widerspruch: weil ein jeder Staat das Verhältniß eines Oberen (Gesetzgebenden) zu einem Unteren (Gehorchenden, nämlich dem Volk) enthält, viele Völker aber in einem Staate nur ein Volk ausmachen würden, welches (da wir hier das Recht der Völker gegen einander zu erwägen haben, so fern sie so viel verschiedene Staaten ausmachen und nicht in einem Staat zusammenschmelzen sollen) der Voraussetzung widerspricht.

Gleichwie wir nun die Anhänglichkeit der Wilden an ihre gesetzlose Freiheit, sich lieber unaufhörlich zu balgen, als sich einem gesetzlichen, von ihnen selbst zu constituirenden Zwange zu unterwerfen, mithin die tolle Freiheit der vernünftigen vorzuziehen, mit tiefer Verachtung ansehen und als Rohigkeit, Ungeschliffenheit und viehische Abwürdigung der Menschheit betrachten, so, sollte man denken, müßten gesittete Völker (jedes für sich zu einem Staat vereinigt) eilen, aus einem so verworfenen Zustande je eher desto lieber herauszukommen: statt dessen aber setzt vielmehr jeder S t a a t seine Majestät (denn Volksmajestät ist ein ungereimter Ausdruck) gerade darin, gar keinem äußeren gesetzlichen Zwange unterworfen zu sein, und der Glanz seines Oberhaupts besteht darin, daß ihm, ohne daß er sich eben selbst in Gefahr setzen darf, viele Tausende zu Gebot stehen, sich für eine Sache, die sie nichts angeht, aufopfern zu lassen*, und der Unterschied der europäischen Wilden von den amerikanischen besteht hauptsächlich darin, daß, da manche Stämme der letzteren von ihren Feinden gänzlich sind gegessen worden, die ersteren ihre Überwundene besser zu benutzen wissen, als sie zu verspeisen, und lieber die Zahl ihrer Unterthanen, mithin auch die Menge der Werkzeuge zu noch ausgebreitetern Kriegen durch sie zu vermehren wissen.

Bei der Bösartigkeit der menschlichen Natur, die sich im freien Verhältniß der Völker unverhohlen blicken läßt (indessen daß sie im bürgerlich-gesetzlichen Zustande durch den Zwang der Regierung sich sehr verschleiert), ist es doch zu verwundern, daß das Wort R e c h t aus der Kriegspolitik noch nicht als pedantisch ganz hat verwiesen werden können, und sich noch kein Staat erkühnt hat, sich für die letztere Meinung öffentlich zu erklären; denn noch werden H u g o G r o t i u s , P u f e n d o r f , B a t t e l u. a. m. (lauter leidige Tröster), obgleich ihr Codex, philosophisch oder diplomatisch abgefaßt, nicht die mindeste g e s e t z l i c h e Kraft hat, oder auch nur haben kann (weil Staaten als solche nicht unter einem gemeinschaftlichen äußeren Zwange stehen), immer treuherzig zur R e c h t f e r t i g u n g eines Kriegsangriffs angeführt, ohne daß es ein Beispiel giebt, daß jemals ein Staat durch mit Zeugnissen so wichtiger

---

* So gab ein bulgarischer Fürst dem griechischen Kaiser, der gutmüthigerweise seinen Streit mit ihm durch einen Zweikampf ausmachen wollte, zur Antwort: »Ein Schmid, der Zangen hat, wird das glühende Eisen aus den Kohlen nicht mit seinen Händen herauslangen.«

Männer bewaffnete Argumente wäre bewogen worden, von seinem Vorhaben abzustehen. – Diese Huldigung, die jeder Staat dem Rechtsbegriffe (wenigstens den Worten nach) leistet, beweist doch, daß eine noch größere, obzwar zur Zeit schlummernde, moralische Anlage im Menschen anzutreffen sei, über das böse Princip in ihm (was er nicht ableugnen kann) doch einmal Meister zu werden und dies auch von andern zu hoffen; denn sonst würde das Wort R e c h t den Staaten, die sich einander befehden wollen, nie in den Mund kommen, es sei denn, bloß um seinen Spott damit zu treiben, wie jener gallische Fürst es erklärte: »Es ist der Vorzug, den die Natur dem Stärkern über den Schwächern gegeben hat, daß dieser ihm gehorchen soll.«

Da die Art, wie Staaten ihr Recht verfolgen, nie wie bei einem äußern Gerichtshofe der Proceß, sondern nur der Krieg sein kann, durch diesen aber und seinen günstigen Ausschlag, den S i e g, das Recht nicht entschieden wird, und durch den F r i e d e n s v e r t r a g zwar wohl dem diesmaligen Kriege, aber nicht dem Kriegszustande (immer zu einem neuen Vorwand zu finden) ein Ende gemacht wird (den man auch nicht geradezu für ungerecht erklären kann, weil in diesem Zustande jeder in seiner eigenen Sache Richter ist), gleichwohl aber von Staaten nach dem Völkerrecht nicht eben das gelten kann, was von Menschen im gesetzlosen Zustande nach dem Naturrecht gilt, »aus diesem Zustande herausgehen zu sollen« (weil sie als Staaten innerlich schon eine rechtliche Verfassung haben und also dem Zwange anderer, sie nach ihren Rechtsbegriffen unter eine erweiterte gesetzliche Verfassung zu bringen, entwachsen sind), indessen daß doch die Vernunft vom Throne der höchsten moralisch gesetzgebenden Gewalt herab den Krieg als Rechtsgang schlechterdings verdammt, den Friedenszustand dagegen zur unmittelbaren Pflicht macht, welcher doch ohne einen Vertrag der Völker unter sich nicht gestiftet oder gesichert werden kann: – so muß es einen Bund von besonderer Art geben, den man den Friedensbund *(foedus pacificum)* nennen kann, der vom Friedensvertrag *(pactum pacis)* darin unterschieden sein würde, daß dieser bloß einen Krieg, jener aber alle Kriege auf immer zu endigen suchte. Dieser Bund geht auf keinen Erwerb irgend einer Macht des Staats, sondern lediglich auf Erhaltung und Sicherung der Freiheit eines Staats für sich selbst und zugleich anderer verbündeten Staaten, ohne daß diese doch sich deshalb (wie Menschen im Naturzustande) öffentlichen Gesetzen und einem Zwange unter denselben unterwerfen dürfen. – Die Ausführbarkeit (objective Realität) dieser Idee der Förderalität, die sich allmählig über alle Staaten erstrecken soll und so zum ewigen Frieden hinführt, läßt sich darstellen. Denn wenn das Glück es so fügt: daß ein mächtiges und aufgeklärtes Volk sich zu einer Republik (die ihrer Natur nach zum ewigen Frieden geneigt sein muß) bilden kann, so giebt diese einen Mittelpunkt der föderativen Vereinigung für andere Staaten ab, um sich an sie anzuschließen und so den Freiheitszustand der Staaten gemäß der Idee des Völkerrechts zu sichern und sich durch mehrere Verbindungen dieser Art nach und nach immer weiter auszubreiten.

Daß ein Volk sagt: »Es soll unter uns kein Krieg sein; denn wir wollen uns in einen Staat formiren, d. i. uns selbst eine oberste gesetzgebende, regierende und richtende Gewalt setzen, die unsere Streitigkeiten friedlich ausgleicht« – das läßt sich verstehen. – – Wenn aber dieser Staat sagt: »Es soll kein Krieg zwischen mir und andern Staaten sein, obgleich ich keine oberste gesetzgebende Gewalt erkenne, die mir mein und der ich ihr Recht sichere,« so ist es gar nicht zu verstehen, worauf ich dann das Vertrauen zu meinem Rechte gründen wolle, wenn es nicht das Surrogat des bürgerlichen Gesellschaftsbundes, nämlich der freie Föderalism, ist, den die Vernunft mit dem Begriffe des Völkerrechts nothwendig verbinden muß, wenn überall etwas dabei zu denken übrig bleiben soll.

Bei dem Begriffe des Völkerrechts, als eines Rechts zum

Kriege, läßt sich eigentlich gar nichts denken (weil es ein Recht sein soll, nicht nach allgemein gültigen äußern, die Freiheit jedes Einzelnen einschränkenden Gesetzen, sondern nach einseitigen Maximen durch Gewalt, was Recht sei, zu bestimmen), es müßte denn darunter verstanden werden: daß Menschen, die so gesinnt sind, ganz recht geschieht, wenn sie sich unter einander aufreiben und also den ewigen Frieden in dem weiten Grabe finden, das alle Gräuel der Gewaltthätigkeit sammt ihren Urhebern bedeckt. – Für Staaten im Verhältnisse unter einander kann es nach der Vernunft keine andere Art geben, aus dem gesetzlosen Zustande, der lauter Krieg enthält, herauszukommen, als daß sie eben so wie einzelne Menschen ihre wilde (gesetzlose) Freiheit aufgeben, sich zu öffentlichen Zwangsgesetzen bequemen und so einen (freilich immer wachsenden) Völkerstaat *(civitas gentium),* der zuletzt alle Völker der Erde befassen würde, bilden. Da sie dieses aber nach ihrer Idee vom Völkerrecht durchaus nicht wollen, mithin, was in *thesi* richtig ist, in *hypothesi* verwerfen, so kann an die Stelle der positiven Idee einer Weltrepublik (wenn nicht alles verloren werden soll) nur das negative Surrogat eines den Krieg abwehrenden, bestehenden und sich immer ausbreitenden Bundes den Strom der rechtscheuenden, feindseligen Neigung aufhalten, doch mit beständiger Gefahr ihres Ausbruchs (*Furor impius intus – fremit horridus ore cruento.* Virgil)*.

---

* Nach einem beendigten Kriege, beim Friedensschlusse, möchte es wohl für ein Volk nicht unschicklich sein, daß nach dem Dankfeste ein Bußtag ausgeschrieben würde, den Himmel im Namen des Staats um Gnade für die große Versündigung anzurufen, die das menschliche Geschlecht sich noch immer zu Schulden kommen läßt, sich keiner gesetzlichen Verfassung im Verhältniß auf andere Völker fügen zu wollen, sondern stolz auf seine Unabhängigkeit lieber das barbarische Mittel des Krieges (wodurch doch das, was gesucht wird, nämlich das Recht eines jeden Staats, nicht ausgemacht wird) zu gebrauchen. – Die Dankfeste während dem Kriege über einen erfochtenen Sieg, die Hymnen, die (auf gut israelitisch) dem Herrn der Heerschaaren gesungen werden, stehen mit der moralischen Idee des Vaters der Menschen in nicht minder starkem Contrast: weil sie außer der Gleichgültigkeit wegen der Art, wie Völker ihr gegenseitiges Recht suchen (die traurig genug ist), noch

Dritter Definitivartikel zum ewigen Frieden.

»Das **Weltbürgerrecht** soll auf Bedingungen der allgemeinen Hospitalität eingeschränkt sein.«

Es ist hier wie in den vorigen Artikeln nicht von Philantrophie, sondern vom Recht die Rede, und da bedeutet Hospitalität (Wirthbarkeit) das Recht eines Fremdlings, seiner Ankunft auf dem Boden eines andern wegen von diesem nicht feindselig behandelt zu werden. Dieser kann ihn abweisen, wenn es ohne seinen Untergang geschehen kann, so lange er aber auf seinem Platz sich friedlich verhält, ihm nicht feindlich begegnen. Es ist kein Gastrecht, worauf dieser Anspruch machen kann (wozu ein besonderer wohlthätiger Vertrag erfordert werden würde, ihn auf eine gewisse Zeit zum Hausgenossen zu machen), sondern ein Besuchsrecht, welches allen Menschen zusteht, sich zur Gesellschaft anzubieten vermöge des Rechts des gemeinschaftlichen Besitzes der Oberfläche der Erde, auf der als Kugelfläche sie sich nicht ins Unendliche zerstreuen können, sondern endlich sich doch neben einander dulden müssen, ursprünglich aber niemand an einem Orte der Erde zu sein mehr Recht hat, als der Andere. – Unbewohnbare Theile dieser Oberfläche, das Meer und die Sandwüsten, trennen diese Gemeinschaft, doch so, daß das Schiff, oder das Kameel (das Schiff der Wüste) es möglich machen, über diese herrenlose Gegenden sich einander zu nähern und das Recht der Oberfläche, welches der Menschengattung gemeinschaftlich zukommt, zu einem möglichen Verkehr zu benutzen. Die Unwirthbarkeit der Seeküsten (z. B. der Barbaresken), Schiffe in nahen Meeren zu rauben, oder gestrandete Schiffsleute zu Sklaven zu machen, oder die der Sandwüsten (der arabischen

358

---

eine Freude hineinbringen, recht viel Menschen oder ihr Glück zernichtet zu haben.

Beduinen), die Annäherung zu den nomadischen Stämmen als ein Recht anzusehen, sie zu plündern, ist also dem Naturrecht zuwider, welches Hospitalitätsrecht aber, d. i. die Befugniß der fremden Ankömmlinge, sich nicht weiter erstreckt, als auf die Bedingungen der Möglichkeit, einen Verkehr mit den alten Einwohnern zu v e r s u c h e n . – Auf diese Art können entfernte Welttheile mit einander friedlich in Verhältnisse kommen, die zuletzt öffentlich gesetzlich werden und so das menschliche Geschlecht endlich einer weltbürgerlichen Verfassung immer näher bringen können.

Vergleicht man hiemit das i n h o s p i t a l e Betragen der gesitteten, vornehmlich handeltreibenden Staaten unseres Welttheils, so geht die Ungerechtigkeit, die sie in dem B e s u c h e fremder Länder und Völker (welches ihnen mit dem E r o b e r n derselben für einerlei gilt) beweisen, bis zum Erschrecken weit. Amerika, die Negerländer, die Gewürzinseln, das Cap. etc. waren bei ihrer Entdeckung für sie Länder, die keinem angehörten; denn die Einwohner rechneten sie für nichts. In Ostindien (Hindustan) brachten sie unter dem Vorwande blos beabsichtigter Handelsniederlagen fremde Kriegsvölker hinein, mit ihnen aber Unterdrückung der Eingebornen, Aufwiegelung der verschiedenen Staaten desselben zu weit ausgebreiteten Kriegen, Hungersnoth, Aufruhr, Treulosigkeit, und wie die Litanei aller Übel, die das menschliche Geschlecht drücken, weiter lauten mag.

China* und Japan (N i p o n), die den Versuch mit solchen

---

* Um dieses große Reich mit dem Namen, womit es sich selbst benennt, zu schreiben (nämlich C h i n a , nicht Sina, oder einen diesem ähnlichen Laut), darf man nur *Georgii Alphab. Tibet. pag.* 651–654, vornehmlich *Nota b* unten nachsehen. – Eigentlich führt es nach des Petersb. Prof. F i s c h e r Bemerkung keinen bestimmten Namen, womit es sich selbst benennt; der gewöhnlichste ist noch der des Worts *Kin,* nämlich Gold (welches die Tibetaner mit *Ser* ausdrücken), daher der Kaiser König des G o l d e s (des herrlichsten Landes von der Welt) genannt wird, welches Wort wohl im Reiche selbst wie *Chin* lauten, aber von den italiänischen Missionarien (des Gutturalbuchstabens wegen) wie *Kin* ausgesprochen sein mag. – Hieraus ersieht man dann,

Gästen gemacht hatten, haben daher weislich, jenes zwar den Zugang, aber nicht den Eingang, dieses auch den ersteren nur einem einzigen europäischen Volk, den Holländern, erlaubt, die sie aber doch dabei wie Gefangene von der Gemeinschaft mit den Eingebornen ausschließen. Das Ärgste hiebei (oder, aus dem Standpunkte eines moralischen Richters betrachtet, das Beste) ist, daß sie dieser Gewaltthätigkeit nicht einmal froh werden, daß alle diese Handlungsgesellschaften auf dem Punkte des nahen Umsturzes stehen, daß die Zuckerinseln, dieser

---

daß das von den Römern sogenannte Land der S e r e r China war, die Seide aber über G r o ß - T i b e t (vermuthlich durch K l e i n - T i b e t und die Bucharei über Persien, so weiter) nach Europa gefördert worden, welches zu manchen Betrachtungen über das Alterthum dieses erstaunlichen Staats in Vergleichung mit dem von Hindustan bei der Verknüpfung mit T i b e t und durch dieses mit Japan hinleitet; indessen daß der Name Sina oder Tschina, den die Nachbarn diesem Lande geben sollen, zu nichts hinführt. – – Vielleicht läßt sich auch die uralte, obzwar nie recht bekannt gewordene Gemeinschaft Europens mit Tibet aus dem, was uns H e s y c h i u s hievon aufbehalten hat, nämlich dem Zuruf Κονξ Ὀμπαξ *(Konx Ompax)* des Hierophanten in den Eleusinischen Geheimnissen, erklären (S. Reise des jüngern Anacharsis, 5ter Theil, S. 447 u. f.). – Denn nach *Georgii Alph. Tibet.* bedeutet das Wort *Concioa* G o t t, welches eine auffallende Ähnlichkeit mit *Konx* hat, *Pahcio (ib. p.* 520), welches von den Griechen leicht wie *pax* ausgesprochen werden konnte, *promulgator legis,* die durch die ganze Natur vertheilte Gottheit (auch *Cencresi* genannt, *p.* 177). – *Om* aber, welches *La Croze* durch *benedictus,* g e s e g n e t, übersetzt, kann auf die Gottheit angewandt, wohl nichts anders als den S e l i g g e p r i e s e n e n bedeuten, *p.* 507. Da nun P. F r a n z. H o r a t i u s von den tibetanischen L a m a s, die er oft befrug, was sie unter Gott *(Concioa)* verständen, jederzeit die Antwort bekam: »E s i s t d i e V e r s a m m l u n g a l l e r H e i l i g e n« (d. i. der seligen durch die lamaische Wiedergeburt nach vielen Wanderungen durch allerlei Körper endlich in die Gottheit zurückgekehrten, in B u r c h a n e, d. i. anbetungswürdige Wesen, verwandelten Seelen, *p.* 223), so wird jenes geheimnißvolle Wort *Konx Ompax* wohl das h e i l i g e *(Konx),* s e l i g e *(Om)* und w e i s e *(Pax),* durch die Welt überall verbreitete höchste Wesen (die personificirte Natur) bedeuten sollen und, in den griechischen M y s t e r i e n gebraucht, wohl den M o n o t h e i s m für die Epopten im Gegensatz mit dem P o l y t h e i s m des Volks angedeutet haben; obwohl P. H o r a t i u s (a. a. O.) hierunter einen Atheism witterte. – Wie aber jenes geheimnißvolle Wort über Tibet zu den Griechen gekommen, läßt sich auf obige Art erklären und umgekehrt dadurch auch das frühe Verkehr Europens mit China über Tibet (vielleicht eher noch als mit Hindustan) wahrscheinlich machen.

Sitz der allergrausamsten und ausgedachtesten Sklaverei, keinen wahren Ertrag abwerfen, sondern nur mittelbar und zwar zu einer nicht sehr löblichen Absicht, nämlich zu Bildung der Matrosen für Kriegsflotten und also wieder zu Führung der Kriege in Europa, dienen, und dieses Mächten, die von der Frömmigkeit viel Werks machen, und, indem sie Unrecht wie Wasser trinken, sich in der Rechtgläubigkeit für Auserwählte gehalten wissen wollen.

Da es nun mit der unter den Völkern der Erde einmal durchgängig überhand genommenen (engeren oder weiteren) Gemeinschaft so weit gekommen ist, daß die Rechtsverletzung an einem Platz der Erde an allen gefühlt wird: so ist die Idee eines Weltbürgerrechts keine phantastische und überspannte Vorstellungsart des Rechts, sondern eine nothwendige Ergänzung des ungeschriebenen Codex sowohl des Staats- als Völkerrechts zum öffentlichen Menschenrechte überhaupt und so zum ewigen Frieden, zu dem man sich in der continuirlichen Annäherung zu befinden nur unter dieser Bedingung schmeicheln darf.

Erster Zusatz.

Von der Garantie des ewigen Friedens.

Das, was diese Gewähr (Garantie) leistet, ist nichts Geringeres, als die große Künstlerin Natur *(natura daedala rerum)*, aus deren mechanischem Laufe sichtbarlich Zweckmäßigkeit hervorleuchtet, durch die Zwietracht der Menschen Eintracht selbst wider ihren Willen emporkommen zu lassen, und darum, gleich als Nöthigung einer ihren Wirkungsgesetzen nach uns unbekannten Ursache, Schicksal, bei Erwägung aber ihrer Zweckmäßigkeit im Laufe der Welt, als tiefliegende Weisheit einer höheren, auf den objectiven Endzweck des menschlichen Geschlechts gerichteten und diesen Weltlauf prädeterminirenden Ursache **Vorsehung*** genannt wird, die wir zwar eigentlich nicht an diesen Kunstanstalten der Natur **erkennen**, oder auch nur daraus auf sie **schließen**, sondern

---

* Im Mechanism der Natur, wozu der Mensch (als Sinnenwesen) mit gehört, zeigt sich eine ihrer Existenz schon zum Grunde liegende Form, die wir uns nicht anders begreiflich machen können, als indem wir ihr den Zweck eines sie vorher bestimmenden Welturhebers unterlegen, dessen Vorherbestimmung wir die (göttliche) Vorsehung überhaupt und, sofern sie in den **Anfang** der Welt gelegt wird, die **gründende** *(providentia conditrix; semel iussit, semper parent,* Augustin*.),* im **Laufe** der Natur aber diesen nach allgemeinen Gesetzen der Zweckmäßigkeit erhalten, die **waltende Vorsehung** *(providentia gubernatrix),* ferner zu besondern, aber von dem Menschen nicht vorherzusehenden, sondern nur aus dem Erfolg vermutheten Zwecken die **leitende** *(providentia directrix),* endlich sogar in Ansehung einzelner Begebenheiten als göttliche Zwecke nicht mehr Vorsehung, sondern **Fügung** *(directio extraordinaria)* nennen, welche aber (da sie in der That auf Wunder hinweiset, obgleich die Begebenheiten nicht so genannt werden) als solche erkennen zu wollen, thörichte Vermessenheit des Menschen ist: weil aus einer einzelnen Begebenheit auf ein besonderes Princip der wirkenden Ursache (daß diese Begebenheit Zweck und nicht bloß naturmechanische Nebenfolge aus einem anderen, uns ganz unbekannten Zwecke sei) zu schließen ungereimt und voll Eigendünkel ist, so fromm und demüthig auch die Sprache hierüber lauten mag. – Eben so ist auch die Eintheilung der Vorsehung (materialiter betrachtet), wie sie auf **Gegenstände** in der Welt geht, in die **allgemeine** und **besondere** falsch und sich selbst widersprechend (daß sie z. B. zwar eine Vorsorge zur Erhaltung der Gattungen der Geschöpfe sei, die Individuen aber dem Zufall überlasse); denn sie wird eben in der Absicht allgemein genannt, damit kein einziges Ding als davon ausgenommen gedacht werde. – Vermuthlich hat man hier die Eintheilung der Vorsehung (formaliter betrachtet) nach der Art der Ausführung ihrer Absicht gemeint: nämlich in **ordentliche** (z. B. das jährliche Sterben und Wiederaufleben der Natur nach dem Wechsel der Jahreszeiten) und **außerordentliche** (z. B. die Zuführung des Holzes an die Eisküsten, das da nicht wachsen kann, durch die Meerströme für die dortigen Einwohner, die ohne das nicht leben könnten), wo, ob wir gleich die physisch-mechanische Ursache dieser Erscheinungen uns gut erklären können (z. B. durch die mit Holz bewachsene Ufer der Flüsse der temperirten Länder, in welche jene Bäume hineinfallen und etwa durch den Golfstrom weiter verschleppt werden), wir dennoch auch die teleologische nicht übersehen müssen, die auf die Vorsorge einer über die Natur gebietenden Weisheit hinweiset. – Nur was den in den Schulen gebräuchlichen Begriff eines göttlichen **Beitritts** oder Mitwirkung *(concursus)* zu einer Wirkung in der Sinnenwelt betrifft, so muß dieser wegfallen. Denn das Ungleichartige paaren wollen *(gryphes iungere equis)* und den, der selbst die vollständige Ursache der Weltveränderungen ist, seine eigene prädeterminirende Vorsehung während

(wie in aller Beziehung der Form der Dinge auf Zwecke überhaupt) nur hinzudenken können und müssen, um uns von ihrer Möglichkeit nach der Analogie menschlicher Kunsthandlungen einen Begriff zu machen, deren Verhältniß und Zusammenstimmung aber zu dem Zwecke, den uns die Vernunft unmittelbar vorschreibt, (dem moralischen) sich vorzustellen, eine Idee ist, die zwar in theoretischer Absicht überschwenglich, in praktischer aber (z. B. in Ansehung des Pflichtbegriffs vom ewigen Frieden, um jenen Mechanism der Natur dazu zu benutzen) dogmatisch und ihrer Realität nach wohl gegründet ist. – Der Gebrauch des Worts Natur ist auch, wenn es wie hier bloß um Theorie (nicht um Religion) zu thun ist, schicklicher für die Schranken der menschlichen Vernunft (als die sich in Ansehung des Verhältnisses der Wirkungen zu ihren Ursachen innerhalb den Grenzen möglicher Erfahrung halten muß) und bescheidener, als der Ausdruck einer für uns erkennbaren Vorsehung, mit dem man sich vermessenerweise ikarische Flügel ansetzt, um dem Geheimniß ihrer unergründlichen Absicht näher zu kommen.

---

dem Weltlaufe ergänzen zu lassen (die also mangelhaft gewesen sein müßte), z. B. zu sagen, daß nächst Gott der Arzt den Kranken zurecht gebracht habe, also als Beistand dabei gewesen sei, ist erstlich an sich widersprechend. Denn *causa solitaria non iuvat.* Gott ist der Urheber des Arztes sammt allen seinen Heilmitteln, und so muß ihm, wenn man ja bis zum höchsten, uns theoretisch unbegreiflichen Urgrunde hinaufsteigen will, die Wirkung ganz zugeschrieben werden. Oder man kann sie auch ganz dem Arzt zuschreiben, so fern wir diese Begebenheit als nach der Ordnung der Natur erklärbar in der Kette der Weltursachen verfolgen. Zweitens bringt eine solche Denkungsart auch um alle bestimmte Principien der Beurtheilung eines Effects. Aber in moralisch-praktischer Absicht (die also ganz aufs Übersinnliche gerichtet ist), z. B. in dem Glauben, daß Gott den Mangel unserer eigenen Gerechtigkeit, wenn nur unsere Gesinnung ächt war, auch durch uns unbegreifliche Mittel ergänzen werde, wir also in der Bestrebung zum Guten nichts nachlassen sollen, ist der Begriff des göttlichen *concursus* ganz schicklich und sogar nothwendig; wobei es sich aber von selbst versteht, daß niemand eine gute Handlung (als Begebenheit in der Welt) hieraus zu erklären versuchen muß, welches ein vorgebliches theoretisches Erkenntniß des Übersinnlichen, mithin ungereimt ist.

Ehe wir nun diese Gewährleistung näher bestimmen, wird es nöthig sein, vorher den Zustand nachzusuchen, den die Natur für die auf ihrem großen Schauplatz handelnde Personen veranstaltet hat, der ihre Friedenssicherung zuletzt nothwendig macht; – alsdann aber allererst die Art, wie sie diese leiste.

Ihre provisorische Veranstaltung besteht darin: daß sie 1) für die Menschen in allen Erdgegenden gesorgt hat, daselbst leben zu können; – 2) sie durch Krieg allerwärts hin, selbst in die unwirthbarste Gegenden getrieben hat, um sie zu bevölkern; 3) – durch eben denselben sie in mehr oder weniger gesetzliche Verhältnisse zu treten genöthigt hat. – Daß in den kalten Wüsten am Eismeer noch das Moos wächst, welches das Rennthier unter dem Schnee hervorscharrt, um selbst die Nahrung, oder auch das Angespann des Ostjaken oder Samojeden zu sein; oder daß die salzichten Sandwüsten doch noch dem Kameel, welches zu Bereisung derselben gleichsam geschaffen zu sein scheint, um sie nicht unbenutzt zu lassen, enthalten, ist schon bewundernswürdig. Noch deutlicher aber leuchtet der Zweck hervor, wenn man gewahr wird, wie außer den bepelzten Thieren am Ufer des Eismeeres noch Robben, Wallrosse und Wallfische an ihrem Fleische Nahrung und mit ihrem Thran Feurung für die dortigen Anwohner darreichen. Am meisten aber erregt die Vorsorge der Natur durch das Treibholz Bewunderung, was sie (ohne daß man recht weiß, wo es herkommt) diesen gewächslosen Gegenden zubringt, ohne welches Material sie weder ihre Fahrzeuge und Waffen, noch ihre Hütten zum Aufenthalt zurichten könnten; wo sie dann mit dem Kriege gegen die Thiere genug zu thun haben, um unter sich friedlich zu leben. – – Was sie aber dahin getrieben hat, ist vermuthlich nichts anders als der Krieg gewesen. Das erste Kriegswerkzeug aber unter allen Thieren, die der Mensch binnen der Zeit der Erdbevölkerung zu zähmen und häuslich zu machen gelernt hatte, ist das Pferd (denn der Elephant gehört in die spätere Zeit, nämlich des Luxus schon errichteter Staaten), so wie die Kunst, gewisse für uns jetzt ihrer ursprünglichen Beschaffenheit nach nicht mehr erkennbare Grasarten, Getreide genannt, anzubauen, ingleichen die Vervielfältigung und Verfeinerung der Obstarten durch Verpflanzung und Einpfropfung (vielleicht in Europa bloß zweier Gattungen, der Holzäpfel und Holzbirnen) nur im Zustande schon errichteter Staaten, wo gesichertes Grundeigenthum statt fand, entstehen konnte, – nachdem die Menschen vorher in gesetzloser Freiheit von dem Jagd-*, Fischer- und Hirtenleben bis zum Ackerleben durchgedrungen waren, und nun Salz und Eisen erfunden ward, vielleicht die ersten weit und breit gesuchten Artikel eines Handelsverkehrs verschiedener Völker, wodurch sie zuerst in ein friedliches Verhältniß, gegen einander und so selbst mit Entfernteren in Einverständniß, Gemeinschaft und friedliches Verhältniß unter einander gebracht wurden.

Indem die Natur nun dafür gesorgt hat, daß Menschen allerwärts auf Erden leben könnten, so hat sie zugleich auch despotisch gewollt, daß sie allerwärts leben sollten, wenn gleich wider ihre Neigung, und selbst ohne daß dieses Sollen zugleich einen Pflichtbegriff voraussetzte, der sie hiezu vermittelst eines moralischen Gesetzes verbände, – sondern sie hat, zu diesem ihrem Zweck zu gelangen, den Krieg gewählt. – Wir sehen nämlich Völker, die an der Einheit ihrer Sprache die Einheit ihrer Abstammung kennbar machen, wie die Samojeden am

---

* Unter allen Lebensweisen ist das Jagdleben ohne Zweifel der gesitteten Verfassung am meisten zuwider: weil die Familien, die sich da vereinzelnen müssen, einander bald fremd und sonach, in weitläufigen Wäldern zerstreut, auch bald feindselig werden, da eine jede zur Erwerbung ihrer Nahrung und Kleidung viel Raum bedarf. – Das Noachische Blutverbot, 1. M. IX, 4–6, (welches, öfters wiederholt, nachher gar den neuangenommenen Christen aus dem Heidenthum, obzwar in anderer Rücksicht, von den Judenchristen zur Bedingung gemacht wurde, Apost.-Gesch. XV, 20. XXI, 25) scheint uranfänglich nichts anders, als das Verbot des Jägerlebens gewesen zu sein: weil in diesem der Fall, das Fleisch roh zu essen, oft eintreten muß, mit dem letzteren also das erstere zugleich verboten wird.

Eismeer einerseits und ein Volk von ähnlicher Sprache, zweihundert Meilen davon entfernt, im Altaischen Gebirge andererseits, wozwischen sich ein anderes, nämlich mongalisches, berittenes und hiemit kriegerisches Volk, gedrängt und so jenen Theil ihres Stammes weit von diesem in die unwirthbarsten Eisgegenden versprengt hat, wo sie gewiß nicht aus eigener Neigung sich hin verbreitet hätten*; – eben so die Finnen in der nordlichsten Gegend von Europa, Lappen genannt, von den jetzt eben so weit entfernten, aber der Sprache nach mit ihnen verwandten Ungern durch dazwischen eingedrungene gothische und sarmatische Völker getrennt; und was kann wohl anders die Eskimos (vielleicht uralte europäische Abenteurer, ein von allen Amerikanern ganz unterschiedenes Geschlecht) im Norden und die Pescheräs im Süden von Amerika bis zum Feuerlande hingetrieben haben, als der Krieg, dessen sich die Natur als Mittels bedient, die Erde allerwärts zu bevölkern? Der Krieg aber selbst bedarf keines besonderen Bewegungsgrundes, sondern scheint auf die menschliche Natur gepfropft zu sein und sogar als etwas Edles, wozu der Mensch durch den Ehrtrieb ohne eigennützige Triebfedern beseelt wird, zu gelten: so daß Kriegesmuth (von amerikanischen Wilden sowohl, als den europäischen in den Ritterzeiten) nicht bloß, wenn Krieg ist (wie billig), sondern auch, daß Krieg sei, von unmittelbarem großem Werth zu sein geurtheilt wird, und er oft, bloß um jenen zu zeigen, angefangen, mithin in dem Kriege an sich selbst eine innere Würde gesetzt

---

* Man könnte fragen: Wenn die Natur gewollt hat, diese Eisküsten sollten nicht unbewohnt bleiben, was wird aus ihren Bewohnern, wenn sie ihnen dereinst (wie zu erwarten ist) kein Treibholz mehr zuführte? Denn es ist zu glauben, daß bei fortrückender Cultur die Einsassen der temperierten Erdstriche das Holz, was an den Ufern ihrer Ströme wächst, besser benutzen, es nicht in die Ströme fallen und so in die See wegschwemmen lassen werden. Ich antworte: Die Anwohner des Obstroms, des Jenissei, des Lena u. s. w. werden es ihnen durch Handel zuführen und dafür die Producte aus dem Thierreich, woran das Meer an den Eisküsten so reich ist, einhandeln, wenn sie (die Natur) nur allererst den Frieden unter ihnen erzwungen haben wird.

wird, sogar daß ihm auch wohl Philosophen, als einer gewissen Veredelung der Menschheit, eine Lobrede halten uneingedenk des Ausspruchs jenes Griechen: »Der Krieg ist darin schlimm, daß er mehr böse Leute macht, als er deren wegnimmt.« – So viel von dem, was die Natur für ihren eigenen Zweck in Ansehung der Menschengattung als einer Thierklasse thut.

Jetzt ist die Frage, die das Wesentliche der Absicht auf den ewigen Frieden betrifft: Was die Natur in dieser Absicht beziehungsweise auf den Zweck, den dem Menschen seine eigene Vernunft zur Pflicht macht, mithin zu Begünstigung seiner moralischen Absicht thue, und wie sie die Gewähr leiste, daß dasjenige, was der Mensch nach Freiheitsgesetzen thun sollte, aber nicht thut, dieser Freiheit unbeschadet auch durch einen Zwang der Natur, daß er es thun werde, gesichert sei, und zwar nach allen drei Verhältnissen des öffentlichen Rechts, des Staats-, Völker- und weltbürgerlichen Rechts. – Wenn ich von der Natur sage: sie will, daß dieses oder jenes geschehe, so heißt das nicht soviel als: sie legt uns eine Pflicht auf, es zu thun (denn das kann nur die zwangsfreie praktische Vernunft), sondern sie thut es selbst, wir mögen wollen oder nicht *(fata volentem ducunt, nolentem trahunt)*.

1. Wenn ein Volk auch nicht durch innere Mißhelligkeit genöthigt würde, sich unter den Zwang öffentlicher Gesetze zu begeben, so würde es doch der Krieg von außen thun, indem nach der vorher erwähnten Naturanstalt ein jedes Volk ein anderes es drängende Volk zum Nachbar vor sich findet, gegen das es sich innerlich zu einem Staat bilden muß, um als Macht gegen diesen gerüstet zu sein. Nun ist die republikanische Verfassung die einzige, welche dem Recht der Menschen vollkommen angemessen, aber auch die schwerste zu stiften, vielmehr noch zu erhalten ist, dermaßen daß viele behaupten, es müsse ein Staat von Engeln sein, weil Menschen mit ihren selbstsüchtigen Neigungen einer Verfassung von so

sublimer Form nicht fähig wären. Aber nun kommt die Natur dem verehrten, aber zur Praxis ohnmächtigen allgemeinen, in der Vernunft gegründeten Willen und zwar gerade durch jene selbstsüchtige Neigungen zu Hülfe, so daß es nur auf eine gute Organisation des Staats ankommt (die allerdings im Vermögen der Menschen ist), jener ihre Kräfte so gegen einander zu richten, daß eine die anderen in ihrer zerstörenden Wirkung aufhält, oder diese aufhebt: so daß der Erfolg für die Vernunft so ausfällt, als wenn beide gar nicht da wären, und so der Mensch, wenn gleich nicht ein moralisch-guter Mensch, dennoch ein guter Bürger zu sein gezwungen wird. Das Problem der Staatserrichtung ist, so hart wie es auch klingt, selbst für ein Volk von Teufeln (wenn sie nur Verstand haben) auflösbar und lautet so: »Eine Menge von vernünftigen Wesen, die insgesammt allgemeine Gesetze für ihre Erhaltung verlangen, deren jedes aber ingeheim sich davon auszunehmen geneigt ist, so zu ordnen und ihre Verfassung einzurichten, daß, obgleich sie in ihren Privatgesinnungen einander entgegen streben, diese einander doch so aufhalten, daß in ihrem öffentlichen Verhalten der Erfolg eben derselbe ist, als ob sie keine solche böse Gesinnungen hätten.« Ein solches Problem muß a u f l ö s l i c h sein. Denn es ist nicht die moralische Besserung der Menschen, sondern nur der Mechanism der Natur, von dem die Aufgabe zu wissen verlangt, wie man ihn an Menschen benutzen könne, um den Widerstreit ihrer unfriedlichen Gesinnungen in einem Volk so zu richten, daß sie sich unter Zwangsgesetze zu begeben einander selbst nöthigen und so den Friedenszustand, in welchem Gesetze Kraft haben, herbeiführen müssen. Man kann dieses auch an den wirklich vorhandenen, noch sehr unvollkommen organisirten Staaten sehen, daß sie sich doch im äußeren Verhalten dem, was die Rechtsidee vorschreibt, schon sehr nähern, obgleich das Innere der Moralität davon sicherlich nicht die Ursache ist (wie denn auch nicht von dieser die gute Staatsverfassung, sondern vielmehr umgekehrt von der letzteren allererst die gute moralische Bildung eines Volks zu erwarten ist), mithin der Mechanismus der Natur durch selbstsüchtige Neigungen, die natürlicherweise einander auch äußerlich entgegen wirken, von der Vernunft zu einem Mittel gebraucht werden kann, dieser ihrem eigenen Zweck, der rechtlichen Vorschrift, Raum zu machen und hiemit auch, soviel an dem Staat selbst liegt, den inneren sowohl als äußeren Frieden zu befördern und zu sichern. – Hier heißt es also: Die Natur will unwiderstehlich, daß das Recht zuletzt die Obergewalt erhalte. Was man nun hier verabsäumt zu thun, das macht sich zuletzt selbst, obzwar mit viel Ungemächlichkeit. – »Biegt man das Rohr zu stark, so bricht's; und wer zu viel will, der will nichts.« Bouterwek.

2. Die Idee des Völkerrechts setzt die Absonderung vieler von einander unabhängiger benachbarter Staaten voraus; und obgleich ein solcher Zustand an sich schon ein Zustand des Krieges ist (wenn nicht eine förderative Vereinigung derselben dem Ausbruch der Feindseligkeiten vorbeugt): so ist doch selbst dieser nach der Vernunftidee besser als die Zusammenschmelzung derselben durch eine die andere überwachsende und in eine Universalmonarchie übergehende Macht, weil die Gesetze mit dem vergrößerten Umfange der Regierung immer mehr an ihrem Nachdruck einbüßen, und ein seelenloser Despotism, nachdem er die Keime des Guten ausgerottet hat, zuletzt doch in Anarchie verfällt. Indessen ist dieses das Verlangen jedes Staats (oder seines Oberhaupts), auf diese Art sich in den dauernden Friedenszustand zu versetzen, daß er wo möglich die ganze Welt beherrscht. Aber die Natur will es anders. – Sie bedient sich zweier Mittel, um Völker von der Vermischung abzuhalten und sie abzusondern, der Verschiedenheit der Sprachen und der Religionen*, die zwar den

---

* Verschiedenheit der Religionen: ein wunderlicher Ausdruck! gerade als ob man auch von verschiedenen Moralen spräche. Es kann wohl verschiedene Glaubensarten historischer, nicht in die Religion, sondern in die Geschichte der zu ihrer Beförderung gebrauchten, ins Feld der Gelehrsamkeit einschlagender Mittel und eben so verschiedene Religionsbü-

Hang zum wechselseitigen Hasse und Vorwand zum Kriege bei sich führt, aber doch bei anwachsender Cultur und der allmähligen Annäherung der Menschen zu größerer Einstimmung in Principien zum Einverständnisse in einem Frieden leitet, der nicht wie jener Despotism (auf dem Kirchhofe der Freiheit) durch Schwächung aller Kräfte, sondern durch ihr Gleichgewicht im lebhaftesten Wetteifer derselben hervorgebracht und gesichert wird.

3. So wie die Natur weislich die Völker trennt, welche der Wille jedes Staats und zwar selbst nach Gründen des Völkerrechts gern unter sich durch List oder Gewalt vereinigen möchte: so vereinigt sie auch andererseits Völker, die der Begriff des Weltbürgerrechts gegen Gewaltthätigkeit und Krieg nicht würde gesichert haben, durch den wechselseitigen Eigennutz. Es ist der Handelsgeist, der mit dem Kriege nicht zusammen bestehen kann, und der früher oder später sich jedes Volks bemächtigt. Weil nämlich unter allen der Staatsmacht untergeordneten Mächten (Mitteln) die Geldmacht wohl die zuverlässigste sein möchte, so sehen sich Staaten (freilich wohl nicht eben durch Triebfedern der Moralität) gedrungen, den edlen Frieden zu befördern und, wo auch immer in der Welt Krieg auszubrechen droht, ihn durch Vermittelungen abzuwehren, gleich als ob sie deshalb im beständigen Bündnisse ständen; denn große Vereinigungen zum Kriege können der Natur der Sache nach sich nur höchst selten zutragen und noch seltener glücken. – – Auf die Art garantirt die Natur durch den Mechanism der menschlichen Neigungen selbst den ewigen Frieden; freilich mit einer Sicherheit, die nicht hinreichend ist, die Zukunft desselben (theoretisch) zu weissagen, aber doch

---

cher (Zendavesta, Bedam, Koran u. s. w.) geben, aber nur eine einzige für alle Menschen und in allen Zeiten gültige Religion. Jene also könnten wohl nichts anders als nur das Vehikel der Religion, was zufällig ist und nach Verschiedenheit der Zeiten und Örter verschieden sein kann, enthalten.

in praktischer Absicht zulangt und es zur Pflicht macht, zu diesem (nicht bloß schimärischen) Zwecke hinzuarbeiten.

Zweiter Zusatz.

Geheimer Artikel zum ewigen Frieden.

Ein geheimer Artikel in Verhandlungen des öffentlichen Rechts ist objectiv, d. i. seinem Inhalte nach betrachtet, ein Widerspruch; subjectiv aber, nach der Qualität der Person beurtheilt, die ihn dictirt, kann gar wohl darin ein Geheimniß statt haben, daß sie es nämlich für ihre Würde bedenklich findet, sich öffentlich als Urheberin desselben anzukündigen.

Der einzige Artikel dieser Art ist in dem Satze enthalten: **Die Maximen der Philosophen über die Bedingungen der Möglichkeit des öffentlichen Friedens sollen von den zum Kriege gerüsteten Staaten zu Rathe gezogen werden.**

Es scheint aber für die gesetzgebende Autorität eines Staats, dem man natürlicherweise die größte Weisheit beilegen muß, verkleinerlich zu sein, über die Grundsätze seines Verhaltens gegen andere Staaten bei **Unterthanen** (den Philosophen) Belehrung zu suchen; gleichwohl aber sehr rathsam es zu thun. Also wird der Staat die letztere **stillschweigend** (also indem er ein Geheimniß daraus macht) **dazu auffordern**, welches soviel heißt als: er wird sie frei und öffentlich über die allgemeine Maximen der Kriegsführung und Friedensstiftung **reden lassen** (denn das werden sie schon von selbst thun, wenn man es ihnen nur nicht verbietet), und die Übereinkunft der Staaten unter einander über diesen Punkt bedarf auch keiner besonderen Verabredung der Staaten unter sich in dieser Absicht, sondern liegt schon in der Verpflichtung durch allgemeine (moralisch-gesetzgebende) Menschenvernunft. – Es ist aber hiemit nicht gemeint: daß der Staat den Grundsätzen des Philosophen vor den Aussprüchen des Juristen (des Stellvertreters der Staatsmacht) den Vorzug einräumen müsse, sondern nur daß man ihn h ö r e. Der letztere, der die W a g e des Rechts und neben bei auch das S c h w e r t der Gerechtigkeit sich zum Symbol gemacht hat, bedient sich gemeiniglich des letzteren, nicht um etwa blos alle fremde Einflüsse von dem ersteren abzuhalten, sondern wenn die eine Schale nicht sinken will, das Schwert mit hinein zu legen *(vae victis),* wozu der Jurist, der nicht zugleich (auch der Moralität nach) Philosoph ist, die größte Versuchung hat, weil es seines Amts nur ist, vorhandene Gesetze anzuwenden, nicht aber, ob diese selbst nicht einer Verbesserung bedürfen, zu untersuchen, und rechnet diesen in der That niedrigeren Rang seiner Facultät, darum weil er mit Macht begleitet ist (wie es auch mit den beiden anderen der Fall ist), zu den höheren. – Die philosophische steht unter dieser verbündeten Gewalt auf einer sehr niedrigen Stufe. So heißt es z. B. von der Philosophie, sie sei die M a g d der Theologie (und eben so lautet es von den zwei anderen). – Man sieht aber nicht recht, »ob sie ihrer gnädigen Frauen die Fackel vorträgt oder die Schleppe nachträgt.«

Daß Könige philosophiren, oder Philosophen Könige würden, ist nicht zu erwarten, aber auch nicht zu wünschen: weil der Besitz der Gewalt das freie Urtheil der Vernunft unvermeidlich verdirbt. Daß aber Könige oder königliche (sich selbst nach Gleichheitsgesetzen beherrschende) Völker die Classe der Philosophen nicht schwinden oder verstummen, sondern öffentlich sprechen lassen, ist Beiden zu Beleuchtung ihres Geschäfts unentbehrlich und, weil diese Classe ihrer Natur nach der Rottirung und Clubbenverbündung unfähig ist, wegen der Nachrede einer P r o p a g a n d e verdachtlos.

Anhang.
Über die Mißhelligkeit zwischen der Moral und der Politik in Absicht auf den ewigen Frieden.

Die Moral ist schon an sich selbst eine Praxis in objectiver Bedeutung, als Inbegriff von unbedingt gebietenden Gesetzen, nach denen wir handeln **sollen**, und es ist offenbare Ungereimtheit, nachdem man diesem Pflichtbegriff seine Autorität zugestanden hat, noch sagen zu wollen, daß man es doch nicht **könne**. Denn alsdann fällt dieser Begriff aus der Moral von selbst weg *(ultra posse nemo obligatur)*; mithin kann es keinen Streit der Politik als ausübender Rechtslehre mit der Moral als einer solchen, aber theoretischen (mithin keinen Streit der Praxis mit der Theorie) geben: man müßte denn unter der letzteren eine allgemeine **Klugheitslehre**, d. i. eine Theorie der Maximen verstehen, zu seinen auf Vortheil berechneten Absichten die tauglichsten Mittel zu wählen, d. i. läugnen, daß es überhaupt eine Moral gebe.

Die Politik sagt: »**Seid klug wie die Schlangen**«; die Moral setzt (als einschränkende Bedingung) hinzu: »**und ohne Falsch wie die Tauben.**« Wenn beides nicht in einem Gebote zusammen bestehen kann, so ist wirklich ein Streit der Politik mit der Moral; soll aber doch durchaus beides vereinigt sein, so ist der Begriff vom Gegentheil absurd, und die Frage, wie jener Streit auszugleichen sei, läßt sich gar nicht einmal als Aufgabe hinstellen. Obgleich der Satz: **Ehrlichkeit ist die beste Politik**, eine Theorie enthält, der die Praxis, leider! sehr häufig widerspricht: so ist doch der gleichfalls theoretische: **Ehrlichkeit ist besser denn alle Politik**, über allen Einwurf unendlich erhaben, ja die unumgängliche Bedingung der letzteren. Der Grenzgott der Moral weicht nicht dem Jupiter (dem Grenzgott der Gewalt); denn dieser steht noch unter dem Schicksal, d. i. die Vernunft ist nicht erleuchtet genug, die Reihe der vorherbestimmenden Ursachen zu übersehen, die den glücklichen oder schlimmen Erfolg aus dem Thun und Lassen der Menschen nach dem Mechanism der Natur mit Sicherheit vorher verkündigen (obgleich ihn dem Wunsche gemäß hoffen) lassen. Was man aber zu thun habe, um im Gleise der Pflicht (nach Regeln der Weisheit) zu bleiben, dazu und hiemit zum Endzweck leuchtet sie uns überall hell genug vor.

Nun gründet aber der Praktiker (dem die Moral bloße Theorie ist) seine trostlose Absprechung unserer gutmüthigen Hoffnung (selbst bei eingeräumtem Sollen und Können) eigentlich darauf: daß er aus der Natur des Menschen vorher zu sehen vorgiebt, er werde dasjenige nie wollen, was erfordert wird, um jenen zum ewigen Frieden hinführenden Zweck zu Stande zu bringen. – Freilich ist das Wollen aller einzelnen Menschen, in einer gesetzlichen Verfassung nach Freiheitsprincipien zu leben (die distributive Einheit des Willens Aller), zu diesem Zweck nicht hinreichend, sondern daß Alle zusammen diesen Zustand wollen (die collective Einheit des vereinigten Willens), diese Auflösung einer schweren Aufgabe, wird noch dazu erfordert, damit ein Ganzes der bürgerlichen Gesellschaft werde, und da also über diese Verschiedenheit des particularen Wollens Aller noch eine vereinigende Ursache desselben hinzukommen muß, um einen gemeinschaftlichen Willen herauszubringen, welches Keiner von Allen vermag: so ist in der Ausführung jener Idee (in der Praxis) auf keinen andern Anfang des rechtlichen Zustandes zu rechnen, als den durch Gewalt, auf deren Zwang nachher das öffentliche Recht gegründet wird; welches dann freilich (da man ohnedem des Gesetzgebers moralische Gesinnung hiebei wenig in Anschlag bringen kann, er werde nach geschehener Vereinigung der wüsten Menge in ein Volk diesem es nun überlassen, eine rechtliche Verfassung durch ihren gemeinsamen Willen zu Stande zu bringen) große Abweichungen von jener Idee (der

Theorie) in der wirklichen Erfahrung schon zum voraus erwarten läßt.

Da heißt es dann: wer einmal die Gewalt in Händen hat, wird sich vom Volk nicht Gesetze vorschreiben lassen. Ein Staat, der einmal im Besitz ist, unter keinen äußeren Gesetzen zu stehen, wird sich in Ansehung der Art, wie er gegen andere Staaten sein Recht suchen soll, nicht von ihrem Richterstuhl abhängig machen, und selbst ein Welttheil, wenn er sich einem andern, der ihm übrigens nicht im Wege ist, überlegen fühlt, wird das Mittel der Verstärkung seiner Macht durch Beraubung oder gar Beherrschung desselben nicht unbenutzt lassen; und so zerrinnen nun alle Plane der Theorie für die Staats-, Völker- und Weltbürgerrecht in sachleere, unausführbare Ideale, dagegen eine Praxis, die auf empirische Principien der menschlichen Natur gegründet ist, welche es nicht für zu niedrig hält, aus der Art, wie es in der Welt zugeht, Belehrung für ihre Maximen zu ziehen, einen sicheren Grund für ihr Gebäude der Staatsklugheit zu finden allein hoffen könne.

372 Freilich, wenn es keine Freiheit und darauf gegründetes moralisches Gesetz giebt, sondern alles, was geschieht oder geschehen kann, bloßer Mechanism der Natur ist, so ist Politik (als Kunst, diesen zur Regierung der Menschen zu benutzen) die ganze praktische Weisheit und der Rechtsbegriff ein sachleerer Gedanke. Findet man diesen aber doch unumgänglich nöthig mit der Politik zu verbinden, ja ihn gar zur einschränkenden Bedingung der letztern zu erheben, so muß die Vereinbarkeit beider eingeräumt werden. Ich kann mir nun zwar einen moralischen Politiker, d. i. einen, der die Principien der Staatsklugheit so nimmt, daß sie mit der Moral zusammen bestehen können, aber nicht einen politischen Moralisten denken, der sich eine Moral so schmiedet, wie es der Vortheil des Staatsmanns sich zuträglich findet.

Der moralische Politiker wird es sich zum Grundsatz machen: wenn einmal Gebrechen in der Staatsverfassung oder im

Staatenverhältniß angetroffen werden, die man nicht hat verhüten können, so sei es Pflicht, vornehmlich für Staatsoberhäupter, dahin bedacht zu sein, wie sie sobald wie möglich gebessert und dem Naturrecht, so wie es in der Idee der Vernunft uns zum Muster vor Augen steht, angemessen gemacht werden könne: sollte es auch ihrer Selbstsucht Aufopferungen kosten. Da nun die Zerreißung eines Bandes der staats- oder weltbürgerlichen Vereinigung, ehe noch eine bessere Verfassung an die Stelle derselben zu treten in Bereitschaft ist, aller hierin mit der Moral einhelligen Staatsklugheit zuwider ist, so wäre es zwar ungereimt, zu fordern, jenes Gebrechen müsse sofort und mit Ungestüm abgeändert werden; aber daß wenigstens die Maxime der Nothwendigkeit einer solchen Abänderung dem Machthabenden innigst beiwohne, um in beständiger Annäherung zu dem Zwecke (der nach Rechtsgesetzen besten Verfassung) zu bleiben, das kann doch von ihm gefordert werden. Ein Staat kann sich auch schon republikanisch regieren, wenn er gleich noch der vorliegenden Constitution nach despotische Herrschermacht besitzt: bis allmählig das Volk des Einflusses der bloßen Idee der Autorität des Gesetzes (gleich als ob es physische Gewalt besäße) fähig wird und sonach zur eigenen Gesetzgebung (welche ursprünglich auf Recht gegründet ist) tüchtig befunden wird. Wenn auch durch den Ungestüm einer von der schlechten Verfassung erzeugten Revolution unrechtmäßigerweise eine gesetzmäßigere errungen wäre, so würde es doch auch alsdann nicht mehr für erlaubt gehalten werden müssen, das Volk wieder auf die alte zurück zu führen, obgleich während derselben jeder, der sich damit gewaltthätig oder arglistig bemengt, mit Recht den Strafen des Aufrührers unterworfen sein würde. Was aber das äußere Staatenverhältniß betrifft, so kann von einem Staat nicht verlangt werden, daß er seine, obgleich despotische, Verfassung (die aber doch die stärkere in Beziehung auf äußere Feinde ist) ablegen solle, so lange er Gefahr läuft, von andern Staaten sofort verschlungen zu werden; mithin muß bei jenem Vorsatz doch auch die Verzögerung der Ausführung bis zu besserer Zeitgelegenheit erlaubt sein*.

Es mag also immer sein: daß die despotisirende (in der Ausübung fehlende) Moralisten wider die Staatsklugheit (durch übereilt genommene oder angepriesene Maßregeln) mannigfaltig verstoßen, so muß sie doch die Erfahrung bei diesem ihrem Verstoß wider die Natur nach und nach in ein besseres Gleis bringen; statt dessen die moralisirende Politiker durch Beschönigung rechtswidriger Staatsprincipien unter dem Vorwande einer des Guten nach der Idee, wie sie die Vernunft vorschreibt, nicht fähigen menschlichen Natur, so viel an ihnen ist, das Besserwerden unmöglich machen und die Rechtsverletzung verewigen.

Statt der Praxis, deren sich diese staatsklugen Männer rühmen, gehen sie mit Praktiken um, indem sie blos darauf bedacht sind, dadurch, daß sie der jetzt herrschenden Gewalt zum Munde reden (um ihren Privatvortheil nicht zu verfehlen), das Volk und wo möglich die ganze Welt preis zu geben; nach der Art ächter Juristen (vom Handwerke, nicht von der Gesetzgebung), wenn sie sich bis zur Politik versteigen. Denn da dieser ihr Geschäfte nicht ist, über Gesetzgebung selbst zu vernünfteln, sondern die gegenwärtige Gebote des

---

* Dies sind Erlaubnißgesetze der Vernunft, den Stand eines mit Ungerechtigkeit behafteten öffentlichen Rechts noch so lange beharren zu lassen, bis zur völligen Umwälzung alles entweder von selbst gereift, oder durch friedliche Mittel der Reife nahe gebracht worden: weil doch irgend eine rechtliche, obzwar nur in geringem Grade rechtmäßige, Verfassung besser ist als gar keine, welches letztere Schicksal (der Anarchie) eine übereilte Reform treffen würde. – Die Staatsweisheit wird sich also in dem Zustande, worin die Dinge jetzt sind, Reformen dem Ideal des öffentlichen Rechts angemessen zur Pflicht machen; Revolutionen aber, wo sie die Natur von selbst herbei führt, nicht zur Beschönigung einer noch größeren Unterdrückung, sondern als Ruf der Natur benutzen, eine auf Freiheitsprincipien gegründete gesetzliche Verfassung, als die einzige dauerhafte, durch gründliche Reform zu Stande zu bringen.

Landrechts zu vollziehen, so muß ihnen jede jetzt vorhandene gesetzliche Verfassung und, wenn diese höhern Orts abgeändert wird, die nun folgende immer die beste sein; wo dann alles so in seiner gehörigen mechanischen Ordnung ist. Wenn aber diese Geschicklichkeit, für alle Sättel gerecht zu sein, ihnen den Wahn einflößt, auch über Principien einer Staatsverfassung überhaupt nach Rechtsbegriffen (mithin *a priori*, nicht empirisch) urtheilen zu können; wenn sie darauf groß thun, Menschen zu kennen (welches freilich zu erwarten ist, weil sie mit vielen zu thun haben), ohne doch den Menschen, und was aus ihm gemacht werden kann, zu kennen (wozu ein höherer Standpunkt der anthropologischen Beobachtung erfordert wird), mit diesen Begriffen aber versehen, ans Staats- und Völkerrecht, wie es die Vernunft vorschreibt, gehen: so können sie diesen Überschritt nicht anders, als mit dem Geist der Chicane thun, indem sie ihr gewohntes Verfahren (eines Mechanisms nach despotisch gegebenen Zwangsgesetzen) auch da befolgen, wo die Begriffe der Vernunft einen nur nach Freiheitsprincipien gesetzmäßigen Zwang begründet wissen wollen, durch welchen allererst eine zu Recht beständige Staatsverfassung möglich ist; welche Aufgabe der vorgebliche Praktiker mit Vorbeigehung jener Idee empirisch, aus Erfahrung, wie die bisher noch am besten bestandene, mehrentheils aber rechtswidrige Staatsverfassungen eingerichtet waren, lösen zu können glaubt. – Die Maximen, deren er sich hiezu bedient (ob er sie zwar nicht laut werden läßt), laufen ungefähr auf folgende sophistische Maximen hinaus.

1. *Fac et excusa.* Ergreife die günstige Gelegenheit zur eigenmächtigen Besitznehmung (entweder eines Rechts des Staats über sein Volk, oder über ein anderes benachbarte); die Rechtfertigung wird sich weit leichter und zierlicher nach der That vortragen und die Gewalt beschönigen lassen (vornehmlich im ersten Fall, wo die obere Gewalt im Innern sofort auch die gesetzgebende Obrigkeit ist, der man gehorchen muß,

ohne darüber zu vernünfteln), als wenn man zuvor auf überzeugende Gründe sinnen und die Gegengründe darüber noch erst abwarten wollte. Diese Dreustigkeit selbst giebt einen gewissen Anschein von innerer Überzeugung der Rechtmäßigkeit der That, und der Gott *bonus eventus* ist nachher der beste Rechtsvertreter.

2. *Si fecisti, nega*. Was du selbst verbrochen hast, z. B. um dein Volk zur Verzweiflung und so zum Aufruhr zu bringen, das läugne ab, daß es d e i n e Schuld sei; sondern behaupte, daß es die der Widerspenstigkeit der Unterthanen, oder auch bei deiner Bemächtigung eines benachbarten Volks die Schuld der Natur des Menschen sei, der, wenn er dem Andern nicht mit Gewalt zuvorkommt, sicher darauf rechnen kann, daß dieser ihm zuvorkommen und sich seiner bemächtigen werde.

3. *Divide et impera*. Das ist: sind gewisse privilegirte Häupter in deinem Volk, welche dich blos zu ihrem Oberhaupt *(primus inter pares)* gewählt haben, so veruneinige jene unter einander und entzweie sie mit dem Volk: stehe nun dem letztern unter Vorspiegelung größerer Freiheit bei, so wird alles von deinem unbedingten Willen abhängen. Oder sind es äußere Staaten, so ist Erregung der Mißhelligkeit unter ihnen ein ziemlich sicheres Mittel, unter dem Schein des Beistandes des Schwächeren einen nach dem andern dir zu unterwerfen.

Durch diese politische Maximen wird nun zwar niemand hintergangen; denn sie sind insgesammt schon allgemein bekannt; auch ist es mit ihnen nicht der Fall sich zu schämen, als ob die Ungerechtigkeit gar zu offenbar in die Augen leuchtete. Denn weil sich große Mächte nie vor dem Urtheil des gemeinen Haufens, sondern nur eine vor der andern schämen, was aber jene Grundsätze betrifft, nicht das Offenbarwerden, sondern nur das M i ß l i n g e n derselben sie beschämt machen kann (denn in Ansehung der Moralität der Maximen kommen sie alle unter einander überein), so bleibt ihnen immer die p o l i t i s c h e E h r e übrig, auf die sie sicher rechnen können, nämlich die der Vergrößerung ihrer Macht, auf welchem Wege sie auch erworben sein mag*.

* * *

Aus allen diesen Schlangenwendungen einer unmoralischen Klugheitslehre, den Friedenszustand unter Menschen aus dem kriegerischen des Naturzustandes herauszubringen, erhellt wenigstens so viel: daß die Menschen eben so wenig in ihren Privatverhältnissen, als in ihren öffentlichen dem Rechtsbegriff entgehen können und sich nicht getrauen, die Politik öffentlich bloß auf Handgriffe der Klugheit zu gründen, mithin dem Be-

---

* Wenn gleich eine gewisse in der menschlichen Natur gewurzelte Bösartigkeit von Menschen, die in einem Staat zusammen leben, bezweifelt und statt ihrer der Mangel einer noch nicht weit genug fortgeschrittenen Cultur (die Rohigkeit) zur Ursache der gesetzwidrigen Erscheinungen ihrer Denkungsart mit einigem Scheine angeführt werden möchte, so fällt sie doch im äußeren Verhältniß der Staaten gegen einander ganz unverdeckt und unwidersprechlich in die Augen. Im Innern jedes Staats ist sie durch den Zwang der bürgerlichen Gesetze verschleiert, weil der Neigung zur wechselseitigen Gewaltthätigkeit der Bürger eine größere Gewalt, nämlich die der Regierung, mächtig entgegenwirkt und so nicht allein dem Ganzen einen moralischen Anstrich *(causae non causae)* giebt, sondern auch dadurch, daß dem Ausbruch gesetzwidriger Neigungen ein Riegel vorgeschoben wird, die Entwickelung der moralischen Anlage zur unmittelbaren Achtung fürs Recht wirklich viel Erleichterung bekommt. – Denn ein jeder glaubt nun von sich, daß er wohl den Rechtsbegriff heilig halten und treu befolgen würde, wenn er sich nur von jedem andern eines Gleichen gewärtigen könnte, welches letztere ihm die Regierung zum Theil sichert; wodurch dann ein großer Schritt zur Moralität (obgleich noch nicht moralischer Schritt) gethan wird, diesem Pflichtbegriff auch um sein selbst willen, ohne Rücksicht auf Erwiederung, anhänglich zu sein. – Da ein jeder aber bei seiner guten Meinung von sich selber doch die böse Gesinnung bei allen anderen voraussetzt, so sprechen sie einander wechselseitig ihr Urtheil: daß sie alle, was das Factum betrifft, wenig taugen (woher es komme, da es doch der Natur des Menschen, als eines freien Wesens, nicht Schuld gegeben werden kann, mag unerörtert bleiben). Da aber doch auch die Achtung für den Rechtsbegriff, deren der Mensch sich schlechterdings nicht entschlagen kann, die Theorie des Vermögens, ihm angemessen zu werden, auf das feierlichste sanctionirt, so sieht ein jeder, daß er seinerseits jenem gemäß handeln müsse, Andere mögen es halten, wie sie wollen.

griffe eines öffentlichen Rechts allen Gehorsam aufzukündigen (welches vornehmlich in dem des Völkerrechts auffallend ist), sondern ihm an sich alle gebührende Ehre widerfahren lassen, wenn sie auch hundert Ausflüchte und Bemäntelungen aussinnen sollten, um ihm in der Praxis auszuweichen und der verschmitzten Gewalt die Autorität anzudichten, der Ursprung und der Verband alles Rechts zu sein. – Um dieser Sophisterei (wenn gleich nicht der durch sie beschönigten Ungerechtigkeit) ein Ende zu machen und die falsche Vertreter der Mächtigen der Erde zum Geständnisse zu bringen, daß es nicht das Recht, sondern die Gewalt sei, der sie zum Vortheil sprechen, von welcher sie, gleich als ob sie selbst hiebei was zu befehlen hätten, den Ton annehmen, wird es gut sein, das Blendwerk aufzudecken, womit man sich und andere hintergeht, das oberste Princip, von dem die Absicht auf den ewigen Frieden ausgeht, ausfindig zu machen und zu zeigen: daß alles das Böse, was ihm im Wege ist, davon herrühre: daß der politische Moralist da anfängt, wo der moralische Politiker billigerweise endigt, und, indem er so die Grundsätze dem Zweck unterordnet (d. i. die Pferde hinter den Wagen spannt), seine eigene Absicht vereitelt, die Politik mit der Moral in Einverständniß zu bringen.

Um die praktische Philosophie mit sich selbst einig zu machen, ist nöthig, zuvörderst die Frage zu entscheiden: ob in Aufgaben der praktischen Vernunft vom materialen Princip derselben, dem Zweck (als Gegenstand der Willkür), der Anfang gemacht werden müsse, oder vom formalen, d. i. demjenigen (bloß auf Freiheit im äußern Verhältniß gestellten), darnach es heißt: handle so, daß du wollen kannst, deine Maxime solle ein allgemeines Gesetz werden (der Zweck mag sein, welcher er wolle).

Ohne alle Zweifel muß das letztere Princip vorangehen: denn es hat als Rechtsprincip unbedingte Nothwendigkeit, statt dessen das erstere nur unter Voraussetzung empirischer Bedingungen des vorgesetzten Zwecks, nämlich der Ausführung desselben, nöthigend ist, und wenn dieser Zweck (z. B. der ewige Friede) auch Pflicht wäre, so müßte doch diese selbst aus dem formalen Princip der Maximen äußerlich zu handeln abgeleitet worden sein. – Nun ist das erstere Princip, das des politischen Moralisten (das Problem des Staats-, Völker- und Weltbürgerrechts), eine bloße Kunstaufgabe *(problema technicum)*, das zweite dagegen, als Princip des moralischen Politikers, welchem es eine sittliche Aufgabe *(problema morale)* ist, im Verfahren von dem anderen himmelweit unterschieden, um den ewigen Frieden, den man nun nicht bloß als physisches Gut, sondern auch als einen aus Pflichtanerkennung hervorgehenden Zustand wünscht, herbeizuführen.

Zur Auflösung des ersten, nämlich des Staats-Klugheitsproblems, wird viel Kenntniß der Natur erfordert, um ihren Mechanism zu dem gedachten Zweck zu benutzen, und doch ist alle diese ungewiß in Ansehung ihres Resultats, den ewigen Frieden betreffend; man mag nun die eine oder die andere der drei Abtheilungen des öffentlichen Rechts nehmen. Ob das Volk im Gehorsam und zugleich im Flor besser durch Strenge, oder Lockspeise der Eitelkeit, ob durch Obergewalt eines Einzigen, oder durch Vereinigung mehrerer Häupter, vielleicht auch bloß durch einen Dienstadel, oder durch Volksgewalt im Innern und zwar auf lange Zeit gehalten werden könne, ist ungewiß. Man hat von allen Regierungsarten (die einzige ächt-republikanische, die aber nur einem moralischen Politiker in den Sinn kommen kann, ausgenommen) Beispiele des Gegentheils in der Geschichte. – Noch ungewisser ist ein auf Statute nach Ministerialplanen vorgeblich errichtetes Völkerrecht, welches in der That nur ein Wort ohne Sache ist und auf Verträgen beruht, die in demselben Act ihrer Beschließung zugleich den geheimen Vorbehalt ihrer Übertretung enthalten. – Dagegen dringt sich die Auflösung des zweiten, nämlich des Staatsweisheitsproblems, so zu sagen von selbst auf, ist jedermann einleuchtend und macht alle Künstelei zu Schanden, führt dabei gerade zum Zweck; doch mit der Erinnerung der Klugheit, ihn nicht übereilterweise mit Gewalt herbei zu ziehen, sondern sich ihm nach Beschaffenheit der günstigen Umstände unablässig zu nähern.

Da heißt es denn: »Trachtet allererst nach dem Reiche der reinen praktischen Vernunft und nach seiner Gerechtigkeit, so wird euch euer Zweck (die Wohlthat des ewigen Friedens) von selbst zufallen.« Denn das hat die Moral Eigenthümliches an sich und zwar in Ansehung ihrer Grundsätze des öffentlichen Rechts (mithin in Beziehung auf eine *a priori* erkennbare Politik), daß, je weniger sie das Verhalten von dem vorgesetzten Zweck, dem beabsichtigten, es sei physischem oder sittlichem, Vortheil, abhängig macht, desto mehr sie dennoch zu diesem im Allgemeinen zusammenstimmt; welches daher kommt, weil es gerade der *a priori* gegebene allgemeine Wille (in einem Volk, oder im Verhältniß verschiedener Völker unter einander) ist, der allein, was unter Menschen Rechtens ist, bestimmt; diese Vereinigung des Willens Aller aber, wenn nur in der Ausübung consequent verfahren wird, auch nach dem Mechanism der Natur zugleich die Ursache sein kann, die abgezweckte Wirkung hervorzubringen und dem Rechtsbegriffe Effect zu verschaffen. – So ist es z. B. ein Grundsatz der moralischen Politik: daß sich ein Volk zu einem Staat nach den alleinigen Rechtsbegriffen der Freiheit und Gleichheit vereinigen solle, und dieses Princip ist nicht auf Klugheit, sondern auf Pflicht gegründet. Nun mögen dagegen politische Moralisten noch so viel über den Naturmechanism einer in Gesellschaft tretenden Menschenmenge, welcher jene Grundsätze entkräftete und ihre Absicht vereiteln werde, vernünfteln, oder auch durch Beispiele schlecht organisirter Verfassungen alter und neuer Zeiten (z. B. von Demokratien ohne Repräsentationssystem) ihre Behauptung dagegen zu beweisen suchen, so verdienen sie kein Gehör; vornehmlich da eine solche verderbliche

Theorie das Übel wohl gar selbst bewirkt, was sie vorhersagt, nach welcher der Mensch mit den übrigen lebenden Maschinen in eine Classe geworfen wird, denen nur noch das Bewußtsein, daß sie nicht freie Wesen sind, beiwohnen dürfte, um sie in ihrem eigenen Urtheil zu den elendesten unter allen Weltwesen zu machen.

Der zwar etwas renommistisch klingende, sprüchwörtlich in Umlauf gekommene, aber wahre Satz: *fiat iustitia, pereat mundus,* das heißt zu deutsch: »Es herrsche Gerechtigkeit, die Schelme in der Welt mögen auch insgesammt darüber zu Grunde gehen,« ist ein wackerer, alle durch Arglist oder Gewalt vorgezeichnete krumme Wege abschneidender Rechtsgrundsatz; nur daß er nicht mißverstanden und etwa als Erlaubniß, sein eigenes Recht mit der größten Strenge zu benutzen (welches der ethischen Pflicht widerstreiten würde), sondern als Verbindlichkeit der Machthabenden, niemanden sein Recht aus Ungunst oder Mitleiden gegen Andere zu weigern oder zu schmälern, verstanden wird; wozu vorzüglich eine nach reinen Rechtsprincipien eingerichtete innere Verfassung des Staats, dann aber auch die der Vereinigung desselben mit andern benachbarten oder auch entfernten Staaten zu einer (einem allgemeinen Staat analogischen) gesetzlichen Ausgleichung ihrer Streitigkeiten erfordert wird. – Dieser Satz will nichts anders sagen als: die politische Maximen müssen nicht von der aus ihrer Befolgung zu erwartenden Wohlfahrt und Glückseligkeit eines jeden Staats, also nicht vom Zweck, den sich ein jeder derselben zum Gegenstande macht, (vom Wollen) als dem obersten (aber empirischen) Princip der Staatsweisheit, sondern von dem reinen Begriff der Rechtspflicht (vom Sollen, dessen Princip *a priori* durch reine Vernunft gegeben ist) ausgehen, die physische Folgen daraus mögen auch sein, welche sie wollen. Die Welt wird keinesweges dadurch untergehen, daß der bösen Menschen weniger wird. Das moralisch Böse hat die von seiner Natur unabtrennliche Eigenschaft, daß es in seinen Absichten (vornehmlich in Verhältniß gegen andere Gleichgesinnte) sich selbst zuwider und zerstörend ist und so dem (moralischen) Princip des Guten, wenn gleich durch langsame Fortschritte, Platz macht.

* * *

Es giebt also **objectiv** (in der Theorie) gar keinen Streit zwischen der Moral und der Politik. Dagegen **subjectiv** (in dem selbstsüchtigen Hange der Menschen, der aber, weil er nicht auf Vernunftmaximen gegründet ist, noch nicht Praxis genannt werden muß) wird und mag er immer bleiben, weil er zum Wetzstein der Tugend dient, deren wahrer Muth (nach dem Grundsatze: *tu ne cede malis, sed contra audentior ito*) in gegenwärtigem Falle nicht sowohl darin besteht, den Übeln und Aufopferungen mit festem Vorsatz sich entgegenzusetzen, welche hiebei übernommen werden müssen, sondern dem weit gefährlichern lügenhaften und verrätherischen, aber doch vernünftelnden, die Schwäche der menschlichen Natur zur Rechtfertigung aller Übertretung vorspiegelnden bösen Princip in uns selbst in die Augen zu sehen und seine Arglist zu besiegen.

In der That kann der politische Moralist sagen: Regent und Volk, oder Volk und Volk thun **einander** nicht Unrecht, wenn sie einander gewaltthätig oder hinterlistig befehden, ob sie zwar überhaupt darin Unrecht thun, daß sie dem Rechtsbegriffe, der allein den Frieden auf ewig begründen könnte, alle Achtung versagen. Denn weil der eine seine Pflicht gegen den andern übertritt, der gerade eben so rechtswidrig gegen jenen gesinnt ist, so **geschieht** ihnen beiderseits ganz recht, wenn sie sich unter einander aufreiben, doch so, daß von dieser Race immer noch genug übrig bleibt, um dieses Spiel bis zu den entferntesten Zeiten nicht aufhören zu lassen, damit eine späte Nachkommenschaft an ihnen dereinst ein warnendes Beispiel nehme. Die Vorsehung im Laufe der Welt ist hiebei gerechtfertigt; denn das moralische Princip im Menschen erlöscht nie, die pragmatisch zur Ausführung der rechtlichen Ideen nach jenem Princip tüchtige Vernunft wächst noch dazu beständig durch immer fortschreitende Cultur, mit ihr aber auch die Schuld jener Übertretungen. Die Schöpfung allein: daß nämlich ein solcher Schlag von verderbten Wesen überhaupt hat auf Erden sein sollen, scheint durch keine Theodicee gerechtfertigt werden zu können (wenn wir annehmen, daß es mit dem Menschengeschlechte nie besser bestellt sein werde noch könne); aber dieser Standpunkt der Beurtheilung ist für uns viel zu hoch, als daß wir unsere Begriffe (von Weisheit) der obersten, uns unerforschlichen Macht in theoretischer Absicht unterlegen könnten. – Zu solchen verzweifelten Folgerungen werden wir unvermeidlich hingetrieben, wenn wir nicht annehmen, die reine Rechtsprincipien haben objective Realität, d. i. sie lassen sich ausführen; und darnach müsse auch von Seiten des Volks im Staate und weiterhin von Seiten der Staaten gegen einander gehandelt werden; die empirische Politik mag auch dagegen einwenden, was sie wolle. Die wahre Politik kann also keinen Schritt thun, ohne vorher der Moral gehuldigt zu haben, und obzwar Politik für sich selbst eine schwere Kunst ist, so ist doch Vereinigung derselben mit der Moral gar keine Kunst; denn diese haut den Knoten entzwei, den jene nicht aufzulösen vermag, sobald beide einander widerstreiten. – Das Recht der Menschen muß heilig gehalten werden, der herrschenden Gewalt mag es auch noch so große Aufopferung kosten. Man kann hier nicht halbieren und das Mittelding eines pragmatisch-bedingten Rechts (zwischen Recht und Nutzen) aussinnen, sondern alle Politik muß ihre Kniee vor dem erstern beugen, kann aber dafür hoffen, obzwar langsam, zu der Stufe zu gelangen, wo sie beharrlich glänzen wird.

II.

Von der Einhelligkeit der Politik mit der Moral nach dem transscendentalen Begriffe des öffentlichen Rechts.

381 Wenn ich von aller Materie des öffentlichen Rechts (nach den verschiedenen empirisch-gegebenen Verhältnissen der Menschen im Staat oder auch der Staaten unter einander), so wie es sich die Rechtslehrer gewöhnlich denken, abstrahire, so bleibt mir noch die Form der Publicität übrig, deren Möglichkeit ein jeder Rechtsanspruch in sich enthält, weil ohne jene es keine Gerechtigkeit (die nur als öffentlich kundbar gedacht werden kann), mithin auch kein Recht, das nur von ihr ertheilt wird, geben würde.

Diese Fähigkeit der Publicität muß jeder Rechtsanspruch haben, und sie kann also, da es sich ganz leicht beurtheilen läßt, ob sie in einem vorkommenden Falle statt finde, d. i. ob sie sich mit den Grundsätzen des Handelnden vereinigen lasse oder nicht, ein leicht zu brauchendes, *a priori* in der Vernunft anzutreffendes Kriterium abgeben, im letzteren Fall die Falschheit (Rechtswidrigkeit) des gedachten Anspruchs *(praetensio iuris)* gleichsam durch ein Experiment der reinen Vernunft sofort zu erkennen.

Nach einer solchen Abstraction von allem Empirischen, was der Begriff des Staats- und Völkerrechts enthält (dergleichen das Bösartige der menschlichen Natur ist, welches den Zwang nothwendig macht), kann man folgenden Satz die transscendentale Formel des öffentlichen Rechts nennen:

»Alle auf das Recht anderer Menschen bezogene Handlungen, deren Maxime sich nicht mit der Publicität verträgt, sind unrecht.«

Dieses Princip ist nicht bloß als ethisch (zur Tugendlehre gehörig), sondern auch als juridisch (das Recht der Menschen angehend) zu betrachten. Denn eine Maxime, die ich nicht darf lautwerden lassen, ohne dadurch meine eigene

Absicht zugleich zu vereiteln, die durchaus **verheimlicht** werden muß, wenn sie gelingen soll, und zu der ich mich nicht **öffentlich bekennen** kann, ohne daß dadurch unausbleiblich der Widerstand Aller gegen meinen Vorsatz gereizt werde, kann diese nothwendige und allgemeine, mithin *a priori* einzusehende Gegenbearbeitung Aller gegen mich nirgend wovon anders, als von der Ungerechtigkeit her haben, womit sie jedermann bedroht. – Es ist ferner bloß **negativ**, d. i. es dient nur, um vermittelst desselben, was gegen Andere **nicht recht** ist, zu erkennen. – Es ist gleich einem Axiom unerweislich-gewiß und überdem leicht anzuwenden, wie aus folgenden Beispielen des öffentlichen Rechts zu ersehen ist.

1. Was das **Staatsrecht** *(ius civitatis)*, nämlich das innere, **betrifft**: so kommt in ihm die Frage vor, welche Viele für schwer zu beantworten halten, und die das transscendentale Princip der Publicität ganz leicht auflöset: »Ist Aufruhr ein rechtmäßiges Mittel für ein Volk, die drückende Gewalt eines so genannten Tyrannen *(non titulo, sed exercitio talis)* abzuwerfen?« Die Rechte des Volks sind gekränkt, und ihm (dem Tyrannen) geschieht kein Unrecht durch die Entthronung; daran ist kein Zweifel. Nichts desto weniger ist es doch von den Unterthanen im höchsten Grade unrecht, auf diese Art ihr Recht zu suchen, und sie können eben so wenig über Ungerechtigkeit klagen, wenn sie in diesem Streit unterlägen und nachher deshalb die härteste Strafe ausstehen müßten.

Hier kann nun Vieles für und dawider vernünftelt werden, wenn man es durch eine dogmatische Deduction der Rechtsgründe ausmachen will; allein das transscendentale Princip der Publicität des öffentlichen Rechts kann sich diese Weitläufigkeit ersparen. Nach demselben frägt sich vor Errichtung des bürgerlichen Vertrags das Volk selbst, ob es sich wohl getraue, die Maxime des Vorsatzes einer gelegentlichen Empörung öffentlich bekannt zu machen. Man sieht leicht ein, daß, wenn man es bei der Stiftung einer Staatsverfassung zur Bedingung machen wollte, in gewissen vorkommenden Fällen gegen das Oberhaupt Gewalt auszuüben, so müßte das Volk sich einer rechtmäßigen Macht über jenes anmaßen. Alsdann wäre jenes aber nicht das Oberhaupt, oder, wenn beides zur Bedingung der Staatserrichtung gemacht würde, so würde gar keine möglich sein, welches doch die Absicht des Volks war. Das Unrecht des Aufruhrs leuchtet also dadurch ein, daß die Maxime desselben dadurch, daß man sich **öffentlich dazu bekennte**, seine eigene Absicht unmöglich machen würde. Man müßte sie also nothwendig verheimlichen. – Das letztere wäre aber von Seiten des Staatsoberhaupts eben nicht nothwendig. Er kann frei heraus sagen, daß er jeden Aufruhr mit dem Tode der Rädelsführer bestrafen werde, diese mögen auch immer glauben, er habe seinerseits das Fundamentalgesetz zuerst übertreten; denn wenn er sich bewußt ist, die **unwiderstehliche Obergewalt** zu besitzen (welches auch in jeder bürgerlichen Verfassung so angenommen werden muß, weil der, welcher nicht Macht genug hat, einen jeden im Volk gegen den andern zu schützen, auch nicht das Recht hat, ihm zu befehlen), so darf er nicht sorgen, durch die Bekanntwerdung seiner Maxime seine eigene Absicht zu vereiteln, womit auch ganz wohl zusammenhängt, daß, wenn der Aufruhr dem Volk gelänge, jenes Oberhaupt in die Stelle des Unterthans zurücktreten, eben sowohl keinen Wiedererlangungsaufruhr beginnen, aber auch nicht zu befürchten haben müßte, wegen seiner vormaligen Staatsführung zur Rechenschaft gezogen zu werden.

2. **Was das Völkerrecht betrifft.** – Nur unter Voraussetzung irgend eines rechtlichen Zustandes (d. i. derjenigen äußeren Bedingung, unter der dem Menschen ein Recht wirklich zu Theil werden kann) kann von einem Völkerrecht die Rede sein: weil es als ein öffentliches Recht die Publication eines jedem das Seine bestimmenden allgemeinen Willens schon in seinem Begriffe enthält, und dieser *status iuridicus* muß aus irgend einem Vertrage hervorgehen, der nicht eben (gleich dem, wor-

aus ein Staat entspringt) auf Zwangsgesetze gegründet sein darf, sondern allenfalls auch der einer fortwährend-freien Association sein kann, wie der oben erwähnte der Föderalität verschiedener Staaten. Denn ohne irgend einen rechtlichen Zustand, der die verschiedene (physische oder moralische) Personen thätig verknüpft, mithin im Naturzustande kann es kein anderes als blos ein Privatrecht geben. – Hier tritt nun auch ein Streit der Politik mit der Moral (diese als Rechtslehre betrachtet) ein, wo dann jenes Kriterium der Publicität der Maximen gleichfalls seine leichte Anwendung findet, doch nur so: daß der Vertrag die Staaten nur in der Absicht verbindet, unter einander und zusammen gegen andere Staaten sich im Frieden zu erhalten, keinesweges aber um Erwerbungen zu machen. – Da treten nun folgende Fälle der Antinomie zwischen Politik und Moral ein, womit zugleich die Lösung derselben verbunden wird.

a) »Wenn einer dieser Staaten dem andern etwas versprochen hat: es sei Hülfleistung, oder Abtretung gewisser Länder, oder Subsidien u. d. gl., frägt sich, ob er sich in einem Fall, an dem des Staats Heil hängt, vom Worthalten dadurch los machen kann, daß er sich in einer doppelten Person betrachtet wissen will, erstlich als Souverän, da er Niemanden in seinem Staat verantwortlich ist; dann aber wiederum bloß als oberster Staatsbeamte, der dem Staat Rechenschaft geben müsse: da denn der Schluß dahin ausfällt, daß, wozu er sich in der ersteren Qualität verbindlich gemacht hat, davon werde er in der zweiten losgesprochen.« – Wenn nun aber ein Staat (oder dessen Oberhaupt) diese seine Maxime laut werden ließe, so würde natürlicherweise entweder ein jeder Andere ihn fliehen, oder sich mit Anderen vereinigen, um seinen Anmaßungen zu widerstehen, welches beweiset, daß Politik mit aller ihrer Schlaugkeit auf diesen Fuß (der Offenheit) ihren Zweck selber vereiteln, mithin jene Maxime unrecht sein müsse.

b) »Wenn eine bis zur furchtbaren Größe *(potentia tremenda)* angewachsene benachbarte Macht Besorgniß erregt: kann man annehmen, sie werde, weil sie **kann**, auch unterdrücken **wollen**, und giebt das den mindermächtigen ein Recht zum (vereinigten) Angriffe derselben, auch ohne vorhergegangene Beleidigung?« – Ein Staat, der seine Maxime hier bejahend **verlautbaren** wollte, würde das Übel nur noch gewisser und schneller herbeiführen. Denn die größere Macht würde den kleineren zuvorkommen, und was die Vereinigung der letzteren betrifft, so ist das nur ein schwacher Rohrstab gegen den, der das *divide et impera* zu benutzen weiß. – Diese Maxime der Staatsklugheit, öffentlich erklärt, vereitelt also nothwendig ihre eigene Absicht und ist folglich ungerecht.

c) »Wenn ein kleinerer Staat durch seine Lage den Zusammenhang eines größeren trennt, der diesem doch zu seiner Erhaltung nöthig ist, ist dieser nicht berechtigt, jenen sich zu unterwerfen und mit dem seinigen zu vereinigen?« – Man sieht leicht, daß der größere eine solche Maxime ja nicht vorher müsse laut werden lassen; denn entweder, die kleinern Staaten würden sich frühzeitig vereinigen, oder andere Mächtige würden um diese Beute streiten, mithin macht sie sich durch ihre Offenheit selbst unthunlich; ein Zeichen, daß sie ungerecht ist und es auch in sehr hohem Grade sein kann; denn ein kleines Object der Ungerechtigkeit hindert nicht, daß die daran bewiesene Ungerechtigkeit sehr groß sei.

3. **Was das Weltbürgerrecht betrifft**, so übergehe ich es hier mit Stillschweigen: weil wegen der Analogie desselben mit dem Völkerrecht die Maximen desselben leicht anzugeben und zu würdigen sind.

* * *

Man hat hier nun zwar an dem Princip der Unverträglichkeit der Maximen des Völkerrechts mit der Publicität ein gutes Kennzeichen der **Nichtübereinstimmung** der Politik mit der Moral (als Rechtslehre). Nun bedarf man aber auch belehrt zu werden, welches denn die Bedingung ist, unter der ihre Maximen mit dem Recht der Völker übereinstimmen. Denn es läßt sich nicht umgekehrt schließen: daß, welche Maximen die Publicität vertragen, dieselbe darum auch gerecht sind, weil, wer die entschiedene Obermacht hat, seiner Maximen nicht hehl haben darf. – Die Bedingung der Möglichkeit eines Völkerrechts überhaupt ist: daß zuvörderst ein rechtlicher Zustand existire. Denn ohne diesen giebts kein öffentliches Recht, sondern alles Recht, was man sich außer demselben denken mag (im Naturzustande), ist bloß Privatrecht. Nun haben wir oben gesehen: daß ein föderativer Zustand der Staaten, welcher bloß die Entfernung des Krieges zur Absicht hat, der einzige mit der Freiheit derselben vereinbare rechtliche Zustand sei. Also ist die Zusammenstimmung der Politik mit der Moral nur in einem föderativen Verein (der also nach Rechtsprincipien *a priori* gegeben und nothwendig ist) möglich, und alle Staatsklugheit hat zur rechtlichen Basis die Stiftung des ersteren in ihrem größt-möglichen Umfange, ohne welchen Zweck alle ihre Klügelei Unweisheit und verschleierte Ungerechtigkeit ist. – Diese Afterpolitik hat nun ihre Casuistik trotz der besten Jesuiterschule – die *reservatio mentalis:* in Abfassung öffentlicher Verträge mit solchen Ausdrücken, die man gelegentlich zu seinem Vortheil auslegen kann, wie man will (z. B. den Unterschied des *status quo de fait* und *de droit*); – den *Probabilismus:* böse Absichten an Anderen zu erklügeln, oder auch Wahrscheinlichkeiten ihres möglichen Übergewichts zum Rechtsgrunde der Untergrabung anderer, friedlicher Staaten zu machen; – endlich das *peccatum philosophicum (peccatillum, bagatelle):* das Verschlingen eines kleinen Staats, wenn dadurch ein viel größerer zum vermeintlich größern Weltbesten gewinnt, für eine leicht-verzeihliche Kleinigkeit zu halten*.

---

* Die Belege zu solchen Maximen kann man in des Herrn Hofr. Garve Abhandlung: »Über die Verbindung der Moral mit der Politik, 1788,« antreffen.

Den Vorschub hiezu giebt die Zweizüngigkeit der Politik in Ansehung der Moral, einen oder den andern Zweig derselben zu ihrer Absicht zu benutzen. – Beides, die Menschenliebe und die Achtung fürs Recht der Menschen, ist Pflicht; jene aber nur bedingte, diese dagegen unbedingte, schlechthin gebietende Pflicht, welche nicht übertreten zu haben derjenige zuerst völlig versichert sein muß, der sich dem süßen Gefühl des Wohlthuns überlassen will. Mit der Moral im ersteren Sinne (als Ethik) ist die Politik leicht einverstanden, um das Recht der Menschen ihren Oberen preis zu geben: aber mit der in der zweiten Bedeutung (als Rechtslehre), vor der sie ihre Kniee beugen müßte, findet sie es rathsam, sich gar nicht auf Vertrag einzulassen, ihr lieber alle Realität abzustreiten und alle Pflichten auf lauter Wohlwollen auszudeuten; welche Hinterlist einer lichtscheuen Politik doch von der Philosophie durch die Publicität jener ihrer Maximen leicht vereitelt werden würde, wenn jene es nur wagen wollte, dem Philosophen die Publicität der seinigen angedeihen zu lassen.

In dieser Absicht schlage ich ein anderes, transscendentales und bejahendes Princip des öffentlichen Rechts vor, dessen Formel diese sein würde:

»Alle Maximen, die der Publicität bedürfen (um ihren Zweck nicht zu verfehlen), stimmen mit Recht und Politik vereinigt zusammen.«

Denn wenn sie nur durch die Publicität ihren Zweck erreichen können, so müssen sie dem allgemeinen Zweck des Publicums (der Glückseligkeit) gemäß sein, womit zusammen zu stimmen (es mit seinem Zustande zufrieden zu machen), die eigentliche Aufgabe der Politik ist. Wenn aber dieser Zweck nur

---

Dieser würdige Gelehrte gesteht gleich zu Anfange, eine genugthuende Antwort auf diese Frage nicht geben zu können. Aber sie dennoch gut zu heißen, obzwar mit dem Geständniß, die dagegen sich regende Einwürfe nicht völlig heben zu können, scheint doch eine größere Nachgiebigkeit gegen die zu sein, die sehr geneigt sind, sie zu mißbrauchen, als wohl rathsam sein möchte, einzuräumen.

durch die Publicität, d. i. durch die Entfernung alles Mißtrauens gegen die Maximen derselben, erreichbar sein soll, so müssen diese auch mit dem Recht des Publicums in Eintracht stehen; denn in diesem allein ist die Vereinigung der Zwecke Aller möglich. – Die weitere Ausführung und Erörterung dieses Princips muß ich für eine andere Gelegenheit aussetzen; nur daß es eine transscendentale Formel sei, ist aus der Entfernung aller empirischen Bedingungen (der Glückseligkeitslehre), als der Materie des Gesetzes, und der bloßen Rücksicht auf die Form der allgemeinen Gesetzmäßigkeit zu ersehen.

* * *

Wenn es Pflicht, wenn zugleich gegründete Hoffnung da ist, den Zustand eines öffentlichen Rechts, obgleich nur in einer ins Unendliche fortschreitenden Annäherung wirklich zu machen, so ist der ewige Friede, der auf die bisher fälschlich so genannte Friedensschlüsse (eigentlich Waffenstillstände) folgt, keine leere Idee, sondern eine Aufgabe, die, nach und nach aufgelöst, ihrem Ziele (weil die Zeiten, in denen gleiche Fortschritte geschehen, hoffentlich immer kürzer werden) beständig näher kommt.

Von einem neuerdings erhobenen
vornehmen Ton
in der Philosophie.

389 Der Namen der Philosophie ist, nachdem er seine erste Bedeutung: einer wissenschaftlichen Lebensweisheit, verlassen hatte, schon sehr früh als Titel der Ausschmückung des Verstandes nicht gemeiner Denker in Nachfrage gekommen, für welche sie jetzt eine Art von Enthüllung eines Geheimnisses vorstellte. – Den Asceten in der Makarischen Wüste hieß ihr Mönchsthum die Philosophie. Der Alchemist nannte sich *philosophus per ignem.* Die Logen alter und neuer Zeiten sind Adepten eines Geheimnisses durch Tradition, von welchem sie uns mißgünstigerweise nichts aussagen wollen *(philosophus per initiationem).* Endlich sind die neuesten Besitzer desselben diejenigen, welche es in sich haben, aber unglücklicherweise es nicht aussagen und durch Sprache allgemein mittheilen können *(philosophus per inspirationem).* Wenn es nun ein Erkenntniß des Übersinnlichen (das in theoretischer Absicht allein ein wahres Geheimniß ist) gäbe, welches zu enthüllen in praktischer Absicht dem menschlichen Verstande allerdings möglich ist: so würde doch ein solches aus demselben, als einem Vermögen der Erkenntniß durch Begriffe, demjenigen weit nachstehen, welches als ein Vermögen der Anschauung unmittelbar durch den Verstand wahrgenommen werden könnte; denn der discursive Verstand muß vermittelst der ersteren viele Arbeit zu der Auflösung und wiederum der Zusammensetzung seiner Begriffe nach Principien verwenden und viele Stufen mühsam besteigen, um im Erkenntniß Fortschritte zu thun, statt dessen eine intellectuelle Anschauung den Gegenstand unmittelbar und auf einmal fassen und darstellen würde. – Wer sich also im Besitz der letztern zu sein dünkt, wird auf den erstern mit Verachtung herabsehen; und umgekehrt ist die

Gemächlichkeit eines solchen Vernunftgebrauchs eine starke Verleitung ein dergleichen Anschauungsvermögen dreist anzunehmen, imgleichen eine darauf gegründete Philosophie bestens zu empfehlen: welches sich auch aus dem natürlichen selbstsüchtigen Hange der Menschen, dem die Vernunft schweigend nachsieht, leicht erklären läßt.

Es liegt nämlich nicht bloß in der natürlichen Trägheit, sondern auch in der Eitelkeit der Menschen (einer mißverstandenen Freiheit), daß die, welche zu leben haben, es sei reichlich oder kärglich, in Vergleichung mit denen, welche arbeiten müssen, um zu leben, sich für Vornehme halten. – Der Araber oder Mongole verachtet den Städter und dünkt sich vornehm in Vergleichung mit ihm: weil das Herumziehen in den Wüsten mit seinen Pferden und Schafen mehr Belustigung als Arbeit ist. Der Waldtunguse meint seinem Bruder einen Fluch an den Hals zu werfen, wenn er sagt: »Daß du dein Vieh selber erziehen magst wie der Buräte!« Dieser giebt die Verwünschung weiter ab und sagt: »Daß du den Acker bauen magst wie der Russe!« Der Letztere wird vielleicht nach seiner Denkungsart sagen: »Daß du am Weberstuhl sitzen magst, wie der Deutsche!« – Mit einem Wort: Alle dünken sich vornehm nach dem Maße, als sie glauben, nicht arbeiten zu dürfen; und nach diesem Grundsatz ist es neuerdings so weit gekommen, daß sich eine vorgebliche Philosophie, bei der man nicht arbeiten, sondern nur das Orakel in sich selbst anhören und genießen darf, um die ganze Weisheit, auf die es mit der Philosophie angesehen ist, von Grunde aus in seinen Besitz zu bringen, unverhohlen und öffentlich ankündigt: und dies zwar in einem Tone, der anzeigt, daß sie sich mit denen, welche – schulmäßig – von der Kritik ihres Erkenntnißvermögens zum dogmatischen Erkenntniß langsam und bedächtig fortzuschreiten sich verbunden halten, in Eine Linie zu stellen gar nicht gemeint sind, sondern – geniemäßig – durch einen einzigen Scharfblick auf ihr Inneres alles das, was Fleiß nur immer verschaffen mag, und wohl noch mehr zu leisten im Stande sind. Mit Wissenschaften, welche Arbeit erfordern, als Mathematik, Naturwissenschaft, alte Geschichte, Sprachkunde u. s. w., selbst mit der Philosophie, sofern sie sich auf methodische Entwickelung und systematische Zusammenstellung der Begriffe einzulassen genöthigt ist, kann mancher wohl auf pedantische Art s t o l z thun; aber keinem andern, als dem Philosophen der A n s c h a u u n g, der nicht durch die herculische Arbeit des Selbsterkenntnisses sich von unten hinauf, sondern, sie überfliegend, durch eine ihm nichts kostende Apotheose von oben herab demonstrirt, kann es einfallen v o r n e h m zu thun: weil er da aus eigenem Ansehen spricht und Keinem deshalb Rede zu stehen verbunden ist.

Und nun zur Sache selbst!

---

391 Plato, eben so gut Mathematiker als Philosoph, bewunderte an den Eigenschaften gewisser geometrischer Figuren, z. B. des Zirkels, eine Art von Z w e c k m ä ß i g k e i t, d. i. Tauglichkeit zur Auflösung einer Mannigfaltigkeit von Problemen, oder Mannigfaltigkeit der Auflösung eines und desselben Problems (wie etwa in der Lehre von geometrischen Örtern) aus einem Princip, gleich als ob die Erfordernisse zu Construction gewisser Größenbegriffe a b s i c h t l i c h in sie gelegt seien, obgleich sie als nothwendig *a priori* eingesehen und bewiesen werden können. Zweckmäßigkeit ist aber nur durch Beziehung des Gegenstandes auf einen Verstand als Ursache denkbar.

Da wir nun mit unserm Verstande, als einem Erkenntnißvermögen d u r c h B e g r i f f e, das Erkenntniß nicht über unsern Begriff *a priori* erweitern können (welches doch in der Mathematik wirklich geschieht): so mußte Plato A n s c h a u u n g e n *a priori* für uns Menschen annehmen, welche aber nicht in u n s e r m Verstande ihren ersten U r s p r u n g hätten (denn unser Verstand ist nicht ein Anschauungs-, nur ein discursives oder

Denkungsvermögen), sondern in einem solchen, der zugleich der Urgrund aller Dinge wäre, d. i. dem göttlichen Verstande, welche Anschauungen d i r e c t dann Urbilder (Ideen) genannt zu werden verdienten. Unsere Anschauung aber dieser göttlichen Ideen (denn eine Anschauung *a priori* mußten wir doch haben, wenn wir uns das Vermögen synthetischer Sätze *a priori* in der reinen Mathematik begreiflich machen wollten) sei uns nur i n d i r e c t, als der Nachbilder *(ectypa)*, gleichsam der Schattenbilder aller Dinge, die wir *a priori* synthetisch erkennen, mit unserer Geburt, die aber zugleich eine Verdunklung dieser Ideen durch Vergessenheit ihres Ursprungs bei sich geführt habe, zu Theil geworden: als eine Folge davon, daß unser Geist (nun Seele genannt) in einen Körper gestoßen worden, von dessen Fesseln sich allmählich loszumachen, jetzt das edle Geschäft der Philosophie sein müsse*.

Wir müssen aber auch nicht den P y t h a g o r a s vergessen, 392
von dem uns nun freilich zu wenig bekannt ist, um über das

---

* Plato verfährt mit allen diesen Schlüssen wenigstens consequent. Ihm schwebte ohne Zweifel, obzwar auf eine dunkle Art, die Frage vor, die nur seit Kurzem deutlich zur Sprache gekommen: »Wie sind synthetische Sätze *a priori* möglich?« Hätte er damals auf das rathen können, was sich allererst späterhin vorgefunden hat: daß es allerdings A n s c h a u u n g e n *a priori*, aber nicht des menschlichen Verstandes, sondern sinnliche (unter dem Namen des Raumes und der Zeit) gäbe, daß daher alle Gegenstände der Sinne von uns bloß als Erscheinungen und selbst ihre Formen, die wir in der Mathematik *a priori* bestimmen können, nicht die der Dinge an sich selbst, sondern (subjective) unserer Sinnlichkeit sind, die also für alle Gegenstände möglicher Erfahrung, aber auch nicht einen Schritt weiter gelten: so würde er die reine Anschauung (deren er bedurfte, um sich das synthetische Erkenntniß *a priori* begreiflich zu machen) nicht im göttlichen Verstande und dessen Urbildern aller Wesen als selbständiger Objecte gesucht und so zur Schwärmerei die Fackel angesteckt haben. – Denn das sah er wohl ein: daß, wenn er in der Anschauung, die der Geometrie zum Grunde liegt, das Object an sich selbst e m p i r i s c h anschauen zu können behaupten wollte, das geometrische Urtheil und die ganze Mathematik bloße Erfahrungswissenschaft sein würde; welches der N o t h w e n d i g k e i t widerspricht, die (neben der Anschaulichkeit) gerade das ist, was ihr einen so hohen Rang unter allen Wissenschaften zusichert.

metaphysische Princip seiner Philosophie etwas Sicheres auszumachen. – Wie bei Plato die Wunder der Gestalten (der Geometrie), so erweckten bei Pythagoras die Wunder der Zahlen (der Arithmetik), d. i. der Anschein einer gewissen Zweckmäßigkeit und eine in die Beschaffenheit derselben gleichsam absichtlich gelegte Tauglichkeit zur Auflösung mancher Vernunftaufgaben der Mathematik, wo Anschauung *a priori* (Raum und Zeit) und nicht bloß ein discursives Denken vorausgesetzt werden muß, die Aufmerksamkeit, als auf eine Art der Magie, lediglich um sich die Möglichkeit nicht bloß der Erweiterung unserer Größenbegriffe überhaupt, sondern auch der besonderen und gleichsam geheimnißreichen Eigenschaften derselben begreiflich zu machen. – Die Geschichte sagt, daß ihn die Entdeckung des Zahlverhältnisses unter den Tönen und des Gesetzes, nach welchem sie allein eine Musik ausmachen, auf den Gedanken gebracht habe: daß, weil in diesem Spiel der Empfindungen die Mathematik (als Zahlenwissenschaft) eben sowohl das Princip der Form desselben (und zwar, wie es scheint, *a priori*, seiner Nothwendigkeit wegen) enthält, uns eine, wenn gleich nur dunkle, Anschauung einer Natur, die durch einen über sie herrschenden Verstand nach Zahlgleichungen geordnet worden, beiwohne; welche Idee dann, auf die Himmelskörper angewandt, auch die Lehre von der Harmonie der Sphären hervorbrachte. Nun ist nichts die Sinne belebender als die Musik; das belebende Princip im Menschen aber ist die Seele; und da Musik nach Pythagoras bloß auf wahrgenommenen Zahlverhältnissen beruht, und (welches wohl zu merken) jenes belebende Princip im Menschen, die Seele, zugleich ein freies, sich selbst bestimmendes Wesen ist: so läßt sich seine Definition derselben: *anima est numerus se ipsum movens*, vielleicht verständlich machen und einigermaßen rechtfertigen, wenn man annimmt, daß er durch dieses Vermögen sich selbst zu bewegen ihren Unterschied von der

Materie, als die an sich leblos und nur durch etwas Äußeres bewegbar ist, mithin die Freiheit habe anzeigen wollen.

Es war also die Mathematik, über welche Pythagoras sowohl als Plato philosophirten, indem sie alles Erkenntniß *a priori* (es möchte nun Anschauung oder Begriff enthalten) zum Intellectuellen zählten und durch diese Philosophie auf ein Geheimniß zu stoßen glaubten, wo kein Geheimniß ist: nicht weil die Vernunft alle an sie ergehende Fragen beantworten kann, sondern weil ihr Orakel verstummt, wenn die Frage bis so hoch gesteigert worden, daß sie nun keinen Sinn mehr hat. Wenn z. B. die Geometrie einige schön genannte Eigenschaften des Zirkels (wie man im Montucla nachsehen kann) aufstellt, und nun gefragt wird: woher kommen ihm diese Eigenschaften, die eine Art von ausgedehnter Brauchbarkeit und Zweckmäßigkeit zu enthalten scheinen? so kann darauf keine andere Antwort gegeben werden als: *Quaerit delirus, quod non respondet Homerus.* Der, welcher eine mathematische Aufgabe philosophisch auflösen will, widerspricht sich hiemit selbst; z. B.: Was macht, daß das rationale Verhältniß der drei Seiten eines rechtwinkligen Dreiecks nur das der Zahlen 3, 4, 5 sein kann? Aber der über eine mathematische Aufgabe Philosophirende glaubt hier auf ein Geheimniß zu stoßen und eben darum etwas Überschwenglich-Großes zu sehen, wo er nichts sieht, und setzt gerade darin, daß er über eine Idee in sich brütet, die er weder sich verständlich machen noch Andern mittheilen kann, die ächte Philosophie *(philosophia arcani),* wo denn das Dichtertalent Nahrung für sich findet im Gefühl und Genuß zu schwärmen: welches freilich weit einladender und glänzender ist als das Gesetz der Vernunft, durch Arbeit sich einen Besitz zu erwerben; – wobei aber auch Armuth und Hoffart die belachenswerthe Erscheinung geben die Philosophie in einem vornehmen Ton sprechen zu hören.

Die Philosophie des Aristoteles ist dagegen Arbeit. Ich betrachte ihn aber hier nur (so wie beide vorige) als Metaphysiker, d. i. Zergliederer aller Erkenntniß *a priori* in ihre Elemente, und als Vernunftkünstler sie wieder daraus (den Kategorieen) zusammenzusetzen; dessen Bearbeitung, soweit sie reicht, ihre Brauchbarkeit behalten hat, ob sie zwar im Fortschreiten verunglückte, dieselben Grundsätze, die im Sinnlichen gelten, (ohne daß er den gefährlichen Sprung, den er hier zu thun hatte, bemerkte) auch aufs Übersinnliche auszudehnen, bis wohin seine Kategorieen nicht zulangen: wo es nöthig war das Organ des Denkens in sich selbst, die Vernunft, nach den zwei Feldern derselben, dem theoretischen und praktischen, vorher einzutheilen und zu messen, welche Arbeit aber späteren Zeiten aufbehalten blieb.

Jetzt wollen wir doch den neuen Ton im Philosophiren (bei dem man der Philosophie entbehren kann) anhören und würdigen.

Daß vornehme Personen philosophiren, wenn es auch bis zu den Spitzen der Metaphysik hinauf geschähe, muß ihnen zur größten Ehre angerechnet werden, und sie verdienen Nachsicht bei ihrem (kaum vermeidlichen) Verstoß wider die Schule, weil sie sich doch zu dieser auf den Fuß der bürgerlichen Gleichheit herablassen*. – Daß aber sein wollende Philo-

---

* Es ist doch ein Unterschied zwischen Philosophiren und den Philosophen machen. Das letztere geschieht im vornehmen Ton, wenn der Despotism über die Vernunft des Volks (ja wohl gar über seine eigene) durch Fesselung an einen blinden Glauben für Philosophie ausgegeben wird. Dahin gehört dann z. B. »der Glaube an die Donnerlegion zu Zeiten des Mark Aurel«, imgleichen »an das dem Apostaten Julian zum Possen unter dem Schutt von Jerusalem durch ein Wunder hervorgebrochene Feuer«, welcher für die eigentliche ächte Philosophie ausgegeben und das Gegentheil derselben »der Köhlerunglaube« genannt wird (gerade als ob die Kohlbrenner tief in ihren Wäldern dafür berüchtigt wären in Ansehung der ihnen zugetragenen Märchen sehr ungläubisch zu sein): wozu dann auch die Versicherung kommt, daß es mit der Philosophie seit schon zweitausend Jahren ein Ende habe, weil »der Stagirit für die Wissenschaft soviel erobert habe, daß er wenig Erhebliches mehr den Nachfolgern zu erspähen überlassen hat«. So sind die Gleichmacher der politischen Verfassung

sophen vornehm thun, kann ihnen auf keine Weise nachgesehen werden, weil sie sich über ihre Zunftgenossen erheben und deren unveräußerliches Recht der Freiheit und Gleichheit in Sachen der bloßen Vernunft verletzen.

Das Princip, durch Einfluß eines höheren Gefühls philosophiren zu wollen, ist unter allen am meisten für den vornehmen Ton gemacht; denn wer will mir mein Gefühl streiten? Kann ich nun noch glaubhaft machen, daß dieses Gefühl nicht bloß subjectiv in mir sei, sondern einem Jeden angesonnen werden könne, mithin auch objectiv und als Erkenntnißstück, also nicht etwa bloß als Begriff vernünftelt, sondern als Anschauung (Auffassung des Gegenstandes selbst) gelte: so bin ich in großem Vortheil über alle die, welche sich allererst rechtfertigen müssen, um sich der Wahrheit ihrer Behauptungen berühmen zu dürfen. Ich kann daher in dem Tone eines Gebieters sprechen, der der Beschwerde überhoben ist den Titel seines Besitzes zu beweisen *(beati possidentes)*. – Es lebe also die Philosophie aus Gefühlen, die uns gerade zur Sache selbst führt! Weg mit der Vernünftelei aus Begriffen, die es nur durch den Umschweif allgemeiner Merkmale versucht, und die, ehe sie noch einen Stoff hat, den sie unmittelbar ergreifen kann, vorher bestimmte Formen verlangt, denen sie jenen Stoff unterlegen könne! Und gesetzt auch, die Vernunft könne sich über die Rechtmäßigkeit des Erwerbs dieser ihrer hohen Einsichten gar

---

nicht bloß diejenigen, welche nach Rousseau wollen, daß die Staatsbürger insgesamt einander gleich seien, weil ein Jeder Alles ist; sondern auch diejenigen, welche wollen, daß Alle einander gleichen, weil sie außer Einem insgessammt nichts seien, und sind Monarchisten aus Neid: die bald den Plato, bald den Aristoteles auf den Thron erheben, um bei dem Bewußtsein ihres eigenen Unvermögens selbst zu denken die verhaßte Vergleichung mit andern zugleich Lebenden nicht auszustehen. Und so macht (vornehmlich durch den letzteren Ausspruch) der vornehme Mann dadurch den Philosophen, daß er allem ferneren Philosophiren und Obscuriren ein Ende macht. – – Man kann dieses Phänomen nicht besser in seinem gehörigen Lichte darstellen, als durch die Fabel von Voß (Berl. Monatsschr. Novemb. 1795, letztes Blatt), ein Gedicht, das allein eine Hekatombe werth ist.

nicht weiter erklären, so bleibt es doch ein Factum: »Die Philosophie hat ihre **fühlbaren** Geheimnisse*«.

Mit dieser vorgegebenen Fühlbarkeit eines Gegenstandes,

---

* Ein berühmter Besitzer derselben drückt sich hierüber so aus: »So lange die Vernunft, als Gesetzgeberin des Willens, zu den Phänomenen (versteht sich hier, freien Handlungen der Menschen) sagen muß: **du gefällst mir – du gefällst mir nicht**, solange muß sie die Phänomene als Wirkungen von Realitäten ansehen;« woraus er dann folgert: daß ihre Gesetzgebung nicht bloß einer **Form**, sondern einer **Materie** (Stoffs, Zwecks) als Bestimmungsgrundes des Willens bedürfe, d. i. **ein Gefühl der Lust** (oder Unlust) an einem Gegenstande **müsse vorhergehen**, wenn die Vernunft praktisch sein soll. – – Dieser Irrthum, der, wenn man ihn einschleichen ließe, alle Moral vertilgen und nichts als die Glückseligkeits-Maxime, die eigentlich gar kein objectives Princip haben kann (weil sie nach Verschiedenheit der Subjecte verschieden ist), übrig lassen würde; dieser Irrthum, sage ich, kann nur durch folgenden **Probirstein der Gefühle** sicher ans Licht gestellt werden. Diejenige **Lust** (oder Unlust), die nothwendig **vor dem Gesetz** vorhergehen muß, damit die That geschehe, ist **pathologisch**; diejenige aber, **vor welcher**, damit diese geschehe, **das Gesetz** nothwendig vorhergehen muß, ist **moralisch**. Jene hat empirische Principien (die Materie der Willkür), diese ein reines Princip *a priori* zum Grunde (bei dem es lediglich auf die Form der Willensbestimmung ankommt). – Hiemit kann auch der Trugschluß *(fallacia causae non causae)* leicht aufgedeckt werden, da der Eudämonist vorgiebt: die Lust (Zufriedenheit), die ein rechtschaffener Mann im Prospect hat, um sie im Bewußtsein seines wohlgeführten Lebenswandels dereinst zu fühlen, (mithin die Aussicht auf seine künftige Glückseligkeit) sei doch die eigentliche **Triebfeder**, seinen Lebenswandel wohl (dem Gesetze gemäß) zu führen. Denn da ich ihn doch vorher als rechtschaffen und dem Gesetz gehorsam, d. i. als einen, dem **das Gesetz vor der Lust** vorhergeht, annehmen muß, um künftig im Bewußtsein seines wohlgeführten Lebenswandels eine Seelenlust zu fühlen: so ist es ein leerer Zirkel im Schließen, um die letztere, die eine **Folge** ist, zur **Ursache** jenes Lebenswandels zu machen.

Was aber gar den **Synkretism** einiger Moralisten betrifft: die **Eudämonie**, wenn gleich nicht ganz, doch zum **Theil** zum objectiven Princip der Sittlichkeit zu machen (wenn man gleich, daß jene unvermerkt auch subjectiv auf die mit der Pflicht übereinstimmende Willensbestimmung des Menschen mit Einfluß habe, einräumt): so ist das doch der gerade Weg ohne alles Princip zu sein. Denn die sich einmengenden, von der Glückseligkeit entlehnten Triebfedern, ob sie zwar zu eben denselben **Handlungen**, als die aus reinen moralischen Grundsätzen fließen, hinwirken, verunreinigen und schwächen doch zugleich die moralische **Gesinnung** selbst, deren Werth und hoher Rang eben darin besteht, unangesehen derselben, ja mit Überwindung aller ihrer Anpreisungen keinem andern als dem Gesetz seinen Gehorsam zu beweisen.

der doch bloß in der reinen Vernunft angetroffen werden kann, hat es nun folgende Bewandtniß. – Bisher hatte man nur von d r e i Stufen des Fürwahrhaltens bis zum Verschwinden des selben in völlige Unwissenheit gehört: dem Wissen, Glauben und Meinen*. Jetzt wird eine neue angebracht, die gar nichts mit der Logik gemein hat, die kein Fortschritt des Verstandes,

---

* Man bedient sich des mittelsten Worts im theoretischen Verstande auch bisweilen als gleichbedeutend mit dem etwas für w a h r s c h e i n l i c h halten; und da muß wohl bemerkt werden, daß von dem, was über alle mögliche Erfahrungsgränze hinausliegt, weder gesagt werden kann, es sei w a h r s c h e i n l i c h , noch es sei u n w a h r s c h e i n l i c h , mithin auch das Wort Glaube in Ansehung eines solchen Gegenstandes in t h e o r e t i s c h e r B e d e u t u n g gar nicht Statt findet. – Unter dem Ausdruck: dieses oder jenes ist w a h r s c h e i n l i c h , versteht man ein Mittelding (des Fürwahrhaltens) zwischen Meinen und Wissen; und da geht es ihm so wie allen andern Mitteldingen: daß man daraus machen kann, w a s m a n w i l l . – Wenn aber jemand z. B. sagt: es ist wenigstens w a h r s c h e i n l i c h , daß die Seele nach dem Tode lebe, so weiß er nicht, w a s e r w i l l . Denn wahrscheinlich heißt dasjenige, was, für wahr gehalten, mehr als die Hälfte der Gewißheit (des zureichenden Grundes) auf seiner Seite hat. Die Gründe also müssen insgesammt ein partiales Wissen, einen Theil der E r k e n n t n i ß des Objects, worüber geurtheilt wird, enthalten. Ist nun der Gegenstand gar kein Object einer uns möglichen Erkenntniß (dergleichen die Natur der Seele, als lebender Substanz auch außer der Verbindung mit einem Körper, d. i. als Geist, ist): so kann über die Möglichkeit derselben weder wahrscheinlich noch unwahrscheinlich, sondern gar nicht geurtheilt werden. Denn die vorgeblichen Erkenntnißgründe sind in einer Reihe, die sich dem zureichenden Grunde, mithin dem Erkenntniß selbst gar nicht nähert, indem sie auf etwas Übersinnliches bezogen werden, von dem als einem solchen kein theoretisches Erkenntniß möglich ist.
Eben so ist es mit dem Glauben an ein Z e u g n i ß eines Andern, das etwas Übersinnliches betreffen soll, bewandt. Das Fürwahrhalten eines Zeugnisses ist immer etwas Empirisches; und die Person, der ich auf ihr Zeugniß glauben soll, muß ein Gegenstand einer Erfahrung sein. Wird sie aber als ein übersinnliches Wesen genommen: so kann ich von ihrer Existenz selber, mithin daß es ein solches Wesen sei, welches mir dieses bezeugt, durch keine Erfahrung belehrt werden (weil das sich selbst widerspricht), auch nicht aus der subjectiven Unmöglichkeit mir die Erscheinung eines mir gewordenen inneren Zurufs anders als aus einem übernatürlichen Einfluß erklären zu können darauf schließen (zufolge dem, was eben von der Beurtheilung nach Wahrscheinlichkeit gesagt worden). Also giebt es keinen theoretischen Glauben an das Übersinnliche.
In praktischer (moralisch-praktischer) Bedeutung aber ist ein Glaube an das Übersinnliche nicht allein möglich, sondern er ist sogar mit dieser unzertrenn-

sondern Vorempfindung *(praevisio sensitiva)* dessen sein soll, was gar kein Gegenstand der Sinne ist: d. i. A h n u n g des Übersinnlichen.

398 Daß hierin nun ein gewisser mystischer Takt, ein Übersprung *(salto mortale)* von Begriffen zum Undenkbaren, ein Vermögen der Ergreifung dessen, was kein Begriff erreicht, eine Erwartung von Geheimnissen, oder vielmehr Hinhaltung mit solchen, eigentlich aber Verstimmung der Köpfe zur Schwärmerei liege: leuchtet von selbst ein. Denn Ahnung ist dunkle Vorerwartung und enthält die Hoffnung eines Aufschlusses, der aber in Aufgaben der Vernunft nur durch Begriffe möglich ist, wenn also jene transscendent sind und zu keinem eigenen E r k e n n t n i ß des Gegenstandes führen können, nothwendig ein Surrogat derselben, übernatürliche Mittheilung (mystische Erleuchtung), verheißen müssen: was dann der Tod aller Philosophie ist.

---

lich verbunden. Denn die Summe der Moralität in mir, obgleich übersinnlich, mithin nicht empirisch, ist dennoch mit unverkennbarer Wahrheit und Autorität (durch einen kategorischen Imperativ) gegeben, welche aber einen Zweck gebietet, der, theoretisch betrachtet, ohne eine darauf hinwirkende Macht eines Weltherrschers, durch meine Kräfte allein, unausführbar ist (das höchste Gut). An ihn aber moralisch-praktisch g l a u b e n , heißt nicht seine Wirklichkeit vorher theoretisch für wahr annehmen, damit man, jenen gebotenen Zweck zu verstehen, Aufklärung und, zu bewirken, Triebfedern bekomme: denn dazu ist das Gesetz der Vernunft schon für sich objectiv hinreichend; sondern um nach dem Ideal jenes Zwecks so zu handeln, als ob eine solche Weltregierung wirklich wäre: weil jener Imperativ (der nicht das Glauben, sondern das Handeln gebietet) auf Seiten des Menschen Gehorsam und Unterwerfung seiner W i l l k ü r unter dem Gesetz, von Seiten des ihm einen Zweck gebietenden W i l l e n s aber zugleich ein dem Zweck angemessenes Vermögen (das nicht das menschliche ist) enthält, zu dessen Behuf die menschliche Vernunft zwar die Handlungen, aber nicht den Erfolg der Handlungen (die Erreichung des Zwecks) gebieten kann, als der nicht immer oder ganz in der Gewalt des Menschen ist. Es ist also in dem kategorischen Imperativ der der Materie nach praktischen Vernunft, welcher zum Menschen sagt: ich will, daß deine Handlungen zum Endzweck aller Dinge zusammenstimmen, schon die Voraussetzung eines gesetzgebenden Willens, der alle Gewalt enthält, (des göttlichen) zugleich gedacht und bedarf es nicht besonders aufgedrungen zu werden.

Plato der Akademiker ward also, obzwar ohne seine Schuld (denn er gebrauchte seine intellectuellen Anschauungen nur rückwärts, zum Erklären der Möglichkeit eines synthetischen Erkenntnisses *a priori*, nicht vorwärts, um es durch jene im göttlichen Verstande lesbare Ideen zu erweitern), der Vater aller Schwärmerei mit der Philosophie. – Ich möchte aber nicht gern den (neuerlich ins Deutsche übersetzten) Plato den Briefsteller mit dem ersteren vermengen. Dieser will außer »den vier zur Erkenntniß gehörigen Dingen, dem Namen des Gegenstandes, der Beschreibung, der Darstellung und der Wissenschaft, noch ein fünftes [Rad am Wagen], nämlich noch den Gegenstand selbst und sein wahres Sein.« – »Dieses unveränderliche Wesen, das sich nur in der Seele und durch die Seele anschauen läßt, in dieser aber wie von einem springenden Funken Feuers sich von selbst ein Licht anzündet, will er [als exaltirter Philosoph] ergriffen haben; von welchem man gleichwohl nicht reden könne, weil man sofort seiner Unwissenheit überführt werden würde, am wenigsten zum Volk: weil jeder Versuch dieser Art schon gefährlich sein würde, theils dadurch daß diese hohen Wahrheiten einer plumpen Verachtung ausgesetzt, theils [was hier das einzige Vernünftige ist] daß die Seele zu leeren Hoffnungen und zum eiteln Wahn der Kenntniß großer Geheimnisse gespannt werden dürfte.«

Wer sieht hier nicht den Mystagogen, der nicht bloß für sich schwärmt, sondern zugleich Klubbist ist und, indem er zu seinen Adepten im Gegensatz von dem Volke (worunter alle Uneingeweihte verstanden werden) spricht, mit seiner vorgeblichen Philosophie vornehm thut! – Es sei mir erlaubt, einige neuere Beispiele davon anzuführen.

In der neueren mystisch-platonischen Sprache heißt es: »Alle Philosophie der Menschen kann nur die Morgenröthe zeichnen; die Sonne muß geahnt werden.« Aber niemand kann doch eine Sonne ahnen, wenn er nicht sonst schon eine gesehen hat; denn es könnte wohl sein, daß auf unserem Glob regelmäßig auf die Nacht Tag folgte (wie in der Mosaischen Schöpfungsgeschichte), ohne daß man wegen des beständig bezogenen Himmels jemals eine Sonne zu sehen bekäme, und alle Geschäfte gleichwohl nach diesem Wechsel (des Tages und der Jahreszeit) ihren gehörigen Gang nähmen. Indeß würde in einem solchen Zustande der Dinge ein wahrer Philosoph eine Sonne zwar nicht a h n e n (denn das ist nicht seine Sache), aber doch vielleicht darauf r a t h e n können, um durch Annehmung einer Hypothese von einem solchen Himmelskörper jenes Phänomen zu erklären, und es auch so glücklich treffen können. – Zwar in die Sonne (das Übersinnliche) hinein sehen, ohne zu erblinden, ist nicht möglich; aber sie in der Reflexe (der die Seele moralisch erleuchtenden Vernunft) und selbst in praktischer Absicht hinreichend zu sehen, wie der ältere Plato that, ist ganz thunlich: wogegen die Neuplatoniker »uns sicher nur eine Theatersonne geben,« weil sie uns durch Gefühle (Ahnungen), d. i. bloß das Subjective, was gar keinen Begriff von dem Gegenstande giebt, täuschen wollen, um uns mit dem Wahn einer Kenntniß des Objectiven hinzuhalten, was aufs Überschwengliche angelegt ist. – In solchen bildlichen Ausdrücken, die jenes Ahnen verständlich machen sollen, ist nur der platonisirende Gefühlsphilosoph unerschöpflich: z. B. »der Göttin Weisheit so nahe zu kommen, daß man das R a u s c h e n ihres Gewandes vernehmen kann;« aber auch in Preisung der Kunst des A f t e r p l a t o, »da er den Schleier der Isis nicht aufheben kann, ihn doch so dünne zu machen, daß man unter ihm die Göttin a h n e n kann.« Wie dünne, wird hiebei nicht gesagt; vermuthlich doch noch so dicht, daß man aus dem Gespenst machen kann, was man will: denn sonst wäre es ein Sehen, welches ja vermieden werden sollte.

Zu ebendemselben Behuf werden nun beim Mangel scharfer Beweise »Analogieen, Wahrscheinlichkeiten« (von denen schon oben geredet worden) und »Gefahr vor Entmannung der durch metaphysische* Sublimation so feinnervig gewordenen Vernunft, daß sie in dem Kampf mit dem Laster schwerlich werde bestehen können,« als Argumente aufgeboten: da doch

---

* Was der Neuplatoniker bisher gesprochen hat, ist, was die Behandlung seines Thema betrifft, lauter M e t a p h y s i k und kann also nur die formalen Principien der Vernunft angehen. Sie schiebt aber auch eine H y p e r p h y s i k, d. i. nicht etwa Principien der praktischen Vernunft, sondern eine Theorie von der N a t u r des Übersinnlichen (von Gott, dem menschlichen Geist), unvermerkt mit unter und will diese »nicht so gar fein« gesponnen wissen. Wie g a r n i c h t s aber eine Philosophie, die hier die Materie (das Object) der reinen Vernunftbegriffe betrifft, sei, wenn sie (wie in der transscendentalen Theologie) nicht von allen empirischen Fäden sorgfältig abgelöset worden, mag durch folgendes Beispiel erläutert werden.
Der transscendentale Begriff von Gott, als dem a l l e r r e a l s t e n W e s e n, kann in der Philosophie nicht umgangen werden, so abstract er auch ist; denn er gehört zum Verbande und zugleich zur Läuterung aller concreten, die nachher in die angewandte Theologie und Religionslehre hineinkommen mögen. Nun fragt sich: soll ich mir Gott als I n b e g r i f f *(complexus, aggregatum)* aller Realitäten, oder als obersten G r u n d derselben denken? Thue ich das erstere, so muß ich von diesem Stoff, woraus ich das höchste Wesen zusammensetze, Beispiele anführen, damit der Begriff derselben nicht gar leer und ohne Bedeutung sei. Ich werde ihm also etwa V e r s t a n d, oder auch einen W i l l e n u. d. g. als Realitäten beilegen. Nun ist aber aller Verstand, den ich kenne, ein Vermögen zu d e n k e n, d. i. ein discursives Vorstellungsvermögen, oder ein solches, was durch ein Merkmal, das mehreren Dingen gemein ist (von deren Unterschiede ich also im Denken abstrahiren muß), mithin nicht ohne B e s c h r ä n k u n g des Subjects möglich ist. Folglich ist ein göttlicher Verstand nicht für ein Denkungsvermögen anzunehmen. Ich habe aber von einem andern Verstande, der etwa ein Anschauungsvermögen wäre, nicht den mindesten Begriff; folglich ist der von einem Verstande, den ich in dem höchsten Wesen setze, völlig sinnleer. – Ebenso: wenn ich in ihm eine andere Realität, einen W i l l e n, setze, durch den er Ursache aller Dinge außer ihm ist, so muß ich einen solchen annehmen, bei welchem seine Zufriedenheit *(acquiescentia)* durchaus nicht vom Dasein der Dinge außer ihm abhängt; denn das wäre Einschränkung *(negatio)*. Nun habe ich wiederum nicht den mindesten Begriff, kann auch kein Beispiel von einem Willen geben, bei welchem das Subject nicht seine Zufriedenheit auf dem G e l i n g e n seines Wollens gründete, der also nicht von dem Dasein des äußeren Gegenstandes a b h i n g e. Also ist der Begriff von einem Willen des höchsten Wesens, als einer ihm inhärirenden Realität, sowie der vorige entweder ein leerer, oder (welches noch schlimmer ist) ein anthropomorphistischer Begriff, der, wenn er, wie unvermeidlich ist, ins Praktische gezogen wird, alle Religion verdirbt und sie in Idolatrie verwandelt. – Mache ich mir aber vom *ens realissimum* den Begriff als G r u n d aller Realität, so frage ich: Gott ist das Wesen, welches den Grund alles dessen in

eben in diesen Principien *a priori* die praktische Vernunft ihre sonst nie geahnte Stärke recht fühlt und vielmehr durchs untergeschobene Empirische (welches eben darum zur allgemeinen Gesetzgebung untauglich ist) entmannt und gelähmt wird.

der Welt enthält, wozu wir Menschen einen Verstand anzunehmen nöthig haben (z. B. alles Zweckmäßigen in derselben); er ist das Wesen, von welchem das Dasein aller Weltwesen seinen Ursprung hat, nicht aus der Nothwendigkeit seiner Natur *(per emanationem)*, sondern nach einem Verhältnisse, wozu wir Menschen einen freien Willen annehmen müssen, um uns die Möglichkeit desselben verständlich zu machen. Hier kann uns nun, was die Natur des höchsten Wesens (objectiv) sei, ganz unerforschlich und ganz außer der Sphäre aller uns möglichen theoretischen Erkenntniß gesetzt sein und doch (subjectiv) diesen Begriffen Realität in praktischer Rücksicht (auf den Lebenswandel) übrig bleiben; in Beziehung auf welche auch allein eine Analogie des göttlichen Verstandes und Willens mit dem des Menschen und dessen praktischer Vernunft angenommen werden kann, ungeachtet theoretisch betrachtet dazwischen gar keine Analogie Statt findet. Aus dem moralischen Gesetz, welches uns unsere eigene Vernunft mit Autorität vorschreibt, nicht aus der Theorie der Natur der Dinge an sich selbst geht nun der Begriff von Gott hervor, welchen uns selbst zu machen die praktische reine Vernunft nöthigt.

Wenn daher Einer von den Kraftmännern, welche neuerdings mit Begeisterung eine Weisheit verkündigen, die ihnen keine Mühe macht, weil sie diese Göttin beim Zipfel ihres Gewandes erhascht und sich ihrer bemächtigt zu haben vorgeben, sagt: er verachte denjenigen, der sich seinen Gott zu machen denkt, so gehört das zu den Eigenheiten ihrer Kaste, deren Ton (als besonders Begünstigter) vornehm ist. Denn es ist für sich selbst klar: daß ein Begriff, der aus unserer Vernunft hervorgehen muß, von uns selbst gemacht sein müsse. Hätten wir ihn von irgend einer Erscheinung (einem Erfahrungsgegenstande) abnehmen wollen, so wäre unser Erkenntnißgrund empirisch und zur Gültigkeit für jedermann, mithin zu der apodiktischen praktischen Gewißheit, die ein allgemein verbindendes Gesetz haben muß, untauglich. Vielmehr müßten wir eine Weisheit, die uns persönlich erschiene, zuerst an jenen von uns selbst gemachten Begriff als das Urbild halten, um zu sehen, ob diese Person auch dem Charakter jenes selbst gemachten Urbildes entspreche; und selbst alsdann noch, wenn wir nichts an ihr antreffen, was diesem widerspricht, ist es doch schlechterdings unmöglich die Angemessenheit mit demselben anders als durch übersinnliche Erfahrung (weil der Gegenstand übersinnlich ist) zu erkennen: welches sich widerspricht. Die Theophanie macht also aus der Idee des Plato ein Idol, welches nicht anders als abergläubisch verehrt werden kann; wogegen die Theologie, die von Begriffen unsrer eigenen Vernunft ausgeht, ein Ideal aufstellt, welches uns Anbetung abzwingt, da es selbst aus den heiligsten von der Theologie unabhängigen Pflichten entspringt.

Endlich setzt die allerneueste deutsche Weisheit ihren Aufruf **durchs Gefühl zu philosophiren** (nicht etwa wie die um verschiedene Jahre ältere, **durch Philosophie** das sittliche **Gefühl in Bewegung und Kraft zu versetzen**) auf eine Probe aus, bei der sie nothwendig verlieren muß. Ihre Ausforderung lautet: »Das sicherste Kennzeichen der Ächtheit der Menschenphilosophie ist nicht das, daß sie uns gewisser, sondern das, daß sie uns **besser** mache.« – Von dieser Probe kann nicht verlangt werden, daß das (durchs Geheimnißgefühl bewirkte) Besserwerden des Menschen von einem dessen Moralität auf der Probirkapelle untersuchenden Münzwardein attestirt werde; denn den Schrot guter Handlungen kann zwar Jeder leicht wägen, aber wie viel auf die Mark Fein sie in der Gesinnung enthalten, wer kann darüber ein **öffentlich geltendes Zeugniß** ablegen? Und ein solches müßte es doch sein, wenn dadurch bewiesen werden soll, daß jenes Gefühl überhaupt bessere Menschen mache, wogegen die wissenschaftliche Theorie unfruchtbar und thatlos sei. Den Probirstein hiezu kann also keine Erfahrung liefern, sondern er muß allein in der praktischen Vernunft als *a priori* gegeben gesucht werden. Die innere Erfahrung und das Gefühl (welches an sich empirisch und hiemit zufällig ist) wird allein durch die Stimme der Vernunft *(dictamen rationis),* die zu Jedermann deutlich spricht und einer wissenschaftlichen Erkenntniß fähig ist, aufgeregt; nicht aber etwa durchs Gefühl eine besondere praktische Regel für die Vernunft eingeführt, welches unmöglich ist: weil jene sonst nie allgemeingültig sein könnte. Man muß also *a priori* einsehen können, welches Princip bessere Menschen machen könne und werde, wenn man es nur deutlich und unablässig an ihre Seele bringt und auf den mächtigen Eindruck Acht giebt, den es auf sie macht.

Nun findet jeder Mensch in seiner Vernunft die Idee der Pflicht und zittert beim Anhören ihrer ehernen Stimme, wenn sich in ihm Neigungen regen, die ihn zum Ungehorsam gegen sie versuchen. Er ist überzeugt: daß, wenn auch die letztern insgesammt vereinigt sich gegen jene verschwören, die Majestät des Gesetzes, welches ihm seine eigene Vernunft vorschreibt, sie doch alle unbedenklich überwiegen müsse, und sein Wille also auch dazu vermögend sei. Alles dieses kann und muß dem Menschen, wenn gleich nicht wissenschaftlich, doch deutlich vorgestellt werden, damit er sowohl der Autorität seiner ihm gebietenden Vernunft, als auch ihrer Gebote selbst gewiß sei; und ist so fern Theorie. – Nun stelle ich den Menschen auf, wie er sich selbst fragt: Was ist das in mir, welches macht, daß ich die innigsten Anlockungen meiner Triebe und alle Wünsche, die aus meiner Natur hervorgehen, einem Gesetze aufopfern kann, welches mir keinen Vortheil zum Ersatz verspricht und keinen Verlust bei Übertretung desselben androht; ja das ich nur um desto inniglicher verehre, je strenger es gebietet und je weniger es dafür anbietet? Diese Frage regt durch das Erstaunen über die Größe und Erhabenheit der inneren Anlage in der Menschheit und zugleich die Undurchdringlichkeit des Geheimnisses, welches sie verhüllt (denn die Antwort: es ist die F r e i h e i t, wäre tautologisch, weil diese eben das Geheimniß selbst ausmacht), die ganze Seele auf. Man kann nicht satt werden sein Augenmerk darauf zu richten und in sich selbst eine Macht zu bewundern, die keiner Macht der Natur weicht; und diese Bewunderung ist eben das aus Ideen erzeugte Gefühl, welches, wenn über die Lehren der Moral von Schulen und Kanzeln noch die Darstellung dieses Geheimnisses eine besondere, oft wiederholte Beschäftigung der Lehrer ausmachte, tief in die Seele eindringen und nicht ermangeln würde die Menschen moralisch b e s s e r zu machen.

Hier ist nun das, was Archimedes bedurfte, aber nicht fand: ein fester Punkt, woran die Vernunft ihren Hebel ansetzen kann, und zwar, ohne ihn weder an die gegenwärtige, noch eine künftige Welt, sondern bloß an ihre innere Idee der Freiheit, die durch das unerschütterliche moralische Gesetz als sichere

Grundlage darliegt, anzulegen, um den menschlichen Willen selbst beim Widerstande der ganzen Natur durch ihre Grundsätze zu bewegen. Das ist nun das Geheimniß, welches nur nach langsamer Entwickelung der Begriffe des Verstandes und sorgfältig geprüften Grundsätzen, also nur durch Arbeit, fühlbar werden kann. – Es ist nicht empirisch (der Vernunft zur Auflösung aufgestellt), sondern *a priori* (als wirkliche Einsicht innerhalb der Gränze unserer Vernunft) gegeben und erweitert sogar das Vernunfterkenntniß, aber nur in praktischer Rücksicht, bis zum Übersinnlichen: nicht etwa durch ein Gefühl, welches Erkenntniß begründete (das mystische), sondern durch ein deutliches Erkenntniß, welches auf Gefühl (das moralische) hinwirkt. – Der Ton des sich dünkenden Besitzers dieses wahren Geheimnisses kann nicht vornehm sein: denn nur das dogmatische oder historische Wissen bläht auf. Das durch Kritik seiner eigenen Vernunft herabgestimmte des Ersteren nöthigt unvermeidlich zur Mäßigung in Ansprüchen (Bescheidenheit); die Anmaßung des letzteren aber, die Belesenheit im Plato und den Classikern, die nur zur Cultur des Geschmacks gehört, kann nicht berechtigen mit ihr den Philosophen machen zu wollen.

Die Rüge dieses Anspruchs schien mir jetziger Zeit nicht überflüssig zu sein, wo Ausschmückung mit dem Titel der Philosophie eine Sache der Mode geworden, und der Philosoph der Vision (wenn man einen solchen einräumt) wegen der Gemächlichkeit die Spitze der Einsicht durch einen kühnen Schwung ohne Mühe zu erreichen unbemerkt einen großen Anhang um sich versammeln könnte (wie denn Kühnheit ansteckend ist): welches die Polizei im Reiche der Wissenschaften nicht dulden kann.

Die wegwerfende Art über das Formale in unserer Erkenntniß (welches doch das hauptsächlichste Geschäft der Philosophie ist) als eine Pedanterei unter dem Namen »einer Formgebungsmanufactur« abzusprechen bestätigt diesen Verdacht, nämlich einer geheimen Absicht: unter dem Aushängeschilde der Philosophie in der That alle Philosophie zu verbannen und als Sieger über sie vornehm zu thun *(pedibus subiecta vicissim Obteritur, nos exaequat victoria coelo.* Lucret.). – Wie wenig aber dieser Versuch unter Beleuchtung einer immer wachsamen Kritik gelingen könne, ist aus folgendem Beispiel zu ersehen.

In der Form besteht das Wesen der Sache *(forma dat esse rei,* hieß es bei den Scholastikern), sofern dieses durch Vernunft erkannt werden soll. Ist diese Sache ein Gegenstand der Sinne, so ist es die Form der Dinge in der Anschauung (als Erscheinungen), und selbst die reine Mathematik ist nichts anders als eine Formenlehre der reinen Anschauung; sowie die Metaphysik als reine Philosophie ihr Erkenntniß zuoberst auf Denkformen gründet, unter welche nachher jedes Object (Materie der Erkenntniß) subsumirt werden mag. Auf diesen Formen beruht die Möglichkeit alles synthetischen Erkenntnisses *a priori,* welches wir zu haben doch nicht in Abrede ziehen können. – Den Übergang aber zum Übersinnlichen, wozu uns die Vernunft unwiderstehlich treibt, und den sie nur in moralisch-praktischer Rücksicht thun kann, bewirkt sie auch allein durch solche (praktische) Gesetze, welche nicht die Materie der freien Handlungen (ihren Zweck), sondern nur ihre Form, die Tauglichkeit ihrer Maximen zur Allgemeinheit einer Gesetzgebung überhaupt, zum Princip machen. In beiden Feldern (des Theoretischen und Praktischen) ist es nicht eine plan- oder gar fabrikenmäßig (zum Behuf des Staats) eingerichtete willkürliche Formgebung, sondern eine vor aller das gegebene Object handhabenden Manufactur, ja ohne einen Gedanken daran vorhergehende fleißige und sorgsame Arbeit des Subjects, sein eigenes (der Vernunft) Vermögen aufzunehmen und zu würdigen; hingegen wird der Ehrenmann, der für die Vision des Übersinnlichen ein Orakel eröffnet, nicht von sich ablehnen können es auf eine mechanische Behandlung der Köpfe angelegt und ihr den Namen der Philosophie nur ehrenhalber beigegeben zu haben.

Aber wozu nun aller dieser Streit zwischen zwei Parteien, die im Grunde eine und dieselbe gute Absicht haben, nämlich die Menschen weise und rechtschaffen zu machen? Es ist ein Lärm um nichts, Veruneinigung aus Mißverstande, bei der es keiner Aussöhnung, sondern nur einer wechselseitigen Erklärung bedarf, um einen Vertrag, der die Eintracht fürs künftige noch inniglicher macht, zu schließen.

Die verschleierte Göttin, vor der wir beiderseits unsere Kniee beugen, ist das moralische Gesetz in uns in seiner unverletzlichen Majestät. Wir vernehmen zwar ihre Stimme und verstehen auch gar wohl ihr Gebot; sind aber beim Anhören im Zweifel, ob sie von dem Menschen aus der Machtvollkommenheit seiner eigenen Vernunft selbst, oder ob sie von einem Anderen, dessen Wesen ihm unbekannt ist, und welches zum Menschen durch diese seine eigene Vernunft spricht, herkomme. Im Grunde thäten wir vielleicht besser uns dieser Nachforschung gar zu überheben, da sie bloß speculativ ist, und, was uns zu thun obliegt (objectiv), immer dasselbe bleibt, man mag eines oder das andere Princip zum Grunde legen: nur daß das didaktische Verfahren, das moralische Gesetz in uns auf deutliche Begriffe nach logischer Lehrart zu bringen, eigentlich allein philosophisch, dasjenige aber, jenes Gesetz zu personificiren und aus der moralisch gebietenden Vernunft eine verschleierte Isis zu machen (ob wir dieser gleich keine andere Eigenschaften beilegen, als die nach jener Methode gefunden werden), eine ästhetische Vorstellungsart, eben desselben Gegenstandes ist; deren man sich wohl hinten nach, wenn durch erstere die Principien schon ins Reine gebracht worden, bedienen kann, um durch sinnliche, obzwar nur analogische, Darstellung jene Ideen zu beleben, doch immer mit einiger Gefahr

405

in schwärmerische Vision zu gerathen, die der Tod aller Philosophie ist. –

Jene Göttin also a h n e n zu können, würde ein Ausdruck sein, der nichts mehr bedeutete als: durch sein moralisches G e f ü h l zu Pflichtbegriffen geleitet zu werden, ehe man noch die Principien, wovon jenes abhängt, sich hat d e u t l i c h machen können; welche Ahnung eines Gesetzes, sobald es durch schulgerechte Behandlung in klare Einsicht übergeht, das eigentliche Geschäft der Philosophie ist, ohne welche jener Ausspruch der Vernunft die Stimme eines O r a k e l s*, welches allerlei Auslegungen ausgesetzt ist, sein würde.

406 Übrigens, »wenn,« ohne diesen Vorschlag zum Vergleich anzunehmen, wie Fontenelle bei einer andern Gelegenheit sagte, »Hr. N. doch durchaus an die Orakel glauben will, so kann es ihm Niemand wehren.«

---

* Diese Geheimnißkrämerei ist von ganz eigener Art. Die Adepten derselben haben dessen kein Hehl, daß sie ihr Licht beim Plato angezündet haben; und dieser vorgebliche Plato gesteht frei: daß, wenn man ihn fragt, worin es denn bestehe (was dadurch aufgeklärt werde), er es nicht zu sagen wisse. Aber desto besser! Denn da versteht es sich von selbst, daß er, ein anderer Prometheus, den Funken dazu unmittelbar dem Himmel entwandt habe. So hat man gut im vornehmen Ton reden, wenn man von altem erblichen Adel ist und sagen kann: »In unsern altklugen Zeiten pflegt bald Alles, was aus Gefühl gesagt oder gethan wird, für Schwärmerei gehalten zu werden. Armer Plato, wenn du nicht das Siegel des Alterthums auf dir hättest, und wenn man, ohne dich gelesen zu haben, einen Anspruch auf Gelehrsamkeit machen könnte, wer würde dich in dem p r o s a i s c h e n Zeitalter, in welchem das die höchste Weisheit ist, nichts zu sehen, als was vor den Füßen liegt, und nichts anzunehmen, als was man mit Händen greifen kann, noch lesen wollen?« – Aber dieser Schluß ist zum Unglück nicht f o l g e r e c h t; er beweist zu viel. Denn A r i s t o t e l e s, ein äußerst prosaischer Philosoph, hat doch gewiß auch das Siegel des Alterthums auf sich und nach jenem Grundsatze den Anspruch darauf gelesen zu werden! – Im Grunde ist wohl alle Philosophie prosaisch; und ein Vorschlag jetzt wiederum poetisch zu philosophiren möchte wohl so aufgenommen werden, als der für den Kaufmann: seine Handelsbücher künftig nicht in Prosa, sondern in Versen zu schreiben.

Verkündigung des

nahen Abschlusses

eines Tractats zum ewigen Frieden in der Philosophie

von

Immanuel Kant,

Professor zu Königsberg.

Erster Abschnitt.

Frohe Aussicht zum nahen ewigen Frieden.

Von der untersten Stufe der lebenden Natur des Menschen bis zu seiner höchsten, der Philosophie.

Chrysipp sagt in seiner stoischen Kraftsprache*: »Die Natur hat dem Schwein statt Salzes eine Seele beigegeben, damit es nicht verfaule.« Das ist nun die unterste Stufe der Natur des Menschen vor aller Cultur, nämlich der bloß thierische Instinct. – Es ist aber, als ob der Philosoph hier einen Wahrsagerblick in die physiologischen Systeme unserer Zeit geworfen habe; nur daß man jetzt statt des Worts Seele das der **Lebenskraft** zu brauchen beliebt hat (woran man auch Recht thut: weil von einer Wirkung gar wohl auf eine Kraft, die sie hervorbringt, aber nicht sofort auf eine besonders zu dieser Art Wirkung geeignete Substanz geschlossen werden kann), das **Leben** aber in der Einwirkung reizender Kräfte (dem Lebensreiz) und dem Vermögen auf reizende Kräfte zurückzuwirken (dem Lebensvermögen) setzt und denjenigen Menschen **gesund** nennt, in welchem ein proportionirlicher

---

* *Cicer. de nat. deor. lib. 2, sect. 160.*

Reiz weder eine übermäßige noch eine gar zu geringe Wirkung hervorbringt: indem widrigenfalls die a n i m a l i s c h e Operation der Natur in eine c h e m i s c h e übergehen werde, welche Fäulniß zur Folge hat, so daß nicht (wie man sonst glaubte) die Fäulniß aus und nach dem Tode, sondern der Tod aus der vorhergehenden Fäulniß erfolgen müsse. – Hier wird nun die N a t u r im Menschen noch vor seiner Menschheit, also in ihrer Allgemeinheit, sowie sie im Thier thätig ist, um nur Kräfte zu entwickeln, die nachher der Mensch nach Freiheitsgesetzen anwenden kann, vorgestellt; diese Thätigkeit aber und ihre Erregung ist nicht praktisch, sondern nur noch mechanisch.

A.

Von den physischen Ursachen der Philosophie des Menschen.

414 A b g e s e h e n von der den Menschen vor allen anderen Thieren auszeichnenden Eigenschaft des S e l b s t b e w u ß t s e i n s, welcher wegen er ein v e r n ü n f t i g e s Thier ist (dem auch wegen der Einheit des Bewußtseins nur eine Seele beigelegt werden kann); so wird der Hang: sich dieses Vermögens zum V e r n ü n f t e l n zu bedienen, nachgerade methodisch und zwar bloß durch Begriffe zu vernünfteln; d. i. p h i l o s o p h i r e n ; darauf sich auch polemisch mit seiner Philosophie an Andern zu reiben, d. i. zu d i s p u t i r e n und, weil das nicht leicht ohne Affect geschieht, zu Gunsten seiner Philosophie zu z a n k e n, zuletzt in Masse gegen einander (Schule gegen Schule als Heer gegen Heer) vereinigt offenen K r i e g z u f ü h r e n ; – dieser Hang, sage ich, oder vielmehr D r a n g wird als eine von den wohlthätigen und weisen Veranstaltungen der Natur angesehen werden müssen, wodurch sie das große Unglück lebendigen Leibes zu verfaulen von den Menschen abzuwenden sucht.

Von der physischen Wirkung der Philosophie.

Sie ist die Gesundheit *(status salubritatis)* der Vernunft, als Wirkung der Philosophie. – Da aber die menschliche Gesundheit (nach dem Obigen) ein unaufhörliches Erkranken und Wiedergenesen ist, so ist es mit der bloßen Diät der praktischen Vernunft (etwa einer Gymnastik derselben) noch nicht abgemacht, um das Gleichgewicht, welches Gesundheit heißt und auf einer Haaresspitze schwebt, zu erhalten; sondern die Philosophie muß (therapeutisch) als Arzeneimittel *(materia medica)* wirken, zu dessen Gebrauch dann Dispensatorien und Ärzte (welche letztere aber auch allein diesen Gebrauch zu verordnen berechtigt sind) erfordert werden: wobei die Polizei darauf wachsam sein muß, daß zunftgerechte Ärzte und nicht bloße Liebhaber sich anmaßen anzurathen, welche Philosophie man studiren solle, und so in einer Kunst, von der sie nicht die ersten Elemente kennen, Pfuscherei treiben.

Ein Beispiel von der Kraft der Philosophie als Arzeneimittels gab der stoische Philosoph Posidonius durch ein an seiner eigenen Person gemachtes Experiment in Gegenwart des großen Pompejus *(Cicer. tusc. quaest. lib. 2, sect. 61)*: indem er durch lebhafte Bestreitung der epikurischen Schule einen heftigen Anfall der Gicht überwältigte, sie in die Füße herabdemonstrirte, nicht zu Herz und Kopf hingelangen ließ und so von der unmittelbaren physischen Wirkung der Philosophie, welche die Natur durch sie beabsichtigt (die leibliche Gesundheit), den Beweis gab, indem er über den Satz declamirte, daß der Schmerz nichts Böses sei*.

---

* Im Lateinischen läßt sich die Zweideutigkeit in den Ausdrücken: das Übel *(malum)* und das Böse *(pravum)*, leichter als im Griechischen verhüten. – In Ansehung des Wohlseins und der Übel (der Schmerzen) steht der Mensch (so wie alle Sinnenwesen) unter dem Gesetz der Natur und ist bloß leidend; in Ansehung des Bösen (und Guten) unter dem Gesetz der Freiheit. Jenes ent-

Von dem Schein der Unvereinbarkeit der Philosophie mit dem beharrlichen Friedenszustande derselben.

Der Dogmatism (z. B. der Wolffischen Schule) ist ein Polster zum Einschlafen und das Ende aller Belebung, welche letztere gerade das Wohlthätige der Philosophie ist. – Der Skepticism, welcher, wenn er vollendet daliegt, das gerade Widerspiel des ersteren ausmacht, hat nichts, womit er auf die regsame Vernunft Einfluß ausüben kann: weil er Alles ungebraucht zur Seite legt. – Der Moderatism, welcher auf die Halbscheid ausgeht, in der subjectiven Wahrscheinlichkeit den Stein der Weisen zu finden meint und durch Anhäufung vieler isolirten Gründe (deren keiner für sich beweisend ist) den Mangel des zureichenden Grundes zu ersetzen wähnt, ist gar keine Philosophie; und mit diesem Arzeneimittel (der Doxologie) ist es wie mit Pesttropfen oder dem venedigschen Theriak bewandt: daß sie wegen des gar zu vielen Guten, was in ihnen rechts und links aufgegriffen wird, zu nichts gut sind.

---

hält das, was der Mensch leidet; dieses, was er freiwillig thut. – In Ansehung des Schicksals ist der Unterschied zwischen rechts und links (*fato vel dextro vel sinistro*) ein bloßer Unterschied im äußeren Verhältniß des Menschen. In Ansehung seiner Freiheit aber und dem Verhältniß des Gesetzes zu seinen Neigungen ist es ein Unterschied im Inneren desselben. – Im ersteren Fall wird das Gerade dem Schiefen (*rectum obliquo*), im zweiten das Gerade dem Krummen, Verkrüppelten (*rectum pravo s. varo, obtorto*) entgegengesetzt.

Daß der Lateiner ein unglückliches Ereigniß auf die linke Seite stellt, mag wohl daher kommen, weil man mit der linken Hand nicht so gewandt ist einen Angriff abzuwehren, als mit der rechten. Daß aber bei den Augurien, wenn der Auspex sein Gesicht dem so genannten Tempel (in Süden) zugekehrt hatte, er den Blitzstrahl, der zur Linken geschah, für glücklich ausgab: scheint zum Grunde zu haben, daß der Donnergott, der dem Auspex gegenüber gedacht wurde, seinen Blitz alsdann in der Rechten führt.

Von der wirklichen Vereinbarkeit der kritischen Philosophie mit einem beharrlichen Friedenszustande derselben.

Kritische Philosophie ist diejenige, welche mit den Versuchen Systeme zu bauen oder zu stürzen, oder gar nur (wie der Moderatism) ein Dach ohne Haus zum gelegentlichen Unterkommen auf Stützen zu stellen, sondern von der Untersuchung der Vermögen der menschlichen Vernunft (in welcher Absicht es auch sei) Eroberung zu machen anfängt und nicht so ins Blaue hinein vernünftelt, wenn von Philosophemen die Rede ist, die ihre Beläge in keiner möglichen Erfahrung haben können. – Nun giebt es doch Etwas in der menschlichen Vernunft, was uns durch keine Erfahrung bekannt werden kann und doch seine Realität und Wahrheit in Wirkungen beweiset, die in der Erfahrung dargestellt, also auch (und zwar nach einem Princip *a priori*) schlechterdings können geboten werden. Dieses ist der Begriff der Freiheit und das von dieser abstammende Gesetz des kategorischen, d. i. schlechthin gebietenden, Imperativs. – Durch dieses bekommen Ideen, die für die bloß speculative Vernunft völlig leer sein würden, ob wir gleich durch diese zu ihnen, als Erkenntnißgründen unseres Endzwecks, unvermeidlich hingewiesen werden, eine obzwar nur moralisch-praktische Realität: nämlich uns so zu verhalten, als ob ihre Gegenstände (Gott und Unsterblichkeit), die man also in jener (praktischen) Rücksicht postuliren darf, gegeben wären.

Diese Philosophie, welche ein immer (gegen die, welche verkehrterweise Erscheinungen mit Sachen an sich selbst verwechseln) bewaffneter, eben dadurch auch die Vernunftthätigkeit unaufhörlich begleitender bewaffneter Zustand ist, eröffnet die Aussicht zu einem ewigen Frieden unter den Philosophen durch die Ohnmacht der theoretischen Beweise des

Gegentheils einerseits und durch die Stärke der praktischen Gründe der Annehmung ihrer Principien andererseits; – zu einem Frieden, der überdem noch den Vorzug hat, die Kräfte des durch Angriffe in scheinbare Gefahr gesetzten Subjects immer rege zu erhalten und so auch die Absicht der Natur zu continuirlicher Belebung desselben und Abwehrung des Todesschlafs durch Philosophie zu befördern.

* * *

Aus diesem Gesichtspunkt betrachtet, muß man den Ausspruch eines nicht bloß in seinem eigentlichen (dem mathematischen) Fache, sondern auch in vielen anderen vorzüglichen, mit einem thatenreichen, immer noch blühenden Alter bekrönten Mannes nicht für den eines Unglücksboten, sondern als einen Glückwunsch auslegen, wenn er den Philosophen einen über vermeinten Lorbern gemächlich ruhenden Frieden gänzlich abspricht*: indem ein solcher freilich die Kräfte nur erschlaffen und den Zweck der Natur in Absicht der Philosophie, als fortwährenden Belebungsmittels zum Endzweck der Menschheit, nur vereiteln würde; wogegen die streitbare Verfassung noch kein Krieg ist, sondern diesen vielmehr durch ein entschiedenes Übergewicht der praktischen Gründe über die Gegengründe zurückhalten und so den Frieden sichern kann und soll.

---

* Auf ewig ist der Krieg vermieden,
 Befolgt man, was der Weise spricht;
 Dann halten alle Menschen Frieden,
 Allein die Philosophen nicht.
                    Kästner.

B.

Hyperphysische Grundlage des Lebens des Menschen zum Behuf einer Philosophie desselben.

Vermittelst der Vernunft ist der Seele des Menschen ein **Geist** (Mens, νους) beigegeben, damit er nicht ein bloß dem Mechanism der Natur und ihren technisch-praktischen, sondern auch ein der Spontaneität der Freiheit und ihren moralisch-praktischen Gesetzen angemessenes Leben führe. Dieses Lebensprincip gründet sich nicht auf Begriffen des Sinnlichen, welche insgesammt zuvörderst (vor allem praktischen Vernunftgebrauch) Wissenschaft; d. i. theoretisches Erkenntniß, voraussetzen, sondern es geht zunächst und unmittelbar von einer Idee des Übersinnlichen aus, nämlich der Freiheit, und vom moralischen kategorischen Imperativ, welcher diese uns allererst kund macht; und begründet so eine Philosophie, deren Lehre nicht etwa (wie Mathematik) ein gutes Instrument (Werkzeug zu beliebigen Zwecken), mithin bloßes Mittel, sondern die sich zum Grundsatze zu machen an sich selbst Pflicht ist.

Was ist Philosophie, als Lehre, die unter allen Wissenschaften das größte Bedürfniß der Menschen ausmacht?

Sie ist das, was schon ihr Name anzeigt: Weisheitsforschung. Weisheit aber ist die Zusammenstimmung des Willens zum Endzweck (dem höchsten Gut); und da dieser, sofern er erreichbar ist, auch Pflicht ist und umgekehrt, wenn er Pflicht ist, auch erreichbar sein muß, ein solches Gesetz der Handlungen aber moralisch heißt: so wird Weisheit für den Menschen nichts anders als das innere Princip des Willens der Befolgung moralischer Gesetze sein, welcherlei Art auch der Gegenstand desselben sein mag; der aber jederzeit übersinnlich sein wird: weil ein durch einen empirischen Gegenstand bestimmter Wille wohl eine technisch-praktische Befolgung einer Regel, aber keine Pflicht (die ein nicht physisches Verhältniß ist) begründen kann.

Von den übersinnlichen Gegenständen unserer Erkenntniß.

Sie sind Gott, Freiheit und Unsterblichkeit. – 1) **Gott,** als das allverpflichtende Wesen; 2) **Freiheit,** als Vermögen des Menschen die Befolgung seiner Pflichten (gleich als göttlicher Gebote) gegen alle Macht der Natur zu behaupten; 3) **Unsterblichkeit,** als ein Zustand, in welchem dem Menschen sein Wohl oder Weh in Verhältniß auf seinen moralischen Werth zu Theil werden soll. – Man sieht, daß sie zusammen gleichsam in der Verkettung der drei Sätze eines zurechnenden Vernunftschlusses stehen; und da ihnen, eben darum weil sie Ideen des Übersinnlichen sind, keine objective Realität in theoretischer Rücksicht gegeben werden kann, so wird, wenn ihnen gleichwohl eine solche verschafft werden soll, sie ihnen nur in praktischer Rücksicht, als Postulaten* der moralisch-praktischen Vernunft, zugestanden werden können.

Unter diesen Ideen führt also die mittlere, nämlich die der Freiheit, weil die Existenz derselben in dem kategorischen

---

* Postulat ist ein *a priori* gegebener, keiner Erklärung seiner Möglichkeit (mithin auch keines Beweises) fähiger praktischer Imperativ. Man postulirt also nicht Sachen, oder überhaupt das Dasein irgend eines Gegenstandes, sondern nur eine Maxime (Regel) der Handlung eines Subjects. – Wenn es nun Pflicht ist zu einem gewissen Zweck (dem höchsten Gut) hinzuwirken, so muß ich auch berechtigt sein anzunehmen: daß die Bedingungen da sind, unter denen allein diese Leistung der Pflicht möglich ist, obzwar dieselben übersinnlich sind, und wir (in theoretischer Rücksicht) kein Erkenntniß derselben zu erlangen vermögend sind.

Imperativ enthalten ist, der keinem Zweifel Raum läßt, die zwei übrigen in ihrem Gefolge bei sich; indem er, das oberste Princip der Weisheit folglich auch den Endzweck des vollkommensten Willens (die höchste mit der Moralität zusammenstimmende Glückseligkeit) voraussetzend, bloß die Bedingungen enthält, unter welchen allein diesem Genüge geschehen kann. Denn das Wesen, welches diese proportionirte Austheilung allein zu vollziehen vermag, ist Gott; und der Zustand, in welchem diese Vollziehung an vernünftigen Weltwesen allein jenem Endzweck völlig angemessen verrichtet werden kann, die Annahme einer schon in ihrer Natur begründeten Fortdauer des Lebens, d. i. die Unsterblichkeit. Denn wäre die Fortdauer des Lebens darin nicht begründet, so würde sie nur Hoffnung eines künftigen, nicht aber ein durch Vernunft (im Gefolge des moralischen Imperativs) nothwendig vorauszusetzendes künftiges Leben bedeuten.

Resultat.

Es ist also bloßer Mißverstand oder Verwechselung moralisch-praktischer Principien der Sittlichkeit mit theoretischen, unter denen nur die ersteren in Ansehung des Übersinnlichen Erkenntniß verschaffen können, wenn noch ein Streit über das, was Philosophie als Weisheitslehre sagt, erhoben wird; und man kann von dieser, weil wider sie nichts Erhebliches mehr eingewandt wird und werden kann, mit gutem Grunde den nahen Abschluß eines Tractats zum ewigen Frieden in der Philosophie verkündigen.

Zweiter Abschnitt.

Bedenkliche Aussicht zum nahen ewigen Frieden in der Philosophie.

Herr Schlosser, ein Mann von großem Schriftstellertalent und einer (wie man zu glauben Ursache hat) für die Beförderung des Guten gestimmten Denkungsart, tritt, um sich von der zwangsmäßigen, unter Autorität stehenden Gesetzverwaltung in einer doch nicht unthätigen Muße zu erholen, unerwarteterweise auf den Kampfplatz der Metaphysik: wo es der Händel mit Bitterkeit weit mehr giebt, als in dem Felde, das er eben verlassen hatte. – Die kritische Philosophie, die er zu kennen glaubt, ob er zwar nur die letzten aus ihr hervorgehenden Resultate angesehen hat, und die er, weil er die Schritte, die dahin führen, nicht mit sorgfältigem Fleiße durchgegangen war, nothwendig mißverstehen mußte, empörte ihn; und so ward er flugs Lehrer »eines jungen Mannes, der (seiner Sage nach) die kritische Philosophie studieren wollte«, ohne selbst vorher die Schule gemacht zu haben, um diesen ja davon abzurathen.

Es ist ihm nur darum zu thun, die Kritik der reinen Vernunft wo möglich aus dem Wege zu räumen. Sein Rath ist wie die Versicherung jener guten Freunde, die den Schafen antrugen: wenn diese nur die Hunde abschaffen wollten, mit ihnen wie Brüder in beständigem Frieden zu leben. – Wenn der Lehrling diesem Rathe Gehör giebt, so ist er ein Spielzeug in der Hand des Meisters, »seinen Geschmack (wie dieser sagt) durch die Schriftsteller des Alterthums (in der Überredungskunst, durch subjective Gründe des Beifalls, statt Überzeugungsmethode, durch objective) fest zu machen.« Dann ist er sicher: jener werde sich Wahrheitsschein *(verisimilitudo)* für Wahrscheinlichkeit *(probabilitas)* und diese in Urtheilen, die schlechterdings nur *a priori* aus der Vernunft hervorgehen können, sich für Gewißheit aufheften lassen. »Die rauhe, barbarische Sprache der kritischen Philosophie« wird ihm nicht behagen; da doch vielmehr ein schöngeisterischer Ausdruck, in die Elementarphilosophie getragen, daselbst für barbarisch angesehen werden muß. – Er bejammert es, daß »allen Ahnungen, Ausblicken aufs Übersinnliche, jedem Genius der Dichtkunst die Flügel abgeschnitten werden sollen« (wenn es die Philosophie angeht!).

Die Philosophie in demjenigen Theile, der die **Wissenslehre** enthält (in dem theoretischen), und der, ob sie zwar größtentheils auf Beschränkung der Anmaßungen im theoretischen Erkenntniß gerichtet ist, doch schlechterdings nicht vorbeigegangen werden kann, sieht sich in ihrem praktischen eben sowohl genöthigt zu einer **Metaphysik** (der Sitten) als einem Inbegriff bloß **formaler** Principien des Freiheitsbegriffs zurückzugehen, ehe noch vom Zweck der Handlungen (der Materie des Wollens) die Frage ist. – Unser antikritischer Philosoph überspringt diese Stufe, oder er verkennt sie vielmehr so gänzlich, daß er den Grundsatz, welcher zum Probirstein aller Befugniß dienen kann: **Handle nach einer Maxime, nach der du zugleich wollen kannst, sie solle ein allgemeines Gesetz werden**, völlig mißversteht und ihm eine Bedeutung giebt, welche ihn auf empirische Bedingungen einschränkt und so zu einem Kanon der reinen moralisch-praktischen Vernunft (dergleichen es doch einen geben muß) untauglich macht; wodurch er sich in ein ganz anderes Feld wirft, als wohin jener Kanon ihn hinweiset, und abenteuerliche Folgerungen herausbringt.

Es ist aber offenbar: daß hier nicht von einem Princip des Gebrauchs der Mittel zu einem gewissen **Zweck** (denn alsdann wäre es ein pragmatisches, nicht ein moralisches Princip) die Rede sei; daß nicht, wenn die Maxime meines Willens, zum allgemeinen Gesetz gemacht, der Maxime des Willens eines **Anderen**, sondern wenn sie **sich selbst** widerspricht (welches ich aus dem bloßen Begriffe, *a priori,* ohne alle Erfahrungsverhältnisse, z. B. »ob Gütergleichheit oder ob Eigenthum in meine Maxime aufgenommen werde,« nach dem Satz des Widerspruchs beurtheilen kann), dieses ein unfehlbares Kennzeichen der moralischen Unmöglichkeit der Handlung sei. – Bloße Unkunde, vielleicht auch etwas böser Hang zur Schikane konnte diesen Angriff hervorbringen, welcher indeß der

Verkündigung eines ewigen Friedens in der Philosophie

nicht Abbruch thun kann. Denn ein Friedensbund, der so beschaffen ist: daß, wenn man sich einander nur versteht, er auch sofort (ohne Kapitulation) geschlossen ist, kann auch für geschlossen, wenigstens dem Abschluß nahe angekündigt werden.

* * *

Wenn auch Philosophie bloß als Weisheitslehre (was auch ihre eigentliche Bedeutung ist) vorgestellt wird, so kann sie doch auch als Lehre des Wissens nicht übergegangen werden: sofern dieses (theoretische) Erkenntniß die Elementarbegriffe enthält, deren sich die reine Vernunft bedient; gesetzt, es geschähe auch nur, um dieser ihre Schranken vor Augen zu legen. Es kann nun kaum die Frage von der Philosophie in der ersteren Bedeutung sein: ob man frei und offen gestehen solle, was und woher man das in der That von ihrem Gegenstande (dem sinnlichen und übersinnlichen) wirklich wisse, oder in praktischer Rücksicht (weil die Annehmung desselben dem Endzweck der Vernunft beförderlich ist) nur voraussetze.

Es kann sein, daß nicht Alles wahr ist, was ein Mensch dafür hält (denn er kann irren); aber in Allem, was er sagt, muß er wahrhaft sein (er soll nicht täuschen): es mag nun sein, daß sein Bekenntniß bloß innerlich (vor Gott) oder auch ein äußeres sei. – Die Übertretung dieser Pflicht der Wahrhaftigkeit heißt die Lüge; weshalb es äußere, aber auch eine innere Lüge geben kann: so daß beide zusammen vereinigt, oder auch einander widersprechend sich ereignen können.

Eine Lüge aber, sie mag innerlich oder äußerlich sein, ist zwiefacher Art: 1) wenn man das für wahr ausgiebt, dessen man sich doch als unwahr bewußt ist, 2) wenn man etwas für gewiß ausgiebt, wovon man sich doch bewußt ist subjectiv ungewiß zu sein.

Die Lüge (»vom Vater der Lügen, durch den alles Böse in die Welt gekommen ist«) ist der eigentliche faule Fleck in der menschlichen Natur; so sehr auch zugleich der Ton der Wahrhaftigkeit (nach dem Beispiel mancher chinesischen Krämer, die über ihre Laden die Aufschrift mit goldenen Buchstaben setzen: »Allhier betrügt man nicht«) vornehmlich in dem, was das Übersinnliche betrifft, der gewöhnliche Ton ist. – Das Gebot: du sollst (und wenn es auch in der frömmsten Absicht wäre) nicht lügen, zum Grundsatz in die Philosophie als eine Weisheitslehre innigst aufgenommen, würde allein den ewigen Frieden in ihr nicht nur bewirken, sondern auch in alle Zukunft sichern können.

Editorisches Nachwort

Über diese Ausgabe

Der Text der vorliegenden Ausgabe der Werke Kants folgt der Ausgabe von Kants gesammelten Schriften, herausgegeben von der Königlich Preußischen Akademie der Wissenschaften, Berlin 1902/10. Auch die Seitenzählung am Textrand dieser Ausgabe bezieht sich auf die Akademie-Ausgabe. Die Auswahl der Schriften für diese Ausgabe erfolgte nach der von August Messer in den zwanziger Jahren herausgegebenen und eingeleiteten dreibändigen Werkausgabe Kants. Die Schriften sind hier wie dort nach der Chronologie ihrer Ersterscheinung geordnet. Ein Ausnahme hiervon bilden die kleineren Abhandlungen, die im vorliegenden Band, selbst wiederum in chronologischer Folge, zusammengefaßt wurden.

Über diesen Band

Für die Schriften dieses Bandes wird hier auf die knappen »Vorbemerkungen« August Messers (aus dem dritten Band seiner Kant-Ausgabe) zurückgegriffen:

Der Streit der Fakultäten, 1798

Der e r s t e Abschnitt: »Der Streit der philosophischen Facultät mit der theologischen« ist wohl im Sommer 1793 verfaßt worden (vgl. Akad. A. VII, 337). Infolge des Kgl. Reskripts vom 1. Oktober 1794, das Kant veranlaßte, vorläufig keine weiteren religionsphilosophischen Arbeiten zu veröffentlichen, blieb die Abhandlung liegen. Der z w e i t e Abschnitt, der anfangs nur die – den Inhalt wirklich treffende – Überschrift trug: »Ob das menschliche Geschlecht im beständigen Fortschreiten zum Besseren sei?« wurde im Oktober 1792 von Biester der Berliner Zensur eingereicht. Da die Genehmigung verweigert wurde, so erwirkte man die Druckerlaubnis in Halle. Als dritten Abschnitt fügte Kant einen bereits früher verfaßten Aufsatz »Von der Wahl des Gemüts usw.« bei. Leitgedanke des Ganzen ist der, die Zuständigkeit der einzelnen Wissenschaftsgruppen und der sie vertretenden Fakultäten voneinander abzugrenzen.

*Idee zu einer allgemeinen Geschichte
in weltbürgerlicher Absicht, 1784*

Der Anlaß für Abfassung dieser Schrift war folgender: In den »Gothaischen Gelehrten Zeitungen« (12. Stück vom 11. Februar 1784, S. 95) wurde mitgeteilt, daß der Oberhofprediger Schulze damit beschäftigt sei, Kants Kritik der reinen Vernunft durch Übersetzung in eine populäre Schreibart allgemein verständlich zu machen. Daran wird die Bemerkung geknüpft: »Eine Lieblingsidee des Herrn Prof. Kant ist, daß der Endzweck des Menschengeschlechts die Erreichung der vollkommensten Staatsverfassung sei, und er wünscht, daß ein philosophischer Schriftsteller es unternehmen möchte, uns in dieser Rücksicht eine Geschichte der Menschheit zu liefern, und zu zeigen, wie weit die Menschheit in den verschiedenen Zeiten diesem Endzweck sich genähert, oder von demselben entfernt habe, und was zur Erreichung desselben noch zu tun sei.«

Erschienen ist Kants Abhandlung in Biesters »Berlinischer Monatsschrift« vom November 1784.

Beantwortung der Frage: Was ist Aufklärung?, 1784

Der Aufsatz erschien im Dezemberheft 1784 der »Berlinischen Monatsschrift«. Im Septemberheft derselben Zeitschrift hatte Mendelssohn über dasselbe Thema geschrieben.

Kant weist die Tätigkeit des »Aufklärens« vor allem dem selbständigen Forscher zu; ihre wesentliche Voraussetzung ist die volle Freiheit in Rede und Schrift. Durch die Schrift klingt die warme Anerkennung der toleranten und freisinnigen Regierung Friedrichs des Großen (die freilich nach wenig Jahren unter seinem Nachfolger durch die Herrschaft einer engherzigen Zensur abgelöst werden sollte).

Neben die Pflicht des Forschers stellt Kant die des Laien, sich nicht in Unmündigkeit festhalten zu lassen, denn das sei eine Charakterschwäche. Es gelte vielmehr das Wort des Horaz zu erfüllen: *Sapere aude* (»Habe den Mut, dich deiner Vernunft zu bedienen!«

Mutmaßlicher Anfang der Menschengeschichte, 1786

Der in der »Berlinischen Monatsschrift« vom Januar 1786 erschienene Aufsatz ist für unsere Kenntnis von Kants geschichtsphilosophischen Ansichten bedeutsam. Sie finden ihre Grundlage in seinen ethischen Überzeugungen. Wie man Freiheit voraussetzen muß, wenn man vom Menschen und seiner Würde im Unterschied vom Tiere reden will, so muß die immer vollkommenere Verwirklichung sittlicher Freiheit als eigentliches Ziel der Geschichte angesehen werden.

Was heißt: Sich im Denken orientieren?, 1786

Dieser Aufsatz ist veranlaßt durch einen literarischen Streit, der damals die philosophisch interessierten Kreise in Spannung hielt.

Der Philosoph Friedrich Heinrich Jacobi, hatte aus einer Unterhaltung mit Lessing, die etwa ein halbes Jahr vor dessen Tod stattgefunden hatte, den Eindruck gewonnen, er sei ein Anhänger des als Atheist verschrienen Spinoza (1632–74) gewesen. Gegen diesen »Verdacht« sucht Mendelssohn den inzwischen verstorbenen Lessing in seinen Schriften »Morgenstunde oder Vorlesungen über das Dasein Gottes« (1785) zu schützen. Daraus entspann sich nun eine Polemik zwischen Jacobi und Mendelssohn, in deren Verlauf der letztere 1786 plötzlich starb.

Da sich die streitenden Parteien beide auf kantische Sätze beriefen und da auch Biester wiederholt Kant aufforderte Stellung zu nehmen, so tat er dies endlich in dem folgenden Aufsatz, der im Oktoberheft 1786 der »Berlinischen Monatsschrift« erschien.

Über den Gebrauch teleologischer Principien in der Philosophie, 1788

Gegen Kants Aufsatz »Mutmaßlicher Anfang der Menschengeschichte« und gegen einen anderen »Bestimmung des Begriffs einer Menschenrace« (in derselben Zeitschrift November 1785 erschienen) hatte der bekannte Schriftsteller Georg Forster Gedanken erhoben in einer Abhandlung »Noch etwas über die Menschenracen«, der im Oktober- und Novemberheft (1786) von Wielands »Teutschem Merkur« veröffentlicht worden war.

Ferner hatte der Jenenser Philosoph Reinhold, dessen »Briefe über die Kantische Philosophie« zunächst anonym im »Teutschen Merkur« erschienen waren, in einem Brief vom 12. Oktober 1787 sich Kant gegenüber als Verfasser genannt und ihn um eine öffentliche Bekundung gebeten, daß er Kants Philosophie wirklich verstanden habe.

Diesen Wunsch zu erfüllen und zugleich mit Forster sich auseinanderzusetzen, ist die Absicht, die Kant zur Abfassung dieses Aufsatzes veranlaßte. Er wurde gedruckt im »Teutschen Merkur« Januar und Februar 1788.

Über das Mißlingen aller philosophischen Versuche in der Theodicee, 1791

Der Aufsatz darf als eine Vorarbeit zu Kants Schrift »Die Religion i. d. Gr. d. bl. V.« angesehen werden. Leibniz hatte eine berühmte Theodicee geschrieben. Seinen Optimismus, der auch charakteristisch war für die »Aufklärungs«zeit überhaupt, vermag Kant nicht zu teilen; seiner strengen Wahrhaftigkeit widerstrebt es auch aufs Äußerste, gleichsam die Sache Gottes durch Beschönigung und Abschwächung des Sinnlosen und Düstren im Weltgeschehen führen zu wollen. Aufrichtigkeit ist ihm auch in Glaubenssachen erstes Erfordernis.

Das Ende aller Dinge, 1794

Im März 1794 hatte Biester an Kant geschrieben, das Gerücht, die Berlinische Monatsschrift werde eingehen, sei falsch. Er hatte ihn gleichzeitig um weitere Beiträge ersucht. Kant schickte ihm darauf am 10. April einen kleinen Aufsatz und kündigte eine Abhandlung mit dem Titel »Das Ende aller Dinge« an, welche teils kläglich, teils lustig zu lesen sein werde. Als er sie ihm am 18. Mai schickte, schrieb er dazu: »Ich eile, hochgeschätzter Freund, Ihnen die versprochene Abhandlung zu überschicken, ehe noch das Ende Ihrer und meiner Schriftstellerei eintritt. Sollte es mittlerweile schon eingetreten sein, so bitte ich solche an Herrn Professor und Diaconus Erhard Schmidt in Jena für sein philosophisches Journal zu schicken.« In der Tat erschien der Aufsatz in der Berlinischen Monatsschrift, Juniheft 1794.

Zum ewigen Frieden, 1795

In der damaligen Zeit scheint, wie wir aus einer Äußerung Herders wissen, die Idee des ewigen Friedens sozusagen in der Luft gelegen zu haben. Kant hatte auch früher bereits das – u. a. von Rousseau hochgeschätzte – Werk des französischen Abbé Charles-Irené de St. Pierre (1658 bis 1743), *Projet de paix perpétuelle*, Utrecht 1713, gelesen. Auch mag der Abschluß des Basler Separatfriedens zwischen Frankreich und Preußen 1795 einen Anstoß zur Abfassung dieser Schrift gegeben haben. Sie erschien im Königsberger Verlag Nicolovius; eine von Kant autorisierte Übersetzung *»Projet de paix perpétuelle«* 1796.

Über die Wirkung dieser Schrift in Paris orientiert ein Brief Kiesewetters vom 25. November 1798 (Akad. A. XII, 263 f.).

Von einem neuerdings erhobenen vornehmen Ton in der Philosophie, 1796

Kant wendet sich in diesem Aufsatz, der im Maiheft 1796 der »Berlinischen Monatsschrift« erschienen ist, gegen eine damals im Zusammenhang mit dem Aufkommen der Romantik erstarkende mystische Gefühlsphilosophie, wie sie bei Fr. H. Jacobi, Joh. Georg Schlosser, Graf Leop. Stolberg hervortrat. Schlosser geb. 1739, der Jugendfreund Goethes und mit dessen Schwester Cornelia bis zu deren frühem Tode 1777 verheiratet, hatte 1795 eine Schrift »Platos Briefe über die syrakusanische Staatsrevolution, nebst einer historischen Einleitung und Anmerkungen« erscheinen lassen. Gegen diese Schrift und besonders einige der Anmerkungen wendet sich Kant.

Verkündigung des nahen Abschlusses eines Tractats zum ewigen Frieden in der Philosophie, 1796

Auf Kants vorhergehenden Aufsatz hatte Schlosser geantwortet in seinem »Schreiben an einen jungen Mann, der die kritische Philosophie studieren wollte« (Lübeck und Leipzig 1797; schon vor dem 7. Dezember 1796 erschienen). Darin hatte er vor dem Sirenengesang der kritischen Philosophie gewarnt, die in ihrer Freiheitssucht, sogar den Unterschied der Stände niederreißen wolle. Ein Philosoph wie Kant, der sogar das Christentum zerstöre, dürfe ein fürstliches Lehramt nicht behalten.

Mit diesem denunziatorischen Aufsatz rechnet Kant in der vorliegenden Arbeit ab. Sie ist in der »Berlinischen Monatsschrift« erschienen, und zwar im Dezemberheft 1796, das aber erst im Juni 1797 herauskam.

Editorisches Nachwort

Über Kants Leben und Persönlichkeit

Auf eine Zeittafel sei an dieser Stelle verzichtet, da sie fast mit einer Liste der Erscheinungsdaten der Schriften Kants identisch wäre. Solche findet man leicht in Philosophiegeschichten und Kant-Monographien. »Kant hat keine andere Biographie als die Geschichte seiner Lehre«, schreibt der russische Arsenij Gulyga im Vorwort seiner sehr lesenswerten Kant-Biographie von 1977 (dt. Ausgabe 1981). Das ist natürlich eine überspitzte Formulierung, die sich aber einem Biographen mit Blick auf das sehr gleichförmige äußere Leben des Philosophen aufdrängt.

Das wenige, was über Kants Leben – jenseits seiner Lehre – gesagt werden kann, hat Stephan Körner seiner kurzen, aber ebenfalls lesenswerten Kant-Monographie von 1955 (dt. Ausgabe 1967) in einer biographischen Skizze zusammengefaßt, die hier mit gelegentlichen Auslassungen übernommen wird:

Die Haupt-Informationsquellen über Kants Leben und Persönlichkeit sind seine Korrespondenz und drei biographische Skizzen seiner Freunde L. E. Borowski, R. B. Jachmann und E. A. C. Wasianski, die 1804, in Kants Todesjahr, veröffentlicht wurden. Wenn man diese Biographien liest, drängt sich der Eindruck auf, daß die Bewunderung und Ehrfurcht, welche die Verfasser für ihren großen Freund empfanden, ihre darstellerische Kraft beeinträchtigten. Außerdem schrieben sie mehr über den gealterten Kant, den Mann, der sein Werk getan hatte, als über den kühnen Denker, der darin vordrang. Eine lebendige und glaubhafte Darstellung Kants auf der Höhe seiner Kraft ist in einer Monographie von K. Stavenhagen zu finden.

Kant wurde 1724 in Königsberg geboren, wo sein Vater Riemermeister war. Bevor er die Universität besuchte, verbrachte er acht Jahre am *Collegium Fridericianum*, wo er eine Gymnasial-Schulbildung erhielt. An der Königsberger Universität studierte er hauptsächlich Philosophie und Mathematik, aber auch

Theologie und Physik. Nachdem er seine Universitätsstudien beendet hatte, verbrachte er einige Jahre als Hauslehrer, wie viele Philosophen vor und nach ihm. Seine eigene Meinung über seine Eignung für diesen Beruf war schlecht.

Im Alter von einunddreißig Jahren wurde er *Magister legens* (Privatdozent). In dieser Stellung war Kant finanziell abhängig von Honoraren, die ihm seine Studenten zahlten, und sein Einkommen war zeitweise so gering, daß er gezwungen war, Teile seiner Bibliothek zu verkaufen. 1770 wurde er Professor für Logik und Metaphysik an der Universität, und obgleich er aus Halle, Jena und Erlangen Berufungen erhielt, ließ er sich niemals überreden, seine Geburtsstadt zu verlassen. Kant schrieb viel und lieferte wichtige Beiträge zu Themen außerhalb der Philosophie. (...)

Zwischen 1775 und 1781 veröffentlichte Kant nichts von Bedeutung. Er arbeitete damals an der *Kritik der reinen Vernunft*, deren erste Ausgabe 1781 erschien. Es war eine große Enttäuschung für ihn, wie dieses Buch aufgenommen wurde. Die zeitgenössischen Philosophen, auf deren Urteil er am meisten Wert legte, nahmen wenig Notiz davon. Mendelssohn erklärte, daß er der Beweisführung nicht folgen könne, da seine »Nervenschwäche« ihm »alle Anstrengung« verbiete. Innerhalb weniger Jahre wurde die *Kritik der reinen Vernunft* jedoch als das bedeutende Werk anerkannt, das sie ist, und wie alle späteren Werke Kants hat sie nie aufgehört, einen großen Einfluß auf Philosophen aller Schulen auszuüben.

Die Stadt Königsberg verdankte ihre Bedeutung dem Handel mit Polen, Litauen, England, Dänemark und Schweden. Ihre Bevölkerung war zwar in der Hauptsache deutsch, schloß aber viele Nationalitäten ein, unter ihnen Geschäftsleute von den britischen Inseln. Zwei von diesen, Green und Motherby, gehörten zu Kants besten Freunden. Kant liebte seine Heimatstadt, in der, wie er es ausdrückte, Kenntnis der Menschen und der Welt »auch ohne zu reisen, erworben werden kann«.

Kant hielt nicht nur Vorlesungen über Logik, Metaphysik und Pädagogik (die letztere mußte nach der Regelung der Universität von allen Professoren reihum übernommen werden), sondern auch über »Physik, Naturrecht, Moral, rationale Theologie, Anthropologie und physische Geographie«. Einige der Vorlesungen mußten auf genehmigten Lehrbüchern basieren, die er jedoch benutzte, wie Jachmann uns im Vierten Brief mitteilt, »zu nichts weiterm, als daß er ihrer Haupteinteilung folgte und daß er bisweilen Gelegenheit nahm, das Unstatthafte ihrer Behauptungen zu beweisen«.

Kants Vorlesungen waren, im Gegensatz zu seinen Büchern, voller Witz und Humor und voller interessanter Abschweifungen. Er kümmerte sich sehr um das Wohl seiner Studenten, und sie fühlten ihrerseits eine Zuneigung zu ihm, die ihre Studentenzeit weit überdauerte. Er war ein strenger Prüfer. Sein leitendes Prinzip als Philosophie-Lehrer war, seinen Studenten nicht so sehr philosophische Lehren beizubringen, als das Philosophieren.

Kant war ein treuer Freund und ein unterhaltender Gesellschafter. Er ging jeden Tag zum Hause seines Freundes Green und verbrachte einige Stunden mit ihm und anderen Freunden, solange Green lebte. Er hatte Freude an gutem Essen und intelligenter Unterhaltung, obgleich die Unterhaltung Berichten zufolge fast nie die Philosophie berührte. Wie die meisten anderen Leute, und besonders die meisten Philosophen, schätzte er es nicht, wenn ihm ständig widersprochen wurde. Er liebte die Gesellschaft gutaussehender, gebildeter Damen, und sie hatten ihn gern. Bis in sein hohes Alter bereute er nie, Junggeselle geblieben zu sein.

(...) Er hatte eine große Vorliebe für die Schriftsteller des klassischen Altertums. Unter den modernen schätzte er Haller, Pope und Milton. Er hatte eine hohe Meinung von Hume als Philosoph und Schriftsteller und war ein großer Bewunderer Rousseaus, dessen Werke er sehr gut kannte. Sie konnten ihn zeitweise tief erregen. Als er den *Émile* das erstemal in die Hände bekam, ließ er sogar seinen täglichen Spaziergang aus! (...) Er las sehr viel und sehr vielseitig, aber er vermied theologische Erörterungen jeder Art, besonders solche, die sich auf Exegese und Dogmatik bezogen (dies trifft nicht auf *rationale* Theologie zu, die ein Teil der Metaphysik war; siehe Jachmann). Gewisse Arten des ästhetischen Geschmacks scheint er überhaupt nicht gepflegt zu haben. Er betrachtete Musik als »ein unschuldiges Vergnügen der Sinne«. Gemälde und Stiche scheint er niemals bemerkt zu haben, nicht einmal solche, die Jachmann von »ausgezeichneter Qualität« schienen. Ein Kupferstich von Rousseau in seinem Wohnzimmer war das einzige Bild in seinem Hause.

Sein Interesse an den politischen Ereignissen seiner Zeit war sehr groß. Im amerikanischen Unabhängigkeitskrieg waren seine Sympathien auf seiten der Amerikaner. Als Königsberg im Siebenjährigen Krieg von den Russen besetzt wurde, ging er wie die meisten anderen Bürger der Stadt ruhig seinen Geschäften nach, indem er Vorlesungen für gebildete russische Offiziere hielt, wie er es vorher für preußische getan hatte. Er bewarb sich sogar bei der Zarin um ein Professorat, wie er es vordem beim König von Preußen getan hatte. Der Siebenjährige Krieg war sicherlich kein »ideologischer«.

Jachmann schreibt: »Vielleicht hat Kant seit der Zeit der französischen Revolution durch nichts so viel Aufsehen in der Welt erregt, durch nichts sich so viele Freunde und Feinde gemacht, als durch seine politischen Grundsätze und Meinungen.« Er hielt eine Republik oder konstitutionelle Monarchie mit strenger Trennung der legislativen von der exekutiven Macht für die beste Form der Regierung. Er glaubte an die Menschenrechte, an bürgerliche Freiheit und Gleichheit. Es war daher natürlich, daß er ein leidenschaftliches Interesse an einer Revolution zeigte, mit deren Zielen er so sehr sympathisierte. »Es war das reine Interesse eines Weltbürgers und freidenkenden Philosophen, der dem Experiment, die von der Vernunft aufgegebene Idee einer vollkommenen Staatsverfassung zu realisieren, mit eben dem Vergnügen zusah, als ein Naturforscher auf das Experiment hinblickt, das eine wichtige Hypothese bestätigen soll.« (Jachmann, 12. Brief)

Kant war jedoch ein loyaler Untertan seines Staats trotz der Tatsache, daß er mit vielen Grundsätzen, nach denen er regiert wurde, nicht einverstanden war und obgleich er einmal unter seiner engstirnigen Zensur zu leiden hatte. (...)

Kant war nie wirklich krank, obgleich er durchaus nicht von robuster Gesundheit war. Der steile Niedergang seiner Geisteskräfte in den letzten sechs Jahren seines Lebens war ihm ein großer Kummer. Drei Jahre vor seinem Tod legte er seinen Platz im Senat der Universität nieder. Er starb am zwölften Februar 1804 in Königsberg, wo er – mit wenigen Unterbrechungen – sein ganzes Leben verbracht hatte. Seine sterblichen Überreste wurden 1880 in einer einfachen neugotischen Kapelle am Dom beigesetzt, die – wie schon das erste Grabmal – baufällig wurde. Aus Anlaß von Kants 200. Geburtstag wurde sie durch eine klassizistische Säulenhalle ersetzt.

So weit Körner (Kant, Vandenhoeck & Ruprecht, Göttingen 1967, S. 183 ff.). Da seine biographische Skizze wenig über die konkreten Lebensumstände und den Charakter Kants mitteilt, hierzu einige Ergänzungen. Sie basieren auf Darstellungen in den gängigen deutschsprachigen Biographien oder biographischen Abschnitten in Kant-Monographien, von denen neben den oben genannten noch die Lebenszeugnisse Kants von Karl Vorländer (1911) und Uwe Schultz (1965) erwähnt seien. Die Anordnung erfolgt nach Stichworten.

Wohnverhältnisse: Kant hatte sich 1783 in einer stillen Straße in der Nähe des Königsberger Schlosses ein kleines Haus gekauft. Im unteren Stock lag auf der einen Seite sein Hörsaal – damals war es noch üblich, daß die Professoren sich selbst um ihren Hörsaal kümmerten –, auf der anderen Seite wohnte seine alte Köchin. Im oberen Stockwerk lag auf der einen Seite Kants Schlafzimmer, das auch seine wenig umfangreiche Bibliothek enthielt, auf der anderen Seite befand sich das Besuchszimmer und das Arbeitszimmer. Eine kleine Dachstube wurde von Kants altem Diener Lampe bewohnt. Die Einrichtung des Hauses war einfach und bescheiden. Das Schlafzimmer blieb das ganze Jahr über unbeheizt, außer in Kants letzten Lebensjahren.

Ordnungssinn und Gewohnheit: Um Punkt 5 Uhr ließ sich Kant von seinem Diener wecken. »Es ist Zeit!« rief dieser, und der Philosoph begann sein Tagewerk mit den Vorlesungsvorbereitungen. Am Anfang seiner Lehrtätigkeit »las« er täglich 4 bis 5 Stunden, später reduzierte er die Stundenzahl: Zweimal in der Woche las er nur noch 2, zweimal 3 Stunden, jeweils früh um 7 Uhr beginnend. Nach den Vorlesungen arbeitete Kant bis um 1 Uhr; es war die Hauptzeit seiner philosophischen Tätigkeit, die er meist zum Schreiben nutzte. Das Mittagessen vergaß er aber darüber nie; »sehnlich« erwartete er, der Tür zugewandt, die Ankunft seiner Mittagsgäste, »weil ihn hungerte«. Unpünktlichkeit der Gäste erregte seinen Unwillen. Die Mittagsmahlzeit in geselliger Runde von mindestens drei bis maximal neun Gästen war für Kant die Zeit der Entspannung. Die Unterhaltung drehte sich um politische, auch lokalpolitische, wirtschaftliche oder wissenschaftliche Ereignisse. Schwierige philosophische Fragen waren hier nicht am Platze. Auf solche oder gar auf seine Schriften von einem Gast angesprochen zu werden verdarb Kant die Laune. Das Mahl selbst war einfach, aber reichlich. Für jeden Gast gab es eine halbe Flasche Wein, den auch Kant nicht verschmähte. Zu jeder Speise nahm er Senf, den er selbst herzustellen pflegte. Nach der ausgedehnten mittäglichen Zusammenkunft, die sich über 4 bis 5 Stunden erstrecken konnte, zog sich Kant zum Lesen oder auch zur Meditation zurück. Um 7 Uhr machte er seinen täglichen Spaziergang – mit einer solchen Pünktlichkeit, daß berichtet wird, einige Königsberger hätten ihre Uhren danach gestellt. Auch nach dem Spaziergang pflegte Kant zu lesen. Um 10 Uhr ging er zu Bett; 7 Stunden Schlaf hatte er sich zugemessen. Nach diesem Rhythmus lebte er, seitdem er sein eigenes Haus bewohnte und solange es seine körperliche und geistige Verfassung zuließ.

Mit seinem Ordnungssinn und seiner Gewohnheit hing auch seine erstaunliche Seßhaftigkeit zusammen. Seine Geburtsstadt Königsberg hat er selten einmal verlassen, allenfalls in die nähere Umgebung; nie hat er eine andere größere Stadt gesehen. Er war bestrebt, alles, was er tat, einer Ordnung zu unterwerfen und diese zu erhalten. Umstände, die ungewohnt waren und sich seiner Aufmerksamkeit aufdrängten, waren für ihn Anlässe, sie aus seiner Nähe zu entfernen oder selbst vor ihnen zu fliehen.

Sparsamkeit: Wirtschaftliche Unabhängigkeit, die Kant sehr erstrebenswert erschien, erreichte er nach vielen kargen Jahren durch seine Einkünfte aus der akademischen Lehrtätigkeit. Zu seiner Art zu leben bedurfte er nicht viel: Das Kapital, das sich durch seine Sparsamkeit angesammelt hatte, betrug im Jahre 1798 14310 Taler. Das ist eine beträchtliche Summe, wenn man bedenkt, daß seine Besoldung 1770, am Anfang seiner Professur, nur 166 Taler und 60 Groschen pro Jahr betrug (weswegen Kant seine Nebenbeschäftigung an der Bibliothek noch für zwei Jahre fortsetzte). Im Laufe der Jahre müssen sich seine Einkünfte dann aber doch deutlich verbessert haben. Kant war sparsam, nicht geizig. Er unterstützte seine Verwandten mit jährlich 200 Talern und soll sich bei der Aussteuer der Töchter seiner Schwestern nicht kleinlich gezeigt haben.

Kleidung: »Man muß lieber ein Narr in der Mode, als außer der Mode sein«, meinte Kant. Extravaganzen lagen ihm fern. Er trug einen dreieckigen Hut und eine gepuderte Perücke, wie sie in seiner Zeit üblich war, einen zimtfarbenen Rock mit schwarzem Besatz, dazu gleichfarbige Weste und Beinkleider, ein weißes Spitzenoberhemd, grauseidene Strümpfe, Schuhe mit silbernen Schnallen und zur Seite einen kurzen Degen. Als der Degen unmodern wurde, ersetzte er ihn durch einen Rohrstock. Im Hörsaal trug er gute, aber schon abgenutzte Kleidung. In gesellschaftlichem Umgang gab er sich eine gepflegte Erscheinung. So ist der »kleine Magister« – Kant war nur 157 cm groß – seinen Zeitgenossen auch als »galanter Magister« in Erinnerung geblieben.

Ewiger Junggeselle: Frauen spielten im Leben Kants keine große Rolle. Er war aber keinesfalls ein Frauenfeind. Seine Ehelosigkeit sah er ziemlich nüchtern: »Da ich eine Frau brauchen konnte, konnt' ich keine ernähren; und da ich eine ernähren konnte, konnt' ich keine mehr brauchen.« Die geistige Arbeit und die gesellige Erholung füllten Kants Leben aus. Auch wenn er das Junggesellendasein nie bereute, eine strikte Sache des Prinzips war sie wohl nicht. Im reifen Alter bekannte er sogar: »Der Mann kann kein Vergnügen des Lebens genießen ohne die Frau und diese keine Bedürfnisse ohne den Mann.« Borowski, vor dessen Augen sich das Leben Kants größtenteils abspielte, versichert, ohne Namen zu nennen, daß sein Lehrer zweimal geliebt und zweimal die Absicht gehegt habe zu heiraten.

Der Melancholiker: Gulyga glaubt, Kant habe in seiner Charakterdarstellung des Melancholikers (in seiner Schrift »Beobachtungen über das Gefühl des Schönen und Erhabenen« von 1764) »bis zu einem gewissen Grade« ein Selbstporträt gegeben: Man darf nicht glauben, bemerkt Kant, daß der Melancholiker der Freuden des Lebens beraubt sei und sich ewig in finsterer Schwermut winde. Durchaus nicht, nur verfällt er unter dem Einfluß äußerer und innerer Einwirkungen einfach leichter als andere in diesen Zustand. Ein solcher Mensch wird besonders vom Gefühl des Erhabenen bestimmt. Der Genuß der Vergnügen ist bei ihm ernsthaft, doch darum nicht geringer. Er ist wohlwollend, beständig, reagiert scharf auf Ungerechtigkeit. Deshalb bekümmern ihn fremde Meinungen wenig, er verläßt sich nur auf die eigene Einsicht. Der Melancholiker wahrt gut seine und anderer Geheimnisse, haßt Lüge und Heuchelei: »Er hat ein hohes Gefühl von der Würde der menschlichen Natur. Er schätzt sich selbst und hält den Menschen für ein Geschöpf, das da Achtung verdient. Er erduldet keine verworfene Unterthänigkeit und athmet Freiheit in einem edlen Busen. Alle Ketten von den vergoldeten an, die man am Hofe trägt, bis zu den schweren Eisen des Galeerensklaven sind ihm abscheulich. Er ist ein strenger Richter seiner selbst und anderer und nicht selten seiner sowohl als der Welt überdrüssig.«

Schultz schließt seine Charakterdarstellung Kants mit einer von Ratlosigkeit, Staunen und Bewunderung geprägten Feststellung: »Was aber dem kleinen, schwächlichen Mann in Königsberg, einem Provinzort des geistigen Deutschland, die Kraft gab, das größte und eindrucksvollste denkerische Werk eines deutschen Philosophen, wenn nicht der Philosophie überhaupt, zu errichten, wird immer das Geheimnis seiner Persönlichkeit bleiben.«

So ist es.

Inhalt der vorliegenden Ausgabe

Band 1
- Allgemeine Naturgeschichte und Theorie des Himmels
- Beobachtungen über das Gefühl des Schönen und Erhabenen
- Untersuchung über die Deutlichkeit der Grundsätze der natürlichen Theologie und der Moral
- Nachricht von der Einrichtung seiner Vorlesungen in dem Winterhalbenjahre von 1765–1766
- Träume eines Geistersehers, erläutert durch Träume der Metaphysik

Band 2
- Kritik der reinen Vernunft

Band 3
- Prolegomena zu einer jeden künftigen Metaphysik, die als Wissenschaft wird auftreten können
- Grundlegung zur Metaphysik der Sitten
- Kritik der praktischen Vernunft

Band 4
- Kritik der Urtheilskraft

Band 5
- Die Religion innerhalb der Grenzen der bloßen Vernunft
- Die Metaphysik der Sitten

Band 6
- Der Streit der Facultäten
- Idee zu einer allgemeinen Geschichte in weltbürgerlicher Absicht
- Beantwortung der Frage: Was ist Aufklärung?
- Muthmaßlicher Anfang der Menschengeschichte
- Was heißt: Sich im Denken orientiren?
- Über den Gebrauch teleologischer Principien in der Philosophie
- Über das Mißlingen aller philosophischen Versuche in der Theodicee
- Das Ende aller Dinge
- Zum ewigen Frieden
- Von einem neuerdings erhobenen vornehmen Ton in der Philosophie
- Verkündung des nahen Abschlusses eines Tractats zum ewigen Frieden in der Philosophie